Tonny Rosiny

Pakistan

Drei Hochkulturen am Indus:
Harappa – Gandhara – Die Moguln

DuMont Buchverlag Köln

Auf der Umschlagvorderseite: Die Badschahi-Moschee in Lahore, errichtet von dem Mogul-Kaiser Aurangseb (1658–1707)

Auf der vorderen Umschlagklappe: Im Basar von Multan

Auf der Umschlagrückseite: Oase Tschatschro (Chachro) in der Thar Parkar-Wüste, Südost-Pakistan

Frontispiz auf Seite 2: Kalligraphie in der Wasir Khan-Moschee in Lahore

© 1983 DuMont Buchverlag, Köln
4. Auflage 1990
Alle Rechte vorbehalten
Satz, Druck und buchbinderische Verarbeitung: Boss-Druck, Kleve

Printed in Germany   ISBN 3-7701-1304-7

Kunst-Reiseführer in der Reihe DuMont Dokumente

Zur schnellen Orientierung – die wichtigsten Orte Pakistans auf einen Blick:
(Auszug aus dem ausführlichen Ortsregister S. 302)

Aornos-Massiv	284	Kot Didschi	275
Attock-Fort	295	Lahore	95, 162 ff., 280
Bahawalpur	21	*Makli-Hügel*	208 ff.
Bescham	285	Moendscho Daro	23 ff., 274
Bit Schah	275	Multan	279
Chaukhandi-Gräber	271	*Nanga Parbat*	287
Chilas	287	Pakpattan	280
Chitral	297	Peschawar	93 f., 295 f.
Gilgit	291	Quetta	278
Haiderabad	272	Rawalpindi	282
Hala	275	Rohtas Fort	282
Harappa	280	Saidu Sharif	292
Hasan Abdal	294	Sehwan Scharif	272
Himalaya	284	Sukkur	274
Islamabad	245 ff., 282	*Swat-Tal*	292 ff.
Jacobabad	276	Takht-i-Bahi	113 f.
Karakorum	284	Taxila	68 ff., 91 f., 117 ff., 283 f.
Karatschi	96 f., 270	*Thar-Parkar-Wüste*	276
Karimabad	290	Tatta	205 f., 271
Khaiber-Paß	296	Udyana	77
Khairpur	275	Utsch	279

In der vorderen Umschlagklappe: Karte von Pakistan

In der hinteren Umschlagklappe: Plan von Lahore

Für Hanne

Inhalt

Vorwort 10

Die Vorgeschichte (8 Millionen bis 5. Jahrtausend v. Chr.) 12
Der kleine Affen-Mensch 12
Steinzeitliches Höhlenleben 13
Bereits Massenfabrikation? 14
Asien oder Afrika? 15
Vorläufer einer Hochkultur? 16

Harappa: Die erste bürgerliche Hochkultur (etwa 2700 bis 1700 v. Chr.) 18
Wer lebte hier? 18
Praktische Menschen 18
Wie entstand die Harappa-Kultur? 19
Städte, älter als Moendscho Daro 20
Im Mittelpunkt: Der Bürger 22
Sanitäre Anlagen wie heute 24
Die Behausungen der Harappa-Kultur 27
Der Zitadellen- oder Stupa-Hügel 29
Das 'Große Bad' 30
Der 'Kornspeicher' 31
Die Rätselwelt der Indus-Schrift 32
Welche Sprache? 34
Woher kam das Indus-Volk? 35
Weite Handelsverbindungen 36
Theokratische Herrschaft? 36
Geheimnisvolle Tänzerin 37
Der erste Kalender? 38
Vermutlich schon Dezimalsystem 39
Rettungsaktion der TH Aachen 39

Ein kriegerisches Kulturvolk: Die Arier (seit Mitte des 2. Jahrtausends v. Chr.) 43
Abenteuerliche Wanderungen 43
Eine Weltreligion entsteht 43
Die nicht-arischen Völker 45
Wie lebten die Arier? 46
Gepanzerte Streitwagen 47
Die 'Gandhara-Gräber-Kultur' 48

Keramik, Urnen und Zaumzeug 48
Immer noch geheimnisvoll 65

Impulse aus dem Westen: Die Perser und Alexander (6. bis 4. Jahrhundert v. Chr.) 67
Die Perser am Indus 67
Eilboten in der Antike 67
Das frühe Taxila 68
Auf neuen Wegen 69
Alexander stürmt heran 70

Zweiter Höhepunkt: Gandhara (1. bis 6. Jahrhundert n. Chr.) . . 72
Die Herkunft der Gandhara-Kunst 72
Die revolutionäre Lehre des Buddha 73
Frühe Blüte der Wissenschaften 73
Die Inschriften König Aschokas 74
Signale eines neuen Buddhismus 75
Die Fragen des Milinda 76
Therawada- oder Mahayana-Buddhismus? 77
Das große Abenteuer: Buddha in persona 78
Unterschiede zwischen Therawada und Mahayana 79
Der Auftakt zu Gandhara-Kultur 80
Der Gandhara-Buddha 81
Die Hand-Gesten (Mudras) 85
Gräko-indische Kunst? 86
Auch römische Einflüsse? 87
Die indischen Einflüsse 88
Buddhistischer Ausdruck? 89
Vom Kunstvollen zum Kunstfertigen 90
Der gandharische Impuls 90
Mahayanische Kirchenväter in Taxila 91
Im Taxila-Museum 91
Im Peschawar-Museum 93
Im Swat-Museum 94
Im Lahore-Museum 95
Im Nationalmuseum Karatschi 96
Die Klöster der Gandhara-Zeit 113
Die drei Städte Taxilas 117
Zuverlässige Chronisten: Die Münzen 122
Viele Wurzeln und Anregungen 125
Religiös oder künstlerisch beurteilen? 125
Gandharas Größe: Sein Einfluß 126

Dritter Höhepunkt: Die Moguln (1526 bis 1857) 127
Ein siebzehnjähriger General 127
Ein anderer Gott 127

INHALT

Blitzkrieg mit Kamelen 128
Kulturelle Blüte im Sindh 128
Nach Arabien orientiert 153
Die älteste Moschee des indischen Islam 154
Banbhore mit Debal identisch? 154
Die Türken kommen 155
Im Glanz der Ghasnawiden 156
Segen und Stürme über Lahore 156
Mogul-Bauten in Lahore 162
Das Lahore-Fort 164
Die Badschahi-Moschee 191
Das Grabmal des Randschit Singh 195
Die Wasir Khan-Moschee und die Goldene Moschee (Sonehri Maschjid) 196
Das Grab der Nur Dschahan 197
Das Grab des Asaf Khan 198
Das Dschahangir-Mausoleum 200
Der Schalimar-Garten 202
Dschahangirs Reh-Turm (Hiran Minar) 204
Die Schah Dschahan-Moschee in Tatta 205
Was brachten die Moguln? (Zusammenfassung) 206

Auf dem Hügel der hunderttausend Toten 208
Die Prachtgräber der Tarkhane 208
Die Samma-Gräber im Norden der Makli-Hügel 215

Die Kunst des feinen Pinsels: Miniaturen 226
Die Geschichte der Miniaturmalerei 226

Die Mystiker am Indus 230
Sie wollten Allah erfahren 231
Inniges Ich-Du-Gelöbnis 232
Freude am Grab 233
Nichtgläubige willkommen 234
Nicht nur Gebete 235
Die Sufi-Orden in Pakistan 237
Zwei erfolgreiche Orden 237
Mal romantisch, mal sachlich 238
Das persönliche Vorbild 239
Und heute? 239

Charismatische Handschrift: Die Kalligraphie 241
Im Schwung kunstvoller Linien 242
Handgeschriebene Zeitungen 243

Die Kunst heute 244
Hintergründe der pakistanischen Kunst 244
Einflüsse, Vorbilder 245

Architektur: Schlechtes Beispiel einer schönen Stadt 245
Moderne Moscheen überraschen 247
Bald eine neue Stilphase? 248
Die Malkunst: Farben und Träume 249
Viele Traditionen: Die Volkskunst 254

Nachweis der Abbildungen 260
Literaturverzeichnis 261

Praktische Reisehinweise 265
Beste Reisezeiten 265
Klima 265
Kleidung 265
Anreise 266
Einreise 266
Aufenthalt 266
Reisen über Land 266
Wechselkurs 266
Essen und Trinken 267
Fotografieren 267
Bergbesteigungen 267
Trekking 267

Wichtige Adressen 268

Empfehlenswerte Reiserouten (Englische Schreibweise) 270
Karachi – Tatta – Hyderabad 270
Hyderabad – Moenjo Daro – Sukkur . , , ... 272
Hyderabad – Kot Diji – Sukkur 275
Hyderabad – Thar-Parkar-Wüste 276
Sukkur – Quetta 276
Sukkur – Multan 278
Multan – Lahore 280
Lahore – Islamabad 281
Islamabad – Taxila 282
Islamabad – Himalaya – Karakorum 284
Islamabad – Swat-Tal 292
Islamabad – Peshawar 294
Peshawar – Chitral 297

Die höchsten Berge Pakistans 298
Zeittafel 300

Register 302

Vorwort

Als letzte Aktion ihrer Kolonialzeit hatten die Briten 1947 den Staat Pakistan aus dem indischen Subkontinent herausgeschnitten. Sie mußten dem Drängen der Muslime nachgeben. Die Idee dieses Staates hatte der in München promovierte Dichter und Philosoph MOHAMMAD IQBAL formuliert: Die Muslime Indiens sollten endlich eine eigene Heimat haben. Dem Politiker MOHAMMAD ALI JINNAH gelang es dann, diese Idee zu verwirklichen: Aus den Gebieten, in denen die Muslime eine Mehrheit bildeten, entstand die Islamische Republik Pakistan.

Der Staat ist also nur wenige Jahrzehnte, seine islamische Religion hier aber bereits über tausendzweihundert Jahre alt, und seine Kultur reicht bis in die Steinzeit zurück.

Hier wurden Anfang des 3. Jt. v. Chr. Bürgerhäuser erstmals aus handlichen Ziegelsteinen gebaut. Hier sangen 1500 Jahre später die Arier ihre Weden, aus denen Hindu-Indiens Religion entstand. Hier wurde – wieder 1500 Jahre später – als kulturelles Abenteuer der Buddha in persona dargestellt. Auf den Veranden und in den Klosterzellen der Universitätsstadt *Taxila* verwandelte sich damals die schwerverständliche Philosophie des Buddha in eine leichtverständliche Weltreligion.

Und dann kamen die Muslime, zuerst aus Arabien, später aus Zentralasien. Ihnen ist die Hohezeit der Mogul-Kunst zu verdanken. Pakistans Kultur lebt heute noch davon. Denn sie wird wesentlich vom Islam geprägt, der nach bedauerlichen, tausend Jahre langen Konfrontationen mit dem Hinduismus hier absoluter gelebt wird als anderswo.

Mit 796 095 km² ist Pakistan doppelt so groß wie die Bundesrepublik. Seine etwa hundertzehn Millionen Einwohner teilen sich vornehmlich auf in die indo-arischen Pandschabi, die multi-rassischen Sindhi, die – zumindest sprachlich – irano-arischen Belutschi und Pathanen und in die teils irano-, teils indo-arischen Hochgebirgler im Norden, wo aber auch, wie Professor SAGASTER, Bonn, festgestellt hat, heute noch ein archaisches Tibetisch gesprochen wird.

Zum Glück hat die Weltpresse weniger über Pakistan zu berichten, als über seine Nachbarn Iran, Afghanistan, die Sowjetunion, die nur durch den afghanischen, wenige Kilometer breiten Wakhan-Streifen von Pakistan getrennt wird, und über China und Indien. Seit einigen Jahren allerdings wird Pakistan öfters erwähnt, seit es nach dem sowjetischen Einmarsch 1979 in Afghanistan über drei Millionen afghanische Flüchtlinge aufgenommen hat. Die Sowjets haben sich aus Afghanistan zurückgezogen. Ob und wann aber die Flüchtlinge heimkehren können, ist noch ungewiß.

Pakistan ist nicht nur das Land der Wüstenhitze, Kameltreiber und Turbanträger. In seinem Norden erhebt sich der zweithöchste Berg der Welt, der 8611 m hohe K2. Und dort schieben sich auch die längsten Gletscher außerhalb der Polargebiete durch eine Eis- und Schneewildnis, die in Bergsteigerkreisen als großartigste und unzugänglichste aller Hochgebirge gilt.

Weil von der Kolonialzeit her die Urdu-Namen und -Begriffe für Ausländer in englischer Transkription geschrieben werden, haben wir auf den 'gelben Seiten' diese Schreibweise der internationalen Verständigung wegen beibehalten. Im Hauptteil jedoch haben wir, analog zu den großen deutschen Enzyklopädien und dem Duden, die deutsche Transkription angewandt, hin und wieder mit der englischen in Klammern.

Wir danken Professor AHMAD HASAN DANI, Professor FARZAND ALI DURRANI, Dr. MICHAEL JANSEN und Professor ANNEMARIE SCHIMMEL für viele Anregungen beziehungsweise für die Durchsicht der jeweiligen Kapitel sowie SIEGFRIED HAGEN (†) und dem DuMont Buchverlag für die umsichtige und einfühlsame Betreuung des Manuskriptes.

Die Vorgeschichte
(8 Millionen bis 5. Jahrtausend v. Chr.)

Der kleine Affen-Mensch

»Kann man die Knochen des Vormenschen, die Sie hier gefunden haben, in einen Zusammenhang bringen mit ähnlichen Funden in Ostafrika und an anderen Stellen?« fragten Journalisten den jungen Anthropologen DAVID PILBEAM auf einer Pressekonferenz in Pakistans Hauptstadt Islamabad. Der Gelehrte der Yale-Universität hielt das Bruchstück eines versteinerten Unterkiefers in der Hand wie vormals Hamlet den Menschenschädel (Abb. 1, 2). Es war vom Urmenschen die Rede, genauer: von einem äffischen Wesen mit menschlichen Merkmalen. Pilbeam war es gelungen, seine Existenz auch im Gebiet des heutigen Pakistan nachzuweisen.

»Sicher«, meinte der Forscher, »auch an anderen Plätzen wurden so alte Fossilien ausgegraben. Aber hier können wir die Geschichte des Menschen und seiner Entwicklung lückenloser als anderswo etwa 8 Millionen Jahre zurückverfolgen.«

In der Zeit vor acht und mehr Millionen Jahren, sagen Pilbeam und sein Kollege Dr. TASIR HUSSAIN von der Harvard-Universität, habe sich der *Ramapithecus Panjabicus* entwickelt. Er muß sich schwerfällig auf Händen und Füßen – oder sagen wir besser: auf Handfüßen – bewegt haben. Und sein affenartiges Gesicht, so lassen es die wissenschaftlichen Rekonstruktionen vermuten, konnte noch nicht lachen. Pilbeam bezweifelte die Thesen anderer Forscher, der *Ramapithecus* (oder der vermutlich mit ihm identische *Sivapithecus*) sei ein Vorfahre des Orang-Utans gewesen. Er gehöre bereits seit mindestens 15 Millionen Jahren nicht mehr zur Affenlinie, meinte er Ende 1990, als er ebenfalls in Pakistan gefundene Oberarmknochen des *Ramapithecus* ausgewertet hatte.

Sein Gebiß scheint ihn als Wesen mit bereits einigen spezifisch menschlichen Merkmalen auszuweisen: Es rundet sich nicht in der typischen U-Form des Affengebisses, sondern zeigt schon die charakteristische menschliche V-Form. Auch der Zahnschmelz bürgt für die Tatsache, daß wir es hier bereits mit einer vormenschlichen Spezies zu tun haben. Die erstaunliche Härte des Zahnschmelzes schützte den Zahn vor dem Verfall. Er kann, unterdessen natürlich auch fossiliert, noch nach Millionen von Jahren festgestellt werden. Elektronenmikroskopische Untersuchungen der Feinstruktur des Zahnschmelzes haben nun ein 'Muster' ergeben, das sich deutlich von dem Zahnschmelz der Menschenaffen, also des Gorillas, Orang-Utans und Schimpansen, unterscheidet, berichten Professor Pilbeam und der Zahnmediziner G. P. STEWARD in der Zeitschrift ›Science‹.

Dieses menschenähnliche Wesen scheint im Gebiet des heutigen Pakistan mehrere Stadien durchlaufen zu haben: Aus dem zwergenhaften *Ramapithecus* – er soll nur 40 bis 50 Pfund gewogen haben – entwickelte sich nach Millionen von Jahren ein nun 150 Pfund schweres menschenähnliches Geschöpf, das denn auch – von einigen Anthropologen bestritten – als *Gigantopithecus* bezeichnet wird.

Dieser Entwicklungsprozeß wurde vor zwei bis drei Millionen Jahren mit den *Hominiden* abgeschlossen, unseren vollmenschlichen Vorfahren. Aus dem Frühmenschen, der geschickt seine Hände zu benutzen wußte *(homo habilis)*, entstand über den nun aufrecht einhergehenden *(homo erectus)* vor etwa 50 000 Jahren der vernünftige Mensch *(homo sapiens)*. Wir Heutigen werden mit dem Ehrbegriff *homo sapiens sapiens* ausgezeichnet. So wollen es zumindest die Anthropologen.

Wenn Professor PILBEAM auf die Tatsache hinwies, daß man in Pakistan die Abstammungsgeschichte des Menschen lückenloser als in anderen Ländern nachweisen könne, so hat er dies vor allem den geologischen Verhältnissen des Potahar-Plateaus südlich von Islamabad zu verdanken. Hier fanden er und seine Kollegen die versteinerten Schädel-, Kiefer- und Knochenteile der verschiedenen Evolutionsepochen des Vormenschen. Tertiäre und spätere Umschichtungen hatten die Sandstein- und Lößlandschaft des Potahar, durch die sich zur Eiszeit ein gewaltiger Gletscher geschoben hatte, wie Waffeln zerbrochen und verkantet, und jüngste Erosionen und heute meist trockene Flußläufe hatten cañon-ähnliche Einschnitte geschaffen. An den bröckelnden Steilhängen, auf den Terrassen und an anderen Stellen der bizarren Plateauwüste treten die aufschlußreichen Knochenfossilien zutage oder können, falls man einen Blick dafür hat, leicht ausgebuddelt werden, wie auch an den Choukoutien-Hügeln bei Peking und in der tansanischen Olduwai-Schlucht.

Dr. PILBEAM und Dr. HUSSAIN sind der Ansicht, der Mensch esse erst seit 40 000–50 000 Jahren Fleisch, seit er 'vernünftig' geworden sei. Der *Ramapithecus* sei ganz sicher noch Vegetarier gewesen. Auch kenne die menschliche Gesellschaft erst seit dieser Zeit die soziale Gepflogenheit, den Mann als Ernährer der Familie und die Frau als Hüterin des Hauses zu betrachten. Vorher habe konsequente Gleichberechtigung bestanden, ausgedrückt vor allem im gleichen Arbeitseinsatz, der sicher auf Kosten der Frau ging.

Steinzeitliches Höhlenleben

Wie lebte der Mensch der Mittleren Steinzeit, also vor 2 Millionen bis 50 000 Jahren im Gebiet des heutigen Pakistan? Er hauste mit Weib und Kindern in Höhlen, schlug seine Werkzeuge und Waffen, die wir heute andächtig Mikrolithen nennen, aus Stein und Quarz und zog durch die Wälder und Täler auf der Suche nach Jagdbeute, die er dann am Spieß über – damals schon möglichem – Kohlefeuer grillte. Seine religiösen Vorstellungen waren rein magischer Natur. Vornehmlich Professor AHMAD HASAN DANI, Pakistans eminenter Historiker und Archäologe, sowie das Forscherehepaar Dr. RAYMOND und Dr. BRIDGET ALLCHIN von der Cambridge-Universität fanden aufschlußreiches Material über diese Menschen in Nord-Pakistan.

Dani entdeckte bei *Sanghao*, nordöstlich von Mardan, eine ganze Höhle voll mit Werkzeugen und Waffenteilen dieser Zeit. Viele waren aus dem hier reichlich vorhandenen Quarz hergestellt. Sie zeigen die bekannten mesolithischen Formen: griffige dreieckige Faustkeile, Schaber als halbmondförmige Segmente aus Steinsplittern, vermutlich zum Bearbeiten von Häuten, und spitz auslaufende Geräte, oft Blattspitzen, auch schon mit Aussparungen versehen, vielleicht für Holzstiele oder Speerschäfte.

Alles Zeugnisse einer urzeitlichen Kultur. Als älter gelten die Funde im *Soan-Tal* südlich von Islamabad. Sie scheinen bis in die Altsteinzeit zurückzureichen, also bis in eine dunkle Epoche unseres Menschseins. Die groben Steinfragmente, vermutlich Werkzeuge, zeigen noch keine Charakteristika, die es erlaubten, Wesentliches über den Lebensstil der Damaligen auszusagen. Sehr wahrscheinlich, so glaubt Bridget Allchin, die sich auf die früheste Frühgeschichte des Menschen spezialisiert hat, waren viele dieser Geräte Primärinstrumente, mit denen andere Gegenstände, wie Werkzeuge, Waffen und Schmuck, erst hergestellt wurden.

Übrigens beurteilen wir prähistorische Funde nicht immer richtig, weil wir meist von Vorurteilen ausgehen. Vielleicht bestand damals schon eine Wegwerfgesellschaft, die aus Holz und weichem Stein produzierte Geräte nur einmal gebrauchte und dann, da sie schnell nutzlos waren, in den Busch warf? Die Vielzahl der Funde spricht dafür.

Wir Westeuropäer haben bisher die Evolution des Menschen sehr euro- und afrozentrisch gesehen. Die prähistorischen Funde in Frankreich, in den Höhlen von Aurignac, Le Moustier und Levallois-Perret, gaben uns den Maßstab für andere Entdeckungen, vornehmlich im europäischen, im nord- und ostafrikanischen Raum und im Nahen Osten. Selbst was in Asien gefunden wurde, verglich man sofort mit den Levallois-Moustérien-Funden und, häufiger noch, mit der Aurignac-Kultur.

Bereits Massenfabrikation?

Raymond Allchin überrascht uns mit der These, in der Mittleren Steinzeit sei das Indus-Tal weitaus dichter bevölkert gewesen, als man bisher angenommen habe. Wenn dies stimmt, dann hätte dieses Gebiet bereits vor 40–50 000 Jahren eine bemerkenswerte kulturelle Ausstrahlung besessen, eine Ausstrahlung, die jede Gegend erzeugt, in der mehr Menschen leben als in ihrer Nachbarschaft. War auch Europa damals schon so dicht besiedelt? Wie weit reichte Europas Ausstrahlung nach Osten und jene von Asien nach Westen? Woher kamen die Urimpulse? Bridget Allchin weiß hierauf, wie wir gleich sehen werden, eine Antwort.

Bei den Ausgrabungen der von ihm geleiteten ›British (früher Cambridge-)Archaeological Mission‹ fand Raymond Allchin, ebenfalls im *Soan-Tal*, eine Anzahl Werkzeuge und Waffen, die zu seinem Erstaunen offensichtlich bereits in Massenfabrikation hergestellt wurden.

»In der Steinzeit dieser Gegend«, wundert er sich, »waren bereits Menschen am Werk, die schon die Segnungen der Arbeitsteilung kannten«; diese Feststellung erlaube ein völlig neues Bild des steinzeitlichen Lebens in Südasien. Geräte in dieser Weise herzustellen, lohne sich nur in einer Gegend, in der viele Menschen leben, vielleicht sogar schon in größeren Gemeinden.

Natürlich sind dies vorerst nur Hypothesen. Eins aber ist gewiß: Der Norden Pakistans ist seit Jahrtausenden, wenn nicht gar Jahrmillionen, von Völkern durchwandert worden. Hier liegen noch zahllose Beweise des Frühmenschen unter der Erde und in Hügeln, die sich im Laufe der

Jahrtausende über menschlichen Siedlungen gebildet haben. Die Archäologie steht hier erst am Anfang ihrer Entdeckungen.

Die Thesen PILBEAMS und der beiden ALLCHINS bieten jener Schule gute Argumente, die nicht eine zentral entstandene Entwicklung der Menschheit lehrt, sondern eine Entfaltung, die an verschiedenen Stellen begann und dann parallel verlief.

Asien oder Afrika?

Sie lassen die Frage: »Stammt der Mensch aus Afrika?« nicht mehr zu. Denn PILBEAM hat unterdessen den asiatischen *Ramapithecus* als Zeitgenossen des afrikanischen *Australopithecus* nachgewiesen, des, wie man bisher glaubte, frühesten menschenähnlichen Wesens. Pilbeam könnte daher ebensogut fragen: »Stammt der Mensch aus Asien?« Um selbst die Antwort zu finden: »Vielleicht aus beiden Regionen.« Was da menschenähnlich hauste, die Vorgänger auch des Peking-, Java- und Heidelberger Menschen, entwickelte sich an verschiedenen Plätzen der Welt zu dem, was wir heute sind.

BRIDGET ALLCHIN geht bei ihren Untersuchungen längst von der Annahme aus, das Gebiet des heutigen Pakistan und Nordwest-Indien habe seit ältester Eiszeit im Schnittpunkt zweier Welt-Zonen und Welttraditionen gelegen: der ost- und südostasiatischen Zone und des Gebiets, das heute Zentralasien, den Nahen Osten, Ostafrika und Europa umfaßt.

Betrachten wir den Schnittpunkt Südasien mit seiner jüngst festgestellten sehr eigenen Entwicklung als dritte Zone, so können wir nach dieser Theorie drei Urimpulse für den Werdegang des Menschen verantwortlich machen: den östlichen, mittleren und westlichen. Drei unabhängige Impulse also, die im Laufe der Jahrmillionen Entwicklungsphasen gleichsam als anthropogenetische Kettenreaktionen auslösten. Befreunden wir uns mit dieser Theorie, dann ist die Frage, ob der Mensch nun aus Afrika oder Asien stamme, nicht mehr so wichtig.

Bisher gezwungen, in den schwer vorstellbaren Zeiträumen von Jahrmillionen zu denken, sind wir nun schnell bereit, ein Datum wie 7000–6000 v. Chr. bereits 'historisch' zu nennen, obwohl zu dieser Zeit noch keine Kultur mit einer Schrift, mit größeren, geordneten Siedlungen und einem bemerkenswerten Handel bestand und höchstens die Tat einer Gruppe, doch noch nicht eines Einzelnen, von sozialer oder sogar politischer Relevanz war.

Licht in diese Epoche der pakistanischen Kulturgeschichte bringen die seit etwa zehn Jahren laufenden Ausgrabungen des Franzosen JEAN FRANÇOIS JARRIGE vom Musée Guimet in Paris, und die des Pakistan Archaeological Department in Karatschi. Hier haben wir es mit dem wohl bedeutsamsten Abschnitt der Weltgeschichte zu tun, mit dem Übergang vom Sammler und Jäger zum Ackerbauer und Viehzüchter, mit dem Wandel auch vom magisch zum mythisch Religiösen (Herbert Kühn).

Zum erstenmal produziert der Mensch, plant und ordnet er. Aus dem dumpfen, vom Zufall der Beute und des Pflückens abhängigen Alltag tritt er in das Licht einer bewußten Aktivität; er sät und bereitet die Ernte vor, er organisiert die ersten Städte, er erfährt sich selbst, ahnt stärker als zuvor überirdische Kräfte und Auswirkungen und wird religiös.

Das alles hat sich auch in der heute verkarsteten Landschaft Belutschistans zugetragen. Und wieder sind wir versucht zu sagen: nicht nur als Folge, sondern als Parallelerscheinung etwa zu Jericho oder zu Tell Hassuna im heutigen Irak.

Als Anfangsphase des Ackerbaus im Nahen Osten (Anatolien, Palästina) wird die Zeit zwischen dem 9. und 7. Jt. v. Chr. angenommen. Die Datierungen der Funde Jean François Jarriges und des Harvard-Archäologen Richard H. Meadow am Fuß des Bolan-Passes in Mehrgarh, südlich von Quetta, weisen nach der Radiokarbon-Methode das 6. Jt. v. Chr. als Beginn der dortigen Landwirtschaft aus.

Aber laut jüngsten Untersuchungen hat der Mensch auch an anderen und so verschiedenen Gegenden der Welt wie in Mexiko und Nord-Thailand im 6. Jt. v. Chr. mit dem Ackerbau begonnen.

Vorläufer einer Hochkultur?

Diese Theorie der parallelen Entwicklung der Menschheit hat auch Jarrige im Auge, wenn er behauptet, die von ihm entdeckten Siedlungen der jüngsten Steinzeit könnten als Vorläufer der ersten Hochkultur auf pakistanischem Boden, der Indus- oder Harappa-Kultur (Anfang des 3.– Mitte des 2. Jt. v. Chr.) angesehen werden. Wenn diese These in den nächsten Jahren noch fundiert wird, dann sind wir in der Lage, hier eine ebenso kontinuierliche Entwicklung vom urmenschlichen Jäger-Dasein bis zur anspruchsvollen städtischen Zivilisation verfolgen zu können, wie am Euphrat und Tigris, am Nil und am Jordan.

Was haben Jarrige und Meadow und ihre pakistanischen Kollegen denn nun festgestellt, um so überraschende Behauptungen aufstellen zu können? Sie haben unter anderem 8000 Jahre alte Getreidekörner gefunden, die deutlich die kulturelle Situation der frühen Belutschi im 6. Jt. v. Chr. aufzeigen: Bereits gezüchtetes Getreide, wie Gerste, Einkorn-Weizen und Zweikorn-Weizen oder Emmer – er wird heute nur noch auf dem Balkan angebaut –, deutet auf eine planmäßige Bewirtschaftung des Bodens hin, mit all ihren Konsequenzen.

Etwa tausend Jahre später wurde schon Baumwolle angepflanzt. Bisher hatte man angenommen, sie sei erst seit 2400 v. Chr., also erst seit der Indus-Kultur, bekannt gewesen. Und um 3000 v. Chr. taucht dann auch die Weinrebe auf, deren Trauben sicher bald auch gekeltert wurden.

Noch aufschlußreichere Rückschlüsse erlauben die Tierknochenfunde: In einer Grabungsschicht des 6. Jt. v. Chr. fand Jarrige vornehmlich noch Knochen wilder Tiere wie Gazellen, Antilopen, Wildschweine, Rinder, Ziegen und Schafe; doch schon am Ende dieses menschengeschichtlich so bedeutsamen Jahrtausends überwiegen die Knochen von domestizierten Tieren, von Rindern, Schafen und Ziegen. Im Gegensatz zu anderen Frühkulturen in Asien stand hierbei das Rind deutlich im Vordergrund. Und das sollte während der nächsten Jahrtausende so bleiben, wie es die Bilder der Indus-Kultur und später die wedischen Gesänge der Arier vermitteln.

Da sich in Belutschistan riesige Herden von wilden Rindern, Schafen und Ziegen tummelten, lag es nahe, diese nützlichen Tiere zu zähmen. Dies scheint sich als rein lokale Entwicklung zugetragen zu haben, ohne auswärtige Einflüsse, etwa, wie bisher angenommen, von Zentralasien aus. Ganz gewiß trifft dies für das Schaf zu, das hier wohl zum erstenmal in Asien für den Hausgebrauch zugerichtet wurde. In Südasien habe die Landwirtschaft fast zur selben Zeit wie in Westasien begonnen, meint Jarrige.

Die Rinderzucht allerdings wird wohl erst nach der Einführung des Ackerbaus begonnen haben, denn sie setzt, denken wir an das Winterfutter, das regelmäßige Melken, das Weiden und die Fleischbereitung und -lagerung, also ein gewisses landwirtschaftliches Planen und Organisieren voraus. So finden wir in *Mehrgarh* in den rechteckigen, bereits in Zimmer unterteilten Häusern des 6. und 5. Jt. v. Chr. auch schon Getreidespeicher und landwirtschaftliche Geräte, vor allem Sicheln aus Feuerstein. Schließlich stand bald auch der geduldige Wasserbüffel zu Diensten, bis dahin nur aus China bekannt.

Ackerbau und Viehzucht hatten vom 5. Jt. v. Chr. an einen erstaunlichen Wohlstand geschaffen, wie die Kleidung der Terrakotta-Figurinen zeigt und der Schmuck der damaligen Damenwelt: Türkis aus Persien oder Zentralasien, Lapislazuli aus Nordost-Afghanistan und Kauri-Muscheln von der Küste des Arabischen Meeres (Abb. 3–6). Es bestanden also schon weite Überlandverbindungen zu einer Zeit, als Mesopotamien und Ägypten noch nicht erwacht waren. Sie ließen den Handel blühen. Die Siegel beweisen es, die Lagerbauten und Getreidekrüge.

Der Bohrer und andere Geräte haben hier schon Jahrtausende vor der Indus-Kultur eine 'Massenfabrikation' keramischer Gegenstände entstehen lassen, die sich in einigen Werkstätten bis zu ausgesprochen kunstvollen Schöpfungen verfeinerten.

Die *Mehrgarh-Kultur* im heute so unwegsamen Belutschistan kann Jarrige mit Recht als die Wiege einer der drei großen Frühkulturen der Menschheit bezeichnen, der bronzezeitlichen Indus-Kultur. Sie kam aus den Bergen ins Tal des Indus.

Mehrgarh: Ein aufsehenerregender Fund stellt eine mit Antilopen-Motiven stilvoll verzierte Vase aus dem 4. Jt. v. Chr. dar, deren ausgeglichene Form überrascht

Harappa: Die erste bürgerliche Hochkultur
(etwa 2700 bis 1700 v. Chr.)

Wer lebte hier?

Die Indus- oder Harappa-Kultur vorstellen, heißt, unser Geschichtsbild ändern: Gewohnt, die frühen Kulturen Mesopotamiens und Ägyptens als die ersten Hochkulturen der Menschheit anzusehen, als die Ur-Quellen unserer Geistigkeit, müssen wir uns nun darauf einstellen, die Indus-Epoche als die dritte und ebenso bedeutende Hochkultur der Frühzeit zu berücksichtigen. Sie erfreute sich vor 4000–5000 Jahren einer gleich weiten und gleich intensiven Ausstrahlung wie jene Mesopotamiens und Ägyptens.

Doch während diese beiden nahöstlichen Kulturen sehr nachhaltig das spätere Leben des Vorderen Orients und Europas beeinflußt haben, verlief die Ausstrahlung der Indus-Kultur vornehmlich in östlicher Richtung. Sie hat die Entwicklung Südasiens geprägt, vor allem Indiens. Allerdings unterhielt die Indus- oder Harappa-Kultur offensichtlich auch schon lebhafte wirtschaftliche Beziehungen zu den westlich liegenden Kulturen.

Wer lebte hier? Welche Verhaltensweisen zeigten diese frühzeitlichen Menschen, die aus dem dumpfen Jäger- und Sammler-Dasein der Steinzeit eine Hochkultur erstehen ließen? Dies sind unsere Fragen, während wir in der Ruinenstadt *Moendscho Daro* die 10 m breite Hauptstraße entlanggehen, vorüber an noch bis zu 5 m hoch stehenden Häuserfronten, die akkurat gemauert sind und vor 4500 Jahren auf ein pulsierendes und – wie wir noch sehen werden – zivilisiertes Leben herabgeschaut haben.

Welche Anregungen halfen den Menschen am Indus, weit ausgedehnte Städte zu errichten und, scheinbar ohne Vorbilder, nach wohldurchdachtem System sehr funktionelle und bereits blockweise geplante Wohnhäuser zu bauen mit sanitären Einrichtungen, städtischen wie privaten, die bereits eine erstaunliche, aus heutiger Sicht 'modern' zu nennende Perfektion aufweisen? Was bisher in Belutschistan als angebliche Vorläufer der Indus-Kultur ausgegraben wurde, zeigt zwar stilistisch interessante Ähnlichkeiten und mag als »Wiege der Indus-Kultur« angesehen werden, aber es deutet noch wenig auf jenen Impuls hin, der innerhalb einer verblüffend kurzen Zeit eine unabhängige Hochkultur entstehen ließ.

Praktische Menschen

Vielleicht hat die Mentalität der Indus-Gemeinschaft viel zu diesem Impuls beigetragen. Denn es waren praktische, sehr dem Diesseits des Lebens zugewandte Menschen. Während etwa in

Ägypten wuchtige Pyramiden und in Mesopotamien monumentale Zikkurat-Tempel als Symbole der jeweiligen Macht und Pracht ihrer Herrscher entstanden, fungierte am Indus hauptsächlich der unscheinbare Ziegelstein als Symbol einer Hochkultur. Die Ägypter und Mesopotamier dachten an ihre göttlichen Könige und städtischen Götter und errichteten ihnen mit oft gigantischen Steinquadern Grabhügel und Tempel. Das Volk am Indus dagegen dachte an sich selber und baute mit kleinen, handfreundlichen Ziegeln stabile Wohnhäuser, deren nicht nur funktionelle, sondern vor allem auch humane Proportionen und Einrichtungen uns heute überraschen. Prachtbauten ägyptischer oder mesopotamischer Prägung wurden bisher im weiten Gebiet der Indus-Kultur nicht festgestellt.

Weitere Antworten auf die Frage, wie diese Kultur so unvermittelt entstehen konnte, gäben uns vermutlich die untersten Siedlungsschichten von Moendscho Daro. Sie konnten wegen des hohen Grundwasserspiegels bisher noch nicht freigelegt werden. Sicher sind sie etliche Jahrhunderte älter und könnten daher mehr über den Ursprung der Indus-Kultur berichten als die bisher ausgegrabenen Schichten. Einige – im wahrsten Sinne des Wortes – Stichproben haben die Vermutung über ihr Alter zwar bestärkt, aber noch keine auswertbaren Resultate erbracht.

Die erst vor einigen Jahrzehnten in ihrem ganzen Ausmaß erkannte Hochkultur am Indus entstand vor etwa 5000 oder mehr Jahren. Vor 4000 Jahren erstreckte sie sich bereits von der Makran-Küste am Arabischen Meer, also westlich von Karatschi, nordöstlich bis zum Himalaya und zum oberen Ganges sowie vom Golf von Cambay bei Bombay im Süden bis hoch in den Nordwesten nach Nord-Afghanistan, also über ein Gebiet, bedeutend größer und geographisch komplexer als jenes der nahöstlichen Frühkulturen, die sich mehr oder weniger auf ihre Flußtäler beschränken mußten.

Dieser riesige Raum mit seinen zahlreichen, weit verstreuten Fundstätten hat die Archäologen veranlaßt, den bisherigen Namen der 'Indus-Kultur', der nur den ursprünglich bekannten, geographisch relativ begrenzten Bereich umfaßte, in 'Harappa-Kultur' zu ändern. Der neue Name schließt auch die anderen, außerhalb des Indus-Tales liegenden Gebiete in Pakistan, Indien und Afghanistan ein. Es war in *Harappa*, nordöstlich von Multan, wo Ende des vergangenen Jahrhunderts Tiefbauingenieure bei Bahnarbeiten die ersten Anzeichen dieser Kultur fanden. Doch erst 1921 begann der damalige ›Archaeological Survey of India‹ mit systematischen Ausgrabungen.

Wie entstand die Harappa-Kultur?

Die Harappa-Kultur scheint entlang dem Indus entstanden zu sein. Sie dehnte sich im Laufe eines Jahrtausends nach Nord- und Südosten aus, um dort, tief im heutigen Indien, noch weiterzuleben, nachdem sie im Westen, also am Indus, bereits untergegangen war.

Wir können, wie wir bereits gesehen haben, kupfer- und selbst steinzeitliche Kulturen in Belutschistan als fernverwandte Vorgänger der Indus- oder Harappa-Kultur bezeichnen (WALTER F. FAIRSERVIS, USA, BEATRICE DE CARDI und neuerdings vor allem JEAN FRANÇOIS

JARRIGE, beide Frankreich). Diese 'Belutschistan-Theorie' wirft zwei weitere Fragen auf: Hat der Harappa-Mensch seine Städte in der Tradition der belutschistanischen Großdorf-Anlage erbaut, jedoch stimuliert von den städtebaulichen Leistungen Mesopotamiens? Oder haben eine fremde Oberschicht oder fremde Herrscher, vielleicht aus Zentral-Asien oder Iran, das Geschehen am Indus in bereits erfahrene Hände genommen?

Vermutlich trifft die erste Version zu. Denn Ende des 4. Jt. v. Chr. unterhielten die Händler am Indus und in Belutschistan bereits Handelsbeziehungen mit Sumer und Ägypten. Die Karawanen zogen entlang der Küste des Arabischen Meeres oder durch die Wüste Süd-Afghanistans und Persiens. Und sie brachten außer Textilien, Gewürzen und Metallwaren sicher auch 'zivilisatorische' Anregungen aus dem fernen Orient mit zum Indus. Aber es blieben Anregungen. Von einer mesopotamischen Nachfolge-Kultur oder einer anderen, unmittelbaren Abhängigkeit der Harappa-Städte von den Entwicklungen am Euphrat und Tigris kann schon deswegen nicht die Rede sein, weil beide Kulturen fast zur gleichen Zeit entstanden sind und auch gleichzeitig ihre ersten Höhepunkte erreichten.

So weisen denn die baulichen Strukturen und die religiösen und gesellschaftlichen Situationen der Harappa-Städte keine Verwandtschaft mit der Lebenseinstellung in den früh-mesopotamischen Stadtstaaten auf. Am Indus zeichnen sich Phänomene ab, die sich deutlich vom Alltag am Euphrat und erst recht am Nil unterscheiden: Da ist einmal das dominierende bürgerliche Element, das vornehmlich im Wohnbau zum Ausdruck kommt. Zudem wurden, wie gesagt, keine Beweise für allzu aufwendige religiöse Kultformen ausgegraben, weder in der Architektur noch in der Skulptur. Ob im religiösen oder profanen Bereich, in den weiten Landstrichen der Harappa-Kultur fehlt, soweit bisher festgestellt, das Monumentale, das so charakteristisch ist für Mesopotamien und Ägypten. Und schließlich zeigt die Indus-Schrift nicht die geringsten Ähnlichkeiten mit der Keilschrift Sumers oder den Hieroglyphen Ägyptens.

Städte, älter als Moendscho Daro

Übrigens lassen auch die Siedlungen, die älter als die klassische Harappa-Zeit sind und u. a. in Kot Didschi, Amri, Sothi, Rehman Deri und in der näheren und weiteren Umgebung von Bahawalpur ausgegraben wurden, bereits einen städtischen Charakter erkennen. Sie dürften 300–500 Jahre älter sein als die Städte Moendscho Daro und Harappa, also bis 3000 v. Chr. und noch weiter zurückgehen. Als ergiebigster 'früh-harappischer' Ort hat sich bisher *Kot Didschi'* erwiesen, südlich von Sukkur auf der anderen Seite des Indus, Moendscho Daro gegenüber. Es handelt sich um einen Siedlungs-Hügel zu Füßen der Ausläufer der Kothri-Berge, heute überragt von dem gewaltigen Fort Kot Didschi (Kot Diji) aus dem 18. Jh. Hier wurden u. a. auch jungsteinzeitliche Traditionen aus Belutschistan festgestellt.

Nach diesem Fundort wird die früh-harappische Epoche auch 'Kot Didschi-Zeit' genannt und die Keramik jener Tage dem 'kot-didschiischen Stil' zugeordnet (Abb. 7). Etwa gleichaltrig sind die Krüge, Schalen und Töpfe von *Amri* (Abb. 8), einem der ältesten Harappa-Orte, südlich von Moendscho Daro, oder von *Sarai Khola,* einer weiteren neolithischen Stätte bei Taxila, westlich von Islamabad, oder von *Balakot,* westlich von Karatschi, einem der vermutlichen Häfen jener Zeit entlang der Makran-Küste. Ob Balakot allerdings einer der Häfen der Indus-Mesopotamien-Route war, konnte bisher nicht nachgewiesen werden.

Weite Beachtung finden zur Zeit die Ausgrabungen von Professor FARZAND ALI DURRANI, Universität Peshawar, am mittleren Indus in *Rehman Dheri* und von Dr. M. RAFIQUE MUGHAL, Archaeological Department of Pakistan, in der Wüste um Bahawalpur, entlang der südöstlichen Grenze Pakistans mit Indien. Durrani hat in Rehman Dheri, 14 km nördlich von Dera Ismael Khan, Keramikscherben, Siegel und Dekorationsstile als 'spezifisch Rehman Dheri' definieren können. Sie lassen nur vage Assoziationen zu den Leitfunden der Früh- oder Haupt-Harappa-Zeit erkennen. Er grub Teile einer weiten Stadtanlage aus, deren damalige Bewohner ein archäologisch interessantes Eigenleben geführt haben müssen. Weitere überraschende Feststellungen: Sie besaßen bereits eine Schrift, die wir als eine Vorstufe der bisher noch nicht entzifferten Harappa-Schrift ansehen können. Hoffentlich liefert sie Anhaltspunkte, die späteren Schriftzeichen der Harappa-Kultur enträtseln und mit ihrer Hilfe dann auch einen tieferen Einblick in den Alltag jener Zeit werfen zu können.

Durrani hat also einen weiteren Kulturkreis entdeckt, der vermutlich vor Harappa existierte. Stellte er ein Bindeglied zwischen Belutschistan und Indus dar? Zwischen den Dorfkulturen und den städtischen Zentren Südasiens?

Radiokarbon-Daten haben seine Thesen bestätigt: Die beiden untersten, also ältesten Ausgrabungsschichten von *Rehman Dheri* gehen bis 3300 v. Chr. zurück, etliche Jahrhunderte bevor die urbane Phase der Harappa-Kultur begann. Sie zeigen Affinität zur Kot Didschi-Kultur. Erst die oberste, dritte Lage weist ferne Verwandtschaften mit der Harappa-Kultur auf. Nur die untersten Schichten von Moendscho Daro, die, wie gesagt, noch nicht freigelegt wurden, könnten weiteres über vor- oder früh-harappische Zusammenhänge am Indus berichten. Doch auch sie werden kaum die Bedeutung Rehman Dheris als Ort unabhängiger und daher so bemerkenswerter Stilelemente schmälern können. Stilelemente, die später die Entwicklung der Harappa-Zeit beeinflußt haben.

Wie eine Handvoll ausgestreuter Pfefferkörner sehen die Punkte auf einer Landkarte der Cholistan-Wüste südlich des Sutlej-Flusses aus, nahe der indischen Grenze. Sie markieren die bisher über 400 Ausgrabungsstätten im Raum von *Bahawalpur,* entlang dem ausgetrockneten Flußbett des Hakra, wo RAFIQUE MUGHAL ein mehrere hundert Kilometer langes Siedlungsgebiet aller Epochen der Harappa-Zeit und einer späteren freigelegt hat, große und kleine Orte, Einzel-Siedlungen und sogar nur zeitweilig benutzte Rastplätze, die auf das 4.–1. Jt. v. Chr. zurückgehen.

Unter ihnen fand Rafique Mughal 32 Siedlungen, die älter als die Harappa-Kultur sind. Mughal nennt ihre Zeit die 'Hakra-Epoche', gekennzeichnet durch die 'schwarze Keramik'. Hierbei fallen besonders die flachen Tonkrüge auf, noch handgeformt, deren Wände wie Krinolinen ausschwingen, mit schwarzen Hälsen, oft auch ganz schwarz getönt. Ihre Form eignet sich zum Tragen auf dem Kopf. Noch heute ist sie in Pakistans Dörfern beliebt.

Zum erstenmal taucht unter den Hakra-Stücken Keramik mit appliziertem Dekor auf: eingeritzte Strichbündel in schwungvollen Wellen oder sich kreuzenden Linien, die später auch in

HARAPPA: DIE ERSTE BÜRGERLICHE HOCHKULTUR

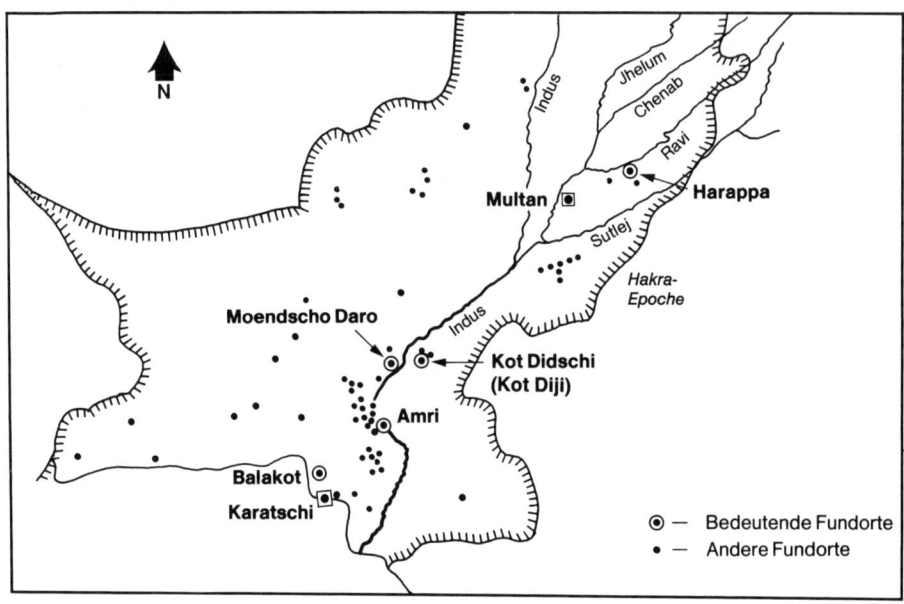

Fundorte der Harappa-Kultur in Pakistan

Jahilpur I und II (Kot Didschi-Zeit) wiederkehren. Zudem fand Mughal Gefäße, auf die eine Tonschicht plastisch-dekorativ aufgetragen war, eine Technik, die an das minoische Barbotine-Verfahren erinnert.

Diese Gegenstände aus den Tagen vor der Harappa-Zeit werden hoffentlich, koordiniert mit den seltsamen Funden in Rehman Dheri, noch manchen Hinweis auf den Lebensstil der vorstädtischen Phase im Indus-Tal vermitteln. Mughal grub auch mehrere tausend Jahre jüngere, aber nicht minder beziehungsreiche Stücke aus dem Wüstensand: sogenannte 'graue Keramik' der bisher noch kaum ergründeten Nach-Harappa-Zeit, der Zeit der Arier, Mitte des 2. bis Mitte des 1. Jt. v. Chr.

So lassen seit einigen Jahren viele Funde in Pakistan ein Bild der Vor- und Frühgeschichte der Harappa-Kultur entstehen. Wir sollten in diesem Zusammenhang auch noch *Kulli, Gomal, Loralai, Quetta* und – nochmals – *Mehrgarh* nennen. Vielleicht beantworten sie eines Tages auch die immer wieder gestellte Frage, aus welchen Quellen und Elementen die Indus- oder Harappa-Kultur sich so großartig entfalten konnte, wie wir nun sehen werden.

Im Mittelpunkt: Der Bürger

Wir können die klassische Harappa-Zeit getrost die erste bürgerliche Hochkultur nennen. Nichts deutet bisher auf ausgesprochene imperiale Züge hin, auf Despoten, die sich, wie zu jener

Zeit üblich, mit Monumentalbauten verewigen wollten, auf irgendeinen höfischen Luxus oder auf eine Kunst, die jemanden glorifizieren sollte. Zwar verleitet das weite Gebiet der Harappa-Kultur zu der Annahme, es könnte sich hier um ein »Indus-Imperium« gehandelt haben (PIGOTT, RAO). Aber nicht eine zentralistische, sich über alles hinwegsetzende Staatsgewalt hat hier geherrscht, sondern nur – oder sogar – ein Kulturbereich scheint dieses vielgestaltige Gebiet mit vermutlich mehreren Völkern und Sprachen vereint zu haben. Hierbei spielte die gemeinsame Schrift und Architektur und eine gemeinsame 'frühdemokratische' Gesinnung eine wesentliche Rolle. Und die Städte *Moendscho Daro* und *Harappa* waren vermutlich mehr koordinierende als regierende Zentren dieser Zeit.

Auch die über tausend Jahre verlaufende West-Ost-Bewegung der Harappa-Besiedlung – das gesamte Gebiet war also nie gleichzeitig von Menschen des Harappa-Kulturkreises bewohnt – spricht gegen die Theorie eines statischen »Indus-Imperiums«. Natürlich sorgten irgendwelche Institutionen für Ordnung und anscheinend längere Zeit auch für Ruhe, aber sie haben keine sonderlichen Merkmale hinterlassen.

Wenn wir die Harappa-Kultur eine 'bürgerliche' nennen, dann denken wir hierbei vornehmlich an die, heute sichtbare Form ihrer Urbanität und an das Baumaterial, den kleinen, unscheinbaren Ziegelstein, der einer großen, schöpferischen Epoche Ausdruck verlieh. Es war eine Epoche, die den Menschen nicht nur ihren Pflichten nachkommen ließ, wie vornehmlich im Vorderen Orient, sondern ihnen auch genügend Rechte verlieh, um ein freies Leben führen zu können.

Vor allem der Wohnbau, aber auch die Anlage der Städte zeigen immer wieder, wie maßgeblich der Bürger im Mittelpunkt des damaligen Denkens und Handelns gestanden hat: Mit dem leicht zu handhabenden Ziegelstein wurden, soweit bis jetzt festgestellt, vornehmlich Bauten errichtet, die für den 'Bürger' gedacht waren, gemütliche Wohnhäuser, breite Straßen, weitverzweigte Kanalisierungssysteme (Abb. 9–12). Auch deutet der Ziegel als präfabriziertes Bauelement darauf hin, daß hier offensichtlich bereits die Notwendigkeit erkannt worden war, rationell zu arbeiten, im Gegensatz etwa zu Ägypten, wo Kolonnen namenloser Arbeiter und Sklaven tonnenschwere Steinquader zum Bau von Pyramiden und Tempeln transportieren mußten. Zur Harappa-Zeit scheinen bereits selbstbewußte Handwerker individuell an die Arbeit gegangen zu sein, Meister ihres Fachs, die verstanden, mit dem Ziegel umzugehen, wie Brunnen-, Abfluß- und Gewölbekonstruktionen zeigen.

Der Ziegel im Indus-Tal besaß übrigens schon vor 5000 Jahren die gleichen Proportionen (1:2:4) und ähnliche Maße (von $6 \times 12 \times 24$ bis $8 \times 16 \times 32$ cm) wie heute. Es habe eine regelrechte »Ziegel-Euphorie« geherrscht, schreibt Dr. MICHAEL JANSEN, vom Lehrstuhl für Denkmalpflege und Baugeschichte der TH Aachen. So versuchen Archäologen – diese Euphorie vor Augen – heute noch zu erklären, warum z. B. der markante, etwa 10 m hohe Hügel von *Moendscho Daro*, auf dem die sogenannte 'Zitadelle' steht, kompakt aus gebrannten Ziegeln errichtet wurde. Als Ende des vergangenen Jahrhunderts am Ort *Harappa*, etwa 500 km nordöstlich von Moendscho Daro, die Hügel über den Ruinen als willkommene 'Ziegelstein-Haufen' für Bahnarbeiten 'abgebaut' wurden, konnte mit dem ehrwürdigen 5000 Jahre alten Material eine 150 km lange Schienenstrecke befestigt werden.

HARAPPA: DIE ERSTE BÜRGERLICHE HOCHKULTUR

Warum das Harappa-Volk so verschwenderisch mit den Ziegeln umgegangen sind, bleibt vorerst noch eines der vielen Rätsel, die sie uns aufgegeben haben. Erstaunlich vor allem, weil es sich nur zu oft um gebrannte Ziegel handelt, wo luftgetrocknete ausgereicht hätten. Woher haben sie all das Holz genommen, um ihre Zweikammer-Brennöfen zu heizen? Der Baumbestand wird damals sicherlich dichter gewesen sein als es die heute etwa um Moendscho Daro spärlich wachsenden Tamarisken vermuten lassen. Aber um diese Unmengen von Ziegeln brennen zu können, müssen weite Kahlschläge das Land 'verwüstet' und somit zur Erosion geführt haben.

Dieser 'Ziegel-Euphorie' war aber die bedeutendste Kultur-Tat der Harappa-Zeit zu verdanken: Zum erstenmal wurde der gebrannte Ziegel als Baumaterial für 'Bürgerhäuser' verwendet, die zum Nutzen und zur Freude des 'kleinen Mannes' errichtet wurden. Am Indus hatte also das Praktische, Lebensnahe mit all seinen technischen und sozialen Auswirkungen ein neues Lebensgefühl entstehen lassen, sehr im Gegensatz zu der architektonisch versinnbildlichten Weltanschauung am Nil und Euphrat mit ihren damals und auch später oft unpraktischen und selbst unmenschlichen Begleiterscheinungen.

Sicher, auch die frühen Ägypter bauten bereits mit ungebrannten und die Sumerer sogar mit gebrannten und schon glasierten Backsteinen. Aber in diesen beiden Kulturkreisen entstanden Großbauten, auch jene aus Ziegeln, noch in der Tradition der steinzeitlichen, also vorgeschichtlichen Entwicklungsstufe der Menschheit, als das Mythische im Mittelpunkt des Lebens stand. Der Ziegel wurde nur für den jeweiligen Thron der Götter oder für andere, bürgerferne Prachtbauten benutzt. Der gewöhnliche Städter dagegen, wie aus Sumer bekannt, mußte mit einer Hütte vorlieb nehmen, die aus Schilf geflochten und mit Lehm abgedichtet war. Zu dieser Zeit bauten sich die Harapper in den Städten bereits geräumige und wetterfeste Backsteinhäuser.

Sanitäre Anlagen wie heute

Nirgends am Nil oder am Euphrat haben wir auch so raffiniert durchdachte sanitäre Anlagen gefunden, wie hier am Indus. Noch heute, nach 5000 Jahren, würde ein Großteil der Weltbevölkerung die Harappa-Kultur um diese Errungenschaften beneiden. So erfreute man sich bereits eines bequemen, aus Ziegelsteinen gefertigten Sitzklosetts. Und wie heute gehörte dieser körperfreundlich gemauerte Platz zu einem Badezimmer oder zumindest zu einem Badeplatz, dessen Ziegelsteinboden mit leichtem Gefälle zum Abfluß angelegt war. Wir können sogar von einem 'Duschraum' sprechen, denn an einigen Badeplätzen wurden vier- bis fünfstufige Treppen gefunden, von denen herab der Badende vermutlich mit Wasser übergossen wurde. Er konnte also genießerisch eine Vollbrause aus dem Schöpfpott erleben, wie heute noch in Birma und Thailand.

Dieser Genuß wurde noch durch die beruhigende Tatsache erhöht, über ein stadtweites System der Entwässerung zu verfügen. Die Toiletten und Badeplätze eines jeden Hauses lagen zur Straßenseite hin, damit ihre Abwässer in diese, für damalige Verhältnisse genial durchkonstruierte Kanalisation geleitet werden konnten oder in riesige Tonkrüge, die regelmäßig geleert

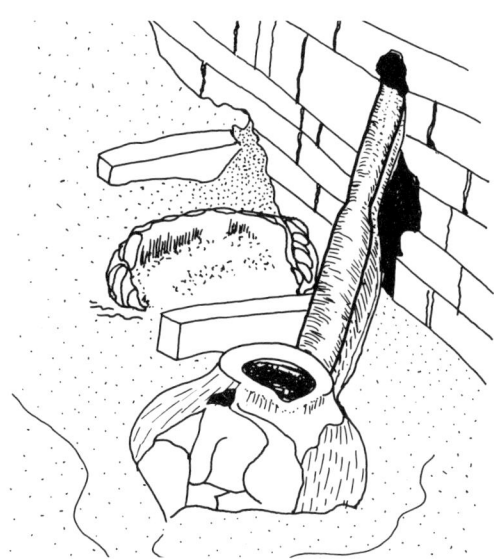

Moendscho Daro: Tonkrug als Auffangbehälter für Abwässer

wurden. Offensichtlich vermieden es die Harapparer, das Abwasser versickern zu lassen, um das Brunnenwasser nicht zu verseuchen.

Bei den Hausabflüssen begegnen wir übrigens einem weiteren, diesmal technischen 'Weltrekord': den ersten ineinandersteckbaren Tonrohren. Sie leiteten die Abflüsse vom Haus in den Kanal oder Tonkrug. Ihre Endstücke waren mit Muffen versehen, so daß sie, wie heute noch, beliebig aneinandergereiht werden konnten. Es wurden 60 cm lange Rohre mit einem Durchmesser von 15 cm gefunden. Sie »stellen, wie die Ziegel, ein durchrationalisiertes, präfabriziertes Element dar, das beliebig addiert werden konnte« (JANSEN). Die ansonsten bekannten ältesten Tonrohre stammen aus späterer Zeit, etwa 2000 v. Chr. Doch sie hatten keine Muffen. Noch tausend Jahre später werden auf einem Bild im hochentwickelten Ägypten Bambusrohre dargestellt.

Halten wir uns an die Auffassung, eine Zivilisation sei an der Fähigkeit zu erkennen, in gesteigerter Weise die Umwelt zu beherrschen (BAYER) und vertreten wir die Ansicht der Anthropologen, sie stelle einen bestimmten Grad der kulturellen Entwicklung dar, so sollten wir, wie es leider nur zu oft geschieht, nicht zögern, die Harappa-Zeit mit all ihren Errungenschaften eine Zivilisation zu nennen. Diese Asiaten erdachten damals technische, landwirtschaftliche und soziale Einrichtungen, die noch heute unser Leben erleichtern.

Das führt uns zu noch einem 'Weltrekord': Den erstmaligen Bau des bereits erwähnten Kanalsystems, auch erstmalig in diesem Umfang und mit dieser technischen Akribie angelegt. Die Harapper, wie vor allem in Moendscho Daro ersichtlich, zeichneten sich durch einen ausgesprochenen Hang, wenn nicht gar Drang, zur Reinlichkeit aus. Ob es sich dabei nur um prosaische Körperpflege oder religiöse Seelenpflege handelte, konnte bisher noch nicht festgestellt werden. Noch heute spielt das Wasser, als Urelement, aus dem die Welt und die Men-

HARAPPA: DIE ERSTE BÜRGERLICHE HOCHKULTUR

schen entstanden sind, im Hinduismus eine große Rolle. Wasser war genügend vorhanden. Der unmittelbar an der Stadt vorbeifließende Indus lieferte es und auch die zahlreichen Brunnen, für deren hohen Wasserspiegel der Indus kommunizierend sorgte.

Meistens besaßen drei Hauseinheiten einen Brunnen. Wohlhabendere oder sozial höherstehende Familien konnten sich einen eigenen im Inneren ihres Hauses erlauben. Die Brunnen wurden mit äußerst präzisem Mauerwerk angelegt (Farbt. 2), wofür, als weitere bautechnisch wichtige Erfindung, der keilförmige Ziegel verwendet wurde. »Er scheint speziell für den Brunnenbau entwickelt worden zu sein«, vermutet JANSEN.

Die überraschend vielen Brunnen und der offensichtlich verschwenderische Wasserverbrauch in jedem Haus erforderten also ein zügiges Entwässerungssystem, wie es nach bisherigen Feststellungen in dieser Perfektion weder in den anderen beiden Frühkulturen noch in

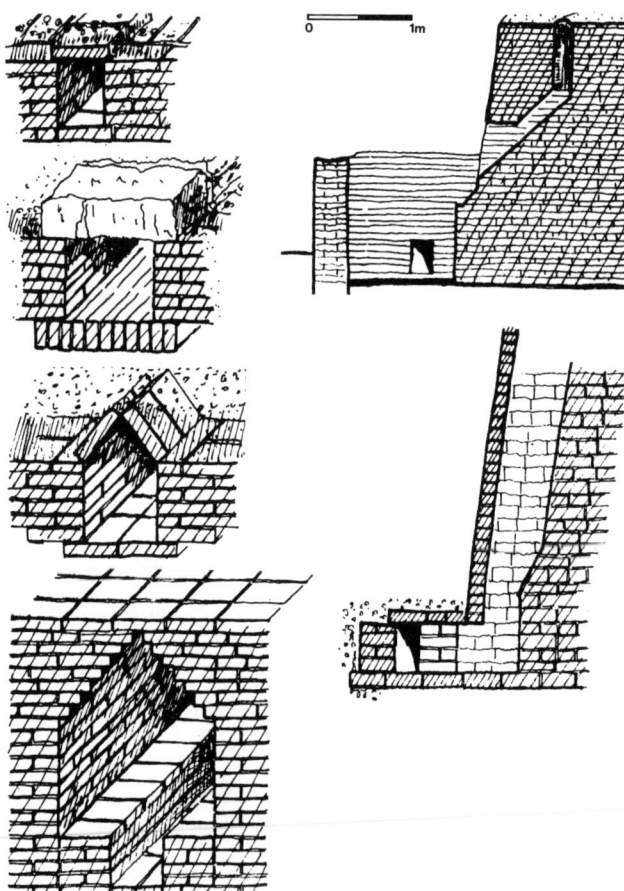

Moendscho Daro:
Kanalprofile und
Hausanschlüsse

späteren Hochkulturen der vorchristlichen Zeit angewendet wurde. Die Kanäle zogen sich oft einen halben Meter unter der Straßenoberfläche an den Häuserfronten entlang, mit einem durchschnittlichen Gefälle von 2%. Sie waren teils mit größeren Ziegeln oder breiteren Kalkbruchsteinen lose überdeckt, so daß sie jederzeit gereinigt werden konnten. Vermutlich leiteten sie die Abwässer in den Indus (Abb. 10).

Ein bautechnisches Meisterwerk stellen die vollständig unter der Straße angelegten Hauptkanäle dar. Sie waren verschieden hoch, so daß ein ausgewachsener Mann entweder gebückt oder aufrecht hindurchgehen konnte, und mit einem stabilen Kraggewölbe überdeckt. Durch den 0,8 m breiten Kanalboden zog sich eine Abflußrinne mit einem etwa 25 cm breiten Laufsteg an beiden Seiten für die Kanalarbeiter. Wenn starke Fluten einsetzten, diente vermutlich der ganze Kanal mitsamt Laufstegen als Abfluß.

Selbst an Vorbeugemaßnahmen gegen zu schnelles Verschlammen war gedacht: In notwendigen Abständen waren Kammern eingebaut. Das Wasser füllte den mit Ziegeln gemauerten Schacht und floß wieder ab, so daß die Schwebestoffe Zeit hatten, unterdessen nach unten zu sinken. Über eine Treppe wurde die Entschlammungsanlage dann gereinigt und die Holzplanken als Abdeckung wieder über die Grube geschoben.

Die Behausungen der Harappa-Kultur

Die Häuser der Harappa-Gemeinschaft vermitteln, soweit sie rekonstruiert werden konnten, zwar nicht ein solch vielsagendes Charakteristikum dieser Zeit wie die sanitären Anlagen.

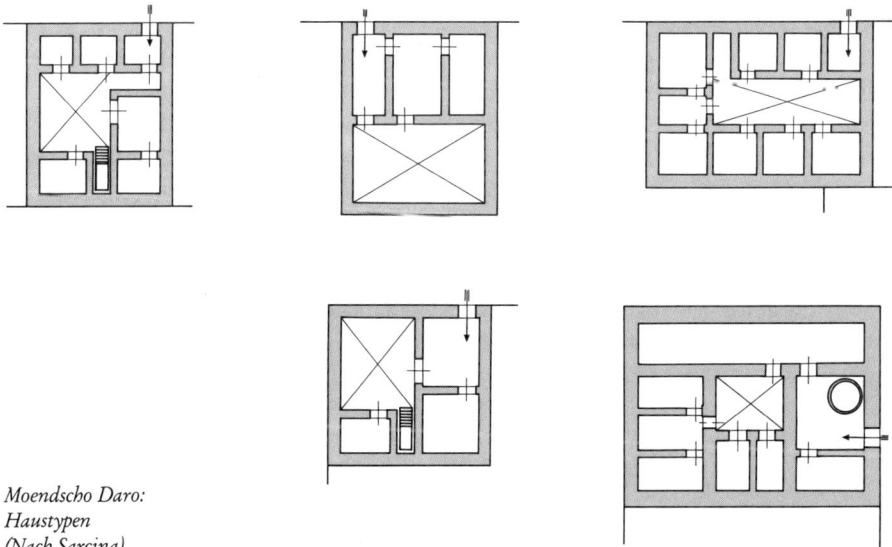

Moendscho Daro:
Haustypen
(Nach Sarcina)

HARAPPA: DIE ERSTE BÜRGERLICHE HOCHKULTUR

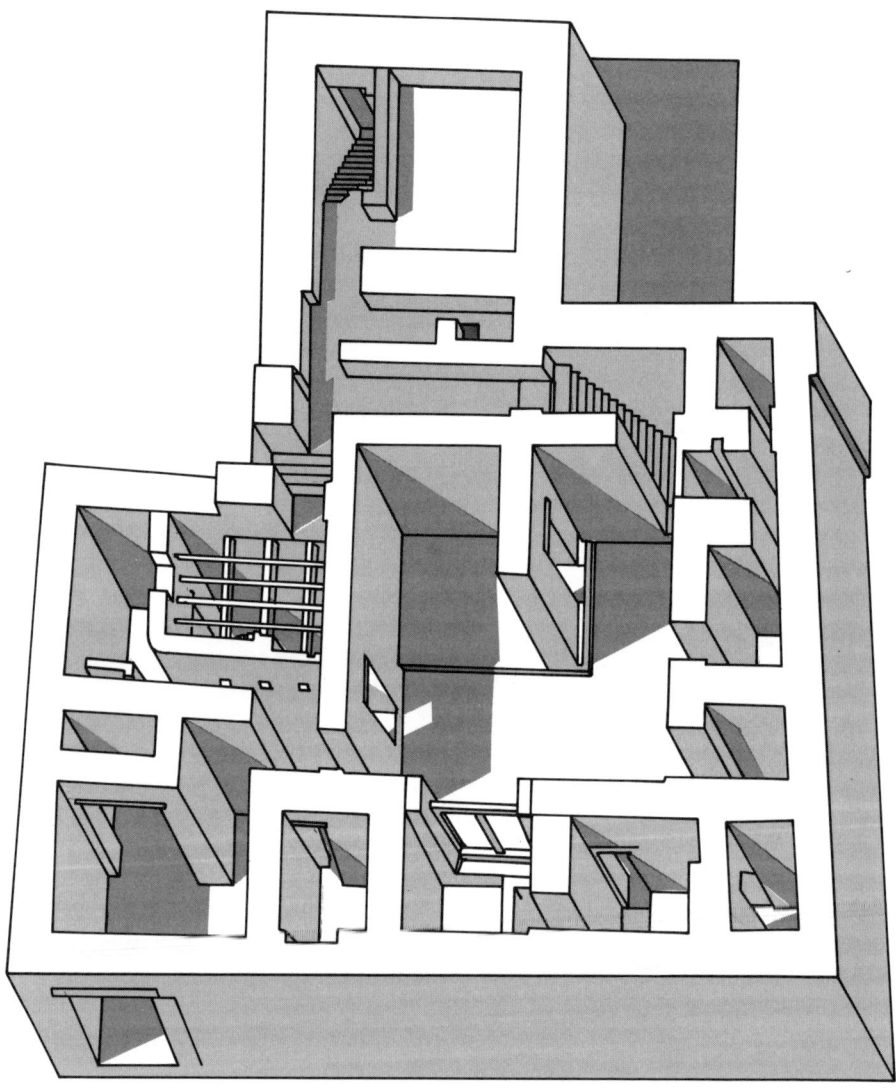

Moendscho Daro: Isometrische Rekonstruktion eines Hauses. (Nach Marshall 1931, Pl. IV)

Aber auch sie stellten, im Vergleich zu Mesopotamien und Ägypten, etwas Besonderes dar. Denn wir können hier von einer ausgesprochenen Wohnkultur oder Wohnzivilisation des zumindest städtischen Bürgers sprechen, einer Wohnkultur, die wir trotz der intensiveren Ausgrabungen im Nahen Osten bisher nirgendwo feststellen konnten.

Etwa 80 Prozent der in *Moendscho Daro* ausgegrabenen Häuser waren Wohnquartiere. Von 112 vermessenen Einheiten hatten 55 Häuser eine Wohnfläche von 50–100 m². Fünfzig maßen 100–150 m² und sieben sogar 210–270 m² (SARCINA, von JANSEN zitiert). In einem anderen Stadtteil anscheinend ärmerer Bewohner standen kleinere, zweiräumige Häuser. Fast alle Häuser zeigen den heute noch typischen orientalischen Grundriß eines mehr oder weniger zentralen Innenhofes, von dem aus man in die angrenzenden Zimmer gelangen konnte. Als Hauseingang führte oft ein schmaler, geknickter Vorraum nach innen, so daß der Passant keinen Blick in das häusliche Leben werfen konnte.

Auch diese Zahlen verraten den bürgerlichen Stil der Harappa-Kultur. Ähnlich sieht es in anderen Orten dieser Epoche aus. Auch in *Harappa*, und im indischen *Surkotada* oder *Lothal* hatte der Bewohner seinen eigenen Alltag eingerichtet und dabei einen bemerkenswerten Gemeinschaftssinn entwickelt, vor allem, wenn es sich um kollektive Maßnahmen handelte. So können wir uns auch die Entstehung der weitverzweigten Entwässerungsanlagen erklären, die nur mittels wohlorganisierter Bürgerinitiativen gebaut werden konnten.

Der Zitadellen- oder Stupa-Hügel

Drei Komplexe dominieren in *Moendscho Daro:* Der bereits erwähnte Zitadellen- oder Stupa-Hügel, das 'Große Bad' und die sogenannten 'Kornspeicher'. Der Zitadellen-Hügel (Abb. 11) wird von dem weithin sichtbaren, runden Stumpf einer Stupa gekrönt, eines buddhistischen Denkmals aus der Kuschana-Zeit (1.–5. Jh. n. Chr.). Zusammen mit dem Hügel und einigen nahen Ruinen ist er zu einem optisch verständlichen, vom Motiv her aber unlogischen Wahrzeichen Moendscho Daros geworden. Unlogisch, weil die buddhistische Ära im Gebiet des heutigen Pakistan zweieinhalb Jahrtausend jünger ist als die Harappa-Zeit. Beide Epochen haben also wahrhaftig nichts miteinander zu tun.

Die Buddhisten bauten ihre Klöster und religiösen Gedenkstätten mit Vorliebe auf Bergen und daher hier im Indus-Tal auf den Ziegelsteinhügel von Moendscho Daro. Diese etwa 10 m hohe Erhebung im Ruinen-Stadtbild wird auch 'Zitadelle' genannt. Es ist ein archäologischer Arbeitstitel. Denn noch ist nicht bekannt, ob diesen Hügel, dessen Ebenbilder wir übrigens auch in anderen Stätten der Harappa-Kultur finden, eine Befestigung krönte, ein Herrensitz oder ein religiöses oder gar theokratisches (Priesterkönig?) Bauwerk.

Soviel aber können wir schon sagen: Es stand kein Monumentalbau irgendwelcher Art auf diesem Hügel. Sollte er damals eine weltliche oder religiöse Repräsentanz zum Ausdruck bringen, so ist er, denken wir an den allgemeinen Baustil und die Baupraktiken Moendscho Daros, höchstens mit dem Bürgermeisteramt einer wohlsituierten Kleinstadt zu vergleichen.

Es war auch dieser Hügel mit der Stupa, der 1922 die Archäologen SIR JOHN MARSHALL und R. D. BANERJEE veranlaßte, hier zu graben. Sie fanden ähnliche Stücke, vor allem Keramik und Siegel, wie im Ort Harappa.

Und damit begannen die ersten Ausgrabungen des, wie sich später herausstellte, 54 ha großen Stadtbezirks, in dem einstmals vermutlich 30 000–35 000 Menschen lebten. 1,75 Millionen sollen es im gesamten Gebiet der Harappa-Kultur gewesen sein.

HARAPPA: DIE ERSTE BÜRGERLICHE HOCHKULTUR

Das 'Große Bad'

Das 'Große Bad' im Schatten des Zitadellen- oder Stupa-Hügels ist wohl das bemerkenswerteste, bisher freigelegte Bauwerk der Harappa-Zeit (Farbt. 3; Abb. 11). Es liefert uns weitere Hinweise auf die hochentwickelte Bautechnik der damaligen Zeit und wiederum auch auf das physisch oder religiös motivierte Reinlichkeitsbedürfnis der Indus-Bewohner.

Das 12 × 7 m große Becken, in das zwei breite Treppen hinabführen, war von Säulenreihen, Wandelgängen und anschließenden Wasch-, Umkleide- oder Andachtsräumen verschiedener Größe umgeben. Als Badeanlage können wir diesen aufwendigen Bau, im Gegensatz zu den anderen Bauten der Harappa-Kultur, monumental nennen. Die Säulen deuten darauf hin, daß die weiten Wandelgänge mit einer heute unbekannten Konstruktion überdacht waren. Die 52 × 32 m große Anlage vermittelt den Eindruck eines rituellen Ortes, denn nach allem zu urteilen, was die Harappaer ihrer Nachwelt hinterlassen haben, waren sie viel zu nüchterne Menschen, um einen profanen Platz so luxuriös auszustatten.

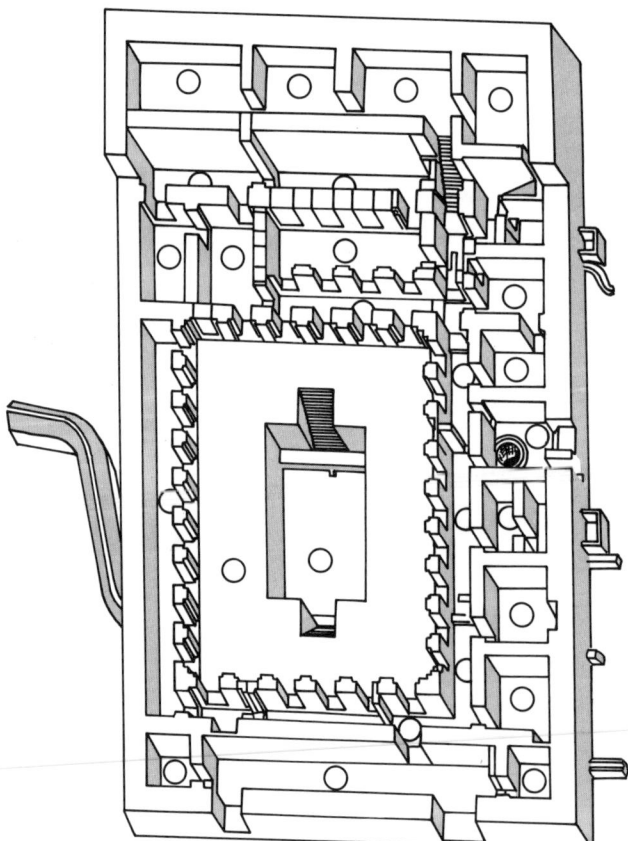

Moendscho Daro: Das 'Große Bad'. (Rekonstruktion nach Marshall)

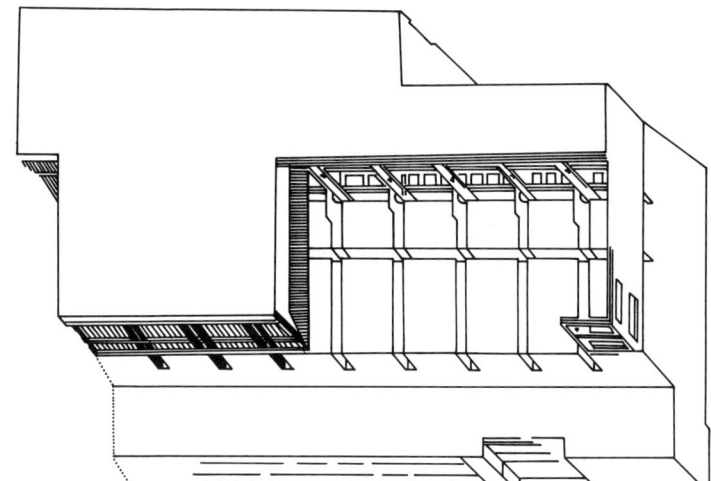

Moendscho Daro: Der sog. 'Kornspeicher'. (Rekonstruktion nach Wheeler). Vgl. dazu den 'Kornspeicher' in Harappa, Abb. 21

Schon damals wußte man mit erstaunlichen Kenntnissen das Problem zu lösen, ein solch riesiges Bassin wasserdicht anzulegen. MICHAEL JANSENS Aufzeichnung liest sich wie die Beschreibung einer höchst modernen Badeanlage: »Die Beckenwand besteht aus einer 1,40 m starken Ziegelwand, deren Ziegel zum Beckeninnern so exakt geformt und verlegt sind, daß die Fugen nur noch als Linien erkennbar sind. Danach folgt eine etwa 2,5 cm starke Bitumendichtung, die gesamte Schale umschließend. Sie wird vor Schrumpfung geschützt durch eine 0,5 m starke weitere Ziegelschale, die bis zur äußersten, etwa ein Meter starken Ziegelsteinschale mit etwa 55 cm gestampftem Lehm hinterfüllt ist« (›Architektur in der Harappakultur‹, Bonn 1979). Das Becken wurde mühselig mit dem Wasser eines auf dem Badegelände ausgeschachteten Brunnens gefüllt.

Die heute sichtbare Anlage wurde zum größten Teil nach der Rekonstruktion von SIR JOHN MARSHALL restauriert. Ihre außergewöhnlichen, fast festlichen Dimensionen sind auch an den Ausmaßen des Kanals zu erkennen, in den das Wasser des Badebeckens abfloß. Er war kunstvoll gemauert und so geräumig, daß auch hier ein ausgewachsener Mann aufrecht durch das unterirdische Gewölbe des Kanals gehen konnte.

Der 'Kornspeicher'

Bisher waren wir gewohnt, eine 50 × 27 m große Ziegelsteinstruktur – ebenfalls in der Nähe des großen Hügels – 'Kornspeicher' zu nennen. Sie sieht wie eine massive, von tiefen linearen Einschnitten durchzogene Plattform aus. SIR MORTIMER WHEELER, der wohl bekannteste und fleißigste Moendscho Daro-Archäologe, hatte sie als hochgebautes Fundament eines Kornspeichers bezeichnet, mit vielen, durch die Einschnitte unterteilten, rechteckigen Lagerräumen.

HARAPPA: DIE ERSTE BÜRGERLICHE HOCHKULTUR

Von dieser Vorstellung geleitet, zeichnete er eine entsprechende Rekonstruktion mit Lüftungsanlagen, Ladeplattformen und einem mächtigen Dachwerk, die wir nun in allen Moendscho Daro-Veröffentlichungen finden und auch in plakativer Pracht als Wandgemälde im Eingang zum *Moendscho Daro-Museum* vor Ort. Seine Theorie erhält Farbe durch die Tatsache, daß auch in *Harappa* und in dem weit südlich, im heutigen Indien, am Golf von Cambay gelegenen *Lothal*, ähnliche Massivstrukturen entdeckt wurden, denen die gleichen Funktionen zugeschrieben werden.

Doch die archäologischen Beweise seien noch zu gering, um eine solche bedeutende Hypothese, es handele sich um eine zentrale Kornspeicherung, beweisen zu können, behauptet der archäologisch orientierte Architekt MICHAEL JANSEN. Kühl analysiert er in der Wüstenhitze die Fundstellen. Er verzichtet hierbei auf die Arbeitsweise mancher Archäologen, sich nach der subjektiven Auswertung der ersten Fundstücke bereits eine feste Ansicht zu bilden und mit dieser nun vorgefaßten Meinung dann weiter zu graben und weiter zu definieren. Jansen hat diese massive Struktur, die von Wheeler nie veröffentlicht wurde, neu vermessen und fotografiert.

Und mit diesen Methoden glaubt er auch nachweisen zu können, daß Sir Mortimer Wheeler bei seiner Kornspeicher-Interpretation von nicht zutreffenden Voraussetzungen ausgegangen sei und vorhandene Fakten, die gegen seine Kornspeicher-Theorie sprechen, nicht berücksichtigt habe: Die Lage und Funktion der Mauerschlitze, ein teilweise falscher Grundriß, eine Fehldarstellung der bewohnten Umgebung des Bauwerks usw.

Dank seiner modernsten Forschungspraktiken resümiert Jansen: »Die exponierte Lage dieser Struktur, die Masse des verbauten Materials (etwa 4 Millionen meist gebrannter Ziegel) und die Klarheit ihrer Formen« unterscheide dieses Bauwerk wesentlich von den anderen Bauten in Moendscho Daro. Ob es sich aber um einen großen, wirtschaftlich so wichtigen Kornlager-Komplex gehandelt haben mag, ist aus dem bisherigen Kontext nicht zu ersehen. Ebenso fehlen auch die Beweise, ihn in unmittelbarer Nähe des 'Großen Bades' sowie einiger vermutlicher 'Priesterbäder' als einen Ritualplatz zu interpretieren, da der archäologische Befund nicht mehr rekonstruiert werden kann.

So sollten wir auch die ähnlichen Strukturen in den Städten *Harappa* und *Lothal* nicht mehr mit aller Bestimmtheit als Kornspeicher (Harappa) oder Lagerhaus (Lothal) ansprechen, zumal sich der angebliche Kornspeicher von Harappa am Rawi-Fluß außerhalb der Stadtmauer befand, also als 'Schatzkammer' ungeschützt gegen Plünderer und Rawi-Fluten im Niemandsland gelegen hätte, sagt Jansen.

Die Rätselwelt der Indus-Schrift

Die vielen Siegel – in Moendscho Daro wurden alleine über tausend gefunden – führen uns zum kulturellen Klima der damaligen Zeit. Auf diesen 3 × 3 bis 10 × 10 cm großen und höchstens 2 cm dicken Speckstein-Plättchen stellt sich eine bisher noch rätselhafte Welt dar: Vor allem Tiere aller Art, realistische oder Fabelwesen, über oder neben ihnen die kraftvolle Indus-Schrift und dazu hin und wieder geheimnisvolle Gegenstände vermutlich rituellen Charakters. Das

Steatit-Siegel aus Moendscho Daro: links Fabelwesen, rechts 'Einhorn'

Rind ist am häufigsten abgebildet. Es scheint hier seine mythische Durchgangsphase zu erleben, von der gewissermaßen heraldischen und religiös mystifizierten Figur im Nahen Osten, etwa in Sumer, Elam und auf dem minoischen Kreta, bis hin zum hochverehrten Symbol des Göttlich-Mütterlichen in Indien.

Auf einigen Siegeln erscheint ein Einhorn mit allen Zeichen des Rindes. Das eine Horn ist vermutlich nur der konsequenten Profil-Darstellung zu verdanken. Ähnliche Perspektiven sehen wir ja auch bei den Stieren auf einigen Rollsiegeln der mesopotamischen Dschemdet-Nasr-Periode (etwa 3000 v. Chr.) oder bei der Stier-Abbildung auf dem Ischtar-Tor von Babylon (Mitte des 1. Jt. v. Chr.).

Diese kleinen Siegel bersten schier vor Informationen. Das ganze Seelenleben der Harappa-Kultur scheint sich hier im negativen Flachrelief widerzuspiegeln. Aber alles bleibt rätselhaft, solange wir die Schrift nicht lesen, ihre Sprache nicht verstehen können. Jahrzehntelanges Bemühen (Parpola, Knorozov, Rao, Fairservis) blieb bisher ergebnislos.

Der finnische Sanskrit-Forscher und Epigraphiker ASKO PARPOLA hat mit Hilfe des Computers festzustellen versucht, wie oft und in welchem möglichen Kontext die rund 400 bisher bekannten Zeichen vorkommen und welcher Sprache sie Ausdruck verliehen haben. Leider bestehen keine zwei- oder mehrsprachigen Inschriften, um die vergleichende Methode anwenden zu können, wie etwa an der Myazedi-Stele in Pagan (Zentral-Birma), die dank ihres Textes in vier Sprachen zur ältesten Kunde der birmanischen Schrift und Sprache wurde. Die Indus-Inschriften sind meist sehr kurz, nicht länger als fünf Zeichen. Sie scheinen sich oft, mit geringen Varianten, zu wiederholen. Auch dies könnte ein Ansatzpunkt für eine strukturelle Analyse und eine hierauf ausgerichtete, vergleichende Entzifferungstechnik werden, meint Professor Parpola optimistisch.

Einen anderen Weg hat Professor KNOROZOV vom Ethnographischen Institut der Akademie der Wissenschaften der UdSSR eingeschlagen. Auch er befragt den Computer mit dem Resultat, daß er 62 'Basiszeichen' der Indus-Schrift feststellen konnte. Diese hat er nach weiteren piktographischen und ideographischen Untersuchungen auf 22 Symbole reduziert, die angeblich merklich zu Schriftzeichen tendieren. Nun versucht er, sie zu alphabetisieren. 17 dieser

Zeichen, so berichtet AHMED SALIM, korrespondieren angeblich mit semitischen, vor allem phönizischen Schriftzeichen.

Schließlich haben indische Zeitungen Anfang 1981 berichtet, dem indischen Harappa-Experten S. R. RAO sei eine Entzifferung gelungen. Wir konnten bisher allerdings keine entsprechende Fachveröffentlichung feststellen.

Der amerikanische Anthropologe WALTER FAIERSERVIS definiert laut ›Spiegel‹ (18, 1983) die Tierdarstellungen als heraldische Sippenzeichen der jeweiligen Siegelträger. Er behauptet, etwa ein Viertel der Schriftzeichen entziffert zu haben. Sogar Namen glaubt er lesen und daraus unter anderem schließen zu können, daß damals auch Frauen bereits einflußreiche Positionen bekleidet haben.

Welche Sprache?

Das Indus-Volk hätte drawidisch oder proto-drawidisch gesprochen, hieß es bisher, eine Sprache, die (mit dem Volk?) vermutlich nach kontinentalweiter West-Ost-Wanderung jetzt noch in den meisten Gebieten Süd-Indiens und in einer Enklave im pakistanischen Belutschistan (Brahui) vorkommt.

Auch ASKO PARPOLA vertritt diese Ansicht: Die Analysen der Indus-Schrift ließen – wenn vorerst auch nur vage – einige typologische Eigenarten erkennen, sagt er, die auf eine Sprache hinweisen, deren Artikel nicht selbständig angewandt werden, sondern – wie im Lateinischen – als Vor- oder Nachsilbe des Substantivs erkennbar seien. Als eine solche agglutinative Sprache habe vor 3000 Jahren im indischen Großraum nur das Drawidische bestanden. Auch sei der bemerkenswerte Einfluß auffallend, den die drawidische Sprache (Lehnwörter, Laute und Lautgruppen, Satzbau) auf die indo-arische Literatur Ende des 2. Jt. v. Chr. im Norden des Indus ausgeübt habe.

Steatit-Siegel aus Moendscho Daro: 'Herr der Tiere', Vorläufer des Gottes Schiwa?

Und schließlich weist Parpola auf »Me-luh-ha« oder »Me-lah-ha« hin, den sumerischen Namen für die Indus-Kultur und ihre lange Küste am Arabischen Meer, heute 'Makran' genannt. Er leitet diesen Namen vom drawidischen *Mel-akam* ab, »das Land, die Wohngegend *(akam)*, da oben *(mel-u)*«. Auch GEOFFREY BIBBY erwähnt diesen sumerischen Namen im Zusammenhang mit Dilmun, der frühen Hochkultur auf Bahrain, die ihren Reichtum vornehmlich dem Handel der Menschen vom Indus mit Sumer zu verdanken hatte.

Andere, unter anderem Pakistans bedeutendster und vielseitigster Historiker, AHMAD HASAN DANI, wollen das Feld nicht nur den Drawiden überlassen. Die Harappa-Kultur könnte auch auf austro-asiatisch, altaisch, sumerisch oder elamisch sprechende Menschen zurückgehen, meinen sie. Sogar die Bruschäski-Sprache wird genannt, mit der sich heute nur noch die Hunzas, Nagiers und Yasins in der Eis- und Schneewildnis des Karakorum identifizieren. Warum, fragt Professor Dani, haben die Drawiden oder die nur drawidisch sprechenden Völker auf ihrem späteren Zug nach Südosten außer ihrer Sprache nicht das geringste andere Element der angeblich von ihnen gegründeten Hochkultur am Indus mit nach Süd-Indien genommen?

Woher kam das Indus-Volk?

Haben die Drawiden wirklich keine Indus-Merkmale nach Indien mitgenommen? Als im 4. Jt. v. Chr. der erste gewaltige Völkerstoß aus Zentralasien, vermutlich aus Turkestan, Menschenmassen nach Kreta, Mesopotamien und Indien in Bewegung setzte (SCHEFOLD), sind nach einer weit verbreiteten Theorie auch Drawiden oder drawidisch sprechende Völker gen Osten gezogen. Ihre Sprache soll mit dem Elamischen in Südwest-Persien verwandt gewesen sein. Sie verließen eine Gegend, wo seit Jahrtausenden die Verehrung der 'Muttergottheit' ein dominierendes Element in den meisten Religionen (VON REDEN) gewesen ist. Und sie nahmen diesen Glauben mit auf ihre Wanderung.

Auch die Indus-Kultur kannte, wie viele Figurinen zeigen, diese Verehrung der Muttergottheit, diese vermutlich erste religiöse Regung der Menschheit. Es liegt also nahe, daß es Drawida waren, die diese Tradition aus dem Westen und aus Belutschistan mitgebracht und sie, wie ihre Sprache, an die sicher vielrassische Bevölkerung am Indus weitergegeben haben. Und was nahmen sie vom Indus nach Süd-Indien mit?

Diese Frage beantwortet vermutlich ein Siegel (s. S. 34). Es zeigt offensichtlich eine Gottheit, mit einem gehörnten Tierkopf auf einem menschlichen Körper. Sie sitzt mit untergeschlagenen Beinen, dem späteren Lotussitz der meditierenden Hindu und Buddhisten, auf einem Wolken(?)-Thron, umgeben von Tieren, unter ihnen auch ein Bulle. In dieser ikonographischen Konstellation hat die im Mittelalter in Süd-Indien weit verbreitete Sekte der Paschupata Gott SCHIWA dargestellt. »Paschupati« nannten sie ihn, den »Herrn der Tiere«. Zu ihm gehörte sein Reittier, der heilige Bulle »Nandi«. Sein Symbol ist der Lingam, das bereits während der Indus-Zeit oft dargestellte Phallus-Zeichen für Kraft und Potenz, sowie sein zweites Ich, die SCHAKTI, seine Mit-Göttin, seine Energie.

Vor allem um die Schiwa-Schakti, die in vielfacher Gestalt auftritt, haben sich eigene und sehr intensive matriarchalische Kultformen entwickelt (Kali, Durga, Parwati). Sie tragen deutliche

Spuren der älteren Magna-Mater-Religionen des Vorderen Orients und des Mittelmeerraums. Dieser Zug des Schiwa-Hinduismus unterscheidet sich deutlich von der Verehrung des patriarchalisch empfundenen Hindu-Gottes WISCHNU, der sich aus der männlich-heldischen Gestalt des INDRA entwickelt hat.

So liegt es nahe, Elemente des Schiwaismus mit den mythischen Vorstellungen der Indusgemeinschaft in Verbindung zu bringen und die Ideen des Wischnuismus auf ihre Nachfolger im heutigen Pakistan zurückzuführen, auf die wedischen Arier, bei denen der Indra-Kult eine große Rolle gespielt hat, wie wir noch sehen werden. Warum sollen es also nicht die Drawida gewesen sein, die auf ihrem Zug nach Süd-Indien die matriarchalischen Züge der Indus-Religion und der späteren Schiwa-Verehrung nach Indien gebracht haben? Auch andere Siegel erlauben ähnliche Rückschlüsse.

Weite Handelsverbindungen

Die nüchternen, sehr auf Handel, Landwirtschaft und zweckmäßiges Bauen ausgerichteten Harapparer offenbaren sich auch in ihrer Kunst oder besser: in der Tatsache, neben den vielen praktischen Dingen nur wenige Schöpfungen ihrer Kunst hinterlassen zu haben. Wir wissen, daß eine florierende Landwirtschaft und günstige Verkehrsverhältnisse zu Wasser und zu Land einen Wohlstand schufen, der vor allem der mittleren Klasse zugute kam. Wir wissen, daß der Handel *Moendscho Daro* bereits mit dem Nahen Osten, Zentralasien, Persien, Afghanistan und weiten Teilen des heutigen Indien verband, daß Moendscho Daros Segelschiffe seetüchtig waren und fern in Dilmun (Bahrain) bereits mit Harappa-Gewichten gewogen wurde, was übrigens GEOFFREY BIBBY vermuten läßt, Dilmun könnte »eher innerhalb des Wirtschaftsgebietes von Indien (also Harappa-Zivilisation) als desjenigen von Mesopotamien« gelegen haben.

Also eine wirtschaftliche Ausstrahlung, die zumindest so bedeutend war wie jene der Macht-Zentren am Euphrat – Tigris und am Nil. Doch während die Museen aller Welt voll sind mit Beispielen ägyptischer und mesopotamischer Kunst, hatte die Harappa-Kultur bisher nur wenig zu bieten. Und während vornehmlich die ägyptische Kunst erklärbar und informativ ist, geben uns fast alle Harappa-Funde Rätsel auf.

Theokratische Herrschaft?

Das müssen wir leider auch von einer der wohl ausdrucksvollsten *Steinskulpturen* sagen, die in Moendscho Daro gefunden wurde. Sie stellt einen sicherlich maßgebenden Herrn dar, denn er hat einen Umhang umgeschlungen, der, wie bei den therawada-buddhistischen Mönchen, eine Schulterpartie frei läßt (Farbt. 4; Abb. 13). Sein Umhang ist mit Kleeblatt-Motiven übersät, dem auch aus anderen Frühkulturen bekannten Zeichen der Priesterschaft. Das Haarband wird auf der Stirne durch einen dekorativen Ring zusammengehalten; ist es wie in Ur (Stelen des

Ur-Nammu und des Hammurabi) so vielleicht auch in Moendscho Daro ein Symbol königlicher Macht? Die Büste wird oft als die Darstellung eines 'Priesterkönigs' gedeutet. Auch die Gesichtszüge drücken eine gewisse Unnahbarkeit des hohen, etwas unheimlichen Herrn aus. Er scheint in einer meditativen Haltung gedankenverloren vor sich hinzustarren. Seine wulstigen Lippen sind mürrisch nach unten gezogen. Der unheimliche Eindruck wird durch eine unnatürlich kurze Stirne verstärkt, durch lange Augenschlitze, fast verdeckt von schweren Lidern und durch einen gestutzten Vollbart, der die Oberlippe freiläßt. Die Haarsträhnen sind am Hinterkopf mit einem angedeuteten Knoten zusammengehalten.

Das Auftauchen des angeblichen Priesterkönigs hat einige Archäologen veranlaßt, von einer theokratischen Regierungsform während der Harappa-Kultur oder zumindest in Moendscho Daro zu sprechen. Doch das dürfte, solange nicht fundierte Indizien für diese Behauptung vorliegen, eine etwas voreilige Vermutung sein. Auch sollten wir uns das 1500 Jahre lange Bestehen der Harappa-Kultur nicht als eine Epoche des statischen Daseins vorstellen. Wie viele Harappa-Stätten zeigen, erlebten sie unterschiedliche Perioden, abrupt unterbrochen oft von vermutlich katastrophenähnlichen Ereignissen. Und so mag es oft auch politisch zugegangen sein.

Allerdings scheint die Priesterklasse eine maßgebende Rolle gespielt zu haben. Das läßt auch das 'Priesterbad' mit seinen vielen kleinen Badezellen in Moendscho Daro vermuten, wo wahrscheinlich eine Priester- oder Ordensgemeinschaft lebte und ausgiebig und von der nahen Außenwelt abgeschieden das religiöse Ritual des Badens pflegte, während sich die Bürger nebenan im 'Großen Bad' tummelten oder dort rituelle Waschungen vornahmen.

Der 'Priesterkönig' hat übrigens ein Pendant in dem realistisch modellierten Steinkopf eines Mannes mit fröhlich geschürzten Lippen, mit einem im gleichen Schnitt gestutzten Vollbart und einem Haarnetz, das die Frisur samt dicken Knoten am Hinterkopf zusammenhält (Abb. 14). Seinen großen, aber ovalen Augen wurde vermutlich mit eingelegten Muscheln Ausdruck verliehen. Auch seine Stirn ist auffallend niedrig. Er wirkt weitaus menschlicher und könnte der weltliche Bruder des 'Priesterkönigs' sein, den Staatsgeschäfte und esoterische Liturgien weniger interessieren als die Basar-Neuigkeiten des Getreidehändlers oder Elfenbein-Schnitzers. Da bisher nur wenige steinerne Bildwerke ausgegraben wurden, wäre es verfrüht, aus der unterschiedlichen Darstellung dieser beiden, zweifellos gleichaltrigen Skulpturen weitere Folgerungen abzuleiten.

Geheimnisvolle Tänzerin

So streng stilisiert der 'Priesterkönig' und so bieder sein 'Bruder' auftreten, so lebendig präsentiert sich uns die 'Tänzerin' (Abb. 15). Während viele Frauenfiguren nur mit nacktem Oberkörper auftreten, steht sie ganz nackt in tänzerischer Pose vor uns. Nur der linke Arm ist von Ringen bis hoch zur Schulter bedeckt, wie sie heute noch die Kolhi-Frauen in der Thar Parkar-Wüste im äußersten Süd-Osten Pakistans tragen (Abb. 16). Allerdings nur hinduistische Frauen. Auch hier ein Steinchen des Mosaikbildes der Indus-Kultur als eine der Vorstufen des Hinduismus? Eine ethnische Beziehung?

37

Das Mädchen mit den leicht negroiden Zügen und der selbstsicheren, ja stolzen Tanzpose, gehört zu den ausdrucksvollsten Schöpfungen der Harappa-Kultur. Hier werden wir an die vor-drawidischen Ur-Rassen erinnert, die negroide Merkmale besaßen, wenn nicht gar negrider Abstammung waren. (Sie hatten allerdings nichts mit den negriden Bevölkerungsteilen der Makran-Küste zu tun, die sich erst vor einigen Jahrhunderten hier angesiedelt haben.)

Auch die 'Tänzerin' bleibt uns ein Rätsel: Warum taucht nur ein einziges Mal eine so vollendet durchgestaltete, nur 9 cm hohe Bronzefigur auf? Technisch zeugt die Gußmethode von außergewöhnlichem Können. Künstlerisch verblüfft jene Virtuosität, die nonchalante Haltung einer Tänzerin, die ihr Publikum kennt, mit wenigen Linien so ausdrucksvoll darzustellen. Stilistisch rücken zwei in der Stadt *Harappa* ausgegrabene Männer-Torsi aus Stein in ihre Nähe. Doch diese allzu offensichtlichen Verkörperungen des hellenistischen Schönheitsideals scheinen aus einer weit späteren Zeit zu stammen.

Neben den wenigen Stein- und Bronzedarstellungen überrascht die Vielzahl der Terrakottafiguren und -figürchen: Muttergottheiten en miniature, vielleicht sind sie auch Frauen höheren Standes, oft mit vogelähnlichen Gesichtern, ihren Kopfputz zu überdimensionalen Schleifen gebunden, mit kurzen Röckchen und aufgesetzten Augen und Schmuckstücken, viel Schmuck, der anscheinend schon damals der Damenwelt als wichtiges Attribut ihres Liebreizes galt (Abb. 19, 20).

Es sind diese Klein- und Kleinstdarstellungen aus Ton, die uns am deutlichsten und ausführlichsten einiges aus dem Alltag vor 4500 Jahren erzählen. Viele sehen wie Spielzeug aus, andere sind groteske Menschen-, Tier- und Fabelwesen, oft mit viel Humor geformt. Da fährt ein einachsiger Bauernwagen mit Scheibenrädern vorüber, wie wir ihn heute noch am Indus antreffen (Abb. 17, 18). Da sind Arbeitsgeräte, Kosmetiktöpfchen und Haushaltsgegenstände. Auf einer Unterlage, die in Vierecke unterteilt ist, stehen Spielfiguren. Dieses Arrangement erinnert auffällig an das heutige Schachspiel, das ja aus Indien stammen soll. Und weiter die zahllosen Tierdarstellungen, mehr oder weniger natürliche und burleske, am häufigsten der Bulle und das Zebu-Rind. Viele werden Votivbilder oder Votivgaben gewesen sein.

Der erste Kalender?

Lange gaben auch runde Steinscheiben Rätsel auf. Waren es Symbole der Vagina, des Muttergöttinnen-Kults, nachdem bereits Phallussymbole gefunden worden waren? Waren es Gewichte für Fischernetze? Aber warum hatten sie auf der oberen Fläche zwei größere, auf der Durchmesserlinie befindliche Löcher, einen eingravierten Kreis und am Rand viele kleine Löcher in einer Reihe?

Der finnische Forscher ERKKA MAULA und MICHAEL JANSEN haben nun eine neue Hypothese aufgestellt: Es handelt sich hier, so vermuten sie, um den ersten Kalender, um »einfache Instrumente der Astronomie mit bloßem Auge«. Mit ihrer Hilfe hätten die Priester-Astronomen das Leben der Menschen mit den kosmischen Gesetzen und Einflüssen abstimmen können. Sie konnten etwa die günstigsten Zeiten für die Aussaat und Ernte und sicher auch für die Festlichkeiten festsetzen, die alljährlichen Überschwemmungen des Indus mit einer Genauigkeit von drei Tagen voraussagen und die Stadtplanung und den Häuserbau den kosmischen Gegebenheiten anpassen, wie es heute noch oft im Orient geschieht.

Zwei größere Löcher, exakt auf dem Halbmesser des Kreises, stellen die Nord-Süd-Orientierung dar. Sie mögen die Arretierung für eine Beobachtungsgabel gewesen sein, die mit Hilfe der kleinen Löcher ein Peilsystem sowohl für den Verlauf des winterlichen und sommerlichen Sonnenaufgangs als auch für beliebige Zwischenzeiten gewesen sein mag. Nach jahrelangen Beobachtungen des Sonnenlaufs und astronomischen Vergleichen konnten die Harapparer mit diesen simplen Methoden die kompliziertesten Berechnungen anstellen und deren Resultate für das praktische Leben auswerten, vornehmlich für die Landwirtschaft.

Vermutlich schon Dezimalsystem

Die Harappa-Gemeinschaft scheint auch schon das Dezimalsystem eingeführt zu haben. Der indische Archäologe S.R. RAO schließt dies aus dem Gewicht von Goldplättchen, die er in einem Krug in *Lothal* gefunden hat, der ergiebigsten Ausgrabungsstätte der Harappa-Zeit im heutigen Indien. Sie wogen akkurat 80, 100, 2500, 2800, 2900 und 3000 mg. Doch abgesehen von diesen aufschlußreichen Gewichten ist auch die Tatsache bemerkenswert, daß man damals schon Vorrichtungen konstruierte, mit denen so präzise gewogen werden konnte.

Immer neue Entdeckungen zeigen, welch hohen Stand der Technik das Harappa-Volk bereits erreicht hatte. So kannte es übrigens auch schon die Kreissäge. Vielleicht wird der pakistanische Prähistoriker Dr. RAFIQUE MUGHAL weitere Beiträge zur Frage der technischen Situation der Harappa-Kultur leisten, wenn er die Funde seiner Ausgrabungsstätte *Ganweriwala* ausgewertet hat. Der hier entdeckte Ort hat laut Mughal eine Ausdehnung von 81 Hektar. Er war also fast so groß wie Moendscho Daro (83 ha). Das Besondere an Ganweriwala sei seine zentrale Lage im Indus-Tal, genau zwischen den bisher bekanntesten Harappa-Städten Moendscho Daro und Harappa. Seine Größe und Lage ließen darauf schließen, meint Mughal, daß in Pakistan ein dritter wichtiger Harappa-Platz gefunden wurde, wenn nicht gar der wichtigste. Mughals Auswertungen werden also mit Interesse erwartet.

Für die Auswertung der Harappa-Kultur bleibt vermutlich nur noch wenig Zeit, vor allem in *Moendscho Daro*. Denn was hier 4500 Jahre gehalten hat, droht jetzt in wenigen Jahren zu zerfallen: Unter den Ruinen steigt der Grundwasserspiegel stetig an. Seine Feuchtigkeit zieht in das Mauerwerk und mit ihr das alles zerstörende Salz. Es hat bereits weite Gebiete der Provinz Sindh und nun auch schon des Pandschab veröden lassen. Das Salz zersetzt die Ziegelsteine. Sie zerbröckeln und die Mauern stürzen ein.

Rettungsaktion der TH Aachen

Pakistans Regierung und die UNESCO haben Rettungsprogramme und auch schon Aktionen anlaufen lassen, um diese Zeugen einer bedeutenden Kultur vor dem Zerfall zu bewahren. Gewaltige Drainagekanäle werden zur Zeit durch die Anlagen von Moendscho Daro gezogen, um das Grundwasser in den Indus ableiten zu können. Die Bundesrepublik Deutschland hat der

HARAPPA: DIE ERSTE BÜRGERLICHE HOCHKULTUR

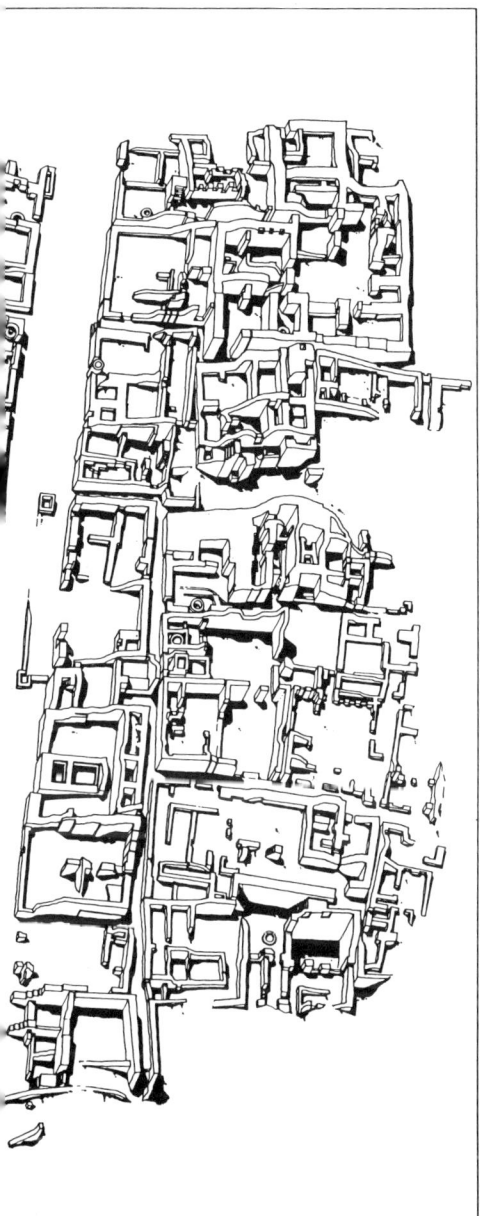

Moendscho Daro: Isometrische Zeichnung der Architektur im HR-Bereich (benannt nach dem Archäologen Hargreaves), ausgegraben 1925–27 mit der Hauptstraßenachse in Nordsüd-Richtung.
© *Forschungsprojekt 'Mohenjo-Daro', RWTH Aachen*

HARAPPA: DIE ERSTE BÜRGERLICHE HOCHKULTUR

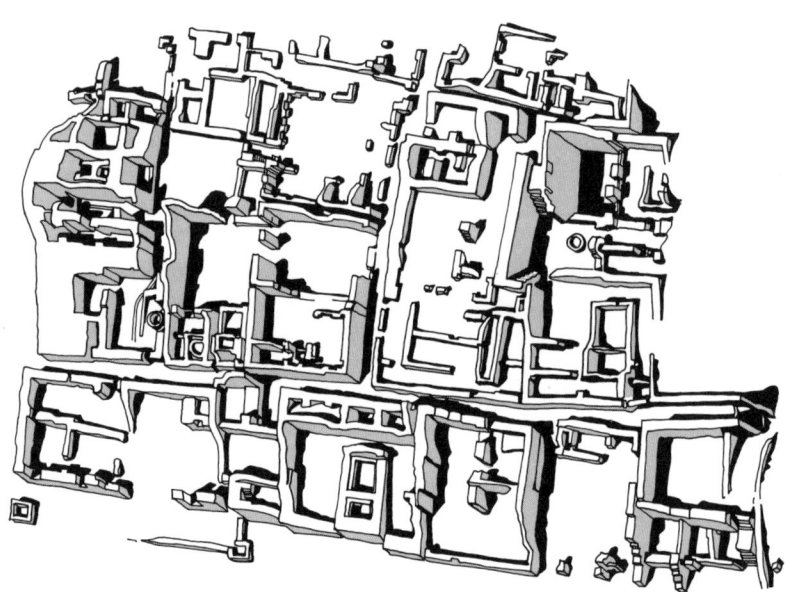

Moendscho Daro: Isometrischer Ausschnitt aus dem HR-Bereich. © *Forschungsprojekt 'Mohenjo-Daro', RWTH Aachen*

UNESCO 1 Million DM für Rettungsarbeiten zur Verfügung gestellt. Besonders begrüßenswert war die umfangreiche, von der Deutschen Forschungsgemeinschaft finanzierte Dokumentation, die vom Lehrstuhl für Denkmalpflege und Baugeschichte der TH Aachen (Prof. URBAN) in Moendscho Daro durchgeführt wurde. Professor Urbans Projekt-Leiter, Dr. MICHAEL JANSEN, hat mit seinen Mitarbeitern jedes Bauwerk mit fotogrammetrischen Methoden erfaßt, um auf diese Weise die Bauten, sollten sie nicht gerettet werden können, der Nachwelt zumindest auf dem Bild zu erhalten.

Seit die Versalzung des Moendscho Daro-Gemäuers festgestellt wurde, hat man die Ausgrabungen eingestellt. So liegen heute noch in *Moendscho Daro* und *Harappa* etwa 70–80 Prozent der Bauten wohlgeschützt unter den braunen Hügeln der beiden Städte. Und mit ihnen auch noch so manche Antwort auf unsere Fragen nach den Eigentümlichkeiten der Indus- oder Harappa-Kultur. Nach den prähistorischen Menschheitsepochen des zuerst magischen und dann mythischen Erlebens vollzieht sich in den letzten Jahrtausenden v. Chr. die historische Wende zum logischen Denken, zum Handeln. Der Mensch erfährt, daß Ursache und Wirkung eine natürliche Folge darstellen, eine unumgängliche Konsequenz, die Leben und Arbeit, Kunst und Politik ausrichtet. Mitten in diesem gewaltigen Umbruch des Geistes stand die Harappa-Kultur so kraftvoll und ideenreich wie fern im Westen Mesopotamien und Ägypten. Sie waren die drei frühen Hochkulturen der Menschheit, die Mutterkulturen. Denn sie besaßen ihre Merkmale: die Stadt, die Schrift und den Handel.

Ein kriegerisches Kulturvolk: Die Arier
(seit Mitte des 2. Jahrtausends v. Chr.)

Abenteuerliche Wanderungen

Sie waren unruhige und kriegerische Leute, die nomadisierenden Hirten und Bauern, die wir heute Arier nennen. Zwar kannten sie nicht die Stadt, die Schrift und kaum den Handel. Aber sie brachten aus Zentralasien, aus den Steppen zwischen Sibirien und Turkmenien, neue kulturelle, vor allem religiöse Anstöße mit. Im Gebiet des heutigen Nord-Pakistan entwickelten sie sich dann zu einem Kulturvolk.

Um die Mitte des 2. Jt. v. Chr. tauchten ihre ersten Sippen- und Klanverbände hier auf. Über fußbreite Pässe des Hindukusch und vielleicht auch des westlichen Karakorum waren sie eingewandert, durch Nuristan und die Täler um Chitral und schließlich entlang dem Swat-Fluß und dem nördlichen Indus, bis sie den fruchtbaren Pandschab erreichten, das Fünf-Strom-Land, wie wir es heute nennen. Damals bezeichneten die Arier es als »Sapta Sindhaya«, das Land der sieben Flüsse.

Hier dankten sie auch ihren Göttern INDRA, MITRA, WARUNA und den beiden NÁSATYA für den Schutz, den sie ihnen während dieses langen Abenteuers gewährt hatten. Im Kampf waren diese Götter ihnen vorausgestürmt und immer wieder zeigten sie sich denen gewogen, die ihnen opferten und sich ihnen im Soma-Rausch verbunden fühlten.

Diese sogenannten 'Indo-Arier' gehörten zum östlichen Zweig der Arier. Sie waren die Vettern der westlichen oder Irano-Arier. Die Arier bildeten eine Untergruppe der indo-germanischen Sprachen-Familie. Ihre Geistigkeit war zeitweise weit im Vorderen Orient, über Kleinasien bis nach England und sehr deutlich in Persien spürbar. Zur selben Zeit, da die Indo-Arier im Pandschab eintrafen, wurden in Kleinasien in zwei Verträgen zwischen dem hethitischen König SCHUPPILULIUMA I. und KURTIWASA (oder Mattiwasa), einem der letzten Herrscher des arischen Königshauses von Mitanni (etwa 1500–1350 v. Chr.), eben die Götter Indra, Mitra, Waruna und Násatya als Zeugen angerufen, denen auch Tausende von Kilometern weiter im Osten die Pandschabi-Arier ihre Opfer darbrachten.

Eine Weltreligion entsteht

Später werden sie auch, außer Waruna, in der ›Awesta‹, dem heiligen Buch der ZARATHUSTRA-Anhänger, erwähnt. Und MITRA, anfänglich der Gott des Rechts und der Verträge, verwandelt sich zur persischen und schließlich zur römischen Zeit in MITHRAS, den strahlenden Gott des

EIN KRIEGERISCHES KULTURVOLK: DIE ARIER

Lichts. Sein Geburtstag als Sol Invictus, als 'Unbesiegte Sonne', wurde am 25. Dezember im ganzen Römischen Reich, also von Britannien bis Mesopotamien, gefeiert. Dieser arische Gott wurde in Europa zu einem gefährlichen Rivalen des frühen Christentums, weil die ihm gewidmeten Mysterien ähnliche Liturgien wie die christlichen kannten. Noch heute gehört Mithras, immer noch verbunden mit Waruna, zum Pantheon der Hindu, hier, wie ursprünglich auch in Persien, Mitra genannt.

So haben wir viele arische Elemente im Orient und Okzident. Ihre Zusammenhänge werden dank weiterer Funde noch deutlicher, etwa aus dem steinschriftlichen Werk des Stallmeisters KIKKULI, der in der zweiten Hälfte des 2. Jt. v. Chr. wirksame Pferdedressuren empfiehlt. Hierbei kommen vornehmlich Zahlen und Namen in der arischen Hofsprache von Mitanni vor. Auch sie lassen interessante Verbindungen zwischen Mesopotamien und Indien erkennen, oft über Persien, immer aber durch den Norden des heutigen Pakistan gehend.

Hier, im Pandschab, verehrten die Arier ihre Götter mit neuen Gesängen, Gedanken und Vorstellungen, die das religiöse und philosophische Rankenwerk des heutigen Hinduismus entstehen ließen. Sie zeigen Verwandtschaft mit der Lehre des irano-arischen Philosophen ZARATHUSTRA. Nachts an den Feuern auf den Hügeln zwischen den heutigen Städten *Peshawar*, *Lahore* und *Sargodha*, sangen Mitte des 2. Jt. v. Chr. die priesterlichen 'Anrufer' – heute würden wir sie Zeremonienmeister nennen – die ersten Verse der ›Rig-Weden‹, der Quelle des Wissens. Bis heute blieben sie die heilige Autorität des Hinduismus. Priester und Barden überlieferten sie mündlich durch die Jahrtausende, anfänglich im Ritual einer Viel-Götter-Gläubigkeit, später als Stimulans mystischer Versenkung.

Andere heilige und heilende Texte folgten, bevor die Arier auch ins Ganges-Tal zogen. Wir kennen die drei späteren wedischen Sammlungen: Gebete, Hymnen und religiöse Anleitungen, dann die ›Brahmanas‹ und ›Aranyakas‹ mit dem Opfer und seinen Regeln und Wirkungen als Zentralthema und schließlich die zu einem pantheistischen Monotheismus führenden ›Upanischaden‹, in denen das Wissen um das Geheimnis des Göttlichen den Glauben an Gott noch überragte: Eine Ur-Idee indo-mystischer Frömmigkeit. Vermutlich wurden sie erst im Ganges-Tal formuliert.

Ende des 1. Jt. v. Chr. entstanden hier in Pakistan auch die hunderttausend Doppelverse des indischen Nationalepos ›Mahabharata‹. Es enthält das ›Bhagavadgita‹, das 'Lied des Erhabenen', als theologische Maxime, ein tiefsinniges Andachts-Thema der Hindu, das WILHELM VON HUMBOLDT »das schönste, ja vielleicht das einzige wahrhaft philosophische Gedicht der Weltliteratur« nannte. Viele Völker-, Orts- und Flußnamen im heutigen Nord-Pakistan lassen sich auf Angaben in diesen Texten vor über 2000 Jahren zurückführen.

Wie die Harappa-Kultur, so strahlte auch die Religiosität der Arier weit nach Indien hinein. Und ahnen wir, wie gesagt, im heutigen SCHIWA-Kult drawidisch-matriarchale Urmotive der Harappa-Kultur, so können wir über den wedischen Hauptgott INDRA (der späteren Inkarnation des Hauptgottes Wischnu) und den mitannischen Gott gleichen Namens den arisch-patriarchalen WISCHNU-Kult bis nach Kleinasien zurückführen. Die Entwicklung der indo-arischen Religiosität vom Rituellen zum Theologischen und Mystischen werden wir im Gebiet des heutigen Pakistan auch erleben, wenn von der islamischen Mystik die Rede sein wird.

Leider sind wir bei Studien über die Indo-Arier bisher vornehmlich auf literarische Quellen angewiesen. Es fehlen in Pakistan die spezifisch arischen Sachfunde der Archäologen. Zwar wurden Gräber, Skelette und als 'graue Keramik' bezeichnete Tonwaren aus dem 2. und 1. Jt. v. Chr., also aus der Siedlungszeit der Arier in Pakistan gefunden, doch Professor AHMAD HASAN DANI, der viele dieser Gräber und keramischen Stücke freigelegt hat, zögert noch, sie 'arisch' zu nennen. Er spricht ausweichend von der »Gandhara-Grave Culture« (Gräber-Kultur) und von den »Leuten mit der grauen Töpferware«. »Außer der übereinstimmenden Zeit deutet bisher wenig darauf hin, daß man sie wissenschaftlich den Ariern zuschreiben könnte, so wahrscheinlich es auch sein mag«, meint er. »Damals lebten ja auch noch andere Völker hier, wie uns die Weden berichten.«

Die nicht-arischen Völker

Diese anderen Völker werden in den wedischen Gesängen als dunkelhäutige, flachnasige Menschen mit einer »unverständlichen Sprache« charakterisiert. Die Arier hielten sich also für hellhäutig und mit kräftigen Nasen ausgestattet. Versessen kämpften sie gegen die »Dasa«, gegen diese »Degenerierten«, »die dahinschwinden«. In Wirklichkeit sind diese »Sklaven-Naturen« nicht so schnell dahingeschwunden. Jahrhundertelang boten sie in ihren Burgen und Wehrdörfern den Ariern verbissenen Widerstand und damit genügend Stoff für arische Heldensagen, Gebete, Hymnen, denen wir heute auch Einzelheiten über die anderen hiesigen Völker entnehmen können. Sie haben sich später, wie auch im heutigen Nord-Indien, mit den Ariern verschmolzen.

Lange wurde angenommen, die in den ›Weden‹ erwähnten und von den Ariern schließlich eroberten Befestigungen der Urbewohner gehörten zur Harappa-Kultur, so daß die Arier für das Erlöschen dieser Hochkultur am Indus verantwortlich waren. Dies trifft nach neuen Erkenntnissen nicht zu. Denn Ende der ersten Hälfte des 2. Jt. v. Chr., als die Harappa-Kultur unterging, war die Hauptmasse der Arier erst auf dem Weg zum Pandschab. Einige kleine Gruppen mögen vielleicht schon eingetroffen sein. Aber sie stellten noch keine Gefahr für die hochentwickelte Stadtkultur Harappas dar.

Erbitterte Kämpfe trugen die Arier auch untereinander aus. Da Arier und Nicht-Arier gleichermaßen land- und viehwirtschaftlich orientiert waren, wurden Streitigkeiten, Überfälle und große kriegerische Unternehmungen meist um den Besitz von Land geführt. Land weniger als Herrschaftsgebiet denn als Ackerboden.

Der größte, in der ›Rig-Weda‹ verewigte Kampf arischer Herrscherhäuser untereinander, die »Schlacht der zehn Könige«, trug sich vermutlich in der zweiten Hälfte des 2. Jt. v. Chr. am Parushni-Fluß, heute: Rawi, zu. (Längst waren aus den Stammesführern Könige und 'Samrat', Großkönige, geworden.) SUDASA, König der Bharata, ging schließlich und bis heute glorreich als Sieger aus diesem Bruderkrieg hervor. Das moderne Indien gab sich 1947 als freie Nation den offiziellen Namen 'Bharata'. Vermutlich inspirierte diese berühmte Schlacht auch die Kampfschilderung in der ›Mahabharata‹, die viel später entstand.

EIN KRIEGERISCHES KULTURVOLK: DIE ARIER

Aber die Arier haben sich nicht nur als Krieger hervorgetan. Als Bauern hatten sie die Kräfte der Natur, die ihren Tageslauf beherrschte, vergöttlicht oder nach arischen Traditionen zu irgendeinem Sinnbild werden lassen. Obwohl sie ein Bauernvolk waren, kannten sie weder Fruchtbarkeitskulte noch Muttergottheiten. Sehr früh schon galt ihnen die Kuh als Aghuya, als ein Wesen, das nicht getötet werden durfte, weil es als Ausdruck des Mütterlich-Fruchtbaren, des Ur-Elements allen Lebens galt. Ähnliches Ansehen besaß das Rind auch in der west-arischen Lehre des ZARATHUSTRA in Ost-Persien, wo Götter und Helden mit dem Prädikat »der (Rinder-) Herdenreichen« ausgezeichnet wurden. Noch heute genießt die Kuh in Indien diese religiös motivierte Verehrung.

Wie lebten die Arier?

Die Pandschabi-Arier waren nicht von den verfeinerten Elementen einer Hochkultur umgeben, wie etwa das Harappa-Volk am Indus. Doch ihre Religiosität und ihre Sakral-Literatur übten einen größeren Einfluß auf Indien und weite Gebiete Asiens aus als die Geisteswelt der Harappa-Kultur.

Von ihrer Architektur ist nichts erhalten geblieben, weil die Indo-Arier ihre runden und rechteckigen Häuser nur aus Holz und Bambusbalken bauten. Die Wände wurden aus Reisig geflochten und mit Lehm verputzt. Hin und wieder errichteten sie ihre Bauten auch aus kompaktem Lehm. Niemand konnte bisher erklären, warum sie nur selten Ziegelsteine verwendeten und dann lediglich in der Sonne getrocknete, nicht aber im Ofen gebrannte, also widerstandsfähigere Ziegel. Gebrannte Ziegelsteine waren, wie wir sahen, das wichtigste, praktischste und leicht herzustellende Baumaterial der Harappa-Gemeinschaft, die tausend Jahre früher und nur einige hundert Kilometer vom pandschabischen Stammland der Arier entfernt, riesige Städte hiermit angelegt hatte.

Allerdings scheinen auch die Arier ihre anfänglichen runden Wehrsiedlungen zu größeren Ortschaften ausgebaut zu haben. Neuerdings spricht man sogar schon von Städten. Einige Häuser hatten bereits zwei Stockwerke und mehrere Zimmer. Die Siedlungen, oft auch einzelne Häuser, waren mitsamt dem Viehgehege von trutzigen Hecken oder Erdwällen umgeben. In jedem Haus befand sich eine Ecke oder Plattform für das Garhapatya, das heilige Feuer, dem das Ur-Ritual arischer Frömmigkeit galt. In der Mitte der Ortschaften oder an bevorzugten Stellen am heiligen Hain, lagen die Grabhügel der Fürsten, aus Holzbalken gezimmerte Kammern, um einen Mittelpfosten errichtet und mit Erde und Steinen überdeckt. Aus dieser Konstruktion scheint sich später die buddhistische Pagode als Votiv-Stätte zum Gedenken an den Buddha entwickelt zu haben.

Sie nannten sich 'Arya' und ihr erobertes Land 'Aryavarta'. Auch die arischen Perser bezeichneten ihre Urheimat als 'Airyanam vaejo'. Noch heute heißt die afghanische Fluggesellschaft 'Ariana', und der letzte Schah von Persien trug stolz den Titel 'Aryamehr', das Licht oder die Sonne der Arier.

Gepanzerte Streitwagen

Das wichtigste Tier der Arier war das Pferd. Schon die – späteren – Indo-Arier im südlichen Zentralasien und die Ur-Arier in den Steppen zwischen dem Ural und Süd-Sibirien (Andronowo-Kultur) hatten es Mitte des 2. Jt. v. Chr. domestiziert. Während der irano-arischen Züge in den Vorderen Orient und der indo-arischen Wanderung in den Pandschab wurde das Pferd auch für Kampfhandlungen abgerichtet, als Reittier und als stürmisches Zugtier flinker zweispänniger Streitwagen. Diese oft bereits gepanzerten, zweirädrigen Fahrzeuge erlaubten neue und sehr wirksame Kampftechniken und sogar neue strategische Möglichkeiten, mit denen die Arier den Feind überrannten. Auch hier im Pandschab. Gegen Ende des 2. Jt. v. Chr. verarbeiteten sie erstmals neben Kupfer und Bronze auch Eisen und beschlugen mit diesem Material ihre schon recht stattlichen Streitwagen.

Persische Großkönige hatten Mitte des 1. Jt. v. Chr. mit diesen wendigen Kampffahrzeugen die erste arische Weltmacht, das achämenidische Viel-Völker-Reich, vom Bosporus bis zum Ganges ausgedehnt und somit ALEXANDER DEM GROSSEN den Weg bereitet. Längst hatte dieser siegesgewohnte Streitwagen auch sein himmlisches Abbild gefunden als Sonnenwagen des MITRA, als Sonnenrad (Swastika) und später im Buddhismus als Rad des Lebens (Mandala) und der Lehre (Dhamma/Dharma).

Ihre jahrhundertelange Lebensweise als Nomaden scheint auch die bei Nomaden anzutreffende Vorliebe für Wettkämpfe, Glücksspiele und Ekstase-Riten entwickelt zu haben. Die Streitwagen wurden in Friedenszeiten zu Rennwagen umfunktioniert, die für Spaß, Spannung und gleichzeitig für kriegerische Ausbildung sorgten. Glücksspiele waren, wie Funde vermuten lassen, ein beliebter Zeitvertreib. Und wie ihre iranischen Vettern im Rausch des Haoma-Saftes, dieser »gerechten, todfernhaltenden Gnadengabe« (Yasna 9) ihre Mysterien erlebten, so gaben sich die Indo-Arier nach kräftigem Schluck aus der Soma-Flasche ihren ekstatischen Riten hin, fern dem Alltag, aber nahe bei den Göttern AGNI, INDRA und MITRA.

Der oft geäußerten Ansicht, das hinduistische Kastenwesen sei hier in Nord-Pakistan aus der arischen Sozialordnung entstanden, sollten wir mit Vorsicht begegnen. Die Indo-Arier kannten, wie auch andere indo-germanische Völker, die dreigliedrige Gesellschaftsstruktur, also Brahmanen als Priesterklasse, die Ksatriyas als Krieger und die Waischyas als Bauern und Händler. Auch die Irano-Arier lebten in dieser Ordnung: Aschrawan, Rathaeschtar und Vastra. Vermutlich trat erst zur spät-brahmanischen Zeit in der letzten Hälfte des 1. Jt. v. Chr. im Ganges-Tal mit der Lehre des unpersönlichen Gottes und der Seelenwanderung auch die Kastenordnung mit ihren strengen Abgrenzungen auf. Wir könnten es höchstens eine spät-arische Entwicklung unter vielen fremden Einflüssen nennen, als eine vierte Kaste entstand, die später 'Unberührbaren'.

Die 'Gandhara-Gräber-Kultur'

Ob nicht doch die »Gandhara-Gräber« (Dani) archäologische Hinweise auf die Arier und ihren Lebensstil erlauben? Denn die meisten dieser Gräber gehören, wie Professor Dani berichtet, der wedischen Zeit an. Zudem wurden sie in den zentralen Siedlungsgebieten der wedischen Arier im heutigen Nordwest-Pakistan entdeckt. Und noch bemerkenswerter: Sie liegen entlang den beiden Wanderwegen der Arier aus den Schluchten des Hindukusch hinab in die Täler des Kabul-Flusses und des Indus. Entlang also den westlichen Zügen durch die Gegenden von Chitral, Dir und Malakand und den östlichen durch das Swat-Tal und über die Ebene von Bruner. Bis sich dann beide Wege im Mardan-Bezirk am Zusammenfluß des Indus und des Kabul-Flusses trafen. Hier hat tausend Jahre später auch Alexander der Grosse seine Armeen gesammelt, nachdem er dem westlichen Zug der Arier gefolgt war, weil diese Strecke durch eine bereits ausreichend besiedelte Gegend führte.

Die pakistanischen Professoren Dani und Farzand Durrani sowie Professor Stacul, Italien, fanden in diesen Gräbern 'rote' und 'graue' Tonwaren, wie Urnen, Vasen, Schalen, kürbisrunde Kochtöpfe und erstmalig hochstielige Trinkgefäße, edelgeformt wie die Römer-Gläser der Moselgegend. Die älteren Stücke stammen aus der Mitte des 2. Jt. v. Chr., als die Arier kamen, uneben noch und mit rauher Oberfläche; die jüngeren, bereits mit klaren Linien und feiner Ausarbeitung auf der Drehscheibe hergestellt, aus der folgenden Zeit bis 500 v. Chr.

Niemand kann erklären, warum sich die keramische Kunstfertigkeit der Harappa-Zeit nicht bei den Ariern oder wenigstens bei den von ihnen unterworfenen oder assimilierten Völkern fortgesetzt hat, obwohl sie die nördlichen Randgebiete dieser ehemaligen Indus-Kultur übernommen hatten. Lediglich einige vage Verwandtschaften mit Ornamenten des Harappa-Volkes konnten bisher festgestellt werden. Waren die städtischen Spielarten der Harappa-Kultur den rustikalen Indo-Ariern zu fremd, zu kraft- und beziehungslos um nachvollzogen zu werden?

Keramik, Urnen und Zaumzeug

Vier archäologische und anthropologische Spezies deuten auf die Arier hin: die bemalte graue Keramik, die Gesichts-Urnen, das Pferde-Zaumzeug und die Gandhara-Gräber.

Die grauen Tonwaren lassen sich von Iran über Afghanistan, Pakistan bis tief nach Indien hinein verfolgen, bis in den Norden von Radschastan und in den westlichen Uttar Pradesch. Sie wurden in diesem 'arischen Teil' Asiens seit Ende des 2. Jt. v. Chr. hergestellt. Und sie zeigen einen ausgesprochen rustikalen Charakter, keine Finessen. Hin und wieder wird auch das Lieblingstier der Arier, das Pferd, in Ton dargestellt. In Hastinapura/Indien wurde eine solche Tonfigur sogar neben Pferdeskeletten gefunden. Würfel in grauem Ton mit den Zahlen 1–4 erinnern uns an die Freude der Arier an Glücksspielen, die bereits in den ›Rig-Weden‹ mehrmals erwähnt werden.

Professor Dani und seinen Archäologen lief sicher ein sanftes Schaudern über den Rücken, als sie in *Timargarha*, im Dir-Distrikt, bauchige Urnen voller Knochen freilegten und, als sie die

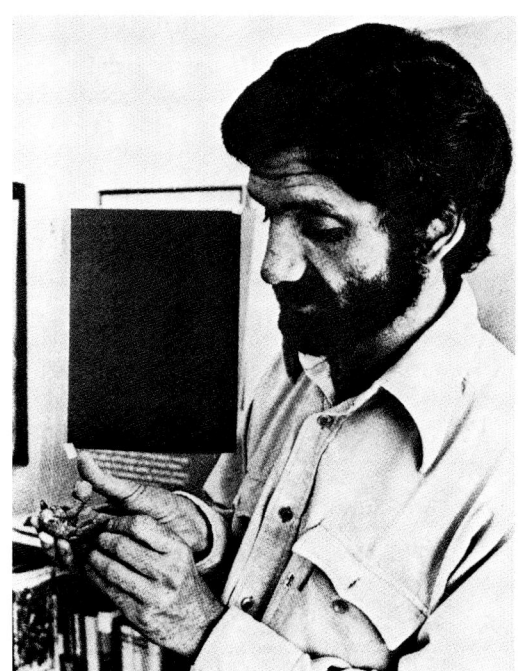

1, 2 Prof. D. Pilbeam zeigt zum erstenmal den fossilierten Unterkiefer des 'Ramapithecus Punjabicus', der vor ca. 8 Millionen Jahren in Süd-Asien lebte

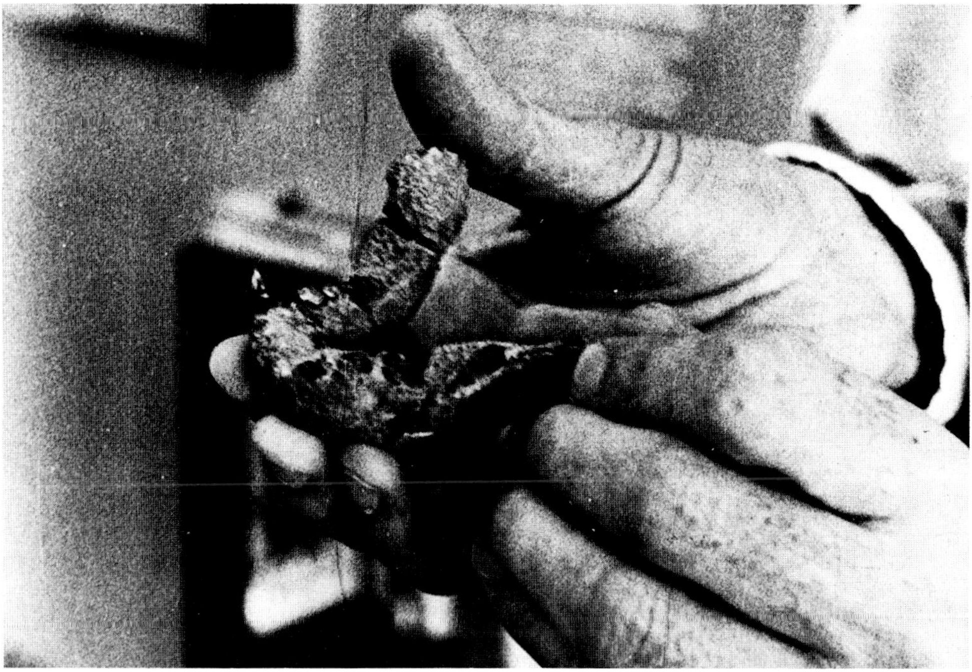

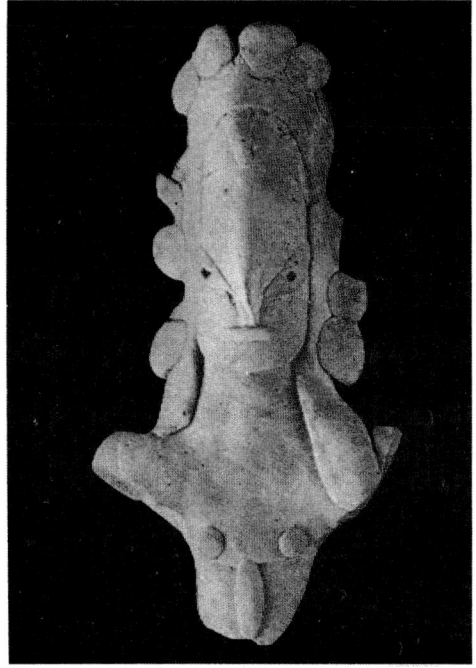

3 Eine der ältesten in Süd-Asien gefundenen Figurinen. Üppiger Haarschmuck und die breite Halskette lassen die verfeinerten Sitten um 6–5000 v. Chr. bei den Bewohnern von Mehrgarh (Belutschistan) erkennen

4–6 Terrakottafigurinen aus dem Zhob-Tal, Belutschistan, ca. 4. Jahrtausend v. Chr.

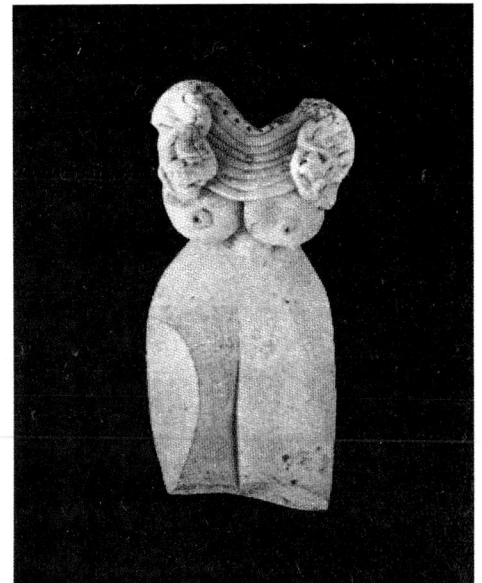

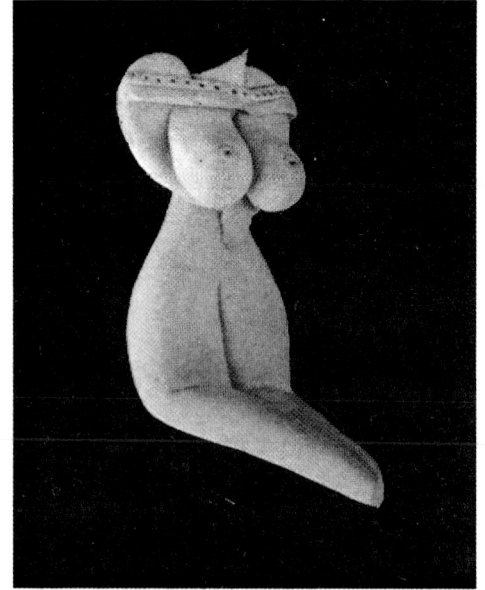

17, 18   Terrakotta-Bauernwagen aus Moendscho Daro, Nationalmuseum Karatschi. Das heutige Ochsengespann hat sich demgegenüber kaum verändert

 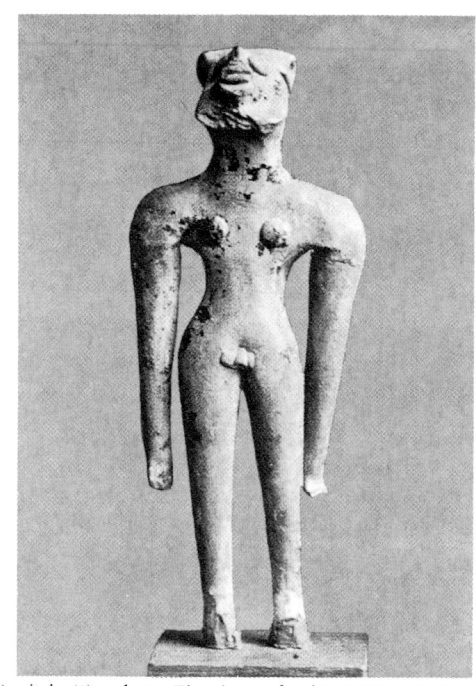

19, 20 Terrakotta-Figurine einer Mutter-Gottheit und männliche Terrakotta-Figurine, gefunden in Moendscho Daro. Nationalmuseum Karatschi
21 Harappa-Kultur: Fundamente des sog. 'Kornspeichers' von Harappa in Zentral-Pakistan

22 'Gesichts-Urne' der Gandhara-Gräber-Kultur   23 Das Kanischka-Reliquiar im Peschawar-Museum
24 Gandhara-Kultur: Der Buddha widersteht den Versuchungen des Mara, Schiefer. Lahore-Museum

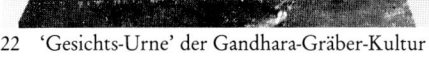

25 Gandhara-Kultur: Buddha-Kopf, Stuck. Taxila-Museum

26 Gandhara-Kultur: Meditierender Buddha, Stuck, gefunden im Kloster Jaulian in Taxila. Taxila- ▷ Museum

27 Gandhara-Kultur: Schiefertafel mit Gautamas Flucht aus dem Palast seines Vaters. Nationalmuseum Karatschi

28 Gandhara-Kultur: Schiefertafel mit der Buddha-Figur in schutzgewährender Haltung im innersten Kreis. Peschawar-Museum

29 Gandhara-Kultur: Buddhas und Bodhisattwas aus dem grünlich-grauen Stein des Swat-Tals, gefunden in Loriyan Tangai

30 Gandhara-Kultur: Die gut erhaltenen Ruinen des buddhistischen Klosters Takht-i-Bahi in Nord-Pakistan (2. oder 3. Jh. n. Chr.)
31 Gandhara-Kultur: Basis der Dharmaradschika-Pagode, des größten Baukomplexes in Taxila bei Islamabad

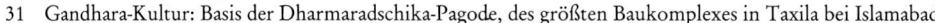

32 Gandhara-Kultur: Die Klosteranlage Mohra Moradu, Taxila

33 Gandhara-Kultur: Basis und ionisches Kapitell vor dem Tempel von Jandial, Taxila

34 Gandhara-Kultur: Ruinen des Klosters Jaulian in Taxila

35 Gandhara-Kultur: Ruinen von Sirkap, der zweiten Stadtanlage von Taxila

36 Gandhara-Kultur: Pagode mit dem doppelköpfigen Adler in Sirkap, Detail

Urnen hochhoben, mystische Gesichter außen an den Urnen sie eiskalt anstarrten (Abb. 22). Gesicht und Knochen, Leben und Tod. Die zwei kleinen, runden Augenlöcher, die Brauen in Gestalt eines reliefierten Striches, leicht gebogen und nach innen verstärkt, die schmale, riesige Hakennase, das Kennzeichen der Arier, und darunter der Mund, offen, als rechteckiges Loch: das alles wirkt wie ein Astralantlitz aus dem Reich der Toten.

Diese ›Gesichts-Urnen‹ lassen sich schon Jahrtausende früher in Zentral- und Vorderasien, u. a. in Troja, nachweisen. Wir kennen sie auch von der ›Gesichtsurnen-Kultur‹ der Eisenzeit (Mitte bis Ende des ersten Jt. v. Chr.) im Oder-Weichsel-Gebiet. In Zentralasien wurden die Knochen nach zwei verschiedenen Bestattungsarten in ihnen aufbewahrt: Nach der Einäscherung und nach dem Aussetzen der Leiche, bis Aasgeier und Raubtiere nur noch die Knochen übriggelassen haben, ein Ritus, den Mongolen und Arier in Zentralasien und Nordost-Iran praktizierten und den später die ZARATHUSTRA-Anhänger übernommen haben und der heute auch noch in Tibet durchgeführt wird. Die Italiener fanden im Swat-Tal ebenfalls Gesichtsurnen und setzten damit die dritte Markierung des arischen Wanderweges vom Norden nach Süden.

Auch das ausgegrabene Pferdezaumzeug weist, laut Professor JETTMAR, Heidelberg, auf Zentralasien hin, wo die Arier bereits das Pferd als Haus- und Kampftier abgerichtet hatten. Dieses Zaumzeug wurde in Zentralasien und selbst in Ost-Europa seit Anfang des 1. Jt. v. Chr. verwendet, zuerst aus Leder, dann aus Eisen, in ähnlicher Machart wie der Trensenknebel, den Professor DANI im Grab 142 in *Timargarha* aufgespürt hat. Schließlich werden wir noch von Professor JETTMAR darauf hingewiesen, daß die Zwei-Kammer-Struktur der *Gandhara-Gräber* mit den hiermit verbundenen Bestattungsmethoden ihre Parallele in den *Andronowo-Gräbern* des 2. Jt. v. Chr. hat, der zentralasiatischen Ur-Kultur der Arier.

Immer noch geheimnisvoll

So können wir einige archäologische Hinweise auf die arische Wanderung aus den Steppen Inner-Asiens in den Pandschab und in das Gebiet der heutigen Pathans anführen.

Zugegeben: Sie erhellen zwar den Verlauf der arischen Züge und die Tatsache ihres Aufenthalts im Indus- und später im Ganges-Gebiet. Aber sie sagen uns wenig über Wesen und Alltag der immer noch geheimnisvollen Arier. Während wir dies bedauern, sollten wir aber nicht übersehen, daß wir den Begriff 'Arier' vornehmlich nur in sprachlicher Hinsicht anwenden dürfen. Er führt zurück bis zur ersten Hälfte des 2. Jt. v. Chr., als das Volk der bronzezeitlichen Andronowo-Kultur in Süd-Sibirien sich gen Süden in Bewegung setzte und sich – vereinfacht gesagt – in den irano-arischen und indo-arischen Zweig teilte.

Diese beiden Zweige behielten bis heute ihre sprachlichen Verwandtschaften, behielten lange ihre gemeinsamen Götter und ihre gemeinsame Verehrung und Vergöttlichung des Lichtes und des Feuers. Während die irano-arische Vergangenheit etwa der Mitanni-Herrscher, der Meder, persischen Achämeniden, der Kimmerier und Skythen deutlicher als die indo-arische Entwicklung mit archäologischen Mitteln nachgezeichnet werden kann, hinterließen die Indo-Arier bis heute zwar wenig Gegenständliches, dafür aber eine anhaltende Geistigkeit, die sich zu einem Merkmal all-asiatischer Religiosität ausweitete: Die Denk-Frömmigkeit pantheistischen Naturerlebens und das Verlangen seit der upanischadischen Zeit (Mitte des 1. Jt. v. Chr.), das göttliche Sein in der Welt und im Menschen zu erkennen und zu erfahren, um in ihm aufzugehen. Dies steht im krassen Gegensatz zur monotheistischen Glaubens-Frömmigkeit der Irano-Arier, die Gott der Welt und dem Menschen gegenüberstellten und das Prinzip des Glaubens und der Verehrung als oberstes Gebot bestimmten. Diese beiden arischen Richtungen haben drei Weltreligionen entstehen lassen: Den *Hinduismus,* den *Buddhismus* und die damalige Weltreligion des *Masdaismus,* die Lehre des ZARATHUSTRA.

Dieser gewaltige geistige Anstoß ließ die »Achsenzeit der Weltgeschichte« (JASPERS) beginnen, die Ära BUDDHAS, ZARATHUSTRAS, KONFUTSES und LAOTSES, SOKRATES', PLATONS und der Propheten des Alten Testaments, Mitte des 1. Jt. v. Chr. Die Epoche eben, in der die Ratio endgültig das magisch-mythische Weltbild ablöste. Die Zeit des Logos hatte begonnen.

Impulse aus dem Westen: Die Perser und Alexander
(6. bis 4. Jahrhundert v. Chr.)

Die Perser am Indus

Mitte des 1. Jt. v. Chr. kamen die Perser. Zuerst der achämenidische Großkönig Kyros. Er eroberte, aber er fand keine Zeit mehr zum Verwalten. Vermutlich ist er nur von Kandahar (Süd-Afghanistan) aus ins westliche Belutschistan eingebrochen, wo er mit einigen Nachbarvölkern die Satrapie (Provinz) *Arachosien* gegründet haben soll. Andere Quellen berichten, er sei bis zum Indus vorgedrungen.

Dann erschien sein zweiter Nachfolger, Großkönig Darius, am Indus. Er festigte die eroberten Gebiete sogleich mit einer wohlfunktionierenden Verwaltung und ließ Steuern erheben. Er überrannte auch das jüngst vom König Pukkusati gegründete Reich *Gandhara*, das er mit einigen Randgebieten zur siebten Satrapie seines Weltreiches erklärte. Gandhara erstreckte sich zwischen den heutigen Städten Peschawar und Islamabad.

Herodot erwähnt vier Völker dieser persischen Provinz: Die *Sattagyden* am mittleren Indus, vermutlich mit den Drangianiern der persischen Inschriften identisch, die *Gandharier*, das arische Stammvolk von Gandhara, die *Dadiker*, in denen wir die heutigen, dardisch-sprechenden Bergvölker im hohen Norden Pakistans sehen dürfen, und die *Aparyter*, die Professor Dani mit den Afridi-Pathanen unserer Tage am Khaiber-Paß in Zusammenhang bringt.

Diese Völker erscheinen in der Legende des Steinreliefs von Darius an der Felswand bei *Bisitun*, östlich von Kermanschah. Erst später, in der Inschrift am Darius-Grab in *Naqsch-e-Rustam*, die der König selbst verfaßt haben soll, werden auch die unterdessen von ihm unterworfenen Sindhu (oder Hindu) genannt, die Inder, deren Gebiet etwa die heutige pakistanische Provinz Sindh umfaßte, laut Herodot die zwanzigste Satrapie der Perser. Sie habe als gold- und volkreichste Provinz die höchsten Tribute geleistet.

Von Herodot (III, 94), aber nicht von den Persern erwähnt werden die »asiatischen Aithioper«. Gemeint sind vermutlich die drawidischen Brahui in Zentral-Belutschistan, »die wegen ihrer dunklen Haut von den Griechen als Aithioper bezeichnet wurden« (Haussig). Sie bildeten mit den Perikanern (Herodot) die siebzehnte Satrapie, die mit einem Großteil des heutigen östlichen Belutschistan identisch war.

Eilboten in der Antike

Die Perser brachten diese Völker im heutigen Pakistan erstmals ans Licht der damaligen Weltöffentlichkeit. Die Delegationen der Gandharier, Drangianier, Sindhi und Arachosier erschienen in *Persepolis,* der monumentalen und zentralen Kultstätte des persischen Reiches, auch als Reliefs an der polierten Sandsteinwand der Apadana-Freistiege, als statuarische Gestalten am Königsthron in der Halle der Hunderttausend Säulen und auf einer Reliefdarstellung des Artaxerxes. Hierdurch wurden sie damals bekannter als heute durch weltweite Fernseh-Ringsendungen nach den Abendnachrichten.

Die Perser taten noch mehr: Wie in den anderen Gegenden seines Weltreiches, der größten Machtentfaltung in der Antike, ließ Großkönig Darius auch im heutigen Nord-Pakistan breite Straßen anlegen, die dieses Gebiet mit der Außenwelt verbanden. So scheint die Grand Trunk Road, die Kabul über Peschawar mit Lahore verbindet, und die später von den Maurya bis nach Kalkutta verlängert wurde, ihre Entstehung bereits den Persern zu verdanken. Alle vier 'Parasangen' war eine Station, wo die Reisenden essen und übernachten und die Eilboten ihre Pferde wechseln konnten. Eine Parasange war ein zeitorientiertes Streckenmaß: Sie bezeichnete die Entfernung, die ein Reiter stündlich zurücklegen kann. So war eine Parasange in der bequemen Ebene weitaus länger als im schwierigen Gebirge. Wie Ausgrabungen zeigen, lagen die achämenidischen Stationen an Gebirgsstraßen denn auch näher beieinander als im Flachland.

Wie schnell die persischen Kuriere weite Strecken zurücklegen konnten, schildert Herodot (VIII, 98) sehr anschaulich: »Es gibt nichts Schnelleres unter den sterblichen Wesen als diese persischen Boten ... Es heißt, es stehen für jeden Tag des ganzen Weges besondere Pferde und Leute bereit. Von Tagereise zu Tagereise findet sich ein neues Pferd und ein neuer Bote; sie lassen sich weder durch Schnee noch durch Regen, weder durch Tageshitze noch durch die Nacht abhalten, die vorgeschriebene Wegstrecke aufs Schnellste zurückzulegen.« Der Kurier konnte eine Strecke von 3000 km, die eine Karawane in drei bis vier Monaten zurücklegte, in acht Tagen bewältigen.

Doch nicht nur die verkehrstechnischen Möglichkeiten dieser neuen Straßen, auch das genormte Währungssystem und das Aramäisch als einheitliche Amtssprache im Reich der Achämeniden, ließen eine äußerst förderliche Infrastruktur entstehen, die natürlich auch der kulturellen Situation zugute kam. Neuartige, bei *Taxila* und *Charsadda* gefundene Keramiken und Eisengeräte weisen darauf hin.

Das frühe Taxila

Während der friedlichen und geordneten Zeit unter dem Schutz der Achämeniden konnte sich auch die ehrwürdige Universitätsstadt *Takschaschila* (Taxila) weiter zu einem irano-indischen Zentrum der wissenschaftlichen und – wie damals üblich – gleichzeitig auch militärischen Gelehrsamkeit entfalten. Von weither aus dem Ganges-Tal, aus Baktrien und Nordost-Persien kamen Lehrer und Schüler, Heilige, Neureiche, Generale und Prinzen, um sich hier den vielversprechenden Studien und Praktiken zu widmen. In den zahlreichen kleinen und großen Universitäten, heute würden wir sie Fakultäten nennen, saßen die Studenten im Lotossitz (Schneidersitz) um ihren verehrten Lehrer, dem sie nicht nur geistig ergeben waren, sondern auch auf allen anderen Gebieten des Lebens. Denn ein Lehrender wurde damals nicht nur nach dem Grad seines Wissens beurteilt, er mußte auch vom Charakter her ein Vorbild sein, neben Wissen auch Erfahrung und Disziplin besitzen und in der Lage sein, sich »gleichzeitig in der Sprache der Jugend und des Alters auszudrücken« (BACHIANANDA). So entstand aus dieser Lehrer-Schüler-Situation später in Indien das Guru-Jünger-Verhältnis, die totale Hingebung des Schülers an den lehrenden Meister, den Guru, Bikkhu oder Sufi.

Aufschlußreich sind die damals in Taxila unterwiesenen Disziplinen: Die Geisteswissenschaften standen im Vordergrund. Die ›Weden‹ wurden pädagogisch-rezitatorisch gesungen, zum erstenmal die großen Epen ›Mahabharata‹ und ›Ramayana‹ mit all ihren Beziehungen zu dieser Gegend vorgetragen und interpretiert. Hier verfaßte PANINI, Ende des 5. Jh. v. Chr. in Lahur im Mardan-Distrikt geboren, eine *Grammatik des Sanskrit,* die wesentlich den Übergang der wedischen Sprache zum klassischen Sanskrit beeinflußte. In dem fast viertausend Regeln umfassenden Werk stellt er auch ein alphabetisches System für das Sanskrit auf, dessen Grundformen sich bis heute in Indien erhalten haben. Hierbei scheint er einige Anregungen aus der aramäisch beeinflußten Silbenschrift des Altpersischen entnommen zu haben, die sich zu seiner Zeit aus den bisherigen, babylonisch-persischen Kuneiform-Zeichen entwickelt hatte.

Beliebte Fächer waren auch Kunst, vornehmlich Architektur, der nach achämenidischer Tradition die darstellenden Künste wie Skulptur und Malerei absolut untergeordnet waren, dann auch Medizin und Pharmazie, Jura, Wirtschaftspolitik, Jagd, Bogenschießen und Elefantenkunde. Meist wurde in den kleineren Universitäten nur eines dieser Fächer gelehrt. Überliefert sind auch eigens für Aristokraten geschaffene Studieneinrichtungen. So sollen in einer Lehrstätte nur Prinzen, etwa hundert an der Zahl, unterrichtet worden sein. Auch eine Kriegs-Akademie war nur ihnen vorbehalten, zeitweise angeblich von fünfhundert Königs- und Fürstensöhnen besucht.

Auf neuen Wegen

Die persischen Achämeniden haben das Indus-Gebiet der weiten Welt erschlossen. Sie haben hier Mitte des 1. Jt. v. Chr. der Ostwest-Passage neue Dimensionen verliehen. Zwar verlief schon seit vielen tausend Jahren der Karawanenhandel zwischen Indien und Mesopotamien durch das heutige Pakistan. Doch die Bedürfnisse des persischen Weltreiches hatten solche Ausmaße angenommen, daß sie auch hier dank des verstärkten Handelsverkehrs dem Leben und der Wirtschaft neue Impulse und einen bisher unbekannten Elan verliehen. Und die persischen Handwerker und Künstler brachten auch neue Ideen und Fertigkeiten mit.

DARIUS eröffnete den Wasserweg zum Arabischen Meer, nachdem er Kapitän SKYLAX beauftragt hatte, auf Entdeckungsfahrt den Indus hinunter zu segeln. Skylax startete vermutlich in *Puschkalavati* oder – griechisch – Kaspaturos, dem heutigen Charsadda bei Peschawar, andere Quellen nennen Kalabagh und Multan (Kasyapapura). Er erforschte den gesamten Verlauf des mittleren und südlichen Indus bis zur Mündung über tausend Kilometer im Süden. Es war eine navigatorische Großtat der Geschichte und sollte in einem Zusammenhang gesehen werden mit dem gleichzeitigen Durchstich durch Sinai zum Mittelmeer, dem ersten Suez-Kanal, ebenfalls, wie eine Stele berichtet, von DARIUS angeordnet.

IMPULSE AUS DEM WESTEN: DIE PERSER UND ALEXANDER

Der wirtschaftliche Aufschwung stimulierte, wie gesagt, auch das kulturelle Leben. Leider blieben außer etwas Keramik, einigen Gräbern und dem nur noch an ein paar ziegelsteinernen Grundrissen erkennbaren *Taxila-Bhir Mound* keine instruktiven Zeugen dieser Epoche erhalten.

Die Perser ließen den unterworfenen Völkern nicht nur eine weitgehende Autonomie, sie bereicherten deren Kultur mit neuen Anstößen, ohne sie zu entwurzeln oder persisch zu färben. Sie behandelten diese Gebiete als politisch zu Persien, geographisch und kulturell jedoch zu Indien gehörend. So bereiteten sie bereits den Boden für die zweite Hochkultur im heutigen Pakistan, die buddhistische Gandhara-Kultur.

Alexander stürmt heran

Es war 327 v. Chr. In Persien hatte ALEXANDER DER GROSSE seine makedonisch-griechischen Rachegefühle mit vernichtenden Vergeltungsschlägen gegen die Achämeniden abkühlen können. Selbst die heilige, strategisch bedeutungslose Kultstätte *Persepolis* fiel seinem makabren Triumph zum Opfer, weil sie das Herz des persischen Weltreiches war. Auf den Straßen seiner besiegten Feinde trieb es ihn hinauf bis nach Baktrien und weit östlich bis zum Jhelum-Fluß an der heutigen pakistanisch-indischen Grenze.

Hier traf er auf einen Gleichwertigen, auf König PORUS (Poros), der ihm nur strategisch, nicht aber kämpferisch unterlegen war. Über ihn erfocht Alexander einen Sieg, wie 45 Jahre später PYRRHUS über die Römer. Geschwächt an Mann und Material und von seinen nun nicht mehr so Getreuen zur Rückkehr gezwungen, verließ er die Gegend, wo die Vorfahren der heutigen Pathanen und Pandschabi ihm die heftigsten Schlachten geliefert hatten und wo tapfere Gegner ihm manche Heldentat abzwangen, wie an der Bergfestung von *Aornos* und bei der Belagerung von *Multan*. Nur zwei Könige, AMBHI von Taxila und AANYAJA, ein Pathan-Häuptling, hatten sich aus hausmachtpolitischen Gründen mit ihm verbündet. Und später König PORUS, den Alexander bewunderte und als Herrscher eines noch größeren Reiches wieder einsetzte.

Was blieb von ALEXANDER im heutigen Pakistan? Die beiden östlichsten Alexandrias am Jhelum? *Nikaia,* »die Stadt des Sieges«, über Porus, und *Bukephala,* nach Alexanders Lieblingspferd Bukephalos benannt, das hier von den Pfeilen der Soldaten des Porus tödlich getroffen wurde? Beide Städte wurden seit ihrer Gründung nicht mehr erwähnt. Wenn sie nicht untergegangen sind, existieren sie heute noch als zwei der zeitlosen Dörfer in der Salt Range, der Salz-Bergkette im Zentral-Pandschab.

Oder blieben von Alexander die drei Satrapien, in die er zwei, drei Jahre lang dieses in kleine und kleinste Königstümer zerrissene Land vereinen konnte? Oder der westliche Pandschab unter König AMBHI von Taxila, der östliche Pandschab unter König PORUS und der Sindh unter seinem General PEITHON? Schon bald zerfielen sie wieder. Die politisch unstabilen Jahre vor Alexanders Eintreffen setzten sich fort, das Land wurde weiter von anarchistischen Wirren geschüttelt. Oder blieb von Alexander der Intellekt der Griechen, ihre Kunst und, allem voran, ihre Technik? Ihr technisches Geschick, mit dem Alexander und seine Leute, oft während der Kampfhandlungen, Kriegsgeräte verbesserten oder gar neue entwickelten? Nichts von alldem.

Alles ging viel zu schnell. Alexander hatte keine Zeit, die Einheimischen mit den griechischen Fertigkeiten vertraut werden zu lassen. Auch keine Zeit, um ihnen die hellenistische Geisteswelt zu vermitteln, den attischen Begriff der Bildung etwa oder die Logik des ARISTOTELES, seines Lehrers; sie waren auch zu fremd für die mystisch empfindenden Inder. So verschwand mit Alexander auch Hellas wieder aus dem Indus-Gebiet.

Was blieb, war die tollkühne Eröffnung der See-Route vom Indus aus nach Ägypten durch NEARCHOS, Alexanders Admiral, auch wenn der ionische Kapitän SKYLAX sie bereits zweihundert Jahre früher erkundet hatte. Die Händler am Indus und Ganges dankten es beiden.

Aber Hellas kehrte zurück, auf seleukidischen und baktrischen Umwegen. Es ließ die unverkennbaren Stilelemente seiner Kunst und Architektur hier doch noch Wurzeln schlagen, dank den Diadochen Alexanders des Großen und somit schließlich auch dank Alexander selbst, der ihre Ära vorbereitet hatte. Dieses Indo-Hellas sollte dann im Verein mit Persiens Erbe als Gandhara-Kultur noch eine kunsthistorisch bedeutende Rolle spielen.

Zweiter Höhepunkt: Gandhara
(1. bis 6. Jahrhundert n. Chr.)

Die Herkunft der Gandhara-Kunst

Die Umwege, auf denen Hellas schließlich ins Gebiet des heutigen Nord-Pakistan zurückkehrte, begannen schon zur Zeit der indischen Maurya und der griechischen Seleukiden. Bevor die baktrischen Nachfolger Alexanders des Großen erst im 2. Jh. v. Chr. hier Fuß fassen konnten, hatten bereits die Maurya-Könige (320–185 v. Chr.), so paradox es klingen mag, als erste Invasoren aus dem Osten Hellas am Indus eingeführt. Der Einfluß griechischer Kultur blieb all die Jahrhunderte erhalten, bis schließlich die buddhistische Kunst von Gandhara (1.–6. Jh. n. Chr.) diesem ost-westlichen Verschmelzungsprozeß künstlerischen Ausdruck verlieh.

Wie trafen in *Gandhara* Hellas und Indien, APOLLON und BUDDHA, zusammen? Die Maurya-Inder hatten die im Ganges-Tal vergeistigte Gedanken-Welt der Arier in Gestalt religiöser Vorstellungen der Buddhisten und Dschainas wieder ins Indus-Tal zurückgeführt. Hierbei war den dschainistischen Ideen des MAHAWIRA nicht die Popularität vergönnt gewesen, wie der Lehre des BUDDHA, wohl wegen ihrer allzu strikten Konsequenzen. Sie beeinflußten vornehmlich den ersten Maurya-Herrscher TSCHANDRAGUPTA (322–300 v. Chr.), um dann bald wieder aus dieser Gegend zu verschwinden.

Die Lehre des Buddha jedoch fand in dem dritten Maurya-König ASCHOKA (268–232 v. Chr.) einen engagierten Förderer. Von einem moralischen Wiedergutmachungs-Trauma getrieben, verbreitete der Feldherr brutalster Schlachten gegen das Kalinga-Reich im heutigen Orissa nun mit devotem Eifer die buddhistische Philosophie der Toleranz.

Die indischen Maurya zeigten sich auch den hellenistischen Einflüssen aufgeschlossen, nachdem TSCHANDRAGUPTA mit seinem griechischen Gegenspieler SELEUKOS NIKATOR Frieden geschlossen und als Siegel dieses Friedens angeblich des Seleukos Tochter seinem Harem zugeführt hatte (was der Historiker BUDDHA PRAKASH bezweifelt). So begegneten sich in *Taxila*, der Metropole damaliger Politik und Geistigkeit, unter der Ägide der Maurya Hellas und Indien. Griechische Künstler, Modellierer und Händler zogen in Scharen zum attraktiven Hof des Tschandragupta Maurya, der eine eigene Behörde für die Betreuung und – seinem despotischen Regierungsstil entsprechend – für die Überwachung der Fremden unterhielt. Ausführlich können wir dies im Tagebuch des MEGASTHENES nachlesen, des seleukidischen Gesandten am Hof des Tschandragupta in Pataliputra, dem heutigen Patna in Bihar.

Die revolutionäre Lehre des Buddha

Änderten die hellenistischen Einflüsse während der Maurya- und späteren griechischen Zeit nur oberflächlich das indisch geprägte Alltagsbild, da sie auf das städtische Leben beschränkt blieben, so muß die Propagierung des Buddhismus durch ASCHOKA wahrhaft revolutionär verlaufen sein. Denn die damals noch ursprüngliche Lehre des BUDDHA, der *Hinayana- oder Therawada-Buddhismus,* schließt die Verehrung eines Gottes oder mehrerer göttlicher Existenzen aus, ohne sie allerdings zu leugnen. Mit ihrem Anspruch, nur ein irdischer Weg zur Befreiung vom Leid zu sein, ein Weg der Läuterung – eine Autotherapie würden wir heute sagen –, mit diesem rein philosophischen Anspruch verhielt sie sich konträr dem allgemeinen religiösen Empfinden jener Tage, das strikt theistisch ausgerichtet war. Es war die Vorstellungswelt des indo-arischen *Brahmanismus,* der mehrere Götter kannte, auch wenn die Überbetonung der Opferhandlungen indessen das Bild der Götter verblassen ließ und bereits zu Degenerationserscheinungen geführt hatte. Der irano-arische *Masdaismus* im Kodex des Propheten ZARATHUSTRA, die andere Vorstellungswelt in Gandhara, war ganz auf Gott AHURA MASDA ausgerichtet und auf seine Auseinandersetzung mit AHRIMAN, dem Prinzip des Bösen. Da damals theologische Streitgespräche an der Tagesordnung waren – wir werden noch die Diskussion des indo-griechischen Königs MILINDA mit einem buddhistischen Mönch kennenlernen –, können wir uns die religiösen Auseinandersetzungen jener Zeit gut vorstellen.

Die Maurya-Herrschaft änderte nicht nur die religiöse Situation in Nord-Pakistan; berühmte Wissenschaftler der Universitätsstadt *Taxila,* wie der Staatsrechtler KAUTILYA und der Mediziner TSCHARAKA, bereicherten auch den damaligen Wissensstand mit neuen Erkenntnissen, die von ihren Schülern und Jüngern im weiten Maurya-Land, dem ersten, großindischen Machtbereich von Afghanistan bis zum Bengalischen Golf, weitergegeben wurden.

Dies war nur möglich, weil TSCHANDRAGUPTA, der ALEXANDER DEN GROSSEN noch in Taxila erlebt hatte, nach dem Vorbild der persischen Achämeniden eine perfekt funktionierende Verwaltung aufgebaut hatte, die den wissenschaftlichen Austausch im Land und mit den Griechen erleichterte – soweit Tschandraguptas weitverästeltes Spionagesystem dies zuließ.

Frühe Blüte der Wissenschaften

Der Brahmane KAUTILYA alias WISCHNUGUPTA TSCHANAKYA, klein, zahnlos, intrigant, hatte sich vom biederen Lehrer in Taxila zum allmächtigen Kanzler Tschandraguptas emporgearbeitet. Er lehrte und wirkte als ein Niccolo Machiavelli der Maurya-Zeit. Sein Einfluß als wohl erster Vertreter der politischen Wissenschaften blieb in Asien über die Jahrhunderte so bedeutsam wie die Gedanken des Florentiners im Europa der Renaissance. Enzyklopädisch gebildet – er befaßte sich auch mit so unterschiedlichen Themen wie Astronomie und Metallkunde – entwickelte er in seiner Schrift ›Arthaschastra‹, dem ›Lehrbuch der Staatskunst‹, das Prinzip der Staatsräson. Wie Machiavelli in seinem ›Fürst‹, so rät auch Kautilya dem Herrscher, seine moralischen Bedenken zurückzustellen, wenn die Interessen des Staates oder der königlichen Macht auf dem Spiel stehen.

ZWEITER HÖHEPUNKT: GANDHARA

Als König PORUS, der anfänglich Verbündete Tschandraguptas, unter mysteriösen Umständen ermordet wurde, soll Tschandraguptas Kanzler Kautilya seine Hand dabei im Spiel gehabt haben. Hat sicherlich so mancher indische Despot später geglaubt, die Absolution für seine Untaten aus dem ›Arthaschastra‹ beziehen zu können, so sollten wir doch nicht übersehen, daß Kautilya erstmals die Idee, Funktion und Diplomatie eines Staates – allerdings unter absolutistischer Herrschaft – als ein Modell definiert hat. Er fand noch viele Koautoren, die im Laufe der nächsten Jahrhunderte sein ›Arthaschastra‹ vervollständigten.

Ein anderer Gelehrter von Weltruf in *Taxila* war TSCHARAKA, der Gründer der wissenschaftlichen Medizin in Indien. Er gilt als Verfasser des ›Tscharaka-Samhita‹, des ältesten Lehrbuchs der Ayurweda-Medizin, der klassischen Heilkunde Indiens. Er hat entweder zur Zeit TSCHANDRAGUPTAS oder 150 Jahre später als Zeitgenosse des Sanskrit-Grammatikers PATANDSCHALIS gelebt, oder, wie die meisten Quellen vermuten lassen, erst im 2. oder 3. Jh. n. Chr. als Leibarzt des Kuschana-Königs KANISCHKA. Vielleicht sind aber auch, so nimmt FILLIOZAT an, Mediziner gleichen Namens zu verschiedenen Zeiten aufgetreten, die ihren Namen von dem berühmten Samhita des ersten Tscharaka abgeleitet haben. Tscharaka bezeichnete Wasser, Feuer, Luft, Erde und das Vakuum als die wesentlichen Elemente des menschlichen Körpers. Wenn die erforderliche Harmonie zwischen Luft, Schleim und Galle gestört werde, würden Krankheiten entstehen. Er sezierte bereits Leichen, um anatomische Kenntnisse zu erlangen. Der Volksmund bezeichnete ihn als eine Inkarnation der mythischen Schlange Schesa. Im fernen Griechenland war vorher schon der heilkundige Gott ASKLEPIOS mit einer Schlange aufgetreten. In seiner römischen Version als ÄSKULAP hat er uns seinen schlangenumwundenen Symbolstab hinterlassen.

Die Baufreude der Maurya kann heute nur noch vor den Ruinen ihrer Hauptstadt *Pataliputra* (Patna) nachempfunden werden. Dort entstand mit dem Geschick griechischer und persischer Künstler ein irano-griechischer Stil. Er war nur wenig vom indischen Baustil beeinflußt. Daher wurde er auch von den Einheimischen als Fremdkörper abgelehnt.

Die Inschriften König Aschokas

In Pakistan aber, dem damaligen Westen des Maurya-Reiches, hat diese tatenfrohe indische Dynastie sicher auch hellenistische Elemente eingeführt, doch keine architektonischen Zeugen hinterlassen. Wohl aber Zeugen des Regierungsstils ihres buddhistischen Konvertiten ASCHOKA, die der Kaiser allerorts in Stein- und Säulen-Edikten hatte verewigen lassen. Drei dieser Stein-Inschriften befinden sich in Pakistan: In *Mansehra*, nicht weit vom Indus, zu Beginn der Überlandstraße (Karakorum Highway) in die beiden Hochgebirge Himalaya und Karakorum, in *Schabas Garhi*, einige Kilometer östlich von Mardan, und in *Taxila*. Während die Inschriften von Mansehra und Schabas Garhi im altindischen Pali, der kanonischen Sprache des Frühbuddhismus, wiedergegeben sind, ist die Taxila-Inschrift in Aramäisch, der achämenidischen Hofsprache, gehalten.

Auch Mansehra und Schabas Garhi müssen zur Maurya-Zeit eine große Rolle gespielt haben, sonst hätte Aschoka seine Weisungen, von denen er eine weite Wirkung erwartete, nicht ausgerechnet hier in Stein publiziert. Mansehra zeigt sich auch heute noch als eine Bezirksstadt mit lebhaftem Basarbetrieb. Doch in dem verträumten Flecken Schabas Garhi erinnert nichts mehr an das ehemalige Waruschapura, das seine Reichtümer mit einer wuchtigen Stadtmauer beschützte, wie der chinesische Pilger SUNG YUN Anfang des 6. Jh. n. Chr. berichtet.

Das Aschoka-Edikt von *Schabas Garhi* ist eine der ausführlichsten Stein-Editionen des indischen Kaisers. Auch diese Tatsache weist auf die frühere Bedeutung des nun weltverlassenen Platzes hin. Wie bei den meisten anderen Edikten schimmert auch hier die Diktion der persischen Achämeniden durch, die allen Maurya-Herrschern eigen war: »Überall hat Kaiser Priyadarsin (Aschoka), der Liebling der Götter, medizinische Stationen eingerichtet...« oder »Kaiser Priyadarsin, der Liebling aller Götter, der dem Dhamma (Lehre des Buddha) ergeben ist...«

Interessanter als dieser Vergleich ist ein Blick auf Aschokas Religiosität, den uns die Schabas Garhi-Inschrift erlaubt. Denn hier eröffnet sich uns eine Möglichkeit, den frühen Buddhismus im heutigen Nord-Pakistan näher kennenzulernen: Aschoka hatte nach Jahren blutigster Kämpfe die Lehre des BUDDHA zum Inhalt und Impuls seiner restlichen Herrscherzeit werden lassen. Er übertrug die altindische Idee des CHAKRAWARTIN, des Weltherrschers und Herrn der vier – wedischen – Himmelsrichtungen, von dem machtpolitischen Konzept des Tschandragupta auf die friedliche Lehre des Buddha. Sie sollte nicht nur seine Untertanen läutern, sondern wichtiger noch, diese sollten sich auch mit der neuen, nationalen Ideologie identifizieren. So initiierte er auch das Dritte Buddhistische Konzil in *Pataliputra,* auf dem die ›Tri Pitaka‹, der altbuddhistische Pali-Kanon der 'Drei Körbe', zu einem Kodex redigiert wurden, der heute noch in Birma, Thailand, auf Sri Lanka und in der therawada-buddhistischen Diaspora gilt.

Mit ASCHOKA begann die buddhistische Missionierung großen Stils auch in fremden Ländern. Nie hat sie jedoch jene Ausmaße angenommen, die einige Jahrhunderte später der *Mahayana-Buddhismus* erlebte, als er sich von Pakistan aus mit der Ikonographie von Gandhara zu einer Weltreligion ausweitete.

Aschokas steinerne Publikationen – er lebte nur 250 Jahre später als der BUDDHA – vermitteln bereits nicht mehr die ursprüngliche Lehre des 'Erleuchteten': Schon diese endlos wiederholte Prädikatisierung 'Liebling der Götter' zeigt dies an. Hätte Seine Majestät sich dem Buddha als 'Liebling der Götter' vorgestellt, der Meister hätte ihm geraten, die Götter vorerst aus dem Spiel zu lassen und nur sich selbst Maß zu sein. Aschoka und vermutlich auch schon seine Zeitgenossen scheinen den damaligen Buddhismus vornehmlich als die Lehre des Metta verstanden zu haben, als die Lehre der Liebe und 'Allgüte' gegenüber allen Geschöpfen, auch gegenüber den Tieren. So verewigte sich Aschoka auch als derjenige, der Krankenhäuser für Tiere einrichten ließ.

Signale eines neuen Buddhismus

Von dem frühbuddhistischen 'Juwel', der Trinität des Lehrers (Buddha), der Lehre (Dhamma) und der Mönchsgemeinde (Sangha), erwähnt ASCHOKA nur und immer wieder das Dhamma als das überirdische Geschenk, das zur Erlösung führe. Weder nennt er den Buddha, das »über alles erhabene Vorbild«, noch die Mönchsgemeinde, das tragende Element des Therawada-Buddhismus. Und schließlich spielt bei Aschoka der Begriff des 'Verdienstlichen' als Gegensatz zum Fehlverhalten eine allzu dominierende Rolle. Da sich der König als 'Liebling der Götter' bezeichnet, wird er ihnen auch die Bewertung des Guten und Bösen überlassen haben.

Nicht so der BUDDHA: Er predigt die harten, kammischen (Pali) oder karmischen (Sanskrit) Konsequenzen, die aus dem 'Kusala' oder 'Akusala', dem 'heilsamen' oder 'nicht heilsamen' Willen entstehen können. Das Individuum, sagt er, entwickle sich mit Auswirkungen auf seine künftige irdische Existenz nach diesem Willen. Das Kamma (Sanskrit: Karma) reagiere als Naturgesetz, als Dhamma (Dharma), auf den heilsamen oder nicht heilsamen Charakter dieses Willens. Es beeinflusse, so lehrt der Buddha, mit entsprechend positivem oder negativem Effekt die nächste Inkarnation des Menschen. Ein metaphysischer Mechanismus also, den jeder selbst bestimmen kann. Kein Gott hilft oder verzeiht ihm, nur das kammische Dhamma wirkt auf das künftige Leben ein.

Der Buddha leugnete einen Gott oder die Götter nicht, wie oft behauptet wird. Aber er kümmerte sich nicht um sie. Das Absolute, das unendlich hinter der Welt und den Göttern besteht, findet in seiner Lehre keinen Platz.

Die *Schabas Garhi-Inschrift des Aschoka* vermittelt uns also eine Lehre, die sich bereits von der Philosophie des Buddha auf mehreren Wegen zu einer Religion hin bewegte. Sie verfügte, wie HELMUT HUMBACH nach seiner Auswertung der *Aschoka-Inschrift in Taxila* feststellte, schon nicht mehr »über eine gemeinsame buddhistische Terminologie«. Ja, die Taxila-Inschrift enthält, worauf Humbach ebenfalls hinwies, auch awestische Elemente, denen der junge Aschoka als Provinzstatthalter in Taxila begegnete. Die Achämeniden hatten die Lehre des Propheten ZARATHUSTRA hier eingeführt. Daher wohl auch die auffallende Betonung des Verdienstvollen.

Wir vernehmen also bei ASCHOKA bereits Signale, die vermutlich von Mahasanghikas stammen, den Abtrünnigen des Zweiten Buddhistischen Konzils, und die somit bereits die andere, größere Schule des Buddhismus ankünden, den Mahayana-Buddhismus. Er wurde zumindest ikonographisch die Grundidee der Gandhara-Kultur.

Die Fragen des Milinda

Die Jahrhunderte nach der Maurya-Dynastie sahen weitere griechische Einflüsse, die uns heute von einer gräko-indischen Kunst der Gandharer sprechen lassen: ASCHOKA hatte sich so hingebungsvoll der Propagierung des Buddhismus zugewandt, daß er dabei anscheinend die Gefahr aus dem Nordwesten, die seiner Dynastie drohte, nicht erkannte. Dort, in Baktrien und Sogdiana, konnten sich die Irano-Griechen ihrer hart erkämpften Unabhängigkeit von den seleukidischen Griechen nicht lange erfreuen. Von der skythischen Lokalbevölkerung und heranrückenden chinesischen Yü-tschi-Horden, den Vorfahren der Kuschana, massiv bedrängt, waren sie über den Hindukusch nach Süden gezogen. Sie eroberten Gandhara und gründeten dort ein indo-griechisches Königreich, das bis zur Mitte des 1. Jh. v. Chr. bestand.

Ihr markantester Herrscher war MENANDROS (Menander), von den Indern MILINDA genannt. So bemerkenswert auch Milindas kurze Eroberungen bis tief nach Indien seine soldatischen Fähigkeiten unter Beweis gestellt haben, seine historische Bedeutung ist religiöser Art: Laut buddhistischer Überlieferung diskutierte er in seiner Residenz in *Sagala,* heute Sialkot, um 100 v. Chr. vor einem großen Auditorium mit dem buddhistischen Mönch NAGASENA Fragen der Wiedergeburt ohne Seele, der buddhistischen Definition des 'Ichs', der 'Nicht-Selbstheit' und, hiermit verbunden, der Relativität aller Dinge. Die 'Fragen des Milinda' bilden mit ihrem anschaulichen Dialog eines der bedeutendsten außerkanonischen Werke des frühen Buddhismus: das ›Milindapanha‹.

Uns interessiert hieran die Tatsache, daß der ehrwürdige Nagasena bei diesem Streitgespräch mit dem skeptischen Hellenen die ursprüngliche Lehre des Buddha strikt vertreten und erläutert hat. Milindas schließlicher Ausruf: »Herrlich, Ehrwürdiger Nagasena! Gar mannigfaltige Fragen kamen mir in den Sinn, und du hast sie gelöst. Lebte (der) Buddha, er würde dir Beifall rufen!« (OLDENBERG) läßt vermuten, der König sei zum Buddhismus übergetreten.

Im Gegensatz zu Aschokas Stein-Inschriften begegnen wir hier dem Alt-Buddhismus, dem Hinayana oder genauer: Therawada, in Reinkultur. Und das wenige Jahre vor dem Beginn der vorerst parthischen Gandhara-Kultur, die sich unter den Kuschana dann zur vollen Blüte entfalten sollte: In *Gandhara* waren der Mahayana- und der Therawada-Buddhismus gleichzeitig vertreten. So berichtet noch im 5. Jh. n. Chr., als die Gandhara-Kultur ihren Höhepunkt bereits überschritten hatte, der chinesische Pilger FA-HIEN, er habe in *Udyana,* im heutigen Swat-Tal, noch etwa 500 Sangharamas (Klöster) angetroffen, die ohne Ausnahme zur Konfession des 'Kleinen Fahrzeuges' (Hinayana) gehört hätten. Auch in *Bannu* sei er mehr als dreitausend Mönchen der gleichen buddhistischen Richtung begegnet.

Zweihundert Jahre später allerdings notierte der chinesische Pilger HSÜAN-TSANG in sein Tagebuch, im *Swat-Tal* und in der Gegend um *Bannu* habe er nur noch Mahayana-Klöster gesehen, meist zerfallen, und noch einige hundert Mönche. Nur im *Sindh,* im Süden des heutigen Pakistan, traf Hsüan-tsang noch Therawada-Klöster und »etwa hunderttausend Therawada-Mönche« an (DANI).

So scheint der Mahayana-Buddhismus die letzten Anhänger der ursprünglichen Lehre des Buddha nach Süden verdrängt zu haben. Dort sind sie dann mit ihrer nüchternen und schwerverständlichen Philosophie allmählich in der gefühlvollen und leichter verständlichen Glaubenswelt des Hinduismus aufgegangen, ein Prozeß, den der Therawada-Buddhismus bald auf dem gesamten indischen Kontinent erleiden sollte. Viele seiner Anhänger traten auch zum Islam über.

Therawada- oder Mahayana-Buddhismus?

Würden wir nicht die sorgfältig geführten Reisetagebücher der chinesischen Pilger kennen und die mitteilsam geprägten Kuschana-Münzen, auf denen eine tolerante, wenn nicht gar eklektizistische Haltung der Kuschana-Herrscher abzulesen ist, wir würden den geistigen Hintergrund der Gandhara-Kunst mißverstehen: Auf den ersten Blick erscheint es sonderbar, daß die meisten Bildwerke als Andachts-Objekte oder Meditations-Stimuli der Therawadins in Erscheinung treten, der Anhänger der ursprünglichen Lehre, die in Gandhara bald an Bedeutung verlor.

Wie ist das zu verstehen? Warum wurde der BUDDHA immer noch betont als Mensch und nicht, wie ihn die Mahayanins sehen, als Gott dargestellt? Warum wurde überwiegend die Ikonographie aus dem therawadischen Lehrgebäude der schwierigen Selbsterlösung angewandt und nicht die anheimelnde Bildersprache des Erlöstwerdens durch die Güte der prunkvoll erscheinenden Götter und Semi-Götter des Mahayana?

Um diese Frage beim Betrachten buddhistischer Kunst beantworten zu können, müssen wir über den Schatten unserer westlichen Vorstellungswelt springen. Wir sollten die Abbildungen nicht an Hand der Schemata kunsthistorisch entwickelter Kriterien beurteilen. Wir sollten auch nicht nach ästhetischen Gesichtspunkten vorgehen, sondern vornehmlich die Religions-Historiker zu Wort kommen lassen. Dann erst erfahren wir, wie kompliziert und vielschichtig der kühne Prozeß der Kuschana-Künstler in *Gandhara* (heute Pakistan) und *Mathura* (heute Indien) verlaufen ist, den Buddha erstmals als Person darzustellen.

Das große Abenteuer: Buddha in persona

Die Anhänger beider Schulen hatten den BUDDHA bisher respektvoll nur symbolisch abgebildet, als Rad (der Lehre), Lotosblüte (der Reinheit), Thron (des geistigen Herrschers), Fuß (Weg der Erleuchtung) oder – das bekannteste Symbol – als Stupa, dem Weltberg mit der Welt-Achse und der kosmischen Krone. Für die Therawadins war es nicht so problematisch, GAUTAMA als Person darzustellen. Für sie war und ist er ein geheimnisfreier Mensch, der aus eigener Kraft sich erlöst hat. Die Mahayanins hatten hierbei größere Schwierigkeiten zu überwinden. Auch sie konnten ja schon auf eine längere theologische Vergangenheit zurückblicken, die bis zum Zweiten Konzil (etwa 380 v. Chr.), hundert Jahre nach des Buddhas Tod, reichte, als sich die Mahasanghikas von den Therawadins trennten.

Die Mahayanins, die sich Buddha nach seinem Nirwana in der Transparenz makro- und mikrokosmischen Seins vorstellen, werden sicher gezögert haben, ihn als Person darzustellen. Sie spürten die gleichen Bedenken wie später die Christen, die Gott Vater und CHRISTUS noch Jahrhunderte nach der Geburt Christi aus der jüdischen Tradition, kein Bild Gottes zu schaffen (Moses 20,4), nicht einmal symbolisch wiedergegeben hatten. Oder wie die Muslime, die bis heute ALLAH, den Propheten MOHAMMED und auch JESUS nicht in persona zeigen.

So mögen die Anhänger der beiden buddhistischen Richtungen erstaunt reagiert haben, als König KANISCHKA eine Goldmünze mit dem Bild des – stehenden – Buddha prägen ließ. Die erste figürliche Präsentation des Erleuchteten! Der Buddha war Bildwirklichkeit geworden, vorstellbarer und damit entmythologisiert. Ein religions- und kunsthistorisches Ereignis ersten Ranges! Wer noch zögerte, wurde bald von der skytho-hellenistischen Bild- und Modellier-Freude erfaßt, die König Kanischka entfacht hatte.

Vor diesem religiösen Hintergrund entstanden die ersten buddhistischen Bildwerke, entstand – gemeinsam mit Mathura und Amaravati – die erste bedeutende Phase religiöser Darstellungen auf dem indischen Subkontinent. Das buddhistische Schisma der damaligen Zeit ist in der gandharischen Ikonographie allerdings kaum zu erkennen. Es erscheint am Rande, und dort höchstens konträr. Denn in der Kunst *Gandharas* dominiert, wie gesagt, der Therawada-Buddhismus, obwohl das Mahayana allem Anschein nach dort populärer war.

Unterschiede zwischen Therawada und Mahayana

Um den Geist dieser Werke besser verstehen zu können, sollten wir uns die grundsätzlichen Unterschiede der beiden buddhistischen Schulen sowie ihre Gemeinsamkeiten ansehen:

Der Therawada, die 'Lehre der Alten', beruft sich nur auf das von dem BUDDHA verkündete Gedanken-Gebäude, eine rein philosophische, um nicht zu sagen psychotherapeutische Lehre, ein irdischer Weg zur Erlösung vom Leid. Er wurde vermutlich erst auf dem Dritten Konzil 254 v. Chr. kanonisiert. Die Schriften des Mahayana, des 'großen Fahrzeugs' (der Lehre), wurden auf dem Vierten Konzil (100 n. Chr.) der Buddhisten als verbindlich erklärt. Hier begegnet uns bereits eine Religion mit allen theistischen Symptomen.

Zum mahayanischen Götter- und Halbgötter-Pantheon gehören zahllose Buddhas und Bodhisattwas. Die Therawadins lassen nur das Leben des einen Buddha als Vorbild und seine Worte als Ansporn auf sich wirken. Der Buddha kann nicht angebetet werden, weil er im Nibbana (Nirwana) gänzlich verloschen ist, also auch im Metaphysischen nicht mehr existiert.

Die Mahayanins dagegen beten 'Gott Buddha' oder den göttlichen SAKYAMUNI, den »Löwen aus dem Geschlecht der Sakyas« an. Er kann mit JESUS verglichen werden, als der 'irdische Buddha' in der Trinität mit dem 'transzendenten Buddha' (Gott Vater) und dem 'transzendenten Bodhisattwa' (Heiliger Geist), der, um der Menschheit beistehen zu können, noch nicht in das Nirwana eingetreten ist, sondern sich freiwillig zwischen Erde und dem Nirwana aufhält, wo er noch für die Menschen erreichbar ist.

Der Therawada lehrt die Erlösung nur aus eigener, vornehmlich meditativer Kraft. Der Mensch sei bis zur letzten Konsequenz für die Auswirkungen seines Handelns verantwortlich. Er könne keine überirdische Gnade oder Vergebung erwarten.

Das Mahayana jedoch verspricht den Beistand der göttlichen Buddhas und vor allem der halbgöttlichen Bodhisattwas.

Die Therawadins lehren kein absolutes Etwas hinter den Erscheinungsformen allen irdischen Seins, aber leugnen es auch nicht. Doch die Mahayanins glauben an das monistisch Absolute, die letzte Realität oder das schließlich Leere (Nagardschuna) als Konsequenz – auch aus therawadischer Sicht – der Irrealität aller Erscheinungen.

Der Therawada ist also eine kühl analysierende Lehre, die auf dem Wege der Vernunft zur persönlichen Läuterung und schließlich Erlösung führen will. Zur Erlösung von innen. Das Mahayana dagegen ist eine gefühlswarme, altruistische Religion. Sie verspricht die Hilfe der Götter auf dem Weg zur Weisheit und bald dann zur Erlösung. Zur Erlösung von außen.

Andererseits aber fühlen alle Buddhisten sich vereint im Glauben an ein Dasein, das vom Leid gezeichnet ist. Dieses Leid zu erkennen und zu überwinden, heiße, die höchste Stufe der Läuterung, der Befreiung von allem Negativen, allen Begierden erreicht zu haben.

Von dort aus sei es nicht mehr weit zur Erlösung. Alle Buddhisten sind auch davon überzeugt, daß Gier und Unkenntnis das Leid auslösen. Der Mensch, so glauben sie alle, wird wiedergeboren. Die Erscheinungswelt sei in fortwährender Veränderung begriffen und werde von dem Erleuchteten (Therawada) oder Weisen (Mahayana) als Illusion erkannt. Hiermit ist auch die ebenfalls gemeinsame Vorstellung einer 'Nicht-Persönlichkeit' verbunden, einer Person ohne ein spezifisches Selbst (anatta). Und schließlich verehren Therawadins und Mahayanins gleich innig den BUDDHA als den bedeutendsten Lehrer aller Zeiten, sei es, je nach konfessioneller Richtung, den Buddha als menschlichen, transzendenten oder göttlichen Impuls.

Der Auftakt zur Gandhara-Kultur

So können wir verstehen, daß sich ein Buddhist nicht nur im Kultraum seiner eigenen, sondern auch einer anderen buddhistischen Schule zu Hause fühlt.

In *Gandhara* scheint dies besonders in der Kunst der Fall gewesen zu sein. Wir sollten also nicht jede gandharische Buddha-Darstellung als ein Glaubensbekenntnis des jeweiligen Künstlers oder seines – meist klösterlichen – Auftraggebers ansehen. Das Vierte Konzil der Buddhisten unter dem Patronat des Königs KANISCHKA hatte zwar die frühen Sutras des Mahayana verbindlich formuliert und dadurch das buddhistische Schisma noch vertieft. Andererseits sollen aber hier auch noch Therawada-Texte kanonisiert worden sein (B. PURI). So hatte die Zusammenkunft der Mönche beider Konfessionen letztlich doch noch und über das Schisma hinweg zu einem Gedankenaustausch und sicher auch zu einem gegenseitigen Verständnis beigetragen. Der tolerante Geist dieses Konzils war denn auch der Auftakt zu der Gandhara-Kultur, in deren Verlauf die Vorstellungswelt der therawadischen Minorität zum Leitbild der mahayanischen Majorität wurde.

Der sehr menschliche Mönch GAUTAMA bildete hierbei die Zentralfigur. Seit Jahrhunderten geisterte er in der Vorstellungswelt seiner damals von Persien bis zum Bengalischen Golf verbreiteten Anhänger als ein Philosoph, als ein Übermensch im Sinne Herders. Ihn darzustellen, warf schließlich auch für die Mahayanins keine Probleme mehr auf, da der BUDDHA auch als historische Person für die Mahayanins als Gott vorstellbar war, wie JESUS für die Christen. So gingen Orthodoxe und Reformierte gemeinsam fromm ans bildnerische Werk.

Da aber die Mahayanins als Mitglieder einer Religion frommer waren als die mehr philosophisch ausgerichteten Therawadins, taten sie sich schwer, vor allem ihre soeben entwickelte Bodhisattwa-Lehre ins Bild umzusetzen, diese neue, herzerwärmende Idee der Erlösung dank göttlichen Mitleids, dank leicht ansprechbarer Wesen zwischen Himmel und Erde. Ihre Liebe, die ganze Menschheit umfassend, ist vom Glanz einer mächtigen, metaphysischen Kraft umgeben, die nach mahayana-buddhistischer Vorstellung das Wunderwirken aus dem Jenseits auslöst. Die Bodhisattwas und mit ihnen auch viele himmlische, also transzendente Buddhas, wurden daher bald mit überreichen Insignien des Königlichen ausgestattet. Ein Kennzeichen der Mahayana-Schule.

Doch der schmucklose, aus der therawadischen Vorstellung entstandene Gestalttyp des Mönchs Gautama bleibt auch ein Thema des reformierten Buddhismus, dann allerdings vornehmlich als personifiziertes Weltprinzip. (Nur während der synkretistischen Khmer-Zeit und der therawadischen Ayuthia-Epoche in Thailand erscheint Gautama mit königlichen Merkmalen.)

Nun können wir auch die eben gestellte Frage beantworten, warum in Gandhara der klassische Therawada-Buddha sich in einer überwiegend mahayanischen Umgebung behaupten konnte: Der Heilige, der ein Fürstentum verschenkte und die Armut wählte, wurde auch im Mahayana am besten mit den Attributen des schlichten Mönchs verstanden. Er war über alle Dogmen, Schulen und Riten erhaben, dieser sanfte, doch bei der Lehrverkündung wortgewaltige Mann. Er verkörpert bis heute den Buddhismus aller Färbungen.

Der Gandhara-Buddha

Der Gandhara-Buddha wird im langen, über beide Schultern geworfenen Mönchsgewand abgebildet, das mit einem attraktiven, sehr griechischen Faltenspiel herabfließt. Hin und wieder läßt sein Gewand in der therawadischen Tradition eine Schulter frei. Einige der »32 großen und 80 kleinen Merkmale« des 'Vollendeten' sind:

Die Uschnischa

Eine Erhöhung, gleich einer beachtlichen Beule, oft auch ein schneckenförmiger Haarknoten, mitten auf dem Kopf, ein Zeichen der weisen Weltüberwindung, der Erleuchtung (Abb. 25). Er unterscheidet den BUDDHA von allen anderen Gestalten. In Südost-Asien hat er sich später oft, wie in Thailand, in eine ätherisch-schlanke Lotosknospe oder eine hochzüngelnde (Geist-) Flamme verwandelt. Er mag sich aus dem Haarknoten des attischen APOLLON in der Deutung des LEOCHARES entwickelt haben oder aus dem altindischen Haarknoten, den Fürsten unter ihrem Turban trugen.

Die Urna

Ein tropfen- oder lockenförmiges Mal zwischen den Augenbrauen. Aus ihm strahlt ein Lichtbündel der Weisheit und Güte in alle Welt, um die Menschen zu erleuchten (Abb. 25). Wie in den meisten Religionen, spielt das Licht auch im Buddhismus eine große Rolle, das Licht als Sinnbild des Reinen und der Erkenntnis, das in das Dunkel der Begierde und der Unkenntnis hineinstrahlt. 'Buddha' heißt: der 'Erleuchtete' und daher 'Vollendete'. Er hatte schließlich und plötzlich das kosmische Gesetz vom Werden und Vergehen erkannt und die Tatsache, daß alle Erscheinungen relativ zu bewerten sind. Es war nach buddhistischer Terminologie ein 'Hellblick'. Die Urna stellt bei den Gandhara- und Mathura-Skulpturen und denen der folgenden Schulen nicht, wie oft behauptet, das dritte Auge dar. Erst später, an den Figuren des hinduistisch beeinflußten Wadschrayana- oder Tantrayana-Buddhismus ab etwa dem 8. Jh. n. Chr. in Tibet und seinen Nachbarländern symbolisiert sie hin und wieder als drittes Auge den göttlichen Blick der Allwissenheit.

Der Nimbus

Ein meist als runde Scheibe gestalteter Heiligenschein, ist sicherlich ein vom Licht-Kult der persischen Zarathustra-Religion und von dem griechischen und römischen Sonnenkult (Helios, Sol, Mithras) beeinflußtes Attribut der »unermeßlichen Leuchtkraft des Wahren und Weisen« (Farbt. 6). Manchmal umgibt eine Aureole den ganzen Körper des Buddha. Die Achämeniden hatten den zarathustrischen Masdaismus schon Jahrhunderte vor der buddhistischen Zeit in Gandhara eingeführt. Die griechischen und römischen Einflüsse werden wir später noch behandeln.

Die langen Ohren

Sie sollen die fürstliche Abstammung des Weisen charakterisieren, der die läuternde Armut allem höfischen Luxus vorzog (Abb. 26). Als Zeichen ihrer hochwohlgeborenen Existenz trugen indische Fürsten schweren Schmuck an ihren Ohren, der die Ohrläppchen lang hinunterzog. Den Schmuck hat der Buddha abgelegt, die deformierten Ohren blieben.

Der Haarstil

Hier spielen die griechischen – oder römischen? – Haarwellen, Locken und Löckchen eine ikonographisch wichtige, doch vollkommen untypische Rolle bezüglich der asiatischen Haartracht. Sie ist weder aus der Lebensgeschichte des Buddha noch aus seiner Lehre oder deren Symbolsprache zu verstehen. Natürlich könnten wir in diese Rätsel-Frisur das Bestreben der Künstler hineininterpretieren, den glatthaarigen Asiaten die Lockenpracht des Buddha als Attribut des Übermenschlichen vorzuführen. Dieser Haarstil wurde von allen buddhistischen Kunstrichtungen bis hin nach Japan und tief in die Mongolei übernommen.

Der Thronsitz

Der Thron ist Sinnbild des Königlichen. Er weist den Buddha als 'König des Geistes' aus. Er dient auch anderen Heiligen des Buddhismus, anderen 'Königen' metaphysischer Eigenschaften oder Fähigkeiten als Sitz. Der Gautama-Buddha sitzt oder steht gewöhnlich auf einem Lotos- oder einem Löwen-Postament. Die knospende Lotosblüte, das zentrale Symbol aller buddhistischen Richtungen, verkörpert – wie das Licht – das absolute Reine, jene, wie die Lotosblume im

Wasser aus dem Schlamm der weltlichen Niederung unbefleckt hochstrebende Buddha-Natur, die sich dann im Glanz der Erkenntnis gar wunderbar entfaltet.

Awalokiteschvara, der volkstümlichste Bodhisattwa des Mahayana, hält eine langstielige Lotosblume in der linken Hand. Er wird im lamaistischen Raum mit dem Mantra »Oh Juwel in der Lotosblume« (Om mani padme hum) angerufen. Der Wegbereiter des Lamaismus war der 'Lotos-Geborene' (Padmasambhawa). Diese Blume, die schon die Ägypter und später die Inder, Chinesen und Japaner in vieldeutige Symbol-Sprachen übertrugen, wird in Indien auch als Sinnbild des Kosmos, des Absoluten verehrt. So kann der Buddha-Thron auch als Ausdruck der universalen Wahrheit, die der Buddha verkündet, angesehen werden. Oder als Sinnbild des Reinen und des Wahren. Daher sitzt oder steht vor allem der lehrende Buddha auf dem Lotos-Thron.

Der Löwen-Thron deutet auf den »Löwen aus dem fürstlichen Geschlecht der Sakiya« hin, dessen Ruf die Welt beleben und schließlich erlösen wird. Diese Version geht auf die indische Legende des Löwen zurück, der die totgeborenen Jungen seiner Löwin durch sein mächtiges Gebrüll zum Leben erweckt.

Neben den Merkmalen spielen auch die verschiedenen Positionen und Gesten des Gautama-Buddha und der anderen Buddhas und Bodhisattwas eine große Rolle. Die gebräuchlichsten Ausdrucksformen dieses komplizierten ikonographischen Alphabets sind:

Der sitzende Buddha

Er wird meist frontal im 'Lotos- oder Diamant-Sitz' dargestellt, eine altindische Yoga-Haltung, die uns schon auf einem Siegel von Moendscho Daro begegnete. Das Rückgrat wird durchgedrückt, die Fußrücken werden aus dem Schneidersitz heraus auf die Oberschenkel gelegt (Abb. 26). Wenn man es kann, also sich im indischen Lebensstil, der damals keine Stühle kannte, von Jugend an daran gewöhnt hat, fördert diese Haltung bei gleichmäßigem Atmen den Blutkreislauf. Sie beruhigt und erleichtert kontemplatives und meditatives Verhalten. In dieser Haltung hat der BUDDHA die höchste Erkenntnis erfahren, den spiritus rector einer Weltreligion.

In dieser Sitzstellung vermittelt die Buddha-Figur das Fluidum einer halb entrückten, in tiefer Ruhe und Harmonie verweilenden Persönlichkeit, die aus der 'produktiven Stille' ihre geistigen Kräfte entwickelt. Dieser Sitz dient allen Buddhisten und Hindu als Meditationshilfe.

Der Stehende

Er ist mehr der Welt zugewandt. Meistens zeigt er sich als lehrender Meister oder als Ratgeber (Therawada) und Gott (Mahayana), der die Menschen schützt – nur im Mahayana – oder ihre Wünsche erfüllt.

Wohl ganz aus der griechischen Tradition heraus ist der schreitende Buddha zu verstehen, zumal er jetzt nicht mehr streng frontal und symmetrisch, sondern auch seitlich in voller Bewegung gestaltet ist. Nun ist er nicht mehr der strikten ikonographischen Symbolik verpflichtet. Wir begegnen dieser Stellung vornehmlich auf den Reliefs der Friese, die um die runden und in Gandhara erstmals auch rechteckigen Basen der Pagoden angebracht waren. Sie schildern lebendig und mit griechischer Freude am Detail Szenen aus dem Leben des Buddha, wie die Verkündigung seiner Geburt, die Nacht, da er heimlich seine Frau und sein fürstliches Elternhaus verläßt (Abb. 27), die Askese, die Versuchung durch Mara, die Erleuchtung unter dem Feigenbaum, die erste Predigt im Hain der Rehe und seinen Tod. Aber wir finden hier auch Passagen aus den früheren Inkarnationen des Buddha (Jatakas), als er noch ein Bodhisattwa war. Vor allem oft jene mit der Tigerin, von der er sich töten ließ, weil ihre Jungen zu verhungern drohten.

Der Liegende

Der sterbende Buddha ist ein häufig behandeltes Thema der Gandhara-Zeit. Es sind die Stunden, da der BUDDHA, lang ausgestreckt auf der rechten Seite liegend, sein 'Erlöschen' erwartet, sein Nibbana (Therawada) oder Nirwana (Mahayana). Diese Situation wurde vor allem gerne und wirkungsvoll in die Reihendarstellungen der Friese aufgenommen, weil sie szenische Gestaltungen ermöglichten, mit den trauernden Jüngern, meist ANANDA und KASSAPA, an der Seite des sterbenden Meisters und rundum das Volk, theatralisch arrangiert.

Therawada-buddhistisch aufgefaßt, zeigt diese Szene den Beginn des 'vollständigen Erlöschens', des Pari-Nibbana. Der Buddha ist dann auch metaphysisch nicht mehr existent. Er hat sich, wie eine Flamme, ganz und gar ausgelöscht. Was bleibt, ist seine Lehre. Daher kann er auch nicht angebetet oder sonstwie angerufen werden. Das Nibbana läßt sich nur vage erahnen, nicht aber definieren. Es wird dem Therawada-Buddhisten leichter als dem Nicht-Buddhisten verständlich (wenn auch nicht erklärlich), weil er den Zustand des Nibbana im Zusammenhang mit der Anatta-Lehre des Buddha auffassen kann, mit der Lehre vom 'Nicht-Selbst'. Da die Persönlichkeit und das Ich-Selbst nur als Erscheinung bestehen, nicht aber als ein empirisches, wesenhaftes Etwas, als eine Person etwa mit einer unsterblichen Seele, so bleibt auch im Nibbana nichts übrig, wenn die Erscheinung Mensch aufhört zu sein.

Im Mahayana-Buddhismus bestehen ganz andere Vorstellungen vom 'Nirwana'. Es gilt hier als eine Art Himmel, der einen »erloschenen Erleuchteten« aufnimmt. So ist etwa der Amithaba-Buddha der »Herr des westlichen Paradieses«. Dazu glaubt der Mahayana-Buddhist auch noch an ein methaphysisches, zwischen Himmel und Erde befindliches Dasein, in dem sich die altruistischen Bodhisattwas aufhalten. Sie haben sich zwar genau so vollendet wie die absoluten Buddhas, aber aus Liebe zur Menschheit bleiben sie, wie bereits erwähnt, noch in diesem nirwanischen Vorstadium, wo sie für die notleidenden Menschen und ihre Gebete leichter und wirksamer erreichbar sind.

So viele Buddhas und Bodhisattwas sich auch im endlichen und unendlichen Jenseits aufhalten, nur der GAUTAMA BUDDHA wird als Sterbender, bzw. 'Erlöschender', dargestellt. Er bleibt in allen Schulen des Buddhismus das Schlüssel-Wesen, als Mensch oder Gott. Und so wollen in *Gandhara* und im heute indischen *Mathura* die Darstellungen des liegenden Buddhas mal therawadisch, als sterbender Mensch, mal mahayanisch, als sterbender Gott, aufgefaßt werden.

Die Hand-Gesten (Mudras)

Sie spielen in der buddhistischen wie auch in der hinduistischen Ikonographie eine bedeutende Rolle:

Der Lehrende

Eine der beliebtesten Handstellungen. Der Zeige- oft auch Mittelfinger der rechten Hand formt mit dem Daumen einen Kreis oder deutet ihn zumindest an. Der Zeigefinger der linken Hand berührt diese Fingerhaltung oder weist durch den Kreis hindurch. Diese Geste symbolisiert »das Drehen des Rades der Lehre« *(Dharmachakra-Mudra)*, eben die Verkündung der Lehre, das Dhamma oder Dharma. Manchmal wird auch nur eine Hand mit der Andeutung des Rades dargestellt, während die zweite Hand eine andere Mudra formt.

Der Meditierende

Es ist wohl die eindrucksvollste Position. Die Hände sind auf dem Schoß mit den Handrücken nach oben flach übereinandergelegt *(Dyana-Mudra)*. Hierbei wird der Buddha mit halb oder ganz geschlossenen Augen und völlig entspannt in meditativer Versenkung gezeigt, in der sancta indifferentia nach seiner Erleuchtung, nachdem er das Absolute aller Erscheinungen und Gesetze des Lebens erkannt hat.

Der Schutz-Gewährende

Die rechte Hand ist mit der Innenfläche nach außen und mit angewinkeltem Arm erhoben *(Abhaya-Mudra)*. Wer die Lehre des Buddha befolgt, steht unter ihrem (Therawada) oder Buddhas (Mahayana) Schutz. Diese Geste wurde später in Südost-Asien (Ayuthia) häufig dargestellt. Oft auch beide Hände mit gleicher Mudra erhoben, vor allem bei stehenden Buddhas. Nach einer anderen Version soll die Abhaya-Mudra auffordern, dem Erlösungssuchenden kein Wissen fernzuhalten, das seiner Erlösung dienen könnte.

Der Wunsch-Gewährende

Die linke Hand ist mit der Innenfläche nach außen und mit ebenfalls angewinkeltem Arm nach unten gewendet, als schütte sie Gaben aus *(Warada-Mudra)*. Diese Stellung wird nur im Mahayana-Buddhismus als Ausdruck einer unmittelbar von Buddha empfangenen Gnade, Huld oder sonstigen Hilfe empfunden. Nach therawadischer Version ist der Buddha ganz und gar erloschen und daher auch nicht mehr in der Lage, der Menschheit zu helfen; hier wird die Warada-Mudra, in den wenigen Fällen, da sie angewendet wird, als Anbietung der Lehre des Buddhas verstanden.

Die Erdanrufung

Die rechte Hand liegt mit der Handfläche nach innen über dem rechten Knie, die Fingerspitzen berühren den Boden *(Bhumisparcha-Mudra)*. Die linke Hand ruht mit der Meditations-Mudra im Schoß. Diese später häufigste Buddha-Darstellung soll den Augenblick festhalten, da der Buddha bei einer Konfrontation mit dem Bösen (Mara) die Erde als Zeugin seiner Erleuchtung anruft.

Andere beliebte Darstellungen

Vor allem auf den Relief-Friesen wird oft die Empfängnis der Maya, der Mutter des Buddha, gezeigt. Im Traum erscheint ihr ein Elefant. Er hält seinen Rüssel an ihre rechte Hüfte. Der Elefant ist die Symbolfigur des kommenden Buddha und der Erkenntnis. Auch die Geburt des SIDDHARTA GAUTAMA wird oft wiedergegeben (Farbt. 5). Er soll im – heute – nepalesischen *Lumbini* aus eben der rechten Hüfte der Fürstin Maya geboren worden sein.

Und schließlich wird auch die erste Predigt des soeben zum Buddha Vollendeten im Gazellen-Park von *Isipatana*, dem heutigen buddhistischen Pilgerort *Sarnath*, oft dargestellt. Er hielt sie vor seinen ersten, anfänglich mißtrauischen fünf Jüngern. Am Rande der Bilder lauschen verzückt einige Gazellen oder Rehe.

Gräko-indische Kunst?

Welche Anstöße ließen eigentlich die Gandhara-Kunst entstehen, die sich so schnell über Asien verbreitete? Sie war eine Mischkultur aus griechischen, römischen, indischen und sicher auch iranischen Einflüssen. Ihre Bedeutung sollte, wie gesagt, in jenem Abenteuer gesehen werden, zum Wort des Buddha auch das Bild, die Imagination und später das Mystisch-Magische geschaffen zu haben. Erst Wort und Bild zusammen ließen den Buddhismus dann in seiner Mahayana-Form zu einer Weltreligion werden.

Während die indischen Einflüsse auf indischem Boden selbstverständlich waren, geht die Diskussion um die Frage weiter, ob die fremden Stilelemente vornehmlich griechischer oder römischer Provenienz waren. Anfänglich hatten die 'Gräko-Gandharer' unter Führung des Sorbonne-Indologen ALFRED FOUCHER und des Franzosen DANIEL SCHLUMBERGER das Wort. Später traten die meist angelsächsischen 'Romano-griechischen Gandharer' wie SIR MORTIMER WHEELER und BENJAMIN ROWLAND auf den Plan.

Die 'Gräko-Gandharer' weisen auf den asien-weiten Einfluß der hellenistischen Kultur seit ALEXANDERS Zeiten hin. Wie wir bereits erwähnt haben, erreichte die griechische Kultur *Gandhara* aus dem Westen und Osten: Im Westen herrschten die griechischen Seleukiden und im Osten, am Ganges, hatten die indischen Maurya ihrer Hauptstadt *Pataliputra* (Patna) griechische Akzente verliehen, die sich dann auch auf ihre westliche Provinz Gandhara übertrugen. Schon einige Jahrhunderte vor Christi Geburt, sagen die 'Gräko-Gandharer', habe bereits zwischen dem Hindukusch und dem Bengalischen Golf eine Art indo-griechische Schule mit starken iranischen Einflüssen bestanden. Sie habe es später vermutlich den Kuschana ermöglicht, nach ihrer Ankunft am Indus und Ganges eine weitaus einheitliche »Kulturprovinz« (Schlumberger) zu übernehmen.

Es läge nahe, sagen sie, hellenistische Einwirkungen aus Baktrien auf diese Kulturprovinz anzunehmen. Die Hellenen hätten in Baktrien eine sehr eigenwillige, eine Zeitlang gegen die mazedonischen Nachfolger ALEXANDERS DES GROSSEN gerichtete Herrschaft unterhalten, bevor sie sich Ende des 2. Jh. v. Chr. nach *Gandhara* absetzten und dort bald eine kurzlebige Dynastie gründeten. Ausgrabungen im nord-afghanischen *Surkh Kotal* nach dem Zweiten Weltkrieg hätten bewiesen, daß dort während der baktrischen Kuschana-Zeit ein bis nach Gandhara und Mathura ausstrahlender Kulturkreis bestanden habe. KANISCHKA, der bedeutendste König der Kuschana, habe dort eine 'Akropolis' errichten lassen. Und es sei auch Kanischka gewesen, der in Gandhara, wie es seine Münzen zeigten, das in Baktrien gebräuchliche griechische Alphabet eingeführt habe.

So hätten sich damals, folgern die 'Gräko-Gandharer', der von Osten kommende Buddhismus mit seinem indischen Habitus und die helleno-baktrischen sowie griechischen Einflüsse aus dem Westen im kulturell und politisch wichtigen Gandhara zu einem gräko-indischen Kunststil verschmolzen. Hierbei hätten auch die iranischen Überlieferungen, also die achämenidischen und jene der irano-arischen Nomaden (u. a. Skythen), eine Rolle gespielt.

Auch römische Einflüsse?

SIR MORTIMER WHEELER, der markanteste Sprecher der 'romano-griechischen Gandharer', vertritt dagegen die Ansicht, es sei vornehmlich der Einfluß der Mittelmeergegend gewesen, der unmittelbar auf den lebhaften Handelswegen zwischen Okzident und Orient nach *Gandhara* gelangt sei. Als Zentral-Gestalt der augusteischen Kunst habe der Kaiser in der toga picta – die ebenfalls eine Schulterhälfte frei ließ – gegolten. Sie habe die Buddhisten zur Darstellung des stehenden Buddha inspiriert. Und auch die Girlanden-Motive und der erzählerische Charakter der Reliefszenen an den Pagoden-Basen deuteten auf römischen Ursprung hin.

Die griechisch-buddhistische Begegnung habe schon aus zeitlichen Gründen nie in einer kulturprägenden Weise stattfinden können. (Die Tatsache, daß man bis heute keine zuverlässige Datierung der griechischen und kuschanischen Ereignisse in Gandhara gefunden hat, unterstützt dieses Argument.) Die römische Kunst vom Mittelmeer habe hierbei über *Palmyra* als Zwischenglied gewirkt. So sei etwa Gandharas Fertigkeit, Stuckskulpturen herzustellen, auf die Stucktechnik des damals bereits römischen *Alexandria* zurückzuführen. (Aber sicher auch auf die hochstehende Stucktechnik der anti-römischen, hellenophilen Parther.)

Die indischen Einflüsse

Wir wollen uns nun nicht länger mit stil-historischen Fragen befassen. Nicht behandelt, da es zu weit führte, haben wir die offensichtlich iranischen und parthischen Einflüsse. Nur sollten wir uns noch eben die Beziehungen zwischen den beiden Kunstschulen Gandhara und Mathura ansehen, weil wir bisher noch nichts über die indische Komponente der Gandhara-Kunst gesagt haben.

Das buddhistische Kultur-Zentrum *Mathura* war älter als Gandhara. Dort erwuchs die buddhistische Kunst aus der Tradition einer bereits reifen Kunst, aus der Formen- und Gedankenwelt Indiens. In *Gandhara* dagegen fand die indo-buddhistische Kunst nur Neuland vor. Hier übernahmen die Künstler die indischen Stilelemente des Buddhismus als Beigabe zu ihren griechisch-römisch dominierten Ausdrucksformen. In Mathura war es umgekehrt: Dort blieb der griechische, vornehmlich der baktro-hellenistische Stil, Beigabe zur indischen Gestaltungswelt.

Aber unter der Protektion der Kuschana-Könige beeinflußten sich die beiden, über tausend Kilometer voneinander entfernt liegenden Zentren gegenseitig. Vor allem Gandhara hat letztlich Mathura die Entstehung seiner Kunst zu verdanken. Denn ohne die neuen religiösen und mit ihnen verbundenen stilistischen Einflüsse aus Mathura hätte sich im Nordwesten des heutigen Pakistan sicherlich keine spezifisch gandharische Kunst entwickelt. Mit der damaligen Gelehrsamkeit in *Taxila, Peschawar* und im *Swat-Tal*, mit den ansässigen Künstlern aus allen benachbarten Kulturbereichen und mit der Frömmigkeit und daher auch mit dem Interesse des Volkes waren eigentlich alle Voraussetzungen vorhanden, unter denen sich eine eigenständige Kunst hätte entwickeln können. Aber der zündende Funke kam von *Mathura*, kam vielleicht mit der neuen Bodhisattwa-Lehre des Mahayana-Buddhismus, die dank ihrer humanen Wärme Gelehrte und Künstler ebenso wie das Volk ansprach und mit ihren indischen Stilbeispielen zur künstlerischen Gestaltung anregte. So erwuchs mit indischem Stimulans und mit der Geistigkeit, Kunstfertigkeit und Frömmigkeit der Gandharer eine neue, kraftvolle Version der buddhistischen Kunst, freudig aufgegriffen von den griechisch und iranisch orientierten Künstlern.

Es entstand der Prototyp des BUDDHA mit stark ausgeprägten apollinischen Zügen (APOLLON war der Schutzgott der Seleukiden), oft mit sorgfältig gestutztem Schnauzbart (dessen eitle Pflege der Buddha als närrisch und absolut nutzlos für die charakterliche Entwicklung angesehen hätte) und mit einem betont athletischen Körper (der dem Idealbild griechischer Götter, nicht aber der indisch-buddhistischen Vorstellung der Läuterung und des schließlichen Verklärtseins entspricht). Dazu das mal griechisch, mal römisch anmutende Faltenspiel der oft wie eine Toga übergeworfenen Gewänder, technisch als »Wulst-, Röhren-, Band- oder eingemeißelte Falten« bezeichnet (SCHLUMBERGER), aus Schieferstein geschlagen oder in Terrakotta geformt.

Buddhistischer Ausdruck?

Eine Antwort auf diese Frage sollten wir von der Richtung abhängig machen, aus der wir uns *Gandhara* nähern: Kommen wir aus dem Westen, wo die Griechen eine sakrale Kunst prägten, die immer wieder mit virtuosem Elan den physisch idealen Körper schuf, ohne ihn jedoch zu beseelen, dann mag uns die gesammelte Haltung der Buddha-Statuen beeindrucken. Wir glauben, an die griechische Formensprache gewöhnt, die Erleuchtung des Buddha an seinem Gesicht mit halb- oder ganz geschlossenen Augen ablesen zu können.

Kommen wir dagegen aus dem Osten, aus Japan, China, Tibet oder Indien, ja sogar aus Thailand mit seinen stilisierten und Birma mit seinen rustikaleren Darstellungen, dann vermissen wir etwas grundsätzlich Buddhistisches: die Priorität des Geistigen über das Körperliche. Wir vermissen den milden, doch geistig konzentrierten, verklärt entspannten, doch hellwachen Buddha, einsam, fern und doch nahe. So wurde er zur gleichen Zeit mit indischen Mitteln in *Mathura*, wenn auch oft drall und schwergliedrig, und im südindischen *Amarawati* dargestellt. So entstand sein Bild bald als vollendete Formulierung während der klassischen Gupta-Kunst und in der Nachklassik der Pala-Schule. Hier lebte der Stein, er war beseelt und Stoff der Figur, die aus ihm entstand. Ansätze zu dieser Transformierung von Material in Geist finden wir bereits bei den griechisch beeinflußten Parthern, den Nachbarn der ebenfalls hellenophilen Gandharer. Doch seltsam, wiederum war der Funke nicht nach Gandhara übergesprungen!

Die gandharische Note ist einem hohen Grad an kunsthandwerklicher Gestaltungskraft zu verdanken. Das Thema ist faszinierend: Die Ausstrahlung eines Mannes, der dank meditativer Konzentration geläutert wurde, die sanfte Kraft eines Philosophen oder Heiligen, der um die letzten Dinge des Lebens weiß, nachdem er sie erfahren hat. Es ist dieses Thema, das uns, vom Westen kommend, hier zum erstenmal anspricht. Doch kommen wir vom Osten, sind wir also mit diesem Thema schon vertraut geworden, dann vermissen wir oft an Gandhara-Darstellungen diese tausendfältige Reflexion jener Lehre von der konsequenten Selbsterkenntnis, dem ersten Weg zur Besserung.

Warum vermissen wir diese Ausstrahlung in *Gandhara?* Weil hier zwei Welten geistig nicht verschmolzen werden konnten. Weil hier die westliche Welt der Griechen und sekundär der Römer bereits mit ihrer vollen Ausdruckskraft vorhanden war, während die östliche Welt der indischen Buddhisten ihren bildlichen Ausdruck hier erst finden mußte. Und das vollzog sich auf Kosten der Buddhisten: Der BUDDHA erhielt oft, wie gesagt, die Physiognomie und Statur des APOLLON, des 'Sonnengleichen' mit riesigem Nimbus. Immer wieder werden wir an ANDREA APPIANIS Fresko ›Der Apollo-Wagen‹ und an die athletischen und leichtlebigen Jungmänner der griechischen Götterwelt erinnert. Viele Geschichten, aber keine Gedanken gehen von Apollon aus. Es sind keine Bildwerke, vor denen der motiv-orientierte Buddhist meditieren kann. Denn Apollon und der Buddha sind wie Gaukler und Geist, Situation und Sinn. Sie passen nicht in die gleiche Form. Wer aus dem Osten kommt, spürt dies am stärksten.

Diese geistige Diskrepanz hat den künstlerischen Verlauf der Gandhara-Kultur beeinflußt. Anfänglich gingen die vornehmlich dem griechischen Stil ergebenen Bildhauer mit Vehemenz und gleichzeitig mit Demut vor dem Thema ihres Werkes an die Arbeit. Der Künstler erlebte die faszinierende Möglichkeit, junges überzeugendes und interpretierbares Gedankengut darstellen zu können. So entstanden mit sicher gesetzten Akzenten die ersten Skulpturen und Reliefs. Sie waren oft noch transparent, noch von Buddha und Dhamma durchleuchtet.

Vom Kunstvollen zum Kunstfertigen

Dieses künstlerisch anspruchsvolle Niveau, sehr noch im Licht des Themas, sank zur Mitte der Gandhara-Zeit hin auf eine mehr handwerkliche Ebene ab. Die Figuren wurden technisch zwar perfekter modelliert, aber sie blieben oft nur Schablone, Routine, Massenware. Der Schiefer und die Stucko-Mischung waren nicht mehr mit Seele erfüllt, wie zur gleichen Zeit noch in Mathura und wie später zur Gupta-Zeit und in vielen anderen indischen Epochen. Und am Ende der Gandhara-Kultur herrschten dann schließlich nur noch »langweilige, konventionelle Kulturfiguren« (MARSHALL) vor. Aus der Schule des kunstvollen war eine Schule des kunstfertigen Gestaltens geworden. Die Bilder blieben nur noch Illustrationen. Sie interpretierten nicht mehr, sie waren sozusagen 'leer'.

Der gandharische Impuls

Und doch sollten wir die *Gandhara-Kultur* eine Hochkultur nennen. Denn dieser Qualitätsverlust hatte der buddhistischen Kunst und ihrer Ausbreitung keinen Abbruch getan. Im Gegenteil: Die in Gandhara erstmals gebotene Gelegenheit, den BUDDHA in persona darstellen zu können – einige Stimmen geben allerdings zu bedenken, ob es nicht etwa in Mathura geschehen sein könnte, im gleichaltrigen und tiefer in Buddhas eigenem Land gelegenen Kulturzentrum –: diese Gelegenheit hat einen ungewöhnlichen Impuls ausgelöst. Gandhara bedeutet daher der buddhistischen Kunst mehr als etwa Byzanz und das späte Rom der christlichen und die omayyadische Zeit der islamischen Kunst.

Aus der nüchternen Diktion der kanonischen Schriften formten sich in Gandhara dank hellenistischer und indischer Gestaltungsfreude alle wesentlichen Bildelemente der buddhistischen Kunst. Zwar erhielt der dargestellte Buddha im Verlauf der weiten Verbreitung seiner Lehre und ihrer vielen Abzweigungen indische, chinesische, japanische, tibetische und südost-asiatische Züge. Aber seine Merkmale, Symbol-Gesten und Haltungen änderten sich nicht mehr. Sie blieben über Jahrtausende die Bildsprache von Gandhara, überall in Asien.

Diese ikonographische Kontinuität einer über Nacht entstandenen ars sacra ist erstaunlich, ob es sich nun um Sinnbilder oder später um Kultbilder handelt. Sie blieb, obwohl der Buddhismus nie dominierend aufgetreten ist. Im Vollzug seiner toleranten Philosophie hat er sich oft anderen Religionen oder einheimischen Glaubenswelten weitgehend angepaßt und, wie etwa in China und Tibet, einen Teil ihrer Ausdrucksformen mit übernommen. Doch immer hat er seine Identität bewahrt. So bekundete der Buddhismus eine der Grundthesen auch des Laotse, jene tiefasiatische Ansicht, daß alles Sanfte mehr Kraft enthalte als das Starke.

Mahayanische Kirchenväter in Taxila

Hier in Taxila, Peschawar, Charsadda und im Swat-Tal artikulierte sich die zweite Form des Buddhismus, der Mahayana, in Wort und Bild. In *Taxila* lehrten im 2. Jh. n. Chr. NAGARJUNA und ASCHWAGHOSCHA, die bedeutendsten 'Kirchenväter' des Mahayana. Nagarjuna behauptete, die einzige Wirklichkeit sei die Leere, da alle Erscheinungen irreal seien. Eine Philosophie, die 500 Jahre später mit der Deutung des Wedanta-Philosophen SCHANKARA, alles als real Empfundene sei letztlich nur 'Maya', nur Illusion, eine hinduistische Variante erhielt. Der Dichter und Theologe Aschwaghoscha erhellte in Dramen und Kunst-Epen die buddhistische Lehre, wobei er oft die ›Jatakas‹, die Legenden über die vielen inkarnierten Existenzen des Buddha, als Vorlage verwandte. Und aus dem *Swat-Tal* zog im 8. Jh. n. Chr., als Nachwirkung dieser buddhistisch geprägten Zeit der Reformator PADMASAMBHAWA nach Tibet, wo er die dritte bedeutende Richtung des Buddhismus gründete, den magisch-mystischen Wadschrayana oder Tantrayana, in Tibet und Umgebung als Lamaismus bekannt.

Wenn wir uns nach ausdrucksvollen Bildwerken der Gandhara-Zeit umschauen, stellen wir fest, daß leider, wie gesagt, die meisten der künstlerisch bemerkenswerten Stücke in ausländischen Museen gelandet sind. Die in Pakistan verbliebenen Statuen verteilen sich vornehmlich auf die Museen von Taxila, Peschawar, Swat, Lahore und Karatschi, wobei Besuche in Taxila und Peschawar bereits einen umfassenden Überblick vermitteln.

Im Taxila-Museum

In *Taxila,* einem der ältesten, fortwährend bewohnten Orte Pakistans, wie die Sarai-Kholla-Funde aus dem 4. und 3. Jt. v. Chr. beweisen, hat die zeitweilige Hauptstadt Gandharas Zeugen aller künstlerischen Phasen der Gandhara-Epoche hinterlassen. Wir finden sie in einem übersichtlichen Museum, das im Parkschatten auf Besucher wartet. Prachtstücke einer schöpferischen Ära stehen hier zwischen Routinearbeiten der späteren, künstlerisch degenerierten Zeit.

Ein Meisterwerk ist die *Stuckstatue des meditierenden Buddha* (Abb. 26). Von stiller Glückseligkeit durchleuchtet, hält sie jenen Augenblick fest, da der Buddha die letzte Erkenntnis erlangt hat, als GAUTAMA der BUDDHA wurde. Das Gesicht, die Gestalt, ja selbst die Jünger-Figuren links und rechts neben dem Buddha sind verklärt von diesem Schöpfungsakt. Andächtig hat der Künstler das Gesicht profiliert, die entspannten Züge mit dem kleinen Lächeln, nachdem der Buddha das Nirwana bereits auf Erden erfahren hat. Die Falten des Mönchsgewandes umspielen unbekümmert diesen heiligen Augenblick, wie bayerischer Barock den Ostergottesdienst. Hier hat der Typus des 'Gandhara-Buddha' seine Endphase erreicht, als Lehrstück nun für ganz Asien.

Auch einige weitere Stuckdarstellungen im Taxila-Museum lassen die buddhistische Geisteswelt spüren. Etwa jener *Kopf* mit dem akkuraten Mittelscheitel im flachgewellten Haar. Die Uschnischa ist abgebrochen, und auch die Urna auf der Stirn – vermutlich war sie ein Edel-

ZWEITER HÖHEPUNKT: GANDHARA

stein – wurde mit Gewalt entfernt. Doch immer noch vermittelt dieses verletzte Antlitz Wunschlosigkeit und Wissen. Ähnliches läßt sich von einem sehr *jugendlichen Kopf* mit einem riesigen Nimbus sagen. Als Stuckarbeit blieb er erstaunlich gut erhalten. Zwar wirkt er etwas verspielt, verträumt, allzusehr in Moll. Aber auch er entspricht dem Buddha-Thema. Man möchte ihn einen kleinen, braven Buddha nennen.

Überlebensgroße und aristokratisch-schöne *Buddha-Büsten* werden als Einzelstücke in Vitrinen präsentiert, die auf Holzsäulen ruhen. Sie stehen prominent als Stuckstücke im zweiten Saal links des Eingangs. Zwar sind sie sehr stilisiert, vor allem die Augenbrauen als schwungvolle Bogenstriche im weit- und glattflächigen Gesicht, doch strömen sie Ruhe aus, die buddhistische Grundstimmung. Sie gleichen sich allerdings auffällig. Ob sie in Serienherstellung entstanden sind?

Die Technik der Stuckarbeit haben die Gandharer vermutlich von den Parthern übernommen. Sie haben sie fortentwickelt, wie es die Köpfe alter Männer, Atlanten, Volkstypen und Geister zeigen und die Bodhisattwas mit ('unbuddhistisch') eitel aufgeputzten Kopfgebinden.

Interessant im Taxila-Museum ist auch eine *Bronze-Figur* des ägyptischen, vornehmlich während der ptolemäischen Zeit verehrten Licht- und Welt-Gottes HARPOKRATES, des Sohn der ISIS, in seiner Kindesgestalt als HORUS. Auch sie erinnert an die weiten Verbindungen jener Zeit zwischen dem Westen der Griechen, Römer, Ägypter und Perser und dem Osten der Inder. Und an den damals weltweiten Einfluß der Lichtkulte und -mythen, da der tägliche Wechsel zwischen Hell und Dunkel, zwischen göttlichem Licht und den Mächten der Finsternis, noch religiös empfunden wurde und nicht, wie heute, als etwas Selbstverständliches, ohne Fragen, Hoffnungen und Deutungen. Der persische AHURA MAZDA und der römisch-persische MITHRAS, der griechische HELIOS mit dem – auf Buddha übertragenen? – Strahlenkranz und der wedische SURYA, dessen Leuchten die »Finsternis wie ein Fell abschüttelt«, sie alle wurden auch in *Taxila* verehrt, auf sie bezogen sich die Fragen, Hoffnungen und Deutungen.

Ein – vermutlicher – Feuertempel für Ahura Mazda in Taxila, Mithras auf den Münzen des Kuschana-Königs KANISCHKA, ein Sonnentempel im kaschmirischen Martand und Helios und Savitär, »der die Sonne in Bewegung setzt«, auf einem Kosmetikschälchen im Swat-Museum, sie alle weisen darauf hin.

Bemerkenswerte Figuren in der Gandhara-Kunst, und im Taxila-Museum mehrmals vertreten, sind auch die bereits erwähnten männlichen Yakschas und weiblichen Yakschis, die zwar schon in den letzten Jahrhunderten v. Chr. auftauchten (Bharhut), in *Gandhara* aber eine buddhistische Funktion erhielten und sogar typenbildend wirkten: Einst koboldhafte Wächter des KUBERA, des indischen Himalaya-Gottes des Reichtums, und später ritterliche und amazonenhafte 'Welthüter' der vier Weltteile, wurden sie in Gandhara zu Beschützern der buddhistischen Andachtsstätten und Figuren-Gruppen, nun als menschliche Wesen. In der schließlich anmutigen, oft erotisch lieblichen Gestalt der Yakschis schienen sie den Gandharern so ans Herz gewachsen zu sein, daß sie aus diesen Schutzgöttern zwischen Himmel und Erde die ebenfalls zwischen Himmel und Erde lebenden Schutz-Buddhas, diese Bodhisattwas, entstehen ließen. Aus einer rein indischen Komponente entwickelte sich hier ein neuer buddhistischer Typus mit den oft geschwungenen Hüften, so charakteristisch für die spätere indische Kunst.

Im Peschawar-Museum

Auch *Peschawar,* das ehemalige Poschapura oder Parschapura (sanskrit), war ein politisches und religiöses Zentrum der Gandhara-Zeit. Viele Beispiele seiner Kunst und Kultur, soweit sie von den Ausländern nicht mitgenommen wurden, zeigt uns ein kleines, wohl arrangiertes Museum in einem Prachtgebäude aus britischer Kolonialzeit mitten in der Stadt. Hier hat als bekanntestes Stück das *Kanischka-Reliquiar* (Abb. 23), auch verfremdend Kanischka-Reliquien-Korb genannt, seine Unterkunft gefunden. Es ist ein kleiner zylindrischer Behälter aus einer Kupferlegierung, auf dessen Deckel der BUDDHA auf einem kelchartig erhöhten Lotos-Thron sitzt, flankiert von den Göttern BRAHMA und INDRA, die ihn verehren. Alle drei sind als Vollplastiken gestaltet, eine in Gandhara selten vorkommende Darstellungsform. Die Seitenwand ist mit figurenreichen Abbildungen im Relief verziert, zwei Buddhas als Reflexionen des dominierenden Buddha auf dem Deckel, Bodhisattwas, Eroten und Gläubige; zwischen ihnen schlängelt sich eine – römische? – Girlande hindurch, die Figuren zu einer Einheit verbindend.

Ein stilistisch ähnliches *Reliquiar,* allerdings aus Gold, wurde in einer Stupa in *Bimiran* bei Jalalabad im nahen Afghanistan gefunden. Auch hier wird, diesmal auf der Außenwand, der Buddha von Brahma und Indra flankiert. Die Reliefs beider Gefäße erinnern an römische und altchristliche Sarkophage.

Historisch scheint uns das Reliquiar von Peschawar bedeutender, weil es punktierte Kharoschthi-Inschriften vorweist, mit dem Namen KANISCHKAS, der die Buddha-Reliquie in diesen kunstvollen Behälter einschließen und dann in einer riesigen Pagode, damals ein Weltwunder, einschreinen ließ. Auch der Name eines der Erbauer dieser Pagode, AGISCHALA, ist auf dem Reliquiar erwähnt. Das Forschungslabor des Britischen Museums hat es kunstfertig renoviert. Der Inhalt des Behälters, die Knochenreliquie des Buddha, befindet sich heute in einer Pagode auf einem sanktuaren Hügel hoch über der zentral-birmanischen Königs-Stadt Mandalay. Sie wird dort nicht sonderlich verehrt. Vermutlich fehlt den buddhistischen Birmanen, so fromm sie auch sind, das lokale oder auch nur nationale Kolorit rund um diese Reliquie.

Der britische Archäologe D. B. SPOONER hatte das Kanischka-Reliquiar Anfang dieses Jahrhunderts aus den restlichen Ruinen von Kanischkas einst angeblich 120 m hoher Schadschi-ki-Dheri-Pagode im südöstlichen Peschawar ausgegraben. Die Engländer übergaben die Reliquie dann der birmanischen Regierung. Sie gehört vermutlich zu den acht Reliquien des Buddha, die der indische Kaiser ASCHOKA im 3. Jh. v. Chr. verteilt hatte.

Auch eine klassisch-schöne *Schiefertafel* finden wir hier (Abb. 28). Sie erinnert an die Stufenportale gotischer Dome, deren Archivolten, immer kleiner werdend, spitzbögig übereinanderliegen. Nur treten sie hier nicht nach innen abgestuft zurück. Die drei Bögen spannen sich wie Gloriolen um eine Buddha-Figur in der schutzgewährenden Haltung. Sie sind ausgefüllt mit devot dem Buddha und Buddhas mönchischer Sammelschale zugewandten Gläubigen. Die Sammelschale, oft fälschlich Bettelschale genannt, steht als Symbol der freiwilligen Armut in der Spitze des obersten Bogens, hoch über dem Buddha, als erhabener Ausdruck der in allen Religionen vertretenen Weisheit, daß man sich nur im Zustand der totalen Wunschlosigkeit läutern könne. Es ist eins der reifsten und bedeutungsvollsten Gandhara-Stücke Pakistans.

ZWEITER HÖHEPUNKT: GANDHARA

Leider nur als Torso blieb eine ehemals sicher sehr ausdrucksstarke *Statue des 'Fastenden Buddha'*. Sie ist wesentlich kunstvoller gelungen als die berühmte Statue gleichen Themas im Lahore-Museum (vgl. Farbt. 7).

An prominenter Stelle ausgestellt ist ein eiskalt und trutzig in die Welt blickender *Buddha-Kopf mit Schnurrbart*. Dieses gräko-römische Porträt sollte eher einem kampflustigen, vollreifen Jüngling wie z.B. Alexander dem Großen gehören, der in erster Linie auf Eroberungszüge aus war. Zu GAUTAMA BUDDHA, der mit allen Mitteln die Menschheit vom Leid befreien wollte, paßt es nicht.

Im Swat-Museum

Im lieblichen *Swat-Tal*, das aus dem Hochgebirge des Hindukusch gen Süden verläuft, kann ein Museum in *Saidu Sharif* einige interessante Fundstücke vorweisen. Sie stammen vornehmlich aus Gandharas nördlichem, damals ebenfalls buddhistischem Nachbarreich Udyana, dem heutigen Swat. Im Gegensatz zu dem blaugrauen Schiefer Gandharas sind sie oft aus grünlich-grauem Stein modelliert (Abb. 29). Udyanas Kunst ist aus der gandharischen Kunst entstanden und trug ausschließlich ihren Stil. Allerdings überwiegen die rundgesichtigen Figuren, also jene der späteren Epoche von *Gandhara*, als auch Einflüsse aus *Mathura* bemerkbar wurden. Dies läßt darauf schließen, daß der Buddhismus, und mit ihm seine junge Kunst, sich erst im heutigen Swat-Tal ausbreiteten, nachdem sie in Gandhara schon in Blüte standen.

Die Kollektion des Swat-Museums ergänzt die vielen Buddha-Darstellungen der anderen Museen in Pakistan mit einer Vielzahl geistreicher Randthemen um die Person des BUDDHA, etliche aus den ›Jatakas‹, den Legenden über die früheren Inkarnationen des Meisters. Dank seiner ausgestellten Motive trägt das Museum einen ausgesprochen erzählerischen Charakter.

Da ist etwa die ganz in Staunen getauchte *Gruppe der vier Gläubigen*. Gebannt starren sie in eine Richtung, vermutlich zum Buddha. Sie bringen Blumen mit; einige halten Sträuße in den erhobenen Händen, als verehrende Geschenke. Erleben sie irgend etwas Unfaßliches? Sie erinnern an TILMAN RIEMENSCHNEIDERS Apostel-Gruppe am Creglinger Altar, die bestürzt, ja noch ungläubig MARIENS Aufschweben in den Himmel verfolgt. Auch diese Buddha-Gläubigen »hat der Blitz des Wunders getroffen« (LÜTZELER). Diese Szene scheint dem ›Dipankara-Jataka‹ entnommen, als der Buddha in einem seiner Vorleben DIPANKARA begegnete, dem Leuchtenden, seinem bedeutendsten Lehrer. Die Männer tragen bereits hohe, vorne zu Wülsten gebundene Turbane, hin und wieder mit senkrecht hochstehenden, wie Fächer gerafften Gebinden geschmückt. Die Turbane sind schon von Sanchi-Darstellungen her bekannt und tauchen auch später als ähnlicher Kopfputz in *Mathura* und *Amarawati* auf. In Nordwest-Pakistan aber sind sie sicher ein Vorläufer der würdigen Kopfbedeckung der Pathan-Noblen, die vor allem die hochragende, heute gesteifte Fächerschleife stolz zur Schau tragen. Sehr deutlich können wir im Swat-Museum diesen Hut-Turban auch an der *Büste eines Gläubigen* mit zum Gebet gefalteten Händen erkennen.

Das Swat-Museum belebt seine Darbietungen auch mit einigen Liebespaar-Szenen, denen anscheinend damals schon das Turteltauben-Symbol vielsagend beigegeben wurde. Eine dralle Yakschi in Tanzpose erinnert an die seltsamen Verwandlungen dieser halb göttlichen Wesen von Baum-Geistern zu den menschenfreundlichen Bodhisattwas. Viele *Einzelfiguren aus dem Volk*, dazu aber auch einige mild durchgeistigte *Buddha-Büsten* bieten uns Kostproben ikonographischen Fabulierens und Meditierens im damaligen Swat-Tal.

Im Lahore-Museum

Hier bildet der *'Fastende Buddha'* (Farbt. 7) die museale Attraktion der reichhaltigen, in langen Reihen präsentierten Sammlung. Die Statue zeigt den BUDDHA während eines seiner asketischen Wanderjahre, als er alles versuchte, um die erlösende Läuterung zu erreichen. Doch die kasteienden Praktiken halfen nicht viel, so konsequent er sie auch durchführte. Das strikte Fasten ließ von ihm nur noch Haut und Knochen übrig. Diesen Zustand hält die Statue fest. Der Bildhauer war sicher vom Motiv fasziniert. Denn so ein ausgemergelter Körper – die Rippen, Halspartien und Augenhöhlen – läßt sich natürlich sehr ausdrucksvoll darstellen, sozusagen im frühexpressionistischen Stil.

Doch der 'Fastende Buddha' ist eigentlich nur ein Thema der Gandhara-Zeit, als die Künstler oft noch mit einer gewissen l'art pour l'art-Auffassung ans Werk gingen, als sie oft mehr des kunstfertigen als des religiösen Ausdrucks zuliebe gestalteten. Sie dachten vornehmlich an das Körperliche und weniger an das Interpretieren und Erfassen des Gedanklichen.

Daran dachten aber die Bildhauer späterer Stilepochen der buddhistischen Kunst. Sie wollten die Lehre des Buddha mit Hilfe seiner körperlichen Erscheinung transparent darstellen. Für sie war also der 'Fastende Buddha' uninteressant, weil er in dieser Situation nichts über die Gedanken aussagt, weil Askese, vor allem das Fasten, sogar als Mißerfolg des Buddha galt.

Doch soweit waren die Gandharer noch nicht. Immerhin war in technischer Hinsicht der allzu sehr auf Ausdruck eingestellte Künstler von Erfolg gekrönt: Sein Bildwerk ist heute wohl die bekannteste Gandhara-Plastik. Sie wirkt vor allem als vollständige Darstellung. Der, wie gesagt, weitaus körperlicher und dramatischer geformte Torso des 'Fastenden Buddhas' in *Peschawar* ist kaum bekannt.

Auch ein *brahmanischer Asket* ist in Lahore zu sehen. Er gehört vermutlich zu den fünf Sadhus, von denen sich GAUTAMA in die Yoga-Geheimnisse einweihen ließ, die er aber wieder verließ, als deren Kenntnis bei ihm nicht fruchtete. Später wurden sie, nach anfänglichem Zögern, seine ersten Jünger; vor allem das nach oben, vermutlich zum 'Erleuchteten' gewandte Gesicht mit den zweifelnden Augen voller Fragen ist eindrucksvoll ausgearbeitet. Bemerkenswert ist auch der *Torso eines Mädchens,* vermutlich in Tanzpose. Er verkörpert den Übergang vom vordergründigen Naturalismus der Hellenen zur mystischen Erotik der Inder.

ZWEITER HÖHEPUNKT: GANDHARA

Im Nationalmuseum Karatschi

Es hat zwar kein berühmtes Hauptwerk vorzuweisen, wie etwa Lahore oder Peschawar. Aber unter den vielen Beispielen gandharischer Kunst fallen einige bemerkenswerte Stücke auf, wie ein meditierender, vom Gleichnis der buddhistischen Trinität eingerahmter Buddha, zwei meisterlich konzipierte und ausgearbeitete Relieftafeln und der rein griechische Terrakottakopf eines alten Mannes.

Der *meditierende Buddha*, von Jüngern, Gläubigen, Brahmanen und engelhaften Wesen umgeben, könnte ein gandharischer Vorläufer des Gupta-Stils gewesen sein: Dem Bildhauer ist eine in Gandhara sonst seltene Verinnerlichung des Buddha-Themas gelungen. Nur die Augen, ohnehin keine Spezialität der gandharischen Künstler, sind vehement stilisiert; zu betont sollten sie das Gesicht in eine meditative Stimmung tauchen. Aber die Statue als Gesamtwerk vermittelt Ruhe und Konzentration. Sie reflektiert die philosophische Kraft eines Mannes, der die Ur-Gesetze des Lebens erkannt und das adäquate Verhalten hierzu erdacht hat. Von seinen Schultern fällt ein leichtes Mönchsgewand herab, dessen markanter, sehr symmetrisch verlaufender Faltenwurf die Statur des Buddha ahnen läßt. Alles Attribute und Formen, die hundert oder zweihundert Jahre später weicher und zugleich prägnanter die Maximen der Gupta-Kunst werden sollten.

Die Skulptur und ihre statuarische Umwelt werden von einem buddhistisch dramaturgischen Symbolismus belebt: In der Mitte die sich verklärende Gestalt des BUDDHA. An seiner rechten Seite aufgereiht die Jünger in der Haltung distinguierter Gelehrter, bereit, die erlösende Lehre des Meisters weiterzugeben. Sie standen auch an seiner linken, nun abgebrochenen Seite. Zu des Buddha Füßen ein Brahmane und im unteren Abschnitt des Bildes das Volk der Noblen, Händler und Bauern. Im Gegensatz zu der würdigen Haltung der Jünger bewegen sie sich salopp und unbekümmert. Aber die Lehre wird sie noch läutern.

Über dem Buddha schweben, wie bei RAFFAEL, engelhafte Wesen. Sie halten eine große Lotosblume, das Zeichen des unbefleckten Lebenswandels und der Hinwendung zum Dhamma, zum Weltgesetz. Hier ist die tägliche Besinnung des Buddhisten wiedergegeben, die Besinnung auf die Triratna, die 'Drei Juwelen', Buddha, Dhamma und Sangha, auf den Buddha, das Weltgesetz und die disziplinierten Mönche, die dem undisziplinierten Volk das achtsame, zur Läuterung führende Verhalten vorleben sollen. Eine sinn- und symbolreiche Darstellung.

Ein detailliert erzählendes Szenenbild zeigt eine *Schiefertafel*, auf der GAUTAMA, der künftige Buddha, sich anschickt, den Palast seines Vaters zu verlassen (Abb. 27). Noch sitzt er auf dem Bettrand vor seiner schlafenden Frau, die seine Flucht aus dem Luxus nicht merken soll. Er ist umgeben von den Insignien des höfischen Lebens, von wohlgestalten Mädchen, von Säulen und

37 Münzen der griechischen Zeit in Zentralasien: 1 Sophytes 2 Diodotus 3 Diodotus 4 Euthydemus I. ▷
    5 Euthydemus I. 6 Demetrius 7 Euthydemus 8 Antimachus 9 Antimachus 10 Agathokles mit dem
    Bild Alexanders d. Gr. 11 Agathokles mit dem Bild Euthydemus' I. 12 Eukratides 13 Eukratides
    14 Eukratides 15 Euthydemus mit Heliokles und Laodike 16 Heliokles 17 Heliokles 18 Antialkidas
    19 Antialkidas. Peschawar-Museum

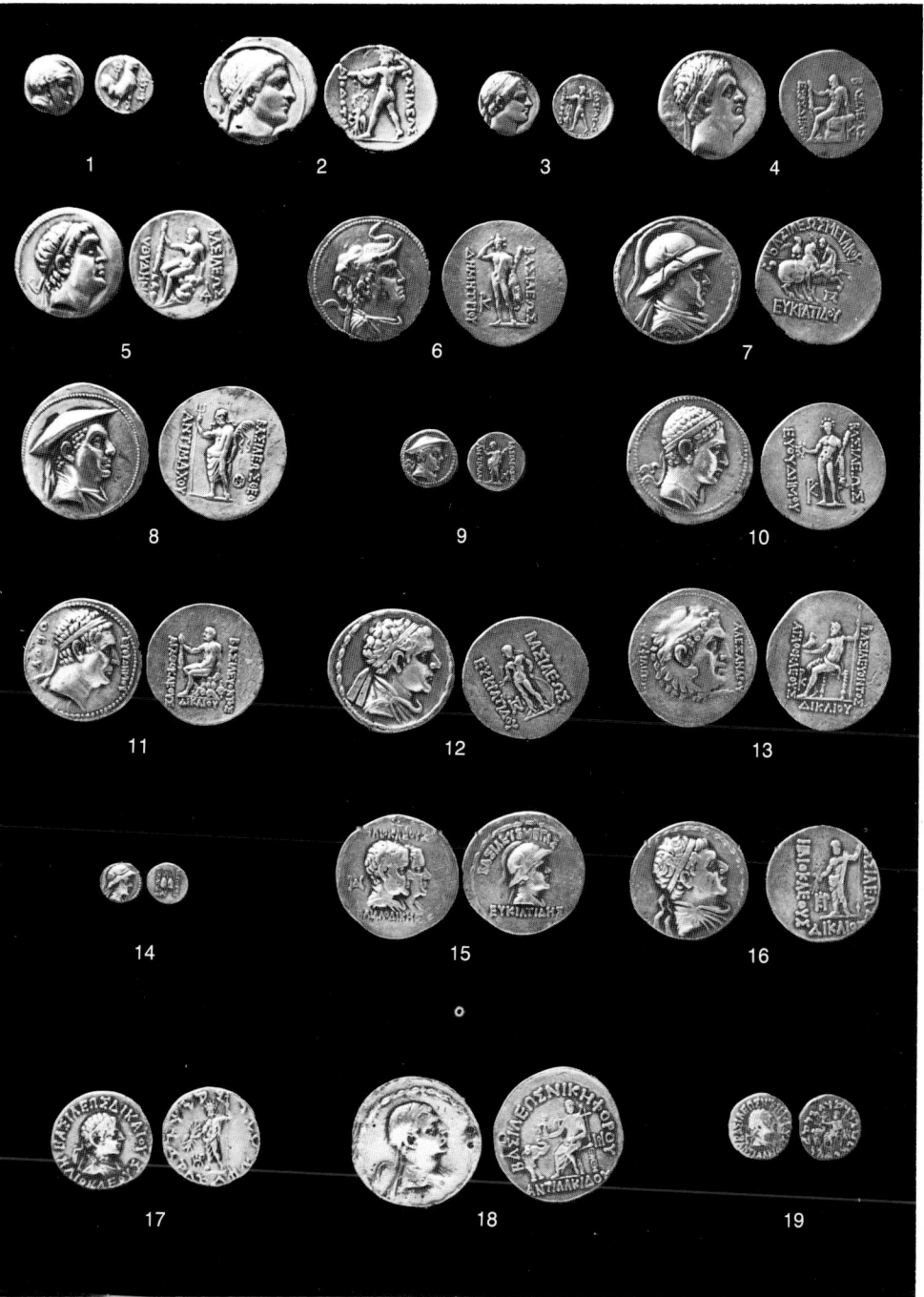

38 Hindu-Architektur: Tempel D in Bilot Kafirkot, Dera Ismael Khan, Nordwest-Pakistan ▷

39 Muslimische Zeit: Äußere Festungsmauer von Banbhore bei Karatschi, der vermutlich ersten größeren Siedlung der Muslime im Gebiet des heutigen Pakistan
40 Mogul-Zeit: Audienzhalle Schah Dschahans (Diwan-i-Khas) im Lahore-Fort

41 Mogul-Zeit: Blick vom Spiegel-Palast im Lahore-Fort auf den Naulakha-Pavillon

42 Eine Marmorplatte wird im Lahore-Fort für Einlegearbeiten spiegelglatt poliert

43 Fertig zum Einlegen in ein restauriertes Marmor-Mosaik

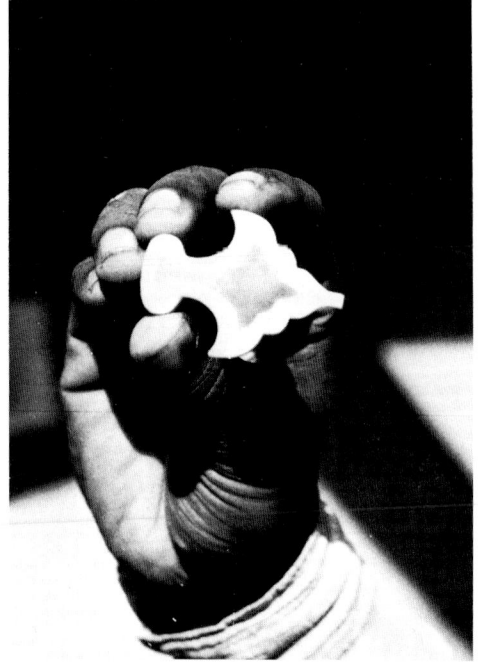

44 Mogul-Zeit: Pietra dura-Einlegearbeit im Marmor des Naulakha-Pavillons im Lahore-Fort

45 Mogul-Zeit: Inneres der Badschahi-Moschee in Lahore, errichtet von Kaiser Aurangseb (1658–1707)

46 Mogul-Zeit: Inneres des Spiegel-Palastes (Schisch-Mahal) im Lahore-Fort

47 Deckengewölbe des Spiegel-Palastes im Lahore-Fort

48 Mogul-Zeit: Unendlich fein perforiertes Marmor-Fenster des Spiegel-Palastes im Lahore-Fort

51 Straße in Lahore, im Hintergrund die 'Goldene Moschee' ▷

52 Mogul-Zeit: Der Schalimar-Garten in Lahore, angelegt von Schah Dschahan ▷▷

49 Zwei Welten: Pavillon im Mogul-Stil und ein modernes Verwaltungsgebäude in Lahore

50 Die Dai-Anga-Moschee in Lahore

55 Mogul-Zeit: Schah Dschahan-Moschee in Thatta, Süd-Pakistan

53 Mogul-Zeit: Miniatur-Darstellung der schönen und kapriziösen Kaiserin Nur Dschahan. Lahore-Museum

54 Mogul-Zeit: Kalligraphie in der Wasir Khan-Moschee, Lahore

57 Muslimische Zeit: Portal des Mausoleums von Prinz Dschan Baba auf den Makli-Hügeln bei Thatta
◁ 56 Muslimische Zeit: Nekropolis auf den Makli-Hügeln bei Thatta, Indus-Delta. Mousoleen des letzten Tarkhan-Herrschers Dschani Beg (bis 1593 n. Chr.; vorn), des Baqi Beg Usbek, Gouverneur von Thatta (errichtet 1640; dahinter) und des Diwan Schurfa Khan, eines Tarkhan-Ministers zur Zeit des Schah Dschahan (errichtet 1638; hinten links)

Rundbögen imaginärer Zimmerfluchten, von Balustraden und kunstvollem Mauerwerk. Gautama hat als Auftakt seines Entschlusses den Arm auf seine Knie gestemmt. Er wird nun gehen. Für immer. Auf dem ersten Stockwerk des Palast-Schnittes ist in Rückblende Gautama in angenehmster Gesellschaft mit aristokratischen Animierdamen dargestellt, um darzutun, welches luxiöse Leben er bisher geführt hat. Fromm und ergreifend erzählt diese Tafel die Geschichte vom Fürsten, der auszog ein Bettler zu werden.

Eine andere *Reliefplatte* schildert das in Gandhara häufig behandelte Thema der Geburt des Siddharta Gautama, des künftigen Buddha (Farbt. 5). Seine Mutter Maya, angeblich bereits vierzig Jahre alt, befand sich auf dem Weg zu ihrem Elternhaus in Devadaha, um dort, nach Landessitte, ihr Kind zur Welt zu bringen. Doch schon in der Nähe des Dorfes Lumbini, im heutigen Südwest-Nepal, gebar sie einen Sohn in einem Wäldchen von Sal-Bäumen. Laut vermutlich gandhara-buddhistischer Ikonographie hält sie sich mit der rechten Hand an einem Sal-Ast fest, während Siddharta, o Wunder, aus ihrer rechten Hüfte tritt. Auf dem Relief ist dieser Vorgang abgebrochen. Doch steht der Neugeborene bereits auf kräftigen Beinen klein neben seiner Mutter. Ein weiteres Zeichen seiner außergewöhnlichen Natur, an die seriöse Therawada-Buddhisten nicht glauben. Dienerinnen und Diener mit allzu ähnlichen Gesichtszügen assistieren Maya; ein Mann hält ein Tuch bereit, ein Mädchen den Wasserkrug. Im Hintergrund feiern Musikanten und eine Tänzerin das freudige Ereignis. Eine anmutige Szene, voller Leben und Ausdruckskraft.

Bildkräftig in anderer Art ist der *Terrakottakopf eines Satyrn* vom Apsidal-Tempel in Taxila-Sirkap. Hier scheint ein Philhellene ohne jeden indischen Einfluß am Werk gewesen zu sein. Mit derben, schwungvollen Linien nutzt er die Vorzüge der Terrakottagestaltung. Er verlor sich nicht, wozu das Material verleitet, in Kleinarbeit. Er ließ es wirken, schuf gleichsam aus ihm heraus und nicht, wie meist in Gandhara, in das Material hinein. Im Gegensatz zu den nur zu oft leerflächigen Gesichtern Gandharas blicken wir hier in ein durchgestaltetes Antlitz; es ist lebendig, weil die Augenbrauen nicht nur stilisiert, nicht nur Striche sind, sondern plastisch ausgearbeitet wurden und so dem Gesicht mit dem in diesem Fall aggressiv lüsternen Satyr-Blick Ausdruck verleihen.

Die Klöster der Gandhara-Zeit

Während uns die Münzen Hinweise auf die politische und hin und wieder auch konfessionelle Situation der Gandhara-Zeit bieten, während die Bildwerke und Pagoden vornehmlich über die Glaubenswelt der Bevölkerung berichten, vermitteln die Bauwerke einen Eindruck des religiösen und profanen Alltags jener Tage.

Kloster Takht-i-Bahi

Von allen Bauwerken, den Klöstern, Wohnhäusern und den bereits erwähnten Pagoden, sind leider nur Grundstrukturen geblieben. Die anschaulichsten Ruinen finden wir, vom Indus

ZWEITER HÖHEPUNKT: GANDHARA

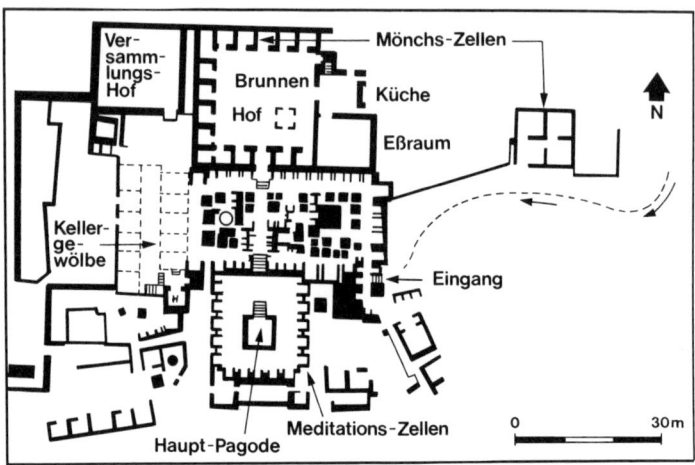

Plan des Takht-i-Bahi-Klosters, Nord-Pakistan. Vgl. Abb. 30

kommend, 15 km hinter Mardan, an der Einfahrt zum Malakand-Paß, der sich hinauf ins Swat-Tal schlängelt: Es sind die weiten buddhistischen Klosteranlagen von *Takht-i-Bahi* (Abb. 30). Sie erstrecken sich über mehrere Hügel und scheinen damals eins der Zentren buddhistischer Gelehrsamkeit gewesen zu sein. Sie lagen in der Nähe einer Ansiedlung des parthischen Königs GONDOPHARES (Rowland), dessen Name in einer hier im Kloster gefundenen Inschrift erwähnt wird. Auch der Apostel THOMAS soll auf seinem Weg nach Indien hier vorübergekommen sein. Wenn SIR JOHN MARSHALLS Annahme stimmt, das kleine, in Takht-i-Bahi gefundene Relief 'Schlafende Frau' (GAUTAMAS schlafende Frau YASCHODHARA, neben ihr der künftige Buddha im prinzlichen Gewand) sei eines der ältesten Bildwerke der Gandhara-Zeit, dann können wir auch das Kloster der früh-gandharischen Ära zuordnen. Doch wie gesagt, das Datieren gandharischer Bild- und Bauwerke ist schwierig, weil die notwendigen Anhaltspunkte fehlen.

Wenn wir von dem Hügel mit den Hauptgebäuden auf die Nachbarberge und die sie krönenden anderen Kloster-Bauten von Takht-i-Bahi blicken, können wir uns die gandharische Landschaft vorstellen, als auf allen markanten Hügelkuppen Klöster zum Studium und zur Besinnung einluden. Sie genossen den mäzenatischen Schutz der Kuschana-Herrscher, und wohlhabende Kaufleute finanzierten ihren Bau und oft auch ihren Unterhalt.

Sie waren nach einem festen System errichtet: In der Mitte der spezifisch buddhistische Wihara, ein rechteckiger, hin und wieder auch runder Hof, umgeben von Reihen simpler Meditationszellen oder Kapellchen oder nur Nischen mit Buddha-Statuen und Stupas. Dieser Wihara-Stil wurde dem charakteristischen Innenhof orientalischer Häuser entlehnt, auf den auch die umliegenden Räume münden. In der Mitte des Hofes, wie etwa in Takht-i-Bahi und in vielen Klöstern Taxilas, stand meist die Hauptpagode, ihr Sockel umgeben von kleinen Buddha-Figuren und 'erzählenden' Reliefs.

In Takht-i-Bahi wie auch in anderen Groß-Klöstern reihten sich mehrere solcher offenen Höfe aneinander; in den einen mündeten die Mönchszellen, er war also eine Art Dormitorium, oft auch mit einer Pagode in der Mitte, in den anderen die Betriebsräume. Manchmal war ein Wihara auch den Pilgern und Studenten vorbehalten. Takht-i-Bahi besaß zwei große, von Zellen umgebene Wiharas und viele kleine Höfe, dazu einen weiten Raum, der vermutlich als Versammlungsort diente.

Wie viele Klöster strahlte auch *Takht-i-Bahi* vor etwa 1700 Jahren eine sanktuarische Pracht aus, die an mediterrane Kirchen erinnert. Die Pagoden und Statuen waren mit Kalk verputzt, auf den alle Regenbogenfarben, vornehmlich aber Gold aufgetragen wurden. Der grau- oder grünblaue Schieferstein, der heute die Gandhara-Kunst charakterisiert, war früher nur das innere Material der Bildwerke und Pagoden. Und selbst die Klosterwände leuchteten oft polychrom. Wenn wir uns die wuchtigen Pagoden und Hunderte, oft Tausende von Buddha-Statuen und Statuetten in Gold und anderen Farben vorstellen, dann ahnen wir den devotionalen Prunk, der dem Buddha galt – und den Spender ehrte.

Die Dharmaradschika-Pagode

Auch die drei, zeitlich unterschiedlichen Stadtanlagen von *Taxila* sind bis weit in die Berge von zahllosen Klosterbauten und imposanten Pagoden umgeben. Sie waren – wie auch ihre brahmanischen Vorläufer – die Lehranstalten und Gedenk-Male der damals bereits über tausend Jahre alten Universitätsstadt. Der älteste und zugleich größte Komplex, etwa 2 km Luftlinie östlich vom Taxila-Museum in den Bergen, stellt die Dharmaradschika-Pagode dar, mit den hier nur noch an den Grundmauern erkennbaren Klosterbauten.

Die massige Kuppel der Hauptpagode, heute noch 15 m hoch mit einem Basisdurchmesser von 50 m, wird damals sicher markant aus der Landschaft um Taxila herausgeragt haben. Die Stütz- und Verkleidungsmauern sind zum größten Teil eingebrochen, so daß die Füllung aus kompaktem Bruchstein nun offen liegt (Abb. 31), wie bei den meisten anderen Pagoden in Taxila.

Die Dharmaradschika hat sich früher mit einer gewaltigen Rundkuppel erhoben, Sinnbild des hemisphärischen Alls. Sie besaß also noch die älteste, von Sanchi her bekannte Form der indischen Rund-Stupa. Da sie vermutlich schon von Aschoka errichtet wurde, der hier eine – von Sir John Marshall geborgene – Reliquie des Buddha einschreinen ließ, darf sie als die erste Groß-Pagode von Gandhara bezeichnet werden; demnach auch als Vorläuferin der mächtigen Pagoden von *Mohra Moradu*, ebenfalls in Taxila, von *Jamalgarhi* bei Mardan und von *Butkara* im Swat-Tal bei Saidu Scharif.

Ein Rundgang um die Basis der Pagode weist darauf hin, daß die buddhistischen Frommen schon vor über zweitausend Jahren ihre Sanktuarien zu Ehren des Buddha linksherum umschritten. Vermutlich zur Zeit Kanischkas (etwa 2. Jh. n. Chr.), des bedeutendsten Kuschana-Herrschers, wurde die Pagode, von einem Erdbeben zum Teil zerstört, renoviert. Hierbei erhielt der Rundgang mehrere Reihen ornamentaler Felder, unterteilt von korinthischen Säulchen, alles in Stuck. Später wurden die Pagoden, wie bereits erwähnt, in Gandhara

ZWEITER HÖHEPUNKT: GANDHARA

erstmals mit einer rechteckigen Basis erbaut, und aus der Rundkuppel entwickelte sich hier die hochgestreckte Glocken-Form, Vorbild aller später oft ätherisch schlanken Pagoden Südost- und Ost-Asiens. Und auch die übereinander angebrachten 'Schirme' als Pagodenspitze, an den ausgegrabenen Votivpagoden erkennbar, erschienen sicher hier zum ersten Mal.

Vermutlich im 1. Jh. n. Chr., dreihundert Jahre nach der Pagode, wurden die Kloster-Gebäude als wohl erste Klosteranlage Gandharas um die Dharmaradschika errichtet. Während die buddhistischen Klöster in Indien meist frei unter dem ewig blauen Himmel lagen, wurden sie in Gandhara fast wehrhaft verschlossen gebaut. Die Zeiten waren hier eben nicht so friedlich. Das Kloster bestand aus einer weit auseinanderlaufenden Ansammlung von großen und kleinen Bauwerken. Dazu eine Vielzahl rechteckiger, teils verschachtelter Wiharas und anderer Höfe, auch hier von Zellen und Nischen umgeben.

Kloster Jaulian

Andere größere Klosteranlagen um Taxila sind *Mohra Moradu* (Abb. 32), etwa anderthalb Kilometer südöstlich der letzten Taxila-Siedlung Sirsukh, wo einige besonders kunstvolle Statuen und Reliefs gefunden wurden, und *Jaulian*, ein paar hundert Meter nordöstlich von Mohra Moradu, auf einem Hügel am Lundi Nala-Flüßchen. Die Bauten von Jaulian sind im Vergleich zu den anderen Klöstern um Taxila noch recht gut erhalten (Abb. 34). Ein großer Hof mit einer Hauptpagode, umgeben von kleinen Pagoden und Devotionalen-Nischen und ein Wihara, eingesäumt von Mönchszellen, und dahinter noch einige Versammlungs- und Betriebsräume bilden den klassischen Klostergrundriß, wie der BUDDHA ihn empfohlen hatte. Jaulian wurde vermutlich im 2. Jh. n. Chr. erbaut und Ende des 5. Jh. von den Weißen Hunnen zerstört, die nach den präzisen Angaben des chinesischen Pilgers SUNG YUN die spät-gandharische Kultur gnadenlos vernichteten, nachdem die sassanidischen Eroberer aus Persien sie verschont hatten.

Andere Klöster

Tiefer in den Ausläufern der Margala-Hügel oder des Himalaya liegt, einige Kilometer Fußmarsch südöstlich des Taxila-Museums, als zweitgrößter Bau-Komplex das *Kloster Kalawan*, mit zwei großen Wihara-Höfen und einem kleineren nebeneinander und mit der Zentralpagode außerhalb der Höfe in einem erstaunlicherweise offenen Pagoden-Bezirk. Hier wurde unter anderem ein sehr schöner Bodhisattwa-Kopf gefunden. Wir können nicht alle Klöster anführen, die weit verstreut um Taxila liegen. Auf fast jedem Hügel oder Berg standen ein Kloster und eine Pagode. Sie bestimmten die Landschaft wie heute etwa die Klöster an und auf den Sagaing-Hügeln im buddhistischen Zentral-Birma.

Weitere Klosteranlagen außerhalb Taxilas finden wir u. a. noch in der Nähe von *Mardan*, *Jamalgarhi*, woher einige der lebendigsten Reliefs stammen, und im *Swat-Tal*, *Butkara* und *Panr*, die während der späteren Gandhara-Epoche eine bedeutende Rolle spielten. Ebenfalls im Swat-Tal sind, von Taxila abgesehen, die einzigen Stadtanlagen der Gandhara-Zeit zu sehen. Sie gehören zu *Udegram,* seit ALEXANDER DEM GROSSEN Hauptstadt des Königreiches Udyana, des buddhistischen Nachbarn Gandharas.

Die drei Städte Taxilas

Bhir Mound

Wenige Minuten zu Fuß vom Taxila-Museum aus nach Süden erreichen wir die zumindest noch in ihrer Struktur erkennbare älteste der drei freigelegten Stadtgründungen von Taxila: *Bhir Mound.* Hier hielt der Perser DARIUS DER GROSSE 518 v. Chr. seinen triumphalen Einzug. Hier geleitete fast zweihundert Jahre später AMBHI, König von Gandhara, seinen Verbündeten ALEXANDER in die Stadt und rüstete ihn für seinen Kampf gegen den mächtigen König PORUS aus. Hier schrieb KAUTILYA, der indische Machiavelli, sein ›Lehrbuch der Staatskunst‹. Und hier regierte ASCHOKA als Vizekönig der indischen Maurya. Zehn Jahre später trat er in Taxila zum Buddhismus über, ein kulturhistorisches Weltereignis.

Im Vergleich zu den späteren Siedlungen Taxilas ist diese Stadt noch willkürlich und daher unregelmäßig angelegt. Auch die Häuser haben scheinbar schief und bucklig nebeneinander gestanden.

Plan von Taxila und seinen Städten

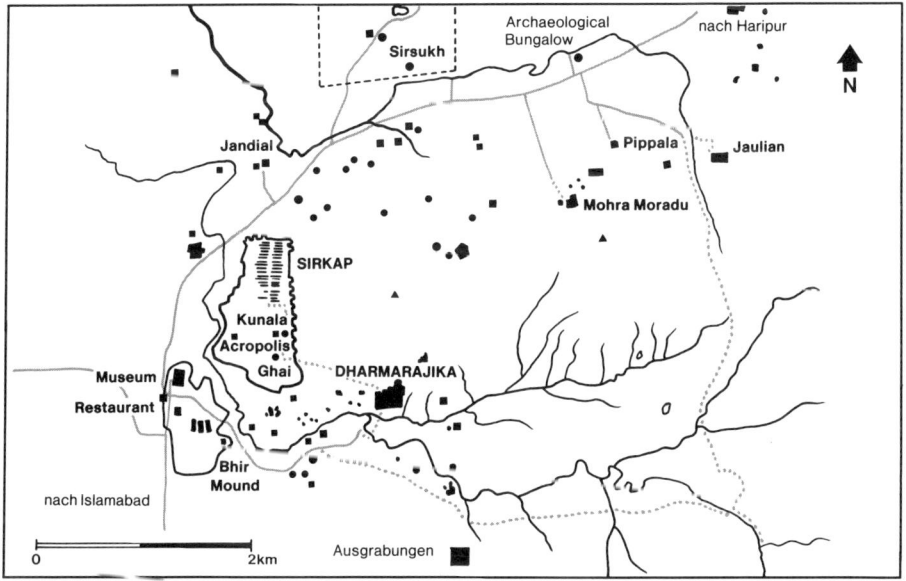

ZWEITER HÖHEPUNKT: GANDHARA

Sirkap

Die baktrischen Griechen bauten Anfang des 2. Jh. v. Chr. *Sirkap* als neuen Stadtteil von Taxila. Wir sollten diesen Komplex nur 'Stadtteil' und nicht, wie üblich, eine neue Stadt nennen, denn Bhir Mound blieb weiterhin bewohnt. Hier nun, ein paar hundert Meter nordöstlich des Museums, treffen wir eine wie auf dem Reißbrett konzipierte Siedlung an, akkurat von einer Hauptstraße nordsüdlich durchschnitten (Abb. 35). Sirkap bestand drei Jahrhunderte und durchlebte die Zeit der baktrischen Griechen, der Skythen, Parther und ersten Kuschana-Herrscher. Es war von einer fünfeinhalb Kilometer langen und vier bis sieben Meter breiten Stadtmauer umgeben.

Wenn wir, vom Museum kommend, Sirkap von Süden betreten, die breite, für phantasievolle Besucher heute noch imposante Hauptstraße vor uns, dann gehen wir nach einigen Metern an den Grundmauern des rechts von uns liegenden *Königspalastes* vorbei. Seine vielen Einzelbauten um zwei Höfe haben die architektonischen Elemente der bürgerlichen Häuser bewahrt, nur in höfische Dimensionen erweitert. Auffallend die engen, weil vermutlich besser kontrollierbaren Palasteingänge. MARSHALL weist auf die strukturellen Ähnlichkeiten der Palastanlage mit assyrischen Palästen in Mesopotamien hin: Ähnlichkeiten, die verständlich seien, wenn wir an die Einflüsse Assyriens in Persien, Baktrien und anderen Ländern in der Nachbarschaft von Gandhara denken.

Geschäfts- und Wohnhäuser. Was hier nur in Grundmauergestalt wie Striche vor uns liegt, war jenes *Taxila,* das der parthische König GONDOPHARES nach dem furchtbaren Erdbeben 30. n. Chr. wiederaufgebaut hatte. Auch hier soll sich während dieses Aufbaus der Apostel THOMAS aufgehalten haben, bevor er, wie viele glauben, über Kaschmir missionierend hinunter zur Malabar-Küste zog. Und schließlich scheint zu der Zeit auch der neu-pythagoreische Wanderprediger APOLLONIOS VON TYANA in Taxila gewesen zu sein, um hier die Unsterblichkeit der Seele und die Vorzüge des asketischen Lebens zu predigen, zu früh, um seine Vorstellung der Unsterblichkeit mit der späteren Atman-Lehre der Hindu vergleichen zu können, zu spät, um die bereits seit Jahrhunderten praktizierenden Yogi mit neuen Theorien der Askese beeindrucken zu können. Beide Themen paßten übrigens nicht in das damals hier tonangebende buddhistische Gedankengut.

Wir müssen uns die Hauptstraße eingesäumt von Läden vorstellen, hin und wieder von einer Pagode unterbrochen. Wenn wir an die Stelle der Pagoden Moscheen setzen, dann hätte diese Geschäftsstraße bereits vor zweitausend Jahren einer heutigen orientalischen Basar-Straße geglichen. Es waren meist kleine Einraum-Läden, wie Ausstellungsstände. Die einstöckigen Häuser, Wand an Wand und aus ein oder zwei Räumen bestehend, standen auf einer Terrasse zwei Fuß etwa über der Straße, wie heute oft noch im Orient. Hinter den Geschäftshäusern dehnten sich die Wohnviertel aus, in rechteckigen Blocks, unterteilt von engen Nebenstraßen.

Die Wohnhäuser wurden schöner und solider gebaut als die Ladenhäuser. Ihre Wände waren, wie noch an Klostermauern jener Zeit zu sehen, bis etwa zur Höhe von einem Meter aus festem Mauerwerk und weiter dann aus Lehm, vermischt mit Schotter, errichtet. Außen erhielten sie oft einen fröhlich-bunten Anstrich auf Kalkunterlage. Auch viel Holz wurde verarbeitet, für Türen, Veranden und vor allem, um die flachen Dächer und oberen Stockwerke zu stabilisieren. So akkurat auch die Stadt im 'Rastersystem' angelegt war, so unsymmetrisch waren oft die Häuser gebaut, allerdings sorgfältiger bereits als ihre Vorgänger in Bhir Mound.

Größere *Stupa-Fundamente* sehen wir am Ende des vierten und des fünften Blocks hinter dem Königspalast auf der rechten Straßenseite. Hinter der Stupa im vierten Block zeichnen sich die Umrisse eines großzügig angelegten Hauses ab, mit mehreren Innenhöfen. Auch hier stand eine kleine hauseigene Pagode, von der MARSHALL noch Teilstücke, u. a. von zwei Säulen mit Löwen im Persepolis-Stil, ausgrub, vermutlich eine Fortsetzung des irano-indischen Löwen-Motivs auf den Aschoka-Säulen.

Die Pagode mit dem doppelköpfigen Adler. Das interessanteste Motiv in Taxila zeigt die noch gut erhaltene, quadratische Basis der Pagode im fünften Block: einen doppelköpfigen Adler (Abb. 36). Die Pagode wird heute nach ihm benannt. Auch sie muß bunt bemalt gewesen sein, denn als sie freigelegt wurde, so berichtet Marshall, hatte sie noch rote, karminrote und gelbe Farbreste. Die Basis ist von kleinen Nischen umgeben, gebildet aus reliefierten korinthischen Säulen, die einen Architrav tragen. Dadurch wirken die Felder beiderseits einer zur Pagode hinaufführenden Treppe wie Arkaden. In den Nischen stehen ebenfalls reliefierte Mini-Portale in drei verschiedenen Ausführungen modelliert: In der Mitte, rechts und links neben der Treppe erscheinen die Portale mit rein griechischen Ziergiebeln und daneben, also in den jeweils mittleren Nischen, mit bengalischen Spitzbogen. In den äußeren Nischen sehen wir die frühbuddhistischen Torana, jene gewöhnlich drei, diesmal zwei horizontalen, in ihrer Mitte hochgeschwungenen Balken, die auf zwei Pfosten ruhen. Sie sind abgeleitet von den Toren im Steinzaun um die Sanchi-Pagode bei Bhopal in Indien und bilden später oft noch die Eingangstore zu indischen Tempeln, ähnlich dem Iwan großer persischer Moscheen. Auch in *Mathura*, der anderen Kunst-Provinz der Kuschana, finden wir oft dieses Thema.

Auf den Giebeln der kleinen Pseudo-Portale standen vermutlich einmal Tierfiguren. Eins, eben der doppelköpfige Adler, ist auf dem mittleren Feld rechts der Treppe noch erhalten. Ein Adler mit zwei Köpfen tauchte bereits als Sonnensymbol bei den Hethitern auf. Auch die Skythen kannten dieses Emblem für irdische und überirdische Macht. Sie scheinen es nach *Gandhara* vermittelt zu haben. Dann spielte der doppelköpfige Adler in Byzanz eine wichtige heraldische Rolle, später übernommen von den russischen Zaren. Seit dem 15. Jh. führten ihn die deutschen und seit dem 19. Jh. auch die österreichischen Kaiser in ihren Wappen. Auch hören können wir ihn: als österreichischen Militärmarsch 'Unter dem Doppel-Adler'. Also ein weltweites Auftreten eines symbolträchtigen, abnormen Tieres. Nach SIR JOHN MARSHALL soll es vom buddhistischen Taxila aus zum buddhistischen Ceylon gewandert sein, als Wappentier einiger Kandy-Fürsten.

Auch eine Münze der Kuschana zeigt ein doppelköpfiges Wesen: Ein Pferd, auf dem AHURA MAZDA reitet, der Gott des Propheten ZARATHUSTRA. Wie die vielgliedrigen Götterdarstellungen der Hindu, so sollen auch zwei Köpfe eines Lebewesen eine Potenzierung seiner gewöhnlichen Eigenschaften oder die einer Beziehungsperson betonen. Das Pferd hat hier das bisherige –und

ZWEITER HÖHEPUNKT: GANDHARA

heute noch von den Parsen verwendete – Sonnensymbol des Ahura Mazda erstmals ersetzt. Zusammen mit einer auf den Sonnen-Mythos weisenden Unterschrift der Münze glaubt der belgische Iranologe JACQUES DUCHESNE-GUILLEMIN die Zweiköpfigkeit des Pferdes als ein aus dem Sonnenkult verständliches 'Siegessymbol', als ein 'Zeichen der Allwissenheit' deuten zu können. Und diese Interpretation könnte auch bei dem doppelköpfigen Adler als ein auf den BUDDHA bezogenes Symbol des Sieges und der Allwissenheit angewandt werden.

Auch zu dieser Pagode gehörte ein anschließendes, großes Haus für die Mönche und Besucher. Hier wurde ebenfalls etwas Bedeutsames gefunden: An einer weißen Marmorsäule hatte MARSHALL Bruchstücke einer aramäischen Inschrift entdeckt, die ASCHOKA erwähnte, also aus dem 3. Jh. v. Chr. stammen mußte. Die persischen Achämeniden hatten Ende des 6. Jh. v. Chr. in ihrer Satrapie Gandhara die aramäische Sprache und Schrift eingeführt. Nachdem nun zur Gandhara-Zeit bereits Kharoschthi geschrieben wurde, ja *Taxila* das Zentrum der Kharoschthi-Schrift war, darf somit angenommen werden, daß hier die semitische Konsonanten-Schrift des Aramäischen in die indische Kharoschthi-Schrift umgewandelt wurde. Doch sprach man weiterhin Aramäisch.

In den nächsten Blocks rechts der Hauptstraße wurden die meisten Schmuckstücke gefunden, prachtvolle Armbänder, Ohrgehänge, Ringe, ziseliert in Gold, zahlreicher Silberschmuck, viele, vor allem Silbermünzen, deren Prägungen auf zwei bisher unbekannte Kuschana-Könige, SAPEDANA und SATAWASTRA, hinweisen. Ein Teil dieser Schätze ist im Taxila-Museum zu sehen.

In einem Haus im sechsten, also dem Nachbarblock der Adler-Pagode, wurde der kindliche Gott der Ägypter und Alexandrier ausgegraben, der HARPOKRATES. Unter ihm beförderte man einen Schildknauf mit der Darstellung des DIONYSOS zutage. Ein Teil dieser Schätze wurde vermutlich von den Parthern, die Mitte des 1. Jh. n. Chr. noch in Taxila lebten, vergraben, als die Vorhuten der Kuschana auf die Stadt vorrückten.

Der Apsis-Tempel in Sirkap. Ebenfalls auf der rechten Straßenseite, den ganzen siebten Block ausfüllend, dehnt sich das Grundgemäuer des sogenannten Apsis-Tempels aus. Er wurde nach dem großen Erdbeben (30 n. Chr.) auf einer mit Bauresten aus der skythischen und parthischen Zeit aufgeschütteten Terrasse errichtet. Betreten wir über die Freistiegen, die von der Hauptstraße zur Terrasse hinanführen, den Tempelhof, dann ahnen wir rechts und links die Plattformen von zwei Pagoden, unter deren Trümmern zahlreiche Stukko-Skulpturen lagen, viele hellenistischer Provenienz. Da ihr Alter mit ziemlicher Sicherheit angegeben werden kann, stellen sie einen wichtigen Bestimmungsfaktor für west-östliche Stilanalysen dar.

Mitten im Tempelhof liegt, wiederum erhöht, der längliche, in einer runden Apsis auslaufende Tempel mit dem Fundament einer Pagode. Vermutlich war er im Stil einer indischen Chaitya errichtet, einer basilika-ähnlichen Runddach-Halle, in der die Pagode, ähnlich indischen Höhlen-Tempeln, den Mittelpunkt bildete. Auch hier wurde ein ganzer Schatz an Gold- und Silberschmuck gefunden. Er gehörte vermutlich dem Tempel. Es waren Stiftungen, wie einzelne Inschriften noch erkennen lassen.

Sicher, wir sehen heute nur noch die Grundmauern der freigelegten Teile von *Sirkap*. Aber ihre Formationen, die Hauptstraße, von Geschäften eingesäumt, die Tempel und Pagoden in allen Größen, die behaglichen Wohnhäuser mit den Innenhöfen und privaten Pagoden, der Goldglanz der religiösen Bauten, das fröhliche Farbenspiel der Hauswände, die Kunstwerke, Schmuckstücke, Münzen, Kosmetikschalen und praktischen Geräte, alles das weist auf eine Stadt hin, in der Religion, Kunst und kultivierter Umgang als Maximen eines ausgeglichenen Lebens gepflegt wurden, wo der Handel blühte und der Gast willkommen war.

Und dann war alles innerhalb weniger Jahre vorbei. Warum haben die Kuschana eine neue Stadt, nur zwei Kilometer nordöstlich der alten errichtet? Glaubten sie, Sirkap werde von einem bösen Dämon beherrscht, nachdem erst ein gewaltiges Erdbeben die Stadt zerstört und zwei, drei Jahrzehnte später die Pest die Hälfte der Bevölkerung ausgerottet hatte? Oder genügten ihnen die Verteidigungsanlagen nicht? Oder war es die oft bekundete Haltung von Eroberern, ihrem Nimbus als neuer Herrscher auch eine neue Hauptstadt schuldig zu sein?

Sirsukh

Vermutlich hat WIMA KADPHISES, der zweite und neben Kanischka wohl bedeutendste Kuschana-Herrscher, den Stadtwechsel Ende des 1. oder Anfang des 2. Jh. n. Chr. angeordnet. Er hatte das junge Reich der Kuschana bereits weit nach Osten ausgedehnt – sein Name erscheint sogar in einer Steininschrift in der Nähe von *Leh* im abgelegenen Ladakh-Tal –, und nun sollte auch der Mittelpunkt seines Machtbereiches glorios ausgebaut werden. Während seiner Regierungszeit scheinen auch die stilbildenden Elemente der Gandhara-Schule ihren Ausdruck gefunden zu haben. Es war etwa dieselbe Zeit, da die buddhistischen Mönche ihre Klöster verließen, um die Lehre des Erleuchteten im Großeinsatz dem Volk mitzuteilen. Sie wurde vornehmlich in der Mahayana-Auffassung erklärt, weil das Volk sie besser verstand.

Leider liegt der größte Teil von *Sirsukh* noch unter dem Boden, unter Feldern, Gräbern und Dörfern, so daß bisher eine Grabungserlaubnis nicht erteilt werden konnte. Nur ein Haus mit zwei Höfen und angrenzenden Räumen wurde freigelegt, dessen Fundament noch mit Kalksteingeröll ausgefüllt war, wie es zu Anfang von Sirkap, also unter den Griechen und Skythen der Fall war. Die Mauern über der Erde sind jedoch schon mit Quadersteinen errichtet, jene Bauart, die wir an den Klöstern aus der Zeit des 2. bis 5. Jh. n. Chr. erkennen können. Auch die Anordnung des Befestigungsrings zeigt, im Vergleich zu Sirkap, bereits fortgeschrittene Verteidigungstechniken.

Jandial, ein Feuertempel?

Vor uns, auf halbem Weg von Sirkap nach Sirsukh, etwa 400 m links (nördlich) der Straße, stehen die Reste eines ganz und gar griechischen Tempels im Peripteros-Stil. Die Fundamente einer 50 m langgestreckten, peristylischen Säulenreihe umgeben den Tempel mit seiner Vorhalle (Pronaos), die zur Cella, dem Sanktuarium (Naos) führt. Als Äquivalent zur Vorhalle entdecken wir die bei Peripteros-Tempeln charakteristische Hinterhalle (Opisthodom), hier allerdings von einem kompakten Mauerblock über die Hälfte eingeengt. Nach Sir John Marshalls Ansicht bildete er das Fundament eines hohen – ungriechischen – Turms, zu dem eine Treppe hinaufführte. Einige Stufen sind noch zu erkennen. Die Türe der Hinterhalle führte an der Rückseite des Tempels ins Freie. Vor dem Tempel befinden sich noch die Basen ionischer Säulen und ein Kapitell, oft als Feueraltar bezeichnet (Abb. 33).

Es ist der einzige, vom Turm-Fundament abgesehen, rein griechische Bau im ganzen Gandhara-Gebiet. Doch gerade der Turm, so vermutet Sir John Marshall, weise auf eine Stätte des zarathustrischen Feuerkults hin, als auch in verschiedenen gandharischen Kreisen das Feuer als Symbol des universalen, göttlichen Lichts und der absoluten Reinheit verehrt wurde. Während der parthischen und sassanidischen Zeit in Persien leuchtete das heilige Feuer außer in oder auf den gedrungenen Tschahar Taq-Tempeln vermutlich auch auf Türmen, die nach dem Vorbild der achämenidischen Turm-Tempel von *Pasargadae* und *Naqsch-e-Rustam* errichtet wurden, wie etwa der parthische oder früh-sassanidische Tempel bei *Nurabad* am südwestlichen Zagros, wo auch, wie hier in Taxila, eine Treppe nach oben zum Feueraltar führte. Das weithin sichtbare Feuer auf den Turm-Tempeln scheint eine häufige Einrichtung gewesen zu sein, denn sie erscheint auch auf der Rückseite sassanidischer Münzen.

Auch der vermutlich zarathustrische (oder Anahita?) Jandial-Tempel im griechischen Gewand stand als ein markantes Gebäude in der Hügellandschaft um Taxila. Der ionische Stil des Jandial-Tempels, sein klassisch griechischer Grundriß und seine griechische Bautechnik zeigen baktrische Griechen, die auch Sirkap gegründet haben, als Bauherren an. Sie fanden hier, lange vor der gandharischen Zeit, bereits den Feuerkult der Magier, der zarathustrischen Priester, vor, ein Überbleibsel aus der Zeit der persischen Herrschaft in Gandhara. Und wie so oft Eroberer die Kultur der Unterworfenen übernehmen, so glaubten auch einige baktrische Griechen, ihr Seelenheil mit Hilfe der zarathustrischen Lehre und ihres Feuerkults finden zu können. Auch Kaiser Kanischka hat vermutlich die Glaubens-Welt des Propheten Zarathustra unter seinen synkretistischen Schutz gestellt. Zwei bereits erwähnte kuschanische Münzen zeigen Ahura Mazda, den Gott der zarathustrischen Lehre. Und auch eine Kanischka-Münze mit Mitra, dem – zum Leidwesen Zarathustras – mit dem Licht- und Feuerkult verwandten Sonnengott, deutet darauf hin.

Um den religiösen Charakter des Jandial-Tempels wird sich vermutlich bald eine interessante Diskussion entfalten, da die Feueraltar-Theorie zur Zeit von einigen Wissenschaftlern abgelehnt wird.

Zuverlässige Chronisten: Die Münzen

So beeindruckt wir auch die Kunstwerke der Kuschana-Zeit, ihre religiöse und ästhetische Formenwelt betrachten, sie blieben nur mehr oder weniger beziehungslose Einzeldarstellungen, wären uns nicht die Münzen jener Zeit mit der Fülle ihrer chronologischen Angaben und Andeutungen zu Hilfe gekommen. Sie erst und die sorgfältigen Berichte der chinesischen Pilger bauen den historischen Hintergrund der Statuen und Stadt-Fundamente, des Gold-Schmucks und der Klosterruinen vor uns auf.

Das muß eine heute nur noch schwer nachvollziehbare Wandlung gewesen sein, als während der zweiten Hälfte des 1. Jh. v. Chr. die ersten Händler Kaufleute wurden: als sie nun nicht mehr Ware gegen Ware zu tauschen brauchten, sondern für ein kleines, handliches Stückchen Metall Ware erhielten. Dieses Stückchen Metall bestand seit der Wirtschaftsreform des lydischen Königs Krösus (595–547 v. Chr.) anfänglich aus einem zwei bis drei Zentimeter großen, länglich-schmalförmigen 'Barren'. Seit der Maurya-Zeit (4. und 3. Jh. v. Chr.) wurden in diese nun verkürzten Barren auf zuerst einer Seite, später auf beiden, Münzstempel eingepreßt, meistens fünf. Aus ihnen entstanden nach weiteren Jahrhunderten die mehr oder weniger runden oder rechteckigen Geldstücke, nun beiderseits nur noch mit einem Stempel geprägt. Auf der Vorderseite zeigten die Griechen seit etwa 300 v. Chr. eine Abbildung des jeweiligen Herrschers im Profil, auf dem Revers ein Emblem, das ihn und seine Herrschaft charakterisierte, Götter, Tiere, Geräte und andere Sinnbilder meist religiösen oder mythologischen Inhalts.

Hier irrte Curtius

Wohl als Reflexion der hohen Münzkunst des klassischen Griechenland gelangen auch den baktrischen Griechen im heutigen Pakistan die schönsten und deutlichsten Münzprägungen (Abb. 37). Der vorherrschenden Ansicht, die runden Münzen seien von ALEXANDER DEM GROSSEN auf dem indischen Subkontinent eingeführt worden, steht eine schon vor fast zweitausend Jahren geäußerte Behauptung des römischen Alexander-Biographen QUINTUS CURTIUS RUFUS gegenüber: Gold-, Silber- und Kupfermünzen seien schon lange vor Alexander hier im Verkehr gewesen, denn als Alexander in Taxila einzog, habe ihm König AMBHI bereits achtzig Talente 'Signati' oder 'Arganti', also Silberbarren oder mehrfach geprägte Münzen, als Begrüßungsgeschenk überreicht. Das schon lange im Umlauf befindliche Geld sei somit nicht auf griechischen, sondern indischen Ursprung zurückzuführen. Nun können wir Quintus Curtius Rufus leider nicht immer als absolut zuverlässige Quelle betrachten, da er des publizistischen Effektes wegen oft in einer allzu rhetorischen und gar dramatischen Manier schilderte und kommentierte. So mag er auch im Schwung des Berichtens übersehen haben, daß bereits Perser zweihundert Jahre früher in Gandhara ein Währungssystem eingerichtet hatten.

Prägnant und informativ sind also die Münzen der baktrisch-griechischen Herrscher DEMETRIOS, MENANDER, STRATI I. und ANTIALKIDAS (Anfang des 2. bis Mitte des 1. Jh. v. Chr.). Dank der Münzlegenden konnten dreißig bislang unbekannte baktrisch-griechische Könige identifiziert werden. Auch aus der skythischen und parthischen Zeit ließen sich an Hand der Münzen 29 Regenten bestimmen. Hier haben die skythischen Könige MAUES, AZIS I. und II. und ASILISES besonders anschauliche Stücke prägen lassen. Azis II. ließ übrigens die bisher meist als Silbermünzen hergestellten Werte in Billon-Münzen ändern, deren Legierung vornehmlich Kupfer und nur noch wenig Silber enthielt. Oft besaßen sie lediglich eine Oberflächenschicht aus Silber. Auch die Münzen des Parthers GONDOPHARES sind ein beliebtes Sammelobjekt der Numismatiker.

ZWEITER HÖHEPUNKT: GANDHARA

Die Kuschana prägten im orientalischen Stil

Die selbstbewußten, aber toleranten Kuschana-Herrscher führten nicht nur – unter WIMA KADPHISES – eine standardisierte Gold-Valuta ein, sie entwickelten eine spezifisch kuschanische Münz-Ikonographie. Die griechischen Stilelemente verblaßten nun so sehr, daß wir fortan von einer rein orientalischen Münzprägung (EDUARD MEYER) auf dem Subkontinent sprechen können.

Auch der Synkretismus vor allem König KANISCHKAS wurde uns erst in seinem ganzen Ausmaß durch die Münzen bekannt. Auf dem Avers ließ er sich in stolz-stattlicher Gestalt und skythisch-kuschanischem Gepräge abbilden, breitbeinig, die Fußspitzen nach außen, in lang herabfließender, unten abstehender Tunika, auf dem mächtigen Schädel den konischen Filzhut der Skythen. Auf der Rückseite der Münzen war Platz für die jeweiligen Götter und Symbole aller Religionen und Mythen seines riesengroßen Reiches zwischen Taschkent und dem Bengalischen Golf: Da waren der BUDDHA und buddhistische Embleme vertreten, zwar nicht so oft, wie es die Bedeutung des Buddhismus im Kuschana-Reich vermuten läßt. Da zeigten sich die Götter und Halbgötter der Griechen wie HERAKLES, HELIOS und seine göttliche Schwester SELENE. Der Hoch-Gott AHURA MAZDA und sein zeitweiliger Rivale, der Sonnengott MITRA (oder römischer Mithras?) hatten sich aus Iran dazugesellt. Der oft erscheinende Feueraltar sollte mit AHURA MAZDA in Verbindung gebracht werden. SKANDA und SCHIWA mit seinem Bullen Nandi repräsentieren das hinduistische Götter-Pantheon, das vornehmlich bei den letzten Kuschana-Herrschern eine größere Rolle spielte. Und dazwischen tauchten hier und da die lokalen Natur-Gottheiten und vergöttlichten oder mystifizierten Helden auf. Wenn wir die Rückseiten der Kuschana-Münzen nebeneinanderlegen, haben wir einen imposanten Überblick über die ökumenische Religionspolitik KANISCHKAS, wobei bisher noch nicht erwiesen ist, ob die Betonung mehr auf Religion oder Politik gelegt werden soll.

Wischnu, Zarathustra und eine Göttin

Kanischkas vermutlich zweiter Nachfolger HUWISCHKA ließ eine Unmenge von Münzen prägen, als wollte er seine Silber-Kupferwährung abwerten. Sein Bild erschien meist als Porträt oder Büste. WASUDEWA, der letzte Herrscher des Kuschana-Großreiches, führte wieder Goldmünzen ein und kehrte zum Stil des WIMA KADPHISES zurück. Er bildete nur SCHIWA mit seinem Stier Nandi ab, obwohl er, wie es sein Name vermuten läßt, zum wischnuistischen Glauben übergetreten war.

Dann waren die Sassaniden, die persischen Eroberer, Münz-Herren im Land. Dank ihrer Machtposition konnten sie es sich erlauben, einer unter ihnen noch weiterlebenden kidarischen Kuschana-Dynastie das Münzrecht zu verleihen. Die Kidariten kopierten Kanischkas Stil, indem sie den jeweiligen König, vor dem Feueraltar stehend, auf der Vorderseite ihrer Münzen zeigten, denn sie waren Anhänger des ZARATHUSTRA. Auf der Rückseite bildeten sie die stolz thronende Göttin ARDOCHSO ab. Hiermit schufen sie ein Thema, das über die Guptas und die Hindu-Könige Kaschmirs bis in das 13. Jh. fortbestand.

Auch die sassanidischen Münzen waren damals sehr populär. Sie überstanden ebenfalls die alles vernichtende Raserei der Weißen Hunnen Anfang des 6. Jh., wie der chinesische Pilger SUNG-YUN berichtet.

Viele Wurzeln und Anregungen

Die *Gandhara-Kunst* war einer langen politischen, kulturellen und sogar auch wirtschaftlichen Entwicklung zu verdanken. Sie begann bereits vor sechshundert Jahren mit den persischen Achämeniden. Die politischen Geschehnisse sorgten während dieser Zeit für das Kommen und Gehen all der Völker und Dynastien, die ihre Spuren im heutigen Pakistan hinterlassen haben. Das wirtschaftliche Leben brachte die Händler und mit ihnen auch Künstler und Handwerker aus fernen Ländern nach Gandhara, die bereits für so manchen künstlerischen und sicher auch schon kunstgewerblichen Anstoß sorgten.

Kulturell lassen sich einige Stilelemente bis nach *Persepolis* zurückverfolgen. Dann wurden die ersten griechischen Einflüsse, wie wir weiter gesehen haben, nicht von ALEXANDER DEM GROSSEN, wohl aber aus dem Osten über die Maurya nach Gandhara vermittelt. Später kam mit den Seleukiden, den baktrischen Griechen und hellenophilen Parthern das griechische und römische Kunstempfinden. Zu diesen Einflüssen aus dem Westen und Norden trat dann noch aus dem Osten, meist über *Mathura*, der für Gandhara so notwendige Linienschwung der Inder, ihre Freude an Rhythmus und Bewegung, hinzu.

Diese aus fast allen Himmelsrichtungen genährte Kunst der Kuschana in *Gandhara* strahlte dann allerdings nur nach Osten aus, nach Asien hinein. Sie gab die erste und zugleich endgültige Fassung des Buddha-Bildes als ikonographische Weisung nach Asien weiter, wo sie seit anderthalb Jahrtausenden bis heute befolgt wird.

Religiös oder künstlerisch beurteilen?

Sollen wir, um der Gandhara-Kunst gerecht zu werden, ihrer religiösen oder ihrer künstlerischen Komponente größere Aufmerksamkeit schenken? Uns will scheinen, wir hätten bisher das religiöse Element zu wenig in Betracht gezogen. Immer wieder heißt es, die meisten Gandhara-Darstellungen seien zu statisch, ohne Dynamik, ja zu 'aristokratisch' (RAU); sie würden zu viel zeigen und zu wenig deuten, es fehle ihnen also das Fluidum des Durchgeistigten. Das sind Urteile, die vornehmlich jene fällen, die sich vom Osten, von der indischen Kunst her Gandhara nähern.

Doch wenn wir religiöse Gesichtspunkte zu Wort kommen lassen, sieht es anders aus: Wir sprachen von dem Abenteuer Gandharas, erstmals ein Bild des persönlichen BUDDHA angefertigt zu haben. Können wir erwarten, daß mit diesem Abenteuer gleichzeitig auch eine Stilsicherheit aufgetreten sei? Konnte aus der Spannung zwischen der – zumindest anfänglichen – mahayana-buddhistischen Ablehnung, den Buddha in Person darzustellen, und der therawada-buddhistischen Indifferenz gleich ein buddhistisches Kunstkonzept entstehen? Konnten die Philhellenen, die vordergründig statuarische Darstellungen bevorzugten, und die Inder mit ihrer damals schon begnadeten Gabe, das Göttliche und Metaphysische durch den menschlichen, sinnlichen Körper leuchten zu lassen, konnten sie so schnell einen gemeinsamen Stil finden?

Sicher nicht! Der Begriff 'gandharische Schule' verführt dazu, an eine homogene, stilorientierte Kunst-Kolonie zu denken. Doch so war es nicht. Während wir etwa bei den Buddha-Statuen einen vorherrschenden gräko-römischen Einfluß feststellen, erinnern uns die Kompositionen der Relieftafeln, ihr Rhythmus und szenischer Aufbau, an indische Elemente. Anfänglich herrschte auch das längliche Gesicht der Griechen vor, das später, unter dem Einfluß von *Mathura*, von dem rundlicheren Gesicht der Inder abgelöst wurde. Auch wurde zuerst mühsam aus Schiefer gestaltet, bis es die Künstler später bequemer und auch ausdrucksvoller fanden, ihre Vorstellungen in Terrakotta wiederzugeben. Und während schließlich einige Skulpturen bereits einen gewissen Grad an buddhistischer Geistigkeit und Wärme vermitteln, zeigen die meisten Arbeiten zwar ein oft hohes Maß an technischem Können, aber nur zu oft blieb der Stein tot, weil sich die Bildhauer und Stukkateure im Stilisieren und Schematisieren verloren. Der Stein wurde nicht beseelt, wie es später den Indern gelang.

Gandharas Größe: Sein Einfluß

Es fehlte den Gandharern zwischen West und Ost, zwischen dem Logos, dem linearen Denken der Hellenen, und der Philosophie der Erfahrung, dem zirkularen Denken der Inder, die kulturelle Sicherheit und Ausgeglichenheit.

Die Größe der Gandhara-Zeit ist an ihren Stilanstößen abzulesen, die sie nach Indien und in das übrige Asien weitergab. Sie ließen dort die durchgeistigten und daher künstlerisch nun genial vollendeten Werke entstehen.

Gandhara lieferte also das Konzept.

Dritter Höhepunkt: Die Moguln
(1526 bis 1857)

Ein siebzehnjähriger General

Ob der siebzehn Jahre alte Soldat IMAD-UD-DIN MUHAMMAD IBN AL-QASIM geahnt hat, daß er ein neues Zeitalter auf dem indischen Subkontinent einleiten würde, als er 711 n. Chr. den Süden des heutigen Pakistan erreichte? Oder war er als General des omayyadischen Vizekönigs HADSCHDSCHADSCH BIN YUSUF in Bagdad nur von dem Gedanken erfüllt, DAHIR, den Herrscher von Sindh, zu strafen, weil er die arabischen Handelsschiffe zwischen Ceylon und dem omayyadischen Reich nicht vor den sindhischen Seeräubern schützen konnte oder wollte? Zwar war schon neun Jahre nach dem Tod des Propheten MOHAMMED eine kleine muslimische Streitmacht im Indus-Delta aufgetaucht, aber erst mit Muhammad ibn al-Qasim begann die islamische Geschichte der späteren 'Islamischen Republik Pakistan'.

Blicken wir zurück: Eben hier, wo damals Muhammad ibn al-Qasim waffenklirrend aufgetreten war, hatte vor fünftausend Jahren der vielzitierte 'kleine Mann' eine Hochkultur des Wohnens und der bürgerlichen Werte entwickelt, die Ägypten und Sumer in den Schatten stellte. Jede Stadt hatte ihre eigenen Götter. Anschließend sangen im Norden des heutigen Pakistan die Arier ihre religiösen Hymnen, aus denen die Spiritualität des Hinduismus erwuchs.

Anderthalbtausend Jahre später leitete ebenfalls hier im Norden die Philosophie des sanften Revolutionärs GAUTAMA BUDDHA wiederum eine neue Epoche des Gottesverständnisses ein. Aus dem säkularen entstand ein theologisches Weltbild.

Ein anderer Gott

Mit MUHAMMAD IBN AL-QASIM tritt eine gänzlich neue Geisteshaltung auf: Nun ist Gott absolut. Er besteht in sich selbst, unergründlich, transzendent. Nun wird das hehre Gebot verkündet: »Es gibt nur einen Gott, und Mohammed ist sein [letzter] Prophet!« Dieses Gebot will nicht nur als eine religiöse Maxime verstanden werden. Es gilt fortan als oberster Leitsatz auch des profanen Alltags. Es prägt die 'Weltanschauung' des folgenden Jahrtausends, die alle Lebensgebiete umfaßt. Es wird im Gebiet des heutigen Pakistan alles so gründlich ändern, daß die bisherigen, also vorislamischen Lebensformen an den Rand des Geschehens verwiesen werden, dorthin, wo sie nur noch als stille Traditionen einiger Minoritäten weiterleben.

DRITTER HÖHEPUNKT: DIE MOGULN

Nach den früheren, meist polytheistischen Gottes-Vorstellungen folgt nun eine Kultur, die den einen Gott als das Maß aller Dinge empfindet. Er ist unerforschbar, nicht darstellbar. 99 Namen sollen als edelste Attribute Ihn charakterisieren. Er ist der Schöpfer allen Seins, ohne Anfang, ohne Ende. Er wirkt in jegliches Geschehen ein, mal gütig, mal strafend. Seinem Wort, in der koranischen Offenbarung dem Propheten MOHAMMED verkündet, muß man sich ganz hingeben. Der Name 'Islam' erinnert täglich daran: 'Hingabe an Allah'.

Nur vor dem Hintergrund dieses Gottesbegriffes können wir die weitere kulturelle Entwicklung im Gebiet des heutigen Pakistan verstehen. Nachdem er die persischen und byzantinischen Reiche erobert hatte, begann der Islam, etliche fremde Kulturen mit sich zu vereinen oder zumindest zu tolerieren. Nicht so auf der indischen Halbinsel. Hier wurde und wird er immer noch sehr wesentlich durch die Konfrontation mit der ebenfalls hochstehenden Kultur des Hinduismus geprägt. Daher entwickelte er hier oft andere Ausdrucksformen und religiöse Konzepte als es die Muslime in der übrigen Welt taten.

Blitzkrieg mit Kamelen

MUHAMMAD IBN AL-QASIM war mit sechstausend irakischen und syrischen Soldaten, mit ebensovielen Kamel-Kavalleristen und einem Troß von dreitausend Lastkamelen vermutlich durch die süd-belutschistanische Makran-Wüste in das heutige Sindh gezogen, ins Land am unteren Indus. Er führte auch eine wuchtige 'Ballista' mit sich, ein Ungeheuer von Schleudergeschütz, das von fünfhundert Mann bedient werden mußte. Einige Historiker sind der Ansicht, er sei von See aus im Indus-Delta gelandet, in der Nähe des damaligen Hafens Debal, wahrscheinlich das heutige Banbhore oder Bambhore.

Tollkühn und umsichtig wie Alexander der Große – dieser waghalsige Vergleich drängt sich geradezu auf – hatte Muhammad ibn al-Qasim mit seiner kleinen Truppe und mit immer neuen strategischen Überraschungen im Sindh eine Stadt nach der anderen erobert, das Heer König DAHIRS besiegt und schließlich, nach zweimonatiger Belagerung, das Sonnenheiligtum *Multan* erstürmt, das Tor zum Pandschab und weiter nach Indien.

Leider blieb ihm keine Zeit, die Früchte seines Blitzkrieges reifen zu lassen. Schon zwei Jahre nach seiner Ankunft im Sindh wurde er an den Hof seines Schwiegervaters, des omayyadischen Vizekönigs HADSCHDSCHADSCH BIN YUSUF, zurückgerufen und als Opfer höfischer Intrigen ermordet. Zahllose Spekulationen ranken sich heute um die Frage, wie der Islam wohl Indien verändert hätte, wäre Ibn al-Qasim länger in Südasien geblieben.

Kulturelle Blüte im Sindh

Er war noch ganz vom Geist des Propheten und der ersten vier Kalifen erfüllt, die auch kanonisch festgelegt hatten, wie sich Herrscher und Menschen mit Macht ihren Untergebenen gegenüber verhalten sollen. Die von ihm unterworfenen Buddhisten und Hindu behandelte er

2 Harappa-Kultur: Ausgegrabene Brunnen und Hausruinen in Moendscho Daro. Der obere Rand der heute wie Türme wirkenden Brunnenschächte schloß einst mit der Erdoberfläche ab

◁ 1 Angehöriger des kriegerischen Pathan-Volkes im Khyber-Paß-Gebiet

3 Harappa-Kultur: Das sogenannte Große Bad in Moendscho Daro

4 Harappa-Kultur: Noch nicht identifizierte Büste aus Moendscho Daro, als ›Priesterkönig‹ bezeichnet. Nationalmuseum Karatschi

5 Gandhara-Kunst: Die Geburt des Prinzen Siddharta, des künftigen Buddha. Lahore-Museum
7 Gandhara-Kunst: Der ›Fastende Buddha‹. Lahore-Museum ▷
6 Gandhara-Kunst: Buddha-Kopf mit Nimbus. Lahore-Museum

9 Schiffer auf dem unteren Indus
◁ 8 Muslimische Zeit: Kunstvoll verzierte Gräber der Chaukhandi-Nekropolis bei Karatschi
10 Auf der Zugfahrt durch Belutschistan

11 Muslimische Zeit: Grab des Mirsa Tughril Beg auf den Makli-Hügeln bei Thatta
12, 13 Muslimische Zeit: Eingänge zu den Gräbern von Mirsa Dschami Beg Tarkhan und Mirsa Dschan Baba auf den Makli-Hügeln

14   Überlandtransport

15, 16   Beliebte Dekorations-Motive an einem Lastwagen. Ein Lastwagen in gewohnter Farbenpracht

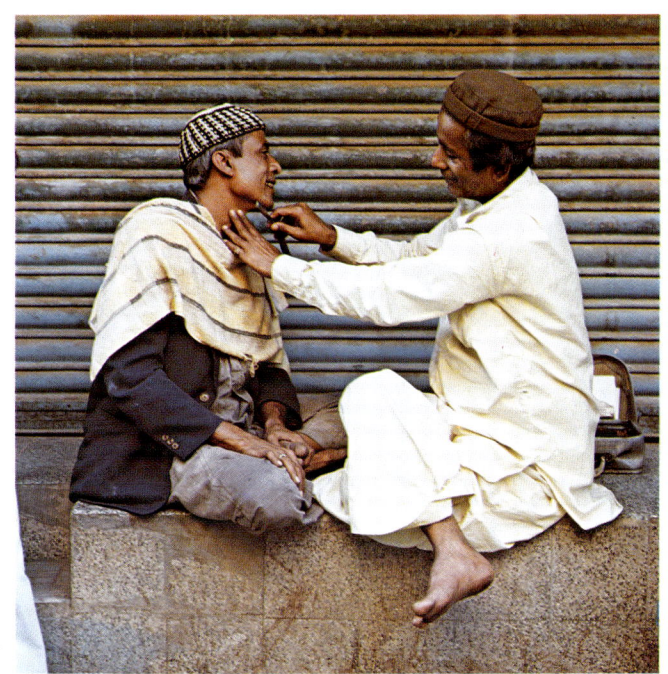

17 Friseur-Salon unter freiem Himmel

18 Gewürz-Verkäufer

20 Mogul-Zeit: Fliesen-Mosaik in der Wasir Khan-Moschee in Lahore
◁ 19 Mogul-Zeit: Fliesen-Mosaiken und Fresken an der Außenmauer des Lahore-Forts
21 Restaurierungsarbeit an der Wasir Khan-Moschee in Lahore

22 Traditionelle Stickarbeiten des Pandschab

23 Teppichwäscher in Lahore

24 Sonnenaufgang hinter den fein perforierten Marmorfenstern des Spiegel-Palastes im Lahore-Fort

25 Mogul-Zeit: Das Grabmal des Mogul-Kaisers Dschahangir in Lahore

26 Mogul-Zeit: Reich dekorierte Wandelhalle in der Moschee des Schah Dschahan in Tatta

28 Blick in eine der Kuppeln der Schah Dschahan-Moschee, Tatta ▷

29 Gebet in der Mihrab-Halle der Schah Dschahan-Moschee, Tatta ▷▷

27 Fliesen-Mosaik in der Schah Dschahan-Moschee in Tatta

30–32 Islamische Mystik: Ein Malang bei einem Heiligen-Grab; rechts: Mit Seidentüchern und Blumen bedeckter Sarkophag des hl. Lal Schahbas Qalandar von Sehwan Scharif; unten: Pilgerprozession zu einem Heiligen-Grab

33 Islamische Mystik: Tanzende Pilger auf dem Weg zum Grab eines Sufi

34 Inneres der Freitags-Moschee von Sukkur im Sindh, Süd-Pakistan

35 Große Moschee im Chitral-Tal, Nord-Pakistan

36 Kalasch-Frauen im Hindukusch, im hohen Nordwesten Pakistans. Ihre Kopfbedeckungen sind mit Muscheln dekoriert. Ein Teil der Kalasch hängt noch einer paganen Religion an

37 Frauen des Swat-Tals in typischem schwarzen Kopfumhang

38 Kinder der semi-nomadischen Bevölkerung in der Thar Parkar-Wüste, Südost-Pakistan

daher tolerant, ja oft sogar zuvorkommend. Er betrachtete sie als Dhimmis, als Schutzbefohlene, denen die neue Religion nicht aufgezwungen werden sollte. Allerdings mußten sie eine Sondersteuer bezahlen, die Jisya. Ibn al-Qasims verständnisvolle Haltung bewog viele Buddhisten, zum Islam überzutreten, zumal mancher unter ihnen sich von den Hindu-Fürsten unterdrückt fühlte.

Unter den muslimischen Arabern erlebte der Sindh nun eine Zeit der wirtschaftlichen und vor allem auch kulturellen Blüte, wie gleichzeitig etwa Spanien unter den Omayyaden von Córdoba. Wie jede junge Bewegung, durchlief auch der Islam eine Anfangsphase der stürmischen Orientierung, aber auch eine Phase der konsequenten Ummah, der muslimischen Brüderlichkeit, ja einer regelrechten Bruderschaft über alle nationalen Grenzen hinweg. Nie wurden bisher neue Ideen und Errungenschaften weltweit so schnell und zuverlässig ausgetauscht wie damals in der gleichgesinnten Muslim-Gesellschaft zwischen Spanien und dem Indus.

Aber auch Ideen außerhalb des islamischen Raums, etwa aus dem Osten, spielten hierbei eine große Rolle. Als Transitgut durchquerten sie den Orient, wo sie gefiltert, nuanciert und interpretiert wurden, bevor sie diesen riesigen Raum an einer anderen Seite wieder verließen, etwa in Richtung Mediterranien und von dort nach Nordeuropa. So gelangte auch ein breiter Fächer indischer Gelehrsamkeit nach Europa, vornehmlich Hindu-Indiens Erkenntnisse auf dem Gebiet der Mathematik, Medizin und Astronomie. Und selbst die Gedankenwelt Griechenlands fand während dieser Epoche funkelnder Geistigkeit des Morgenlandes ihren Weg über den Islam nach Nord- und Westeuropa, kommentiert etwa von den Philosophen AL FARABI, IBN SINA, alias Avicenna, und IBN ROSCHD, alias Averroës.

Nach Arabien orientiert

Jahrhundertelang erlebte der Sindh nun diese Zivilisation. Sein Alltag war ganz nach Arabien hin orientiert. Bis heute ist das hier spürbar. Die sindhischen Herrscherhäuser, oft arabischen Ursprungs, öffneten den Arabern und anderen Muslimen alle Türen mit der Aufforderung, im Sindh Lehrstätten und Handelsvertretungen zu errichten. Die Sindhi-Sprache nahm viele arabische Lehnwörter auf, da Sindhi und Arabisch hier im trauten Nebeneinander gesprochen wurden. Und *Mansura,* die damalige und erst vor kurzem ausgegrabene Hauptstadt des Sindh, galt als Zentrum der hanafitischen und sahiritischen Rechtsschulen des Islam. Die Sahiri-Richtung ist verschwunden. Doch die Hanafiya Kufa gilt heute auch in Pakistan noch als Basis der Scharia, des islamischen Gesetzes.

Während dieser dreihundert Jahre dehnte das muslimische Gebiet am Indus sich vornehmlich bis *Multan* aus. Es erlebte dank Anregungen von außen auch eine Zeit eigener wissenschaftlicher Aktivität. Es entsandte sindhische Kapazitäten in die arabischen Länder, wie den einflußreichen Juristen AL-AUSA'I und den Historiker ABU MA'SCHAR, der sich vornehmlich mit den Kriegen des Propheten MOHAMMED beschäftigte. So entwickelte sich denn der Sindh unter dem frühen Islam zu einer Quelle weltoffener Geistigkeit und zu einer Passage zwischen Ost und West.

DRITTER HÖHEPUNKT: DIE MOGULN

Die älteste Moschee des indischen Islam

Als einzige Baureste dieser Zeit finden wir in *Banbhore,* etwa 60 km südöstlich von Karatschi im Indus-Delta, spärliche Ruinen einer Moschee aus dem Anfang des 8. Jh. Diese älteste Moschee auf dem indischen Subkontinent wurde vermutlich nur wenige Jahre nach dem Eintreffen MUHAMMAD IBN AL-QASIMS errichtet. Soweit sie rekonstruiert werden konnte, scheint ihr Grundriß jenem der Moscheen von Kufra und von Wasit im Irak sehr ähnlich gewesen zu sein.

Das Dach der Gebetshalle wurde von drei hölzernen Säulen getragen, wie sie in dieser Anordnung auch im Haus des Propheten MOHAMMED angebracht waren. Nur die Fundamente der steinernen Säulensockel und der Mauern sind heute auf der Ausgrabungsstätte noch sichtbar. Das Dach, aus Holz oder Ziegel, war flach. So besaß das Gebäude vermutlich auch den Basiliken-Charakter der frühen Moscheen, wie etwa der Omayyaden-Moschee in Medina oder der Aqsa-Moschee in Jerusalem.

Einige Archäologen bezweifeln, ob es sich hier überhaupt um eine Moschee gehandelt habe. Es seien keine Anzeichen irgendeines Mihrabs gefunden worden, jener heute in der Moschee eingemauerten Gebetsnische, die in Richtung auf die Kaaba in Mekka weist. Doch dürfen wir nicht vergessen, daß ein nischenförmiger Mihrab erstmals um 706 oder 707 unter dem omayyadischen Kalifen AL-WALID IBN ABDUL MALIK in der Moschee von Medina eingeführt worden war, also um die Zeit zwar, da fern in Banbhore auch eine Moschee errichtet wurde, aber vermutlich zu fern, um diese einzige sakrale Symbol-Architektur eines islamischen Gotteshauses auch dort schon bekannt werden zu lassen.

Außerdem soll es lange Zeit nur bei diesem einen Mihrab geblieben sein. Die Gläubigen hatten sich anfänglich dieser Einrichtung widersetzt, weil sie zu sehr an Nischen in christlichen Kirchen erinnerte. Viel später, also lange nach dem Bau der Banbhore-Moschee, soll er erst Bestandteil aller Moscheen geworden sein. Auch sei es in der früh-islamischen Zeit üblich gewesen, den Mihrab nur durch eine Steinplatte an der Kibla-Wand, der Wand zur Kaaba hin, zu kennzeichnen, argumentieren jene, die das Mauerwerk von Banbhore als Überreste einer Moschee deuten.

Und selbst als der Mihrab schon allgemein eingeführt worden war, habe man ihn hin und wieder lediglich durch eine flache Einbuchtung in der Kibla-Wand angedeutet, die nicht, wie heute, an der Außenwand als kleine, apsidiale Ausbuchtung hervortrat. Auch unseres Erachtens beweisen diese drei Fakten, warum keine Hinweise auf einen Mihrab gefunden wurden. Wir können also davon ausgehen, daß es sich hierbei um eine Moschee handelt.

Banbhore mit Debal identisch?

Anhand der ausgegrabenen Keramikstücke und der verschiedenen strukturellen Erneuerungen an der Moschee lassen sich zwischen 715 und der Mitte des 13. Jh. vier Bauphasen ablesen, teils bedingt durch Neubauten nach Erdbeben. Nach dieser Zeit muß sie sehr schnell bis zur Unkenntlichkeit zerfallen sein. Ihre Fundamente aus Geröll oder Bruchstein stammen übrigens aus vor-islamischer Zeit (Abb. 39). Doch kann nicht mehr nachgewiesen werden, ob sie zu einem buddhistischen oder schiwaistischen Heiligtum gehörten. Auch besaß sie bereits ein etwa zwei Stockwerke hohes, vierkantiges Minarett, ähnlich jenem der omayyadischen Großen Moschee von Kairouan.

Der Ort *Banbhore* ist, wie gesagt, vermutlich mit dem damaligen Seehafen Debal identisch, der von Muhammad ibn al-Qasim vielleicht als erste Stadt im Sindh erobert wurde. In seinem ›Parzifal‹ erwähnt WOLFRAM VON ESCHENBACH, während er die Indienreise von Parzifals Halbbruder Feirefitz schildert, den Seehafen Arbi als ein Zentrum des Seidenhandels. Laut HERMANN GOETZ handelt es sich hierbei vermutlich um Debal/Banbhore.

Schon seit ALEXANDERS Zeiten, sagt Goetz, sei in und um Banbhore der Stamm der Arbi (Arabi, Arbioi) ansässig gewesen. In der fernen Dichterstube des Wolfram von Eschenbach konnte also leicht der Stammesname mit dem Ortsnamen verwechselt worden sein. So war der Ruhm von Arbi/Debal/Banbhore wahrscheinlich schon bis ins christliche Abendland gedrungen.

Die Türken kommen

Nach den Arabern tauchten die Türken am Indus auf. Zuerst in der kriegerischen Gestalt des Sultans MAHMUD (979–1030) aus der 'Sklaven-Dynastie' derer von Ghasni. Sein Vater, der Gründer des ghasnawidischen Hauses, war der Lieblingssklave eines bereits avancierten Sklaven. Beide hatten das Glück, von einer Kultur umgeben zu sein, in der Sklaven in hohe und höchste Ämter und Würden aufsteigen konnten. Nach erbitterten Kämpfen gegen den Hinduschahi-Fürsten RADSCHA DSCHAIPAL erweiterte er bald schon sein junges Reich über das ganze Gebiet des heutigen Nord- und Mittel-Pakistan bis zum Ganges. Radscha Dschaipal, der sich Sultan Mahmud immer wieder zum Kampf stellte, residierte in *Waihind*, nicht weit von der heutigen Stadt Attock entfernt, wo der Kabul-Fluß in den Indus mündet.

Wir haben die Sklavenabstammung des Sultans MAHMUD VON GHASNI, eines der brillantesten und gebildetsten Heerführers des Islam, erwähnt, weil sie uns ein bemerkenswertes Beispiel der sozialen Änderungen zu sein scheint, die der Islam auch in Südasien eingeführt hat. Wie im Neuen Testament (Paulus-Brief an Philemon), so hat auch der Koran zwar den Besitz von Sklaven als rechtlich anerkannt, doch in beiden heiligen Schriften wird es als eine gute Tat oder empfohlene Buße erklärt, einen Sklaven zu befreien.

So wurden unter einigen muslimischen Dynastien den Sklaven erlaubt, im Heer zu dienen. Es entstanden also militärische, nur aus Sklaven bestehende Einheiten, oft sogar Eliteeinheiten. Und da Soldaten mit Orden und Beförderungen in Kampfstimmung gehalten werden müssen, stiegen die Kommandeure dieser Einheiten, ebenfalls Sklaven, oft in maßgebende Positionen empor, bis zur Machtstellung eines Regenten. Die türkische 'Sklaven-Dynastie' der Mameluken in Ägypten veränderte im 13. Jh. die politische Szene des Nahen Ostens.

DRITTER HÖHEPUNKT: DIE MOGULN

Sultan Mahmud Ghasni (967–1048 n. Chr.)

Im Glanz der Ghasnawiden

Mit Schwert und guten Worten führte Mahmud in Nord-Pakistan den Islam ein. So rücksichtslos er sich in den Kampf stürzte und seine Feinde oft behandelte, so rücksichtsvoll und interessiert begegnete er Persönlichkeiten des geistigen Lebens, um manchmal nächtelang mit ihnen zu diskutieren. In der Prachtwelt seines Hofes zu *Ghasni* in Afghanistan trafen sich damals die Fürsten der Literatur und Wissenschaft: Der Philosoph und Sanskrit-Philologe AL-BIRUNI, dessen im ›Kitab-ul-Hind‹ zusammengefaßte Reisenotizen dem Westen erstmals ein sachliches und fundiertes Bild Indiens ermöglichte, der vor-islamisch orientierte Dichter FIRDAUSI, der das persische Nationalepos ›Schahnamah‹ (Buch der Könige) schuf, der persische Dichter FARROCHI und viele andere.

Mahmud von Ghasnis Nachfolger verloren den westlichen Teil ihres Reiches an die ebenfalls türkischen Seldschuken. Später wurden sie von den irano-afghanischen Ghuriden, ihren ehemaligen Vasallen, ganz aus Afghanistan vertrieben. Sie zogen sich in die Gegend zwischen Peschawar, Lahore und Multan zurück, das Restgebiet ihres Großreiches.

Segen und Stürme über Lahore

Obwohl Sultan Mahmud mehrmals tief nach Nordwest-Indien eingedrungen war, beschränkte er sich darauf, nur den westlichen Pandschab bis Lahore zu annektieren. Diese 180 Jahre ghasnawidischer Herrschaft im heutigen Nord-Pakistan ließen den Islam erstmals dauerhaft hier Fuß fassen. Der im Gegensatz zum Hinduismus klare Gottes-Begriff der Muslime verbreitete sich schnell unter der emotional leicht ansprechbaren Bevölkerung. Und die ghasnawidische Hauptstadt *Lahore*, in der sich viele Künstler und Literaten des zerstörten Hofes von Ghasni niedergelassen hatten, strahlte nun die neue Kultur des Islam aus, weit ins Land hinein (s. den Plan von Lahore in der hinteren Umschlagklappe).

Die überragenden Persönlichkeiten im Lahore des 11. und 12. Jh. waren der Dichter MASUD SA'D SALMAN und der Mystiker DATA GANDSCH BAKSCH. Masud Sa'd Salman, der »flinke Reiter auf dem Rennplatz des Lobgedichtes und unvergleichliche Wortschöpfer«, bleibt in Pakistan und vor allem in Lahore unvergeßlich, nachdem er aus dem Gefängnis heraus seine Sehnsucht nach dem schönen und geistreichen Lahore in hinreißend formulierten Versen besang. Intriganten hatten ihn des Verrats am Herrscher beschuldigt.

ALI HUDSCHWIRI – der Volksmund nennt ihn liebevoll Data Gandsch Baksch, den »Schätze-Verteiler« – gilt als der große Meister und erste bedeutende Theoretiker der islamisch-mystischen Gedankenwelt auf dem Subkontinent. In seinem Buch ›Kaschf-al-Mahdschub‹ hat er eine der frühesten und systematischsten Darstellungen dieser mystischen Gottesverehrung, Sufismus genannt, in Persisch niedergeschrieben. Wir werden später noch sehen, wie der Islam auf dem indischen Subkontinent seine Verbreitung in erster Linie den Sufis, diesen klugen, sanften Heiligen, zu verdanken hat.

Sie lebten ihrer vornehmlich hinduistischen Umwelt den Islam als humane Religion vor. So hinterließen sie im Volk einen bis heute fortdauernden, tiefen Eindruck, der in jenen Tagen sogar die Despotie mancher muslimischer Herrscher und Heerführer vergessen ließ.

Timur und Babur

Lahore ist bis heute der kulturelle Mittelpunkt Pakistans geblieben. Zwar war es sein Schicksal, oft belagert und sinnlos geplündert zu werden. 1186 mußte es sich den afghanischen Ghuriden ergeben, die nun auch hier die letzten Ghasnawiden vertrieben hatten. Am schlimmsten war es 1397, als der unersättliche *Timur* hier fürchterlich wütete. Jahrzehntelang standen nur Ruinen am Rawi-Fluß.

Neunzig Jahre später wurde Lahore während einer anarchistischen Zeit unter Delhis Sultan MUBARAK SCHAH dreimal angegriffen und geplündert. Mubarak Schah baute die Stadt wieder auf und befestigte sie sogar. Und 1524 schließlich fiel BABUR über Lahore her und brannte es nieder, bevor er die glanzvolle Mogul-Dynastie gründete.

Lahore erholte sich immer wieder, war immer wieder der Ort neu erblühter Kunst und Gelehrsamkeit. 'Klein Ghasni' nannten es die Pandschabi, weil sich hier die erlesene Geistigkeit des ghasnawidischen Hofes unter Sultan Mahmud zu wiederholen schien.

Delhi war unterdessen zum Mittelpunkt muslimischen Lebens, Regierens und Repräsentierens auf dem indischen Subkontinent geworden. Und von hier aus verschenkte später die Mogul-Dynastie ihre architektonische Pracht auch nach Lahore, dessen Stern dann neben Delhi und Agra als die dritte Lieblingsstadt der Mogul-Herrscher aufleuchtete.

DRITTER HÖHEPUNKT: DIE MOGULN

Stilelemente der Mogul-Architektur

Babur hatte keine Großbauten errichtet. Doch die Künstler aus Zentralasien, die Babur begleiteten, führten den 'Mongolen-Stil' der Timuriden in Indien ein. Hierzu gehörte auch die reizvolle architektonische Spielerei des *Hascht Behischt*, des Lustschlößchens der 'Acht Paradiese', ein symmetrischer, meist oktogonaler Pavillon mit einer doppelstöckigen Kammer.

Baburs Sohn und Nachfolger HUMAJUN, aus seinem persischen Asyl zurückgekehrt, belebte die zentralasiatischen Einflüsse nun noch mit früh-safawidischen Impulsen aus Persien. Aber erst mit AKBAR DEM GROSSEN begann die klassische Epoche der Mogul-Baukunst, die dann zur Zeit des SCHAH DSCHAHAN ihren Höhepunkt erreichen sollte.

Die Kunst des Islam, vor allem seine Architektur, brach als ein neues, ja oft konträres Element in Indiens Formenwelt ein. Der kraftvolle 'Mongolen-Stil' mit seiner Tradition der innerasiatischen Steppe hatte sich vom timuridischen *Samarkand* aus bereits westlich in die abbasidischen Räume ausgebreitet, und er fand nun gleichermaßen als timuridischer Baustil seinen Weg nach Indien.

Aber diese neuen Bauformen konnten in Indien nicht so leicht und schnell zu harmonischen Übergängen gelangen wie einige hundert Jahre früher der früh-islamische Stil etwa im byzantinischen Syrien und sassanidischen Persien. Nirgendwo trafen die Muslime in ihrem weiten Gebiet zwischen Spanien und Indien eine Architektur an, die so islam-fremd war, die so schwierig mit den muslimischen Vorstellungen und ihrer Symbolsprache vereint werden konnte wie hier.

Nirgends auch war der Gegensatz zwischen einer Religion, die, wie der Hinduismus, Gott in tausend Bildern zeigt, und einer Religion, die, wie der Islam, das figürliche Bild scheut und nur Gottes Wort gelten läßt, größer als in Indien. Und nirgends schließlich war der Unterschied zwischen einer Religion der Wüste und der Nomaden und einer Religion des Dschungels und der Bauern so unüberbrückbar und später problematisch wie hier.

Zwei Stile, zwei Welten

Sehen wir uns nur einige architektonische und dekorative Unterschiede an: Der hinduistische Tempel (Abb. 38) umschließt sorglich das kleine, dunkle Sanktuarium in seinem tiefen Innern. Meist führt eine enge Türe zu ihm. Über dem Heiligtum strebt der Bau dann als tausendflockige Wolke aus Bögen, Girlanden, Figuren, Nischen, Säulen und floralen Ornamenten in die Höhe. Meisterwerk der Vielfalt als harmonische Einheit. Und alles ist im Schwung gen Himmel der Vertikalen unter- oder zugeordnet.

Bei der islamischen Moschee dagegen dominiert die Horizontale. (Die Minarette sind nur Beiwerk.) Sie ist offen, einladend. Ein Portal oder portal-ähnlicher Eingang empfängt die Gläubigen. Sie werden durch einen Vorraum zu einem weiten Platz (Sahn) geführt, wo an Festtagen das zeremonielle Gebet verrichtet wird. An seiner Mekka-Seite steht die überdachte Halle für das tägliche Gebet, deren oberer Abschluß meist von Säulenreihen getragen wird. Oft noch ist der Grundriß des Hauses erkennbar, das der Prophet 622 n. Chr. in Medina errichtet hatte, mit dem großen, offenen Hof und dem schattigen Dach auf Palmenstämmen an einer Seite. Nur hatten sich während der ersten zwei Jahre die Betenden nach Jerusalem statt zur Kaaba hin verneigt.

Klar und weitflächig erhebt sich die Moschee aus dem Basartreiben, gekrönt oft mit einer Kuppel oder deren mehreren. Sie wird nicht als sakraler Ort angesehen wie etwa die katholische Kirche und der hinduistische Tempel. Sie ist nur ein Haus des Gebetes, auch ein kühler Ort der Versammlung, des Rastens und Plauderns. Der Innenraum ist kahl, keine Bilder, keine Statuen. Nur der Mihrab, die zur Kaaba weisende Nische, die Kanzel (Mimbar) und oft die langen Bordüren eleganter Kalligraphien beleben ihn. Nichts soll von dem Gebet und von der Konzentration auf das Wort Allahs ablenken. Wir denken an die religiösen Stätten der Juden, der ersten Christen, an MARTIN LUTHERS Reformen und an die Anti-Bild-Bewegungen, die auch in der christlichen Geschichte immer wieder aufflammten.

Muslimisches und hinduistisches Kunstempfinden

So sehen wir schon an der unterschiedlichen Struktur und Stimmung der hinduistischen und islamischen Gotteshäuser, welch neue Welle religiösen Bauens über Indien hinwegging. Auch andere Kunstformen entwickelten sich anfänglich getrennt, hier islamisch, dort hinduistisch geprägt. Bis sie sich später dann gegenseitig beeinflußten.

Die Hindu besaßen ein ganz anderes Kunstempfinden als die Muslime. Ihre Künstler schöpften aus der Natur. In ihrer Architektur herrschte das Element des Vegetativen, Dynamischen. Ihre Tempel und Paläste wuchsen wie Königinnen des Dschungels empor. Die Konstruktion, das von Menschen Geplante, war fast unsichtbar, war überwuchert vom Wunderwerk symboltrunkener Flora und Fauna. Für die Inder war die Natur etwas Positives.

Doch die arabische Natur, die den Islam prägte, bestand nur aus Sonne und Sand. Hier wurde die Natur negativ empfunden. Die Muslime mußten sich vor der Sonne schützen, sich mit ihr arrangieren. So blieb die Moschee bis heute ein Ort im Schutz des Schattens, ein Ort der Ruhe und Muße als Voraussetzung für ein aufrichtiges Gebet. Längst von Indiens Flora umgeben, folgten die Muslime in ihrer Architektur weiterhin der Tendenz, die Natur lediglich im Ornament zu Wort kommen zu lassen, nicht aber architektonisch in den Linien der Bauten.

Hier Fläche, dort Körper

Den Muslimen blieb also aus ihrer Frühzeit die Natur als etwas Bedrückendes, Statisches, Hartes in Erinnerung. Den Hindu dagegen war sie etwas Harmonisches, von vitaler Kraft oder sanft wachsend, das sich fortwährend zu neuen Formen entfaltet. In der indo-muslimischen Architektur dominierte demzufolge der strenge, sparsame Zug. Alles war der Funktion untergeordnet. Die Hindu aber liebten das leichte, verschwenderische Spiel. Auf das Dekor übertragen, dürfen wir sagen: Das Strenge, Disziplinierte, Statische der islamischen Kunst begnügt sich meist damit, flächig dargestellt zu werden, als Möglichkeit etwa, einen Raum, eine Gebäudewand zur Wirkung zu bringen. Die Form ist in diesem Fall nur ein Dekorationsmittel, meist geometrischer Art. So üppig bald auch schon die Meisterwerke floraler Motive sprießen sollten, so die Rebenranke und der Lebensbaum: die geometrische Gestaltung blieb und bleibt vorherrschendes Ausdrucksmittel. Sogar die Blüten, Blätter und Ranken fanden sich nur zu oft in eine geometrische Ordnung gezwungen.

Die hinduistische Komponente des Beschwingten, Verschwenderischen und Dynamischen verlangt dagegen weitaus stärker nach plastischer Gestaltung, nach Körperlichkeit, Vitalität, Entfaltung. Hier ist die Form Selbstzweck, so selbstverloren und kapriziös sie auch einem Gedanken huldigen soll oder als Symbol zu fungieren hat.

Fassen wir zusammen: Der islamische Bau bevorzugt klare, symmetrische Linien und sichtbare Architektur. Das Ornament ordnet sich dem Bau unter. Strenggenommen sollte es nur geometrische Motive zeigen, aber auch die florale Dekoration setzt sich durch. Hier abstrahieren die Muslime die Natur. Ein neues Stilelement entsteht.

Das Stimulans des leeren Raums . . .

Wir sollten noch einen Augenblick bei der Bedeutung verweilen, die der Islam dem weiten, leeren Raum beimißt. Er vermittelt, sagt der Muslim, am intensivsten die transzendente Gegenwart Gottes, sein Dasein als 'Endgültige Wahrheit'. Wir können dies nachempfinden: Wenn wir eine dunkle Gasse verlassen und sich plötzlich vor uns ein weiter, heller Platz ausbreitet, dann öffnen wir uns mit allen Sinnen dieser Weite, erstaunt und erfreut fühlen wir uns von ihr umgeben. Ebenso ergeht es dem Muslim, wenn er den riesigen, leeren Raum seiner Moschee betritt. Er spürt dann das Kosmisch-Unendliche, hinter dem und in dem ALLAH ist. Für ihn läßt sich die Allgegenwart Gottes am deutlichsten in der Moschee erfahren.

Während die gotischen Kirchen ein Gefühl des 'Empor-zu-Gott' vermitteln, die hinduistischen Tempel ein 'Gott-Gegenüber' oder, in vedantischer Intellektualisierung, ein 'Gott-in-mir', artikuliert der leere Raum der Moschee ein 'Gott-um-mich', ein 'Geborgen-in-göttlicher Sphäre'.

Und da ist noch ein anderer islamischer Aspekt des leeren Raums: Die ikonographischen Darstellungen Gottes im Christentum, Hinduismus und Mahayana-Buddhismus leiten zu der Vorstellung eines personifizierten Gottes hin. Sie wirken, so sagen die Muslime, als areligiöse Medien, da sie von der Tatsache ablenken, daß Gott absolut und unendlich ist und daher unvorstellbar und unergründlich. In einem leeren Raum werden die Gläubigen nicht von Bildwerken, plastischem Schmuck und Prunk abgelenkt, nicht zu frommer Erbauung angeregt, die vom Gegenständlichen ausgeht, vom Äußerlichen. Sie können sich hier, meinen die Muslime, ganz auf Gott konzentrieren, auf sein Wort und sein Dasein. Hier sei der Ort für eine 'Schau nach innen'.

... und das Konzept der leeren Fläche

Zu dieser Stimmung gehört für einen Muslim auch der Reiz, der von einer kalligraphisch konzipierten Schrift ausgeht. Auf einen Nicht-Muslim wirkt sie dagegen oft wie eine l'art pour l'art-Laune, wie ein ästhetisches Formenspiel um seiner selber willen. Auch hier wird der leeren Fläche eine besondere Bedeutung beigemessen: Sie nimmt als Zwischenraum, als negative Fläche, den gleichen Rang ein wie die positive Form der Schriftlinien. Sie wirkt also nicht als Hintergrund, sondern im Verein mit der Schrift als Vordergrund. Der Musiker würde sagen: Sie ist nicht Akkord, sondern eines der beiden Hauptthemen.

Nur durch diese Leerräume erhält die Kalligraphie ihren Rhythmus. Da die Schrift das wichtigste Medium ist, Allahs koranisches Wort zu verbreiten, haben sich die Künstler aller islamischen Zeiten aufgerufen gefühlt, Allahs Wort in formvollendeter Kalligraphie wiederzugeben. Formvollendet eben, weil auch die leere Fläche Form ist. Als ähnliches Pendant zu positiven Formen treten leere Fläche und leerer Raum auch im Bild der Arabesken auf, ja, selbst im wohldurchdachten Rahmen muslimischer Stadtplanung, wenn der weite, helle Platz (Maidan) als Enderlebnis des Bummelns durch die enge und dunkle Welt der Basare gedacht ist.

Es scheint uns etwas waghalsig, das muslimische Konzept des Leeren mit dem sino- und indophilosophischen Begriff der Leerheit zu verbinden, so wie er etwa von dem Chinesen LAOTSE als Element des Dynamischen, Schöpferischen, von dem Mahayana-Buddhisten NAGARJUNA als einzige Wirklichkeit zwischen der Irrealität allen Daseins und schließlich von dem vedantischen Prediger SCHANKARA als kosmische Schale des Brahman, des höchsten göttlichen Prinzips, gesehen wird. Interessant nur ist es, wie übereinstimmend viele asiatischen Schulen das Leersein als Quelle der Kraft und des Schöpferischen empfinden. Und wie gleichgesinnt schließlich islamische Architekten und Künstler diese Idee bis heute vertreten.

Einflüsse von beiden Seiten

So verschieden der islamische und hinduistische Stil auch waren, es konnte natürlich nicht ausbleiben, daß die Muslime zu Beginn ihrer Zeit in Indien, also seit MAHMUD VON GHASNI, einige hinduistische Stilelemente, vornehmlich in ihre Architektur, aufnahmen. Denn nur zu oft mußten sie ja auf hinduistische Baumeister und Kunsthandwerker zurückgreifen. So gesellen sich zu den zentralasiatischen und persischen Formen der Rund- und Zwiebelkuppeln, der Hufeisen- und Kielbögen, der Gewölbe und Minarette die Säulen und Säulchen der Inder, ihr architektonischer Kniff und ornamentaler Effekt der Konsolen und schließlich florale Dekorationen aus dem alten Indien, vor allem das Lotos-Motiv.

Andererseits bereicherten die Muslime später die indische Architektur mit ihren Kielbögen, Kuppelbauten und mit ihrer Garten-Architektur, einem Geschenk der Perser. Ihre Baukunst gilt als eine indische Epoche. Ein Bild des Tadsch Mahal erweckt auch in uns zuerst Assoziationen mit 'indischer' und erst später mit 'indo-islamischer' Kunst. Bedeutend wurde, wie wir noch sehen werden, seit Kaiser HUMAJUN auch der islamische Einfluß auf die indische Malerei.

DRITTER HÖHEPUNKT: DIE MOGULN

Babur hatte keine Zeit

Lahore hatte es, wie wir schon erfuhren, nicht leicht, eine der attraktivsten Städte Asiens zu werden. Sobald seit dem 11. Jh. ein Herrscher oder Heerführer hier glaubte, sich mit Prachtbauten verewigen zu können, sorgten seine Nachfolger in wilder Zerstörungswut dafür, daß diese Ewigkeiten höchstens ein paar Jahre dauerten. So blieb im Gebiet des heutigen Pakistan kein bemerkenswertes Bauwerk aus den Epochen der Ghasnawiden, Ghuriden und der sogenannten Delhi-Sultane bestehen.

Selbst BABUR, dem Gründer der Mogul-Dynastie, blieb keine Zeit, in Lahore auf den Trümmern seines Wütens repräsentative Bauten zu errichten. Denn es trieb ihn bald nach Indien, weit über Lahore hinaus, um den Lodi-Sultan IBRAHIM (1517–26) endlich zu besiegen und einen Machtbereich in Indien aufbauen zu können. Beides gelang ihm.

Die früheren Dynastien der Muslime in Indien hatten schon seit 300 Jahren islamische Politik und Kultur zu einem Bestandteil Indiens werden lassen. Sie hatten schon den Boden für die gloriose Zeit des Mogul-Imperiums geebnet. Das trifft auch für die Dynastie zu, die Babur bekämpfte: die Lodi. An ihren Höfen in *Delhi* und später in *Agra* versammelten sich die Geistesgrößen Südasiens. Vor allem unter Sultan SIKANDER (1498–1517) erblühten Kunst und Literatur (mit bedeutsamen Übersetzungen aus dem Sanskrit ins Persische). Und das politische Ideal einer kraftvollen Herrschergestalt – wie etwa Sikander – an der Spitze eines straff zentralistisch regierten Staates beschäftigte die Gemüter der Indo-Muslime.

Auch BABUR war solch eine Herrschergestalt, mußte es wohl sein als Nachfahre DSCHINGIS KHANS und TIMUR LENGS. Mit einer Hundertschaft timurischer Reiter stürmte er in Zentralasien los, die Welt zu erobern. Zuerst das benachbarte *Samarkand*, das ihm, nach dreifachem Erfolg, immer wieder entglitt; dann *Kabul*, fortan seine Basis, und schließlich Nordwest-Indien, wo er ein Weltreich gründete. Doch Samarkand blieb die Stadt seiner Träume. Hier hatte ihn alles an Timur, sein Vorbild, erinnert. Hier begann er, sein Tagebuch zu führen, in Tschagatay-Türkisch, das ›Baburnameh‹, heute ein wahrer Schatz mit seinen historischen, vor allem zeitkritischen Einzelheiten. Es weist Babur als eine hochgebildete Persönlichkeit aus.

Mogul-Bauten in Lahore

Samarkands Prachtbauten und paradiesische Gärten schwebten BABUR vor Augen, als er Indiens Architektur und die Gärten dort »unordentlich«, ja »ohne Charme« nannte. Leider konnte er seine eigenen Vorstellungen in Indien nicht mehr verwirklichen. So blieb es seinem zweitältesten Sohn MIRSA KAMRAN vorbehalten, als Gouverneur von Lahore (1535–40) die ersten Mogul-Bauten im Gebiet des heutigen Pakistan zu errichten und die ersten Mogul-Gärten anzulegen, in der Tradition der alt-persischen Pairidaēsa, der ummauerten Oasen, lieblich wie das Paradies.

Nur der *Pavillon Bagh-i-Kamran* ist heute noch erhalten. Er stand in einem ebenfalls von Prinz Kamran geschaffenen Parkanlage, damals etwa drei Kilometer vom Rawi-Fluß entfernt. Heute fließt der Rawi an dem Baradari, dem Pavillon, vorbei, der nun mit den letzten Quadratmetern des ehemaligen Gartens eine Insel mitten im Fluß bildet. Das massive Gemäuer hat bisher allen Hochwassern standgehalten. Im Inneren überraschen uns einige gut erhaltene Fresken.

Als 1960 ein westlich am Pavillon vorbeifließender Arm des Rawi zum Schutz des Gebäudes umgeleitet wurde, zeichneten sich bei den Erdarbeiten einige der symmetrisch angelegten Wege ab und einige Brunnen und Wassergräben, über die sich einstmals – wie noch Ende des vorigen Jahrhunderts SYAD MUHAMMAD LATIF berichtete – eine Brücke wölbte, und schließlich der übliche, zentral gelegene Teich als Stätte des Träumens.

Kaiser DSCHAHANGIR, der Urenkel Baburs, hielt sich gerne in diesem Veteran-Garten der Moguln auf, allerdings nicht so sehr zum Träumen, als um sehr wach das Leben zu genießen. Hier inspirierte er auch die Truppen, die er gegen seinen rebellierenden Sohn Prinz KHUSRAU ins Feld sandte. Die Köpfe der Mitstreiter des Prinzen zierten bald darauf die Straße zwischen dem Garten und der Festung von Lahore.

So steht heute das flache Lustschlößchen mit seinen hohen, ernsten Bögen am Rande Lahores als architektonischer Auftakt einer Hochkultur, die das persische, indische und zentralasiatische Erbe zu einer triumphalen Bau-Synthese vereinte. Doch wie schon hier am Bagh-i-Kamran-Pavillon hochsensibles künstlerisches Gestalten und despotische Grausamkeit vereint auftraten, so wird auch die weitere Geschichte der Moguln – wie so oft im Weltgeschehen – häufig von dieser unheiligen Allianz bestimmt.

Vermutlich hat Prinz Mirsa Kamran im Lahorer Stadtteil Nau-Lakha auch einen Palast gebaut, umgeben von einem weiteren Park, der sich ebenfalls bis zum damaligen Lauf des Rawi hingezogen haben soll. Ein Torbogen auf dem Grundstück eines Privathauses wird heute als Überbleibsel des Palastes angesehen.

Auch von Humajun blieb wenig erhalten

HUMAJUN, Baburs ältester Sohn und Nachfolger, hat im heutigen Gebiet Pakistans keine Bauten hinterlassen. Doch seine Flucht vor dem intelligenteren Fürsten SCHER SCHAH nach Persien war hier direkter und indirekter Anlaß zu zwei Begebenheiten historischen Ausmaßes: In der Wüstenfestung *Umarkot,* im äußersten Südosten Pakistans, hatte seine fünfzehn Jahre alte Gattin HAMIDA ihm einen Sohn geboren, der als AKBAR DER GROSSE später Geschichte machen sollte. Humajun hatte Hamida dort kennengelernt. Ihr Vater war der Berater des Prinzen HINDAL, des einzigen seiner drei Brüder, der Humajun – vorerst – treu geblieben war. Sie hatte sich lange geweigert, den Kaiser ohne Thron und Zukunft zu heiraten. Doch wie das Mogul-Schicksal es wollte: später, am glanzvollen Hof Akbars des Großen, war sie als seine Mutter die Grand Old Lady, die den Kaiser maßgebender beeinflußte als alle seine dreihundert offiziellen Frauen zusammen.

Das andere, indirekt mit Humajun zusammenhängende Ereignis ist heute noch an dem gewaltigen Gemäuer des Forts Rohtas erkennbar: das Fort hatte Fürst SCHER SCHAH bei Dsch'helum errichtet, um gegen eine mögliche Rückkehr Humajuns gerüstet zu sein.

DRITTER HÖHEPUNKT: DIE MOGULN

Lahore unter Akbar und seinen Nachfolgern

Erst unter Kaiser AKBAR DEM GROSSEN entfaltete sich *Lahore* neben Agra und Delhi zu dem dritten Prunkzentrum der Moguln. Nachdem er seine Residenz Fatehpur Sikri, südlich von Delhi, aus unerklärlichen Gründen aufgegeben hatte, begann er, in Lahore Bauten imperialer Macht und Pracht zu errichten. Paläste, Moscheen und Mausoleen wuchsen empor, zuerst in rotem Sandstein, später unter seinen Nachfolgern in Sandstein mit Marmor verziert, dann oft nur aus Marmor und schließlich in der bekannten Mogul-Kombination von rotem Sandstein und Marmor.

Und dazwischen die andere Pracht, die floristische und architektonische Wunderwelt der Parklandschaften mit ihrem dekorativen Gleichklang der Wege, Wasserspiele und Blumenbeete, der Kanäle unter Trauerweiden und mitten darin, als szenischer Liebreiz, Pavillons, klein und zart die einen, schon Mini-Paläste die anderen.

Reisende jener Zeit fanden nicht genug Superlative, um Lahore als Märchenstadt zu preisen. Noch 1885 wurde Lady DUFFERIN, Gattin des britischen Generalgouverneurs von Indien, nicht müde, ihrer Mutter in begeisterten Briefen Lahore als »Stadt der Bäume und Blumen« zu schildern: »Wenn ich durch Lahore gehe, glaube ich, nur durch Gärten erlesenster Art zu spazieren. Jeder ist einer besonderen Blumen- oder Obstsorte gewidmet.« Dabei konnte Lady Dufferin nur die Überbleibsel dessen bewundern, was die Sikhs während ihrer kurzen Herrschaft im Pandschab von den Bauten und Gärten der Moguln nicht zerstört hatten.

Das Fort und die Grandeur der benachbarten Badschahi-Moschee, das Grab Kaiser Dschahangirs mitten in einem parkähnlichen Garten, die Wasir Khan-Moschee und der Schalimar-Garten zeugen am eindrucksvollsten von der Hochkultur der Mogul-Herrscher, die bis heute in Pakistan stilistisch weiterwirkt, in der Musik, der Malerei, im Tanz und in der Literatur – nicht so sehr allerdings, von Moscheen abgesehen, in der Architektur.

Das Lahore-Fort

AKBAR DER GROSSE (1556–1605) hat nicht, wie oft behauptet, das gewaltige Fort von Lahore erstmals angelegt, wie etwa die Bastille bei Attock am Indus. Aber er hat es von Grund auf renoviert und etabliert. Was bisher aus gestampftem Lehm bestand, hat er durch Anlagen aus meist kleinen, ofengebackenen Ziegeln ersetzt, vor allem die gewaltige Festungsmauer.

Schon seit Urzeiten muß an diesem strategisch bedeutsamen Ort ein Kastell gestanden haben, denn hier ist fruchtbares Land zu schützen, inmitten der Einöden zwischen Kabul und Delhi. Auch einer der alten, allerdings erst in islamischer Zeit entstandenen Namen Lahores, »Los Awar«, »Eisenstarke Festung« oder »Festung des Loh(Lohari)-Volkes«, weist darauf hin. Hierbei läßt sich »Awar« von dem sanskritischen *awarana*, Einfriedung, Einzäunung, ableiten. Und schließlich werden als mutmaßliche Erzväter oder, später, Stadtgründer von Lahore die Adschodhdschi-Radschputs während der ersten Jahrhunderte n. Chr. genannt. Falls es nicht, wie es die Legende will, Prinz Lov oder LAVA war, der Sohn König RAMA CHANDRAS VON ADSCHODHDSCHI (am mittleren Ganges!), Held des indischen Ramayana-Epos.

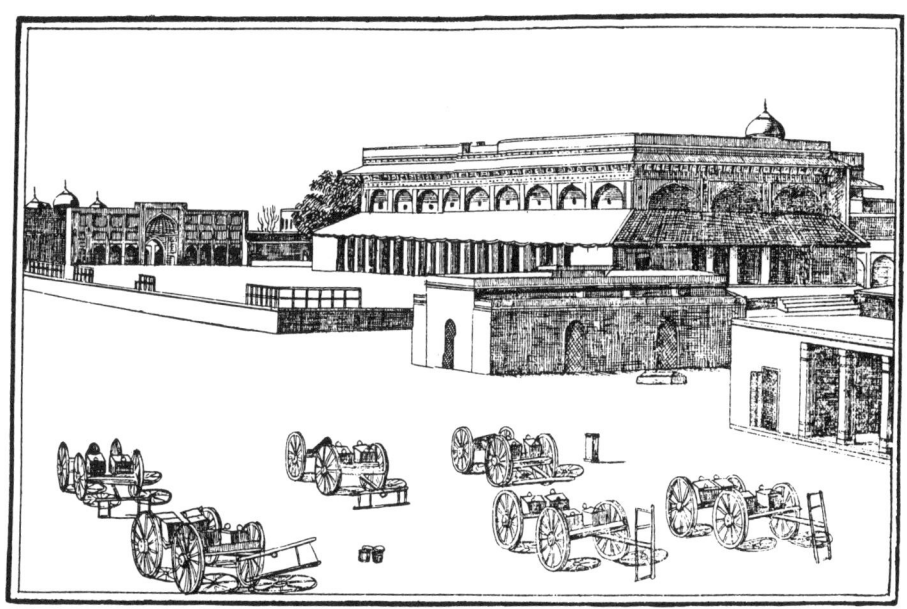

Im Lahore-Fort Ende des 19. Jh. (Nach Syad Muhammad Latif, ›Lahore‹, Lahore 1892/1981)

Die Radschputs waren und sind heute noch ein kämpferisches Volk in Indien und im äußersten Südosten Pakistans. Wir dürfen davon ausgehen, daß sie einen so wichtigen Ort, seit Menschengedenken Stätte von Kriegswirren, nicht unbefestigt gelassen haben. Übrigens hieß Lahore zu dieser Zeit laut Professor AHMAD H. DANI vermutlich Mandahukur (oder ähnlich) und soll die Hauptstadt einer Provinz 'Loh Awar' gewesen sein.

Historisch nachgewiesen ist die Festung erstmals im Verlauf der Kriegszüge MAHMUDS VON GHASNI, und zwar von dem berühmten und zuverlässigen Chronisten AL BIRUNI, einem Zeitgenossen Mahmuds, der Lahore ebenfalls 'Loh Awar' nannte. Mahmud hatte 1021 n. Chr. das Fort von den Hinduschahis erobert und sich einige Zeit dort aufgehalten. Mit der Festung, die abermals von den Mongolen und dann von TIMUR LENG zerstört, doch immer wieder aufgebaut wurde, gewann auch die Stadt an Bedeutung.

Wie ein Lehrstück präsentiert das Lahore-Fort einen breiten Fächer unterschiedlichster Stile der Mogul 'Bauherren'. Einundzwanzig separate Gebäudekomplexe um sechs Innenhöfe mit Blumenbeeten, eine Anzahl weiterer Plätze, Gesindebauten und ehemalige Stallungen sowie ein weiter Garten bilden den 430 × 360 m großen Innenbereich. Die sehenswertesten Bauten und Anlagen werden wir nun, um sie übersichtlich schildern zu können, bei einem Rundgang vorstellen. Die Festung wurde im Verlauf von vier Bauabschnitten vollendet.

DRITTER HÖHEPUNKT: DIE MOGULN

Vier Bauabschnitte

Erster: Unter AKBAR DEM GROSSEN (1556–1605), Verwendung des funktionellen Backsteins und Sandsteins mit gelegentlicher Verarbeitung von weißem Marmor; einige hinduistische Einflüsse (u. a. Blumen-Ornamente, Holzeffekte, Modellierung der Tür- und Fensterstürze, Konsolen, Kragsteine).

Zweiter: Unter DSCHAHANGIR (1605–1627), weiterhin Sandstein, vermehrte Verwendung von Marmor; bedeutendste Mogul-Malerei.

Dritter: Unter SCHAH DSCHAHAN (1627–1658), Höhepunkt der Mogul-Architektur und -Ornamentik (Pietra dura, Inkrustation); Triumph des Marmors als Baustein und als Mittel; Schwerelosigkeit, Harmonie und Vergeistigung werden genial zum Ausdruck gebracht.

Vierter: Unter AURANGSEB (1658–1707) Kombination von Sandstein und Marmor; vornehmlich funktionell angelegte Bauten; nicht so elegant wie die seiner Vorgänger, da oft Monumentalarchitektur.

Das Alamgiri-Tor (1)

Es stammt aus dem vierten Bauabschnitt des Forts, also von Kaiser AURANGSEB. Seine Bauten reflektieren die Willenskraft, den Ehrgeiz und den religiösen Dogmatismus des letzten großen Mogul-Herrschers. Wir stehen hier in der kleinen Parkanlage zwischen den beiden imposantesten der heute noch erhaltenen Mogul-Großbauten von Lahore: Im Osten das *Kolossal-Tor zum Fort,* abweisend aber stilvoll, wie es sich für das Haupttor eines der größten und stolzesten Bollwerke Indiens gehört. Im Westen die *Badschahi-Moschee* mit ihren gewaltigen Dimensionen. Beides Prunkbauten, beide Kaiser Aurangseb zu verdanken.

Der Name der Tors erinnert an eine der düstersten Geschehnisse der Mogul-Zeit, als Aurangseb seinen kränkelnden Vater SCHAH DSCHAHAN, den Erbauer des Tadsch Mahal, absetzte und zu lebenslanger Festungshaft verurteilte. Kurz zuvor hatte Schah Dschahan, als der rebellierende Sohn seinen kaiserlichen Vater im Agra-Fort belagerte, ihm sein berühmtes Schwert 'Alamgir', 'Herr des Universums', als Zeichen der Versöhnung überbringen lassen. Doch Aurangseb ließ sich nicht umstimmen. Später nahm er, ohne Pietät und Takt, 'Alamgir' als Herrschertitel an.

Das Tor mit dieser Namensbezeichnung, 1673 gebaut, oder, wie andere behaupten, von Aurangseb nur umgebaut, erhebt sich dreistöckig vor uns. Es wird flankiert von zwei wuchtigen, halbrunden Bastionen, gekrönt von je einem Pavillon unter einem charakteristischen 'Mogul-Hut', jener Kleinkuppel mit Scheibenrand, ein unerwartet verspielter Abschluß des hindu-islamisch wirkenden Baus. Die beiden kannelierten Bastionen wachsen aus Basen mit Lotos-Motiven, ja aus dem Lotos empor, ein beliebtes Thema der Hindu und Buddhisten, erstmals unter Kaiser AKBAR an Mogul-Bauten verwendet.

Sehenswürdigkeiten des Lahore-Forts (der Text bietet in Klammer zusätzlich die Urdu-Bezeichnungen in englischer Transkription)

1 Alamgiri-Tor
  (Start des Rundgangs)
2 Perl-Moschee
3 Akbars Tor
4 Halle der Vierzig Säulen
5 Privater Audienzraum
6 Dschahangir-Hof
7 Schlafgemächer des Kaisers Dschahangir
8 Badehaus
9 Neues Museum
10 Schah Dschahans Schlafgemächer
11 Schah Dschahans Hof
12 Audienzhalle Schah Dschahans (Abb. 40)
13 Schah Dschahans Sommer-Pavillon
14 Frauen-Garten
15 Kaiserliches Badehaus
16 Spiegel-Palast (Farbt. 24; Abb. 46–48)
17 Naulakha-Pavillon (Abb. 41, 44)
18 Elefanten-Treppe
19 Schah Burdsch-Tor
20 Bilder-Schmuck an der äußeren Festungsmauer (Farbt. 19)
21 Marmor-Pavillon des Randschit Singh
22 Torgebäude und Gebetsplatz der Badschahi-Moschee
23 Grabmal des pakistanischen Nationaldichters und 'geistigen Vaters der Nation', Dr. Muhammad Iqbal
24 Grabmal des Randschit Singh
25 Grabmal des fünften Gurus der Sikhs, Ardschun

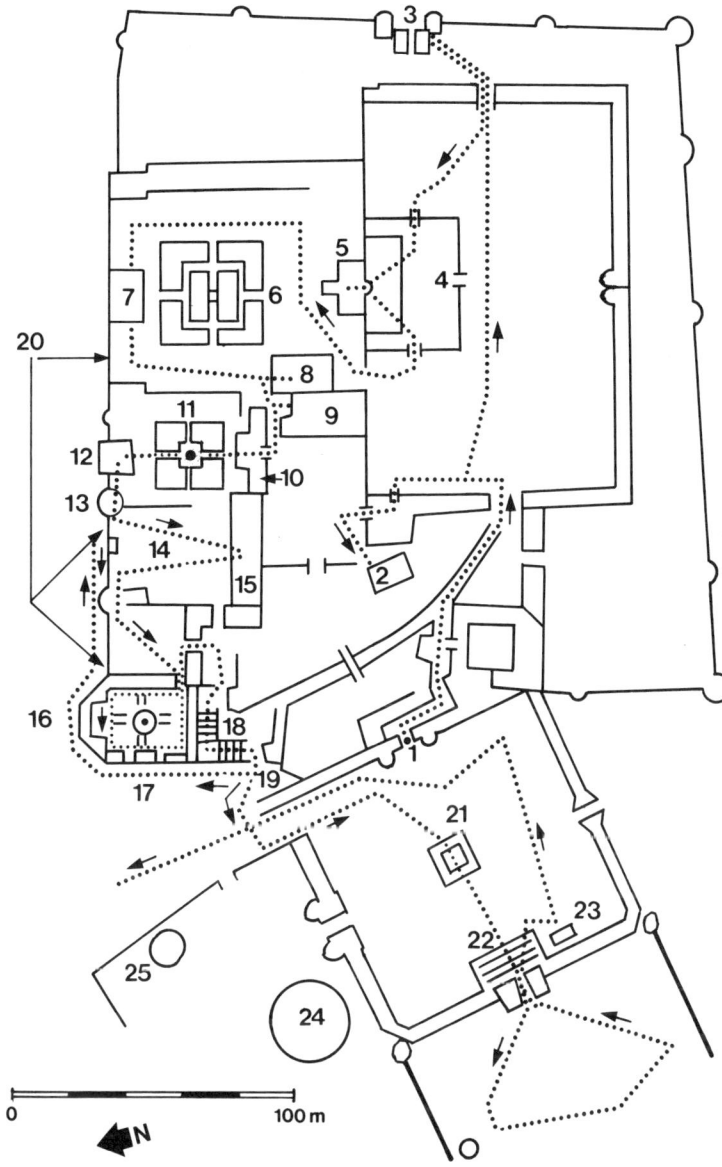

167

DRITTER HÖHEPUNKT: DIE MOGULN

Das trutzige Gebäude wurde verkantet zur Achse der übrigen Festungsanlage hingestellt. Grund: Es sollte der Badschahi-Moschee frontal gegenüberliegen. Es konnte somit nur während oder nach dem Moscheebau errichtet worden sein, womit Aurangsebs Urheberschaft bewiesen ist. Natürlich stand hier auch vor seiner Zeit ein Festungstor, vermutlich von Akbar gleichzeitig mit der Mauer gebaut.

Die Perl-Moschee (Moti Masjid) (2)

Nachdem wir im Alamgiri-Tor Eintrittskarten gelöst haben, gehen wir halbrechts hinüber zum *Diwan-i-Am-Garten*. Unmittelbar hinter dem Mauereingang zu diesen weiten und gepflegten Anlagen biegen wir scharf nach links ab, in Richtung des *Makatib Khana-Gebäudes* (Dschahangir, 1617) in der nordwestlichen Ecke des Gartens, das als Eintritt zu Dschahangirs Palast diente. Wächter notierten hier damals die Namen der Besucher.

Hinter dem Makatib Khana sahen wir bereits vom Garten aus die drei flachen Zwiebelkuppeln von SCHAH DSCHAHANS *Moti Masjid*, also *Perl-Moschee*, weil ihre Marmorkuppeln wie der Lüster von Perlen schimmern. Die 1645 entstandene Moschee zeigt die Handschrift des 'Architekten-Kaisers', elegant, klar und unprätentiös, beschwingt und wohlproportioniert bis ins Detail.

Wie viele Bauten Schah Dschahans scheint auch dieses aparte Gotteshaus über die Jahrhunderte hinweg unberührt geblieben zu sein. Sein weißer Marmorboden ist in Musallas unterteilt, in Gebetsplätze für die Gläubigen, damals waren es die kaiserlichen Haremsdamen. Unter gezähnten Spitzbögen treten wir ins Innere, wo schlanke Säulen die Marmordecke des Gebetsraumes tragen.

Später baute Schah Dschahan eine ähnliche Moschee im *Fort Agra* und sein Sohn AURANGSEB eine dritte Perl-Moschee in Delhis *Rotem Fort*.

Akbars Festungs-Tor (Masti Gate) (3)

Wir gehen nun zurück zum Diwan-i-Am-Garten und überqueren ihn, an Blumenbeeten vorbei, bis zur gegenüberliegenden Festungsmauer. Links lassen wir den Diwan-i-Am liegen, die unverkennbare 'Halle der Vierzig Säulen'. An der Mauer angekommen, haben wir die gesamte Längsausdehnung des Forts abgeschritten.

Hier steht das *Masti-Tor,* das AKBAR DER GROSSE im Verlauf des Mauerbaus als damaligen Haupteingang angelegt hatte. Wie das Alamgiri-Tor, so buchtet sich auch dieses Tor an beiden Seiten zu halbrunden Bastionen aus, mit Zinnenkränzen aus eingeschnittenen Schießscharten und mit spitznasigen Gußerkern, durch die kochendes Öl und Pech auf die Angreifer hinabgeschüttet wurden. Interessant der Vergleich zwischen Akbars schmucklosem Zweckbau und Aurangsebs noch wuchtigerem, aber schmuckvollem Torgebäude.

58 Muslimische Zeit: Grabmal des Diwan Schurfa Khan, eines Ministers der Tarkhan-Dynastie, auf den Makli-Hügeln

59 Muslimische Zeit: Erker-Bau am Grabmal des Sultans Nisamuddin auf den Makli-Hügeln

60 Bildhauerisch fein ausgearbeitetes Grab der Chaukhandi-Nekropolis bei Karatschi

61 Bildhauerischer Schmuck auf einem Chaukhandi-Grab

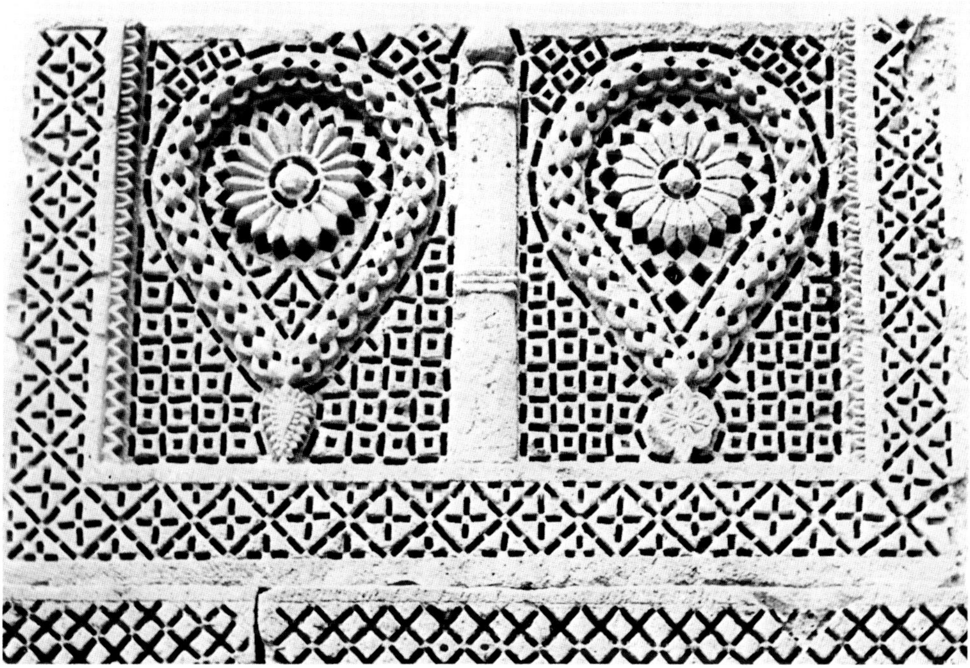

62 Abendgebet am Indus

63 Moderne Moschee in Karatschi: Die 'Defense Society-Moschee'

64 Westöstliche Architektur: Das Pearl Continental-Hotel in Karatschi

65 Grabmal des Staatsgründers Muhammad Jinnah in Karatschi

66 Holz ist am unteren Indus Mangelware

68 Ein Belutschi, Südwest-Pakistan ▷

67 Die Thal-Wüste in Zentral-Pakistan

69 Er ruft im Dorf die neuesten Nachrichten aus

70 Purkah-Schleier einer Frau, die in Purdah lebt, d. h. sich nur im Haus unverschleiert zeigt

71 Ein Mädchen von Bahawalpur, Zentral-Pakistan, im Festschmuck

72 Schmuck der Nomaden in Nordwest-Pakistan

73 Ein Hochzeitspaar

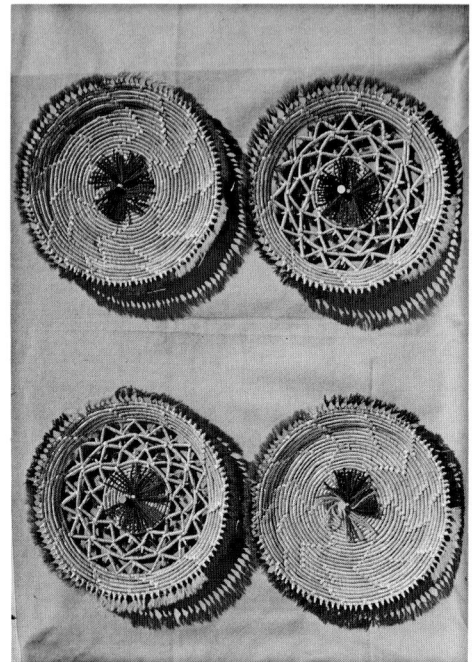

74 Ein tiefer Zug aus der Hukka
76 Sindhi mit Turban aus dem traditionellen, farbfroh bedruckten Adschrak-Tuch

75 Ländliche Bastflechtarbeiten
77 Limonade an heißen Tagen

78 Blick auf die City von Haiderabad mit der Festung

79 Lastenträger mit seinem Korb

80 Schmuckmalerei an einem Bauernhaus in Zentral-Pakistan

81 Jhumar-Tanz in Sarghoda, Zentral-Pakistan

82 Muslimische Zeit: Mausoleum des Mystikers Data Gandsch Bakhsch in Lahore

83 Muslimische Zeit: Mausoleum des Mystikers Hasrat Lal Schahbas Qalandar in Sehwan Scharif

85 Muslimische Zeit: Mausoleum des Mystikers Schah Rukn-i-Alam in Multan, Zentral-Pakistan
86 Eingang zur Schah Gardesi-Moschee in Multan ▷
◁ 84 Muslimische Zeit: Einer der volkstümlichsten Heiligen Pakistans ist Schah Abdul Latif. Sein Grabmal in Bit Schah besuchen Muslime und Hindu

Die Halle der Vierzig Säulen (Diwan-i-Am) (4)

Wir kehren zum *Diwan-i-Am,* zur *'Halle der Vierzig Säulen'* oder der *'Öffentlichen Audienz'* zurück. Durch die Säulenreihen der Halle gehen wir zu dem Balkon aus weißem Marmor, von Sandsteinkonsolen getragen, deren geschlängelte Dekorationen an die Hindu-Einflüsse während der Zeit Akbars des Großen erinnern.

Der Balkon tritt, von AKBAR erbaut, wie eine Kanzel aus der Rückwand der Halle hervor. Auf diesem *'Staats-Balkon'* (Dchharoka) erschien Seine Majestät täglich, um gravitätisch die Huldigungen der Edlen, aber auch des gemeinen Volkes entgegenzunehmen. Sie alle mußten noch unter einer ausgespannten Plane Schutz vor der Sonne suchen.

Dem hat erst SCHAH DSCHAHAN abgeholfen, als er 1631 seinen Schwager ASAF KHAN anwies, zum Schutz der Audienz-Begehrenden eine 61 × 20 m große Hallen-Decke zu ziehen, gestützt von vierzig Säulen. Die Säulen Schah Dschahans oder Asaf Khans haben sicher anmutig und beschwingt das Dach wie ein Federkissen getragen. Als die Halle eingeweiht wurde, rezitierte der Dichter ABU TALIB KALIM vor dem Kaiser im höfischen Stil seiner Zeit:

Wie der höchste Himmel prunkt dieses Gebäude,
seine Würde läßt andere Würden vergessen,
ein Garten mit Säulen wie grüne Zypressen,
mit Schatten, dem Edlen und Gemeinen zur Freude.

Der Kaiser zeichnete darauf den Dichter mit einem Ehren-Gewand für diese Strophe aus. Heute stehen hier neue Säulen. Stramm und schmucklos stemmen sie das Dach in die Höhe.

Diesen Wandel haben wir den Sikhs zu verdanken, die Mitte des 18. bis Mitte des 19. Jh. den nördlichen Teil des heutigen Pakistan beherrschten. 1841 hatten sie bei der Eroberung des Forts während eines Bürgerkriegs zwischen den Sikhs von einem Minarett der Badschahi-Moschee aus Schah Dschahans Säulenhalle mit leichter Artillerie so heftig beschossen, daß die Halle einstürzte. Die britischen Kolonialherren haben sie dann in der heutigen Form schlecht und recht wieder aufgebaut, um hier ein Lazarett einzurichten. Vor der Halle, wo sich nun der Garten malerisch ausbreitet, standen damals, wie Ausgrabungen vor zwanzig Jahren erwiesen, Hofbauten im Geviert. Nichts ist von ihnen geblieben.

Raum für private Audienzen (Daulat Khana-i-Khas) (5)

Hinter der imperialen Kanzel führt ein Treppengang durch die Rückenwand der Halle in den zweistöckigen *'Raum für private Audienzen',* 1566 ebenfalls von AKBAR angelegt. Florale und geometrische Stuckdekorationen schmücken den Saal. Sie waren, wie die Überreste zeigen, mit Gold überzogen. Marmorsäulen beleben schwungvoll das Ganze und korrespondieren mit der Marmorverkleidung der unteren Wandpartien und ihren Einlegearbeiten in Schwarz und Gelb.

Hier versammelte sich, wie die Reisenden MANDELSLO und FRANCIS BERNIER berichten, die crème de la crème vor dem Herrscher, die Prinzen und Botschafter, die Khans, Nawabs, Maharadschas und Radschas und andere mehr oder weniger wichtige Persönlichkeiten. Weit vom Thron entfernt trennte ein Gitter das gemeine Volk von den Adligen. Hier mußte der Besucher Seiner Majestät die erste Huldigung erweisen und sich niederwerfen. Nun wurde er feierlich zum zweiten, roten Gitter geführt, das den niederen Adel vom Hochadel fernhielt. Eine zweite formvollendete Proskynese war nun fällig. Dann ging's drei Stufen zur weiten Plattform empor, auf der der Thron stand und wo sich der Besucher zum drittenmal dieser bodennahen Prozedur unterwerfen mußte. Endlich stand er vor dem Kaiser.

Der Dschahangir-Hof (Jahangirs Quadrangle) (6)

Wir gehen zurück über den Balkon und rechts aus der Säulenhalle hinaus, biegen scharf rechts um das Gebäude herum und sehen den *Dschahangir-Hof* vor uns liegen, gleich hinter dem Diwan-i-Am. Seine Mitte schmückt ein quadrangulär-symmetrischer Mini-Park mit einem ebenfalls viereckigen Wasserbecken, um dessen Blumen-Insel dünne Wasserfontänen spielen.

Uns gegenüber, an der nördlichen Parkseite und dicht an der Festungsmauer, liegt das Hauptgebäude des Platzes mit den *Schlafgemächern des Kaisers Dschahangir (Khabgah-i-Jahangir) (7)*. Vermutlich wurde das Garten-Schmuckstück vor dem Chambre séparée zur allmorgendlichen Augenweide der just erwachten Majestät und seiner momentan Auserkorenen angelegt. Heute ist in diesen Gemächern des kaiserlichen Privatissime ein *Museum* untergebracht, nachdem man die Frontseite des Gebäudes rekonstruiert hatte.

Im Museum zieht das minuziöse *Modell des Tadsch Mahal* sofort aller Augen auf sich. Doch wertvoller ist das *Tagebuch Akbars des Großen,* das ›Akbar-Name‹, das historisch noch immer nicht erschöpfend ausgewertet worden ist, um der hohen Zeit der Mogul-Herrschaft gerecht zu werden. Leider fehlt es den Südasiaten an Interesse und Anregungen, sich gründlich mit der eigenen Vergangenheit auseinanderzusetzen. Auch andere historisch oder kalligraphisch wertvolle Manuskripte und Münzen der Mogul-Zeit sind hier ausgelegt.

Wir gehen weiter gegen die Uhrzeigerrichtung um den Platz und kommen zu einem anderen Gebäude der Intimsphäre »Seiner glorreichen Herrlichkeit, der keiner gleich ist«, zu *des Kaisers Badehaus (Hammam) (8)*. Es muß ein luxuriöser Platz der imperialen Hygiene gewesen sein, mit Marmor ausgelegt und mit Fresken an den Wänden, die Blumenmotive zeigen.

Einen Eindruck der Gebäude um den Dschahangir-Hof vermittelt uns der deutsche Reisende Hauptmann Leopold von Orlich in seinen Briefen an Alexander von Humboldt und Carl Ritter. Es sind zwar keine zeitgenössischen Aufzeichnungen, doch stammen sie, zweihundert Jahre später, immerhin noch aus einer Zeit, als der Hof den Glanz orientalischer Potentaten ausstrahlte, in diesem Fall den Glanz des Sikh-Herrschers Scher Singh. Von Orlich schreibt: »Nachmittags 5 Uhr kam einer der ersten Hofbeamten, uns nach dem Winterpallast abzuholen. Wir begaben uns in gewohnter Weise auf Elephanten dahin, ritten durch Hasury-Bagh, bogen dann links durch ein großes Doppelthor in den von der Citadelle eingeschlossenen Hofraum über eine 20′ hohe Rampe, nördlich durch ein zweites Thor in einen kleinen Vorhof, und aus diesem durch ein drittes Thor in einen Gartenhof.

Wir stiegen jetzt von unseren Elephanten und wurden vom Prinzen einige Stufen hinauf in einen von Hallen eingeschlossenen kleinen Raum geführt, der mit Kaschmirshawls und Teppichen drappiert war. Hier erwartete uns der Maharaja von seinem Hof umgeben und nöthigte uns auszuruhen.

Es war bereits völlige Dunkelheit, und aus dem Lichtglanz, der sich uns zur Seite immer stärker zeigte, konnten wir entnehmen, daß uns heute eine außerordentliche Festlichkeit bereitet war. Endlich kündigte ein Bote an, daß Alles zu unserem Empfange bereit sey.

Eine kleine Marmortreppe führte uns zu dem Bassin und zu den Staatsgemächern, und wie im Zauber waren Bilder von Tausend und eine Nacht vor unseren Augen entfaltet.

Ein viereckiges Marmorbassin mit vielen Fontainen, in dessen Mitte ein kolossaler, silberner Pfau sich stolz gebärdete, bildeten, umgeben von Blumenbeeten, den Kühlungsraum; zwei Seiten schlossen hohe Mauern mit kleinen Thürmchen ein, die beiden anderen zeigten offene und gewölbte Marmorhallen, von kantigen Säulen getragen und mit den schönsten und kostbarsten Vorhängen von Kaschmirshawls garnirt.

Das Ganze war von unzähligen Lampen und Lichtern erleuchtet, zwischen denen brennende Sonnen, Mühlen, Räder u. dgl. m. angebracht waren und Feuerwerke aller Art spielten.« (Aus J. Pf. Vogel: ›The Tile-Mosaics of the Lahore Fort‹.)

Das neue Museum (9)

mit einer reichhaltigen Sammlung von Mogul- und Sikh-Waffen und Malereien aus der Sikh-Zeit liegt gleich hinter dem Bad. Auch im ersten Stockwerk – eine Treppe führt an der Außenseite nach oben – sind noch Sikh-Bilder ausgestellt.

Vom Museum aus wenden wir uns nach links und erreichen nach einigen Metern rechts den Eingang zum

Schah Dschahan-Platz (Shah Jahan's Quadrangle) (11)

Abermals sind wir in einem intimen Bereich, diesmal in *Schah Dschahans Schlafzimmerflucht (Khwabgah-i-Shah Jahani) (10)*, und wir sind dazu auch noch durch das Schlafzimmerfenster eingetreten. Hier stehen wir nun im privatesten aller privaten Gemächer des Kaisers, der sich hier seiner Haremsdamen erfreute, auch wenn er angeblich nur seine MUMTAS MAHAL geliebt haben soll. Fünf Schlafräume liegen nebeneinander, den mittleren, in dem wir uns nach dem Fenstereinstieg befinden, kühlen ein Springbrunnen und Fenster aus feinstem Marmor-Gitterwerk. Die hinduistischen Motive der Wandfresken stammen von den Sikhs. Leider überdecken sie Stuckarbeiten aus der Schah Dschahan-Zeit. WASIR KHAN, Schah Dschahans Gouverneur von Lahore, dessen Moschee wir später kennenlernen werden, hat diesen Trakt 1633 gebaut.

Durch die Gartenanlagen, ähnlich jenen von Dschahangir nebenan, gehen wir zur gegenüberliegenden *Audienzhalle Schah Dschahans (Diwan-i-Khas) (12)* aus weißem Marmor (Abb. 40).

DRITTER HÖHEPUNKT: DIE MOGULN

Säulen reihen sich wie Balletteusen zu einem Arkadengang. Eine Meisterhand vereinte die Säulen, gezähnten Bögen und das flache Dach mit dem kurzen, ebenso flachen Schirmansatz zu einem Gleichklang. Im Innern überraschen blumenreiche Pietra dura-Darstellungen und, in dem Marmorboden, bunt und geometrisch wie Intarsien angelegte Arbeiten. Durch die hier hauchzart perforierten Transennen-Fenster aus Marmor sehen wir die Landschaft unterhalb des Forts wie verzaubert vor uns liegen.

Gleich neben der Audienzhalle steht *Schah Dschahans oktogonaler Sommerpavillon Lal Burdsch (13)*. Sein drittes Stockwerk haben die Sikhs ihm aufgesetzt, die ihm neben den Malereien innen vermutlich auch seinen Namen gegeben haben. Wie noch einige Überreste zeigen, muß er früher mit delikaten Einlegearbeiten geschmückt gewesen sein. Springbrunnen, kleine Wasserbecken und Wasserläufe kühlten im Sommer das Idyll.

Nun gehen wir quer durch den *Frauen-Garten (Paien Bagh) (14)*, den SCHAH DSCHAHAN als Lustwandel-Hof exklusiv für das Purdah-Leben, das abgeschlossene Dasein seiner Haremsdamen, anlegen ließ, hinüber zum

Königlichen Badehaus (Hammam-i-Shahi) (15)

Schah Dschahan hat es 1633 im Stil der türkischen Badehäuser errichten lassen. Vom Umkleideraum ging man zuerst ins warme und dann ins heiße Bad. Der Boden war mit Marmor ausgelegt, und Fresken mit Blumen zierten die Wände. An den vier Ecken des Gebäudes waren Einzelbäder eingerichtet. Reste der Marmor-Inkrustationen auf dem Boden sowie von Wasserbehältern und Wasserleitungen aus Terrakotta sind noch zu sehen. Hier pflegten Majestät in Badelaune allerhöchste Würdenträger zu empfangen, um mit ihnen Staatsgeschäfte zu erörtern.

Zurück durch den Frauen-Garten, vorbei an einem anderen Sommerpavillon und quer über einen weiteren Hof kommen wir schließlich zum zweiten und einzigartigen Platz Schah Dschahans, dem

Hof des Schisch Mahal, des Spiegel-Palastes (16)

Er liegt an der äußersten nordwestlichen Ecke des Forts. Der Spiegel-Palast ist über die Festungsmauer hinausgebaut. So kann man von hier aus über das ausgetrocknete Flußbett des Rawi weit ins Lahorer Land hineinschauen und hinab zu den Mosaikfliesen und Fresken an der Außenseite der Mauer.

Kaum ein anderer Palast der Moguln wurde so verschwenderisch dekoriert und so genial verspielt angelegt wie dieser. Der Kaiser hatte ihn 1631/32 für seine Kaiserin errichten lassen. HERMANN GOETZ nennt ihn einen »Höhepunkt der Mogul-Kunst«.

Alle Innenwände sind von einer irisierenden Haut konvexer Spiegelchen aus Aleppo-Glas überzogen, die sich zu delikaten Mosaik-Mustern vereinen (Abb. 46, 47). Ein sphärischer Licht- und Farbenzauber empfängt den Besucher. Dazu die Pietra dura-Einlegearbeiten mit Halbedelsteinen im weißen Marmor der Fassadenbögen und in den Sockeln der Doppelsäulen. Nicht genug hiermit lenken auch noch Stuckflechtwerke und vielerlei vergoldete Verzierungen die Aufmerksamkeit auf sich. Der Hauptraum ist zum Hof hin offen, so daß genügend tropisches Tageslicht die Pracht brillieren läßt.

Neun kleinere, auch prunkvolle Räume setzen diesen höfischen Luxus zu beiden Seiten des Saales fort. Vier Fenster sind noch ganz oder als Bruchstücke mit filigran-feinem Marmorgitter gefüllt, so zart, daß wir kaum wagen, es anzurühren (Farbt. 24; Abb. 48).

Verlassen wir den Spiegel-Palast, so steht halbrechts oder westlich vor uns der *Naulakha-Pavillon (17),* ebenfalls aus Marmor (Abb. 41). Seine ätherischen Blumen aus Halbedelsteinen, auch mit der Pietra dura-Technik in den Marmor eingelegt, haben ihn berühmt werden lassen. Lapislazuli, der feurige 'Baustein' aus Afghanistan, Jade aus Kaschmir, Achat, Gagat, Karneol und andere Schmucksteine leuchten sanft und verhalten, wie sie nur die Meisterhand eines Juweliers zu Blumenbildern komponieren konnte.

Die Pietra dura-Kunst (Abb. 42–44) ist fast ausgestorben. In Lahore wird sie noch in einer Familie vom Vater auf den Sohn weitergegeben. Der letzte Sohn hat im oberen Stockwerk des Spiegel-Palastes eine Werkstatt eingerichtet, wo er mit einigen Gehilfen die fehlenden Pietra dura-Arbeiten an der Außenseite des Naulakha-Pavillons mit unendlicher Geduld renoviert oder neu herstellt.

Wie einen Schlapphut trägt der Pavillon ein tief nach unten gezogenes Dach. Es erinnert an die Dächer der bengalischen Bauernhütten. Durch die auch hier klöppelspitzen-feine Perforation eines Marmorfensters im einzigen Raum können wir mit einem Rundblick von der monumentalen Badschahi-Moschee links über das hindu-barocke Grabmal des Sikh-Herrschers RANDSCHIT SINGH und über die benachbarte, kleinere Gedenkstätte für den Sikh-Guru ARDSCHUN bis weit rechts zum Minar-i-Pakistan, zum Freiheits-Obelisken, sehen.

Gegenüber dem Spiegel-Palast liegt ein flaches Gebäude, bestehend aus einer langen Reihe von Räumen. Laut SYAD MUHAMMAD LATIF hatten die Sikhs hier eine Waffensammlung untergebracht. Der Boden des Hofes zwischen den Bauten ist mit Marmordekorationen ausgelegt. Hier soll schon AKBAR DER GROSSE Minister-Rat abgehalten haben, berichtet Latif, um seine Kriegszüge nach Kaschmir, Afghanistan und Sindh vorzubereiten und um zu beraten, wie er die aufsässigen Jusufsai-Pathanen in ihren Bergen bezwingen könne. Hier soll auch Kaiser DSCHAHANGIR am liebsten den Abend in weinfroher Runde verbracht und, in gehobener Stimmung, manchem armen Bittsteller geholfen haben.

Diese äußerste Ecke in der Festung mit dem Rundblick übers Land, dieser pompöse, komfortable und zudem noch sichere Platz, blieb auch später noch ein beliebter Aufenthalt der Regierenden. Nach den Mogul-Kaisern trafen sich hier die Sikh-Gewaltigen mit ihren Vergnügen und Sorgen. RANDSCHIT SINGH, der bedeutendste Sikh-Herrscher, hielt im Spiegel-Palast seine Staatsempfänge ab. Und schließlich hat hier der Nachfolger von Randschit Singh die Stadt Lahore und mit ihr die Provinz Pandschab 1849, nach der Schlacht von Gudschrat, den Briten übergeben.

Wir verlassen den Hof an der gegenüberliegenden Seite des Spiegel-Palastes, gehen einige Schritte in die Richtung, aus der wir gekommen waren, bis wir, nun bereits im Vorhof, rechts durch ein Mauertor nach außen gelangen und uns abermals gleich nach rechts wenden. Stufen

DRITTER HÖHEPUNKT: DIE MOGULN

führen nach unten. Doch sie sind so breit und flach, daß wir den normalen Treppen-Schritt-Rhythmus nicht einhalten können. Denn wir gehen hier eine Elefanten-Treppe hinunter.

Die Elefanten-Treppe (Hathi Paer) (18)

1631/32 von SCHAH DSCHAHAN gebaut, muß sie imposante Prozessionen erlebt haben, wenn Majestät oder seine Frauen kamen und gingen. Es war ihr Privateingang, unten vom Schah Burdsch-Tor bis hinauf zu den Höfen des Forts. In der hohen Mauer an der unteren Treppe begleiten zwei Reihen logenähnlicher Nischen die elefantenfreundlichen Stufen. Von den unteren winkten die Eunuchen dem Kaiser zu. Von hier aus kündete auch der Rufer die Ankunft oder den Auszug des hohen Herren an. In den oberen Nischen stand das Hofpersonal Spalier, während Majestät mit Gefolge hoch zu Elefant vorüberschaukelte.

Nachdem wir die Elefanten-Stufen im Abstieg mit tänzerischen Wechselschritten überwunden haben, treten wir nach einer weiteren Rechtsschwenkung ins Freie, zurück in die Gegenwart, durch das

Schah Burdsch-Tor (19)

Über dem gotischen Torbogen steht stolz in Persisch vermerkt, in der Nähe habe ein Turm gestanden, ABDUL KARIM habe ihn im Auftrag von SCHAH DSCHAHAN errichtet. Er muß gigantische Ausmaße gehabt haben: »Seine Höhe sprengt alle Maße und Proportionen, hoch wie der höchste Himmel. Ein Turm so schön, so erhaben und vortrefflich, wo der Wind [in der Sonnenglut] frei zirkuliert, so etwas hat vorher nie bestanden und wird auch später nicht mehr unter dem Himmel zu sehen sein.«

Nun ja, nur ein Viertel so hoch, wäre er schon das achte Weltwunder gewesen. Wie oft bei vergänglichen Großtaten: Nur der Name blieb. Den trägt heute das Tor hier.

Wir laufen rechter Hand noch an der Außenmauer des Forts entlang, um uns den

Bilder-Schmuck an der äußeren Festungsmauer (20)

anzusehen (Farbt. 19). Er wurde von DSCHAHANGIR und SCHAH DSCHAHAN als attraktive Festungs-Dekoration mit safawidisch-persischen und hinduistisch-indischen Stilelementen angelegt. Vier Bilderreihen ziehen sich zwischen zwei Gesimsen an der westlichen und nördlichen Mauer entlang, glasierte Kachelmosaiken die einen, Freskomalereien die anderen. Die Mosaiken wurden in rechteckige und quadratische Felder geschnitten, die Fresken in spitzbögige Flachnischen gemalt. Leider fehlen viele Mosaiken. Die Farben der noch vorhandenen leuchten selbst nach 350 Jahren wie italienische Fayencen, blau, gelb, grün, weiß und rosa.

Sie haben nicht nur einen künstlerisch-dekorativen, sondern vor allem auch einen informativen Wert. Denn sie zeigen neben Elefanten-, Kamel- und Pferde-Kämpfen und vielen anderen Kampfszenen auch die Menschen jener Zeit, Höflinge und Gemeine, in ihren Kleidern, mit ihren Geräten und Waffen, beim Sport, wie etwa Polo, oder mit anderen Alltagsdingen beschäftigt. So gehen wir an einer Bildergalerie vorüber, die uns Aufschlußreiches über das Leben unter der Mogul-Herrschaft berichtet.

Gehen (oder fahren) wir noch weiter, um die zweite Ecke des Forts herum, so kommen wir zur *Begum Schahi-Moschee*, gegenüber AKBARS Masti-Tor. Sie wurde von Kaiserin MARYAM MAKANI gebaut, der Mutter Kaiser DSCHAHANGIRS. Im Innern ist sie über und über mit schönen Fresken und Mauerfaltwerk ausgeschmückt.

Die Badschahi-Moschee

Als letzter Großbau der Mogul-Zeit ragt die *Badschahi-Moschee (21)* gegenüber dem Dschahangir-Festungs-Tor empor (Farbt. Umschlagvorderseite). Eine Gartenanlage *(Hasuri Bagh)* verbindet das Fort mit der Moschee. Sie symbolisiert das islamische Din-u-Daula-Konzept, die Einheit von Religion und Staat, hier von Moschee und Fort.

Lahore: Die Badschahi-Moschee Ende des 19. Jh. (Nach Syad Muhammad Latif, ›Lahore‹, Lahore 1892/1981)

DRITTER HÖHEPUNKT: DIE MOGULN

In der Mitte des Gartens steht ein Marmorpavillon *(Hasuri Bagh Baradi)* des Sikh-Herrschers RANDSCHIT SINGH, klein und elegant *(22)*. In seinem Zentralraum lassen zahllose Spiegelchen die Decke funkeln und glitzern, aber hier beeindruckt der Funkel-Effekt nicht als Dekorationskunst, wie in Schah Dschahans Spiegel-Palast; hier ist er nur simpler Schmuck.

Den Marmor für diesen Audienzraum des Maharadschas haben die Sikhs leider von verschiedenen Mausoleen der Muslime und vom Fußboden des kaiserlichen Bades im Fort genommen. 1932 schlug hier ein Blitz ein, der den Pavillon mit seinen kantigen Säulen und Bögen erheblich beschädigte. Sein oberes Stockwerk wurde nicht wieder aufgebaut.

Das Ausmaß der Badschahi-Moschee hat etwas Gigantisches, Achtunggebietendes. Aber es sprengt nicht die Dimensionen. Das Kolossale verliert sich nicht im Monströsen. Das ist das Geheimnis dieser Moschee. Darum strahlt sie auch eine religiöse Feierlichkeit aus (Abb. 45).

AURANGSEB, der letzte große Mogul-Kaiser, hat sie von seinem Stiefbruder FIDÁI KHAN bauen lassen, dem Gouverneur und kaiserlichen Waffenmeister in Lahore.

»Die Moschee des siegreichen und heldenhaften Königs Muhyud-din Muhammad Alamgir (Aurangseb).

Errichtet unter der Aufsicht des demütigen Dieners der kaiserlichen Hofhaltung, Fidái Khan Koka im Jahre 1084 A. H. (1673 n. Chr.)«

steht denn auch auf der weißen Marmorplakette über dem Eingangstor geschrieben. Aurangseb konnte vermutlich an der Eröffnung der Moschee nicht teilnehmen, weil er zu der Zeit einige Afghan-Fürsten in Indien zur Raison bringen mußte.

Eine imposante *Freitreppe*, ganz den gewaltigen Dimensionen der Moschee angepaßt, führt uns zu dem *Torgebäude* hinauf. In seinem Obergeschoß werden zu gewissen Zeiten Reliquien des Propheten MOHAMMED und einiger seiner Familienangehörigen gezeigt: Ein grüner Turban und einige Kleidungsstücke des Propheten, eine weiße Fahne mit Koranversen, die er im Kampf hochgehalten haben soll, ein Gebetsteppich und ein zart besticktes Taschentuch seiner Tochter HASRAT FATIMA sowie ein Exemplar des Korans, angeblich von ALI geschrieben, dem Vetter und – als Fatimas Mann – Schwiegersohn des Propheten. TIMUR-LENG soll diese heiligen Andenken hierher gebracht haben.

Dieses achtunggebietende Torgebäude, überdeckt mit Blumenfresken, ist das indo-islamische Pendant zum persisch-islamischen Iwan. Mit seiner Grandeur kündet es die Monumentalität des Gebetshauses an. Wir haben hier die Endphase der Portalbauten des Islam vor uns, diese Entwicklung von den bescheidenen Torbauten der Seldschuken Kleinasiens über den bereits betonteren Portalstil der Timuriden bis hin zu den Prachtbauwerken der persischen Safawiden und hier der Moguln.

Durch das Portal treten wir hinaus auf den weiten Gebetsplatz. Im Hintergrund die Gebetshallen unter drei gewaltigen Kuppeln aus weißem Marmor. Ein prachtvoller Effekt zu dem roten Sandstein der Hallen. Der Sandstein ist mit Marmor-Inkrustationen verziert, wie es seit Schah Dschahan Mode war, nur nicht so streng geometrisch wie hier. Die mittlere Kuppel ist größer und ein Ebenbild der Tadsch Mahal-Kuppel, bis hin zur Lotos-Spitze. Doch hier wirkt sie nicht so souverän und vollendet harmonisch wie auf dem *Tadsch Mahal*, der sie als Krone trägt.

Lahore: Das Portalgebäude der Badschahi-Moschee Ende des 19. Jh. (Nach Syad Muhammad Latif, ›Lahore‹, Lahore 1892/1981)

DRITTER HÖHEPUNKT: DIE MOGULN

Die Badschahi-Moschee dagegen dient vor allem als praktischer Gebets- und Großbau. Sie stellt ganz sicher kein wolkenschwebendes, vertikal aufstrebendes Traumwerk dar wie das Tadsch Mahal-Mausoleum. Horizontal und funktionell liegt sie vor uns, massiv und erdverbunden. Die Hauptkuppel ist einbezogen in das Linienspiel der beiden kleineren Kuppeln neben ihr und der viel höheren Minarette, die es ihr nicht erlauben, alles zu überragen. Daher hat sie nichts Krönendes wie ihr Ebenbild: der Tadsch Mahal-Bau.

Wir dürfen diese beiden Bauten der Moguln vergleichen, weil auch ihre Minarette sich überraschend ähneln. Nur sind die Tadsch Mahal-Minarette rund, die hiesigen dagegeben oktogonal. Sie wirken also schwerer, bedeutsamer, individueller, auf Kosten, wie gesagt, der Hauptkuppel. Und schließlich scheint auch die Frontpartie des Torgebäudes aus dem Mittelstück der Tadsch Mahal-Fassade herausgeschnitten zu sein.

Beide Gebäude charakterisieren ihre Bauherren: Der Tadsch Mahal des liberal-islamischen SCHAH DSCHAHAN lebt in einer Traumwelt, bleich, ätherisch, am wunderbarsten im Vollmondlicht. Er ist einer Toten gewidmet. Das Mausoleum bei Agra (Indien) beherbergt das berühmte, 1630–48 errichtete Grabmal der Lieblingsfrau des Schah Dschahan. Die Badschahi-Moschee des orthodox-islamischen AURANGSEB dagegen ist Gott gewidmet, nur Gott allein.

Gebieterisch liegt sie vor uns, das Gebet fordernd, eben ein Maddschid, wie die Muslime arabisch sagen, ein »Ort, wo man sich (vor Gott) niederwirft«.

Noch immer stehen wir im *Hauptportal,* blicken über den 160 × 130 Meter weiten Moscheen-Hof und lassen das muslimische Baukonzept des leeren Raumes und der leeren Fläche auf uns wirken. Hier, angesichts des riesigen Platzes, spüren wir deutlich die 'Dynamik des Leeren' als auch religiöses Stimulans. An diesem Ort scheint durch jahrhundertelanges Beten

Marmor-Einlegearbeit der Badschahi-Moschee in Lahore

von Zehntausenden soviel Glauben ausgestrahlt worden zu sein, daß auch wir andächtig werden und leise weitergehen.

In der Mitte des Platzes liegt ein großes, rechteckiges *Wasserbecken,* eingefaßt von einem tiefen Marmorgeländer. Es ist für die Waschungen vor dem Gebet bestimmt. An der nördlichen und südlichen Seite des Platzes beschatten Arkaden die Eingänge zu den Wohn- und Unterrichtsräumen einer ehemaligen Medrese, einer Moschee-Schule.

Die vier *Minarette* in den Ecken des Platzes verleihen dem Horizontalbau nun auch noch eine vertikale Variante, ohne die Proportionen zu stören. In dem Minarett rechts vom Zentralgebäude (wenn wir ihm gegenüberstehen) führt eine enge Wendeltreppe mit zweihundert Stufen nach oben. Von dort haben wir einen Rundblick über Alt-Lahore.

Auch das *Hauptgebäude* ist rechteckig, mit vier Minaretten verwachsen, kleiner als die Hof-Minarette. Zwischen ihnen erheben sich die drei Prachtkuppeln, mächtige Endprodukte byzantinischer Kenntnis der Statik und Harmonie, von den Osmanen verfeinert und über die Safawiden an die indischen Muslime weitergegeben. Sie erheben sich über einer Flucht von drei Gebetshallen, innen dekoriert mit hochreliefierten Arabesken und mit Fresken, die Blumenmotive persischen Stils zeigen (Abb. 45). Alles in gedämpften Farben. Der Marmorboden mit seinen Gebetsgevierten ist spiegelblank poliert. Hier kann man sich im Sommer hinhocken, den kühlen Stein genießen und an ALLAH denken und an alles, was Er geschaffen hat.

Wenn wir die Badschahi-Moschee durch das große Eingangsgebäude wieder verlassen, liegt rechts unten im Hasuri-Garten das simple und darum eindrucksvolle *Mausoleum* des pakistanischen Nationaldichters und -philosophen MUHAMMAD IQBAL, des geistigen Vaters der Islamischen Republik Pakistan *(23).* Er wurde in München promoviert und hatte einige Studienmonate in Heidelberg verbracht.

Das Grabmal des Randschit Singh

Fahren wir von der Badschahi-Moschee zurück in die *Innenstadt von Lahore,* dann entdecken wir unmittelbar neben der Moschee hinter einer Mauer eine weiße Zwiebelkuppel. Sie krönt das *Grabmal des Randschit Singh (24),* des erfolgreichsten Sikh-Herrschers (1780–1839). Auch seine vier Frauen, sieben Konkubinen und zwei Tauben sind hier beigesetzt. Sie hatten sich, so heißt es, nach hinduistischer Tradition in das Bestattungsfeuer gestürzt, die Tauben vermutlich aus einem navigatorischen Versehen.

Unter seiner Regierung erlebten die Sikhs den Höhepunkt ihres politischen Daseins im Pandschab von 1757 bis 1849. Heute ist der Pandschab in eine pakistanische und in eine indische Provinz geteilt. 1789 hatten die Sikhs *Lahore* zu ihrer Hauptstadt erklärt. Freund und Feind zeigen sich heute noch beeindruckt von den administrativen Reformen des Maharadschas.

Leider dürfen wir nicht hineingehen. Nur den Sikhs und Hindu ist es erlaubt, das innen und außen barock-üppig dekorierte Mausoleum zu betreten. Seine gerillte Kuppel, das Spiel der vielen kleinen Kuppeln, der Haubendächer, Erker, Fenster-Baluster und der Türmchen wie Minarette, dies alles bildet einen Kontrast zu den klaren Linien der Mogul-Bauten nebenan.

Im Innern, in der Mitte der Halle, wird die Urne mit der Asche Randschit Singhs aufbewahrt. Sie steht in einem Tabernakel auf einer Säule. An den Wänden der Halle erzählen Fresken aus dem Leben der Sikh-Gurus, der großen Lehrer und ersten Wortführer der jungen Religion. Marmorsäulen tragen die Decke, an der ein Übermaß an Glasmosaiken glitzert. Auch hier beeindrucken Pietra dura-Einlegearbeiten, die allerdings, als die Sikhs das Sagen hatten, aus den Mogul-Bauten um Lahore entfernt worden waren.

Es ist den Muslimen hoch anzurechnen, daß sie nach 1947, als sie die Islamische Republik Pakistan gegründet hatten und auch die restlichen Sikhs nach Indien ausgewandert waren, diese Schmuckstücke nicht an deren islamischen Ursprungsort zurückgebracht haben.

Beeindruckt von so viel staatlicher Macht, die Randschit Singhs Grabmal ausdrückt, duckt sich das *Mausoleum des fünften Gurus Ardschun* (gest. 1606) an die Mauer dieses Andachtsbezirks der Sikhs *(25)*. Aber seine Kuppel ist vergoldet. Beim Sonnenuntergang leuchtet sie heller und weiter als die Kuppel des Randschit Singh. Guru ARDSCHUN gab den Sikhs ihr heiliges Buch, das ›Adi Granth‹.

Die Wasir Khan-Moschee und die Goldene Moschee (Sonehri Maschjid)

Als AKBAR DER GROSSE das Fort umbauen ließ, hatte er gleich auch eine Stadtmauer mit zwölf Toren um das damalige Lahore, die heutige Altstadt, ziehen lassen. Einige stehen heute noch. Durch das *Delhi-Tor,* heute weiß angestrichen, und nach ein paar hundert Metern bunten und duftenden Basartreibens erreichen wir die sehr persisch anmutende *Wasir Khan-Moschee* (Farbt. 20, 21), berühmt ob ihrer glasiert und emailliert bemalten Kachelmosaiken, ihrer Kalligraphien, ebenfalls in Mosaik (Abb. 54; Fig. S. 2), und ihrer Fresken. Diese Dekorationen aus Meisterhand haben sie zu einer der attraktivsten Moscheen Pakistans werden lassen. Mit auserlesenen Farbeffekten überziehen sie alle Wandflächen der Gebäude bis hoch hinauf zu den Muezzin-Galerien der Minarette. Das Blau, Beige und Gelb der Fliesen mit ihren Blumen-Motiven korrespondiert wohltuend mit dem rostbraunen Hintergrund. Elegant wie Flamingos verkünden über den Toren und Bögen und als Spruchbänder an den Wänden kalligraphische Hymnen das Lob Allahs, des Kaisers, der Moschee und des Bauherrn.

NAWAB WASIR KHAN war Vize-König und Gouverneur vom Pandschab. Er hatte als Hakim, als Arzt, etlichen Prinzen und Prinzessinnen die richtige Medizin verschrieben. Und als er SCHAH DSCHAHANS Stiefmutter NUR DSCHAHAN auch noch von einem Fußleiden befreien konnte, wurde er mit kaiserlichen Dankesgaben überschüttet. Mit ihnen und seinen Pachteinnahmen – ihm gehörte, wie MUHAMMAD LATIF vermutet, die ganze Basargegend zwischen dem Delhi-Tor und seiner Moschee – konnte er den Bau der prunkvollen Moschee finanzieren. Auch noch eine andere Moschee in der Nähe des Taxila-Stadttors sowie einen Park, berühmt für seinen Pavillon und seine Dattelpalmen, ließ er bauen.

Wasir Khan hatte das Glück, einen berühmten Heiligen zu finden, der den Grundstein für seine große Moschee legte: HASRAT MIAN MIR, den Kaiser, Bürger und Bettler, Hindu, Muslime und Sikhs aus verschiedensten Beweggründen verehrten. Er zelebrierte auch die Grundsteinlegung für den heiligsten Sikh-Tempel, den Goldenen Tempel in Amritsar. Kaiser AURANGSEB baute ihm später ein eindrucksvolles Mausoleum im Lahorer Ortsteil Mianmir. Wasir Khans Moschee wurde um das Grab des persischen Sufi HASRAT MIRAN BADSCHAH errichtet, das auch heute noch von vielen Gläubigen besucht wird.

Vier- bis fünfhundert Meter weiter in den engen Basar hinein liegt auf angehobenem Fundament in einem Straßendreieck die *Goldene Moschee (Sonehri Maschjid)* und reckt ihre drei vergoldeten Zwiebelkuppeln aus dem Basartreiben hinaus (Abb. 51). 1753 gebaut, enttäuschte sie uns, als wir, von den Goldkuppeln angezogen, auf ihrem Hof standen. Vielleicht hätten wir vorher die Wasir Khan-Moschee nicht sehen dürfen. Der architektonisch repräsentative Bau weist allerdings keine baukünstlerischen Besonderheiten auf. Bemerkenswert ist nur das Schicksal des Erbauers, NAWAB BHAKKARI KHAN, des stellvertretenden Gouverneurs von Lahore, der das Pech hatte, ein wohlgewachsener, hübscher Mann zu sein. MORAD BEGAM, die Witwe des Vizekönigs vom Pandschab, hatte ein Auge auf ihn geworfen. Da der Edle dies nicht wahrhaben wollte, erschlugen ihn die Hofdamen auf Geheiß der Witwe mit ihren perlbestickten Schnabelschuhen.

Das Grab der Nur Dschahan

Ein paar Kilometer außerhalb Lahores liegen drei weitere Großbauten der Moguln: Die Gräber von Kaiser DSCHAHANGIR, von seiner persischen Frau NUR DSCHAHAN und der Schalimar-Garten.

Wir überqueren auf dem Weg nach Islamabad die neue Brücke über den Ravi, deren Benutzung gebührenpflichtig ist, und biegen nach einer Straßenkreuzung rechts ab zum *Grab der Nur Dschahan,* eine der strahlendsten und klügsten Frauen des Islam (Abb. 53). Doch was blieb außer ihrem romantisierten Bild im Volk? Was blieb von ihrem Glanz, ihrem Intellekt und ihren Kaprichen?

Sie führte die Regierungsgeschäfte ihres kaiserlichen Gemahls, als er kurz vor seinem Tod erkrankte, erschien neben ihm auf den Münzen, dichtete zarteste Verse voll menschlichen Mitgefühls und erschoß Tiger und einen jungen Mann, der zu lange zu ihrem Erkerfenster hinaufsah. An der Seite eines totalitär regierenden Monarchen genoß sie alle Macht auf Erden und nutzte sie mit Charme und Kabale weidlich aus. Zumal sie intelligenter war als ihr labiler Mann.

An all das denken wir, hier in dem verwahrlosten Mausoleum. Allen Schmucks beraubt, die vier Minarette umgefallen, die Mauern der einstigen Gartenpracht eingestürzt, bietet es heute einen kläglichen Anblick. Die Marmorsarkophage NUR DSCHAHANS und ihrer Tochter LAKLI BEGUM sind irgendwann verschwunden. Ein neuer für Nur Dschahan steht nun hier, ein Kenotaph. Auch an ihm ist in zierlicher Kunstschrift die Klage geschrieben, die sie, die Poetin, kurz vor ihrem Tod als ihre Grabaufschrift bestimmte:

»Auf dem Grab von mir, der Fremden, keine Rose und kein Licht,
   Kein verbrannter Falterflügel, Nachtigallensänge nicht . . .«
                               (Übersetzt von Annemarie Schimmel)

DRITTER HÖHEPUNKT: DIE MOGULN

Wie recht sie hatte! »Wenn es einmal geschähe«, sagte HERMANN HESSE, »daß ein Menschenleben von seinem Beginn bis zum Ende aufgeschrieben würde, samt allen Verwurzelungen und Verflechtungen, so würde das ein Epos ergeben, so reich wie die ganze Weltgeschichte.« Das Menschenleben Nur Dschahans sollte einmal so aufgeschrieben werden.

Ihrem Mann ist es besser ergangen. Kaiser DSCHAHANGIRS Grabmal befindet sich nicht weit von Nur Dschahans Mausoleum entfernt, auf der anderen Seite der Bahngleise. Seine Minarette sind weithin zu sehen. Es liegt in einem großen, dreigeteilten Bezirk. Der mittlere Teil, ein mit Platanen, Rosenholzgewächsen und Bananenstauden bepflanzter Garten-Hof, wird von 180 Räumen eingesäumt. Sie bildeten ein von Kaiser Schah Dschahan 1637 gebautes Übernachtungsquartier für die Besucher der Grabstätten.

Das Grab des Asaf Khan

Links, an einer kleinen Moschee aus Sandstein vorbei, gehen wir zuerst zum Grab des ASAF KHAN, des Bruders von Nur Dschahan. Er war der Vater von MUMTAS MAHAL, der früh verstorbenen Frau Kaiser SCHAH DSCHAHANS, zu deren Gedenken er den Tadsch Mahal errichten ließ. Als Schah Dschahan noch Prinz Khurram war, unterstützte Schwiegervater Asaf Khan ihn bei seinen Intrigen und anderen Aktionen gegen Khurrams Vater, Kaiser DSCHAHANGIR, und somit auch gegen NUR DSCHAHAN, Dschahangirs Lieblingsfrau.

Später, abermals zum Leidwesen Nur Dschahans, stand ihr ihr Bruder Prinz Khurram auch bei Kämpfen um die Thronfolge unter den Prinzen bei. Zum Dank ernannte Khurram ihn später zu seinem Premierminister und zum Inhaber anderer hoher Ämter. In all diesen Krisensituationen zeigte sich die schöne Nur Dschahan, selbst von ihrem Bruder in Stich gelassen, als versierte Diplomatin, vor allem, als ihr kaiserlicher Gemahl gestorben und sie nun ohne Einfluß war.

Asaf Khans Kenotaph wird von einem achteckigen Bau umgeben, der eine spitz zulaufende Kuppel persischen Tropfenform-Stils trägt. Im Innenraum künden hier und da noch Dekorationsüberreste von dem reichen Schmuck vergangener Tage. Den teils zerstörten Sarkophag überdecken ALLAHS neunundneunzig Namen. Selbst die einst weißstrahlende Marmorverkleidung der Kuppel ist abgebröckelt und auch die farbenprächtigen Kachelmosaiken an den Außenwänden sind verschwunden. Kaiser SCHAH DSCHAHAN hatte seinem Weggenossen diese Grabstätte errichten lassen.

Wir wundern uns, wie sehr diese Bauten einer glorreichen Zeit, mit der sich die heutigen Pakistaner nur zu gerne und berechtigt identifizieren, vernachlässigt werden, während die zahllosen Mausoleen der sufischen Heiligen in Pakistan seit Jahrhunderten in unvermindertem Glanz überleben.

Lahore: Kaiser Dschahangirs Mausoleum Ende des 19. Jh. (Nach Syad Muhammad Latif, ›Lahore‹, Lahore 1892/1981). Vgl. Farbt. 25

DRITTER HÖHEPUNKT: DIE MOGULN

Das Dschahangir-Mausoleum

Nicht vernachlässigt wurde dieses Mausoleum gegenüber Asaf Khans Grab im östlichen Drittel des Gräber-Bezirks. Durch den Iwan eines massigen zweistöckigen Torgebäudes betreten wir den weiten Garten mit dem Mausoleum in der Mitte.

So attraktiv der Schisch Mahal-Palast im Fort auch dekoriert ist, so erhaben die Badschahi-Moschee ihr Konzept der wuchtigen Eleganz auch vorführt, so verschwenderisch die Wasir Khan-Moschee sich auch geschmückt hat, dieses Grabmal ist klassisch schön, schöner als all die anderen Mogul-Bauten in Lahore (Farbt. 25).

SCHAH DSCHAHAN hat es für seinen Vater errichten lassen, den er nicht sonderlich schätzte, und NUR DSCHAHAN hat die Bauarbeiten beaufsichtigt und sicher auch architektonisch beeinflußt. DSCHAHANGIR wollte in dem Garten beigesetzt werden, den seine Frau bereits angelegt hatte. Der damalige Hofchronist MOHAMED SALEH berichtet in seinem ›Schah Dschahan Nama‹ über die Entstehung des Grab-Baues:

»Wie es den Grundsätzen des Sunni-Glaubens entspricht und auch dem Beispiel seines berühmten Vorfahren Babur, verfügten Seine Majestät (Dschahangir) als Ihren letzten Willen, Ihr Grab möge im Freien errichtet werden, damit Regen und Tau des Himmels auf es herabfallen können. Um diesen Wunsch zu erfüllen, baute Kaiser Schah Dschahan, sein Sohn und Nachfolger, um das Grab seines Vaters ein stimmungsvolles Mausoleum aus rotem Sandstein, hundert Yards (91 m) lang. Das Grab selbst wurde auf einer erhobenen Plattform aus weißem Marmor errichtet, mit kostbaren Edelsteinen eingelegt und geschmückt mit Kunstwerken von seltener Schönheit. Obwohl der Bau anspruchslos anmutet, bedurfte es zehn Jahre, um ihn zu vollenden. Er kostete zehn Lakhs (eine Million) Rupies.«

Eigentlich hätte der Chronist auch noch die vier wuchtigen, oktogonalen Minarette an den Ecken des Mausoleums erwähnen sollen, deren Cupolas, diese Turm-Pavillons mit den Helmdächern auf zierlichen Säulchen, aus weißleuchtendem Marmor bestehen. Diese charakteristische Spielerei der Mogul-Architektur zaubert auch hier dekorative Farbeffekte über dem Rostbraun des Baus. Und das Weiß der Cupolas wiederholt sich tausendfach in den feinen und feinsten Einlegearbeiten aus Marmor, die alle Außenflächen des Mausoleums überziehen und als Zickzack-Ornamentik bis hoch hinauf zu den Minarett-Kuppeln klettern.

Am Kenotaph im Glanz weißen Marmors prangen, wie am Grab Asaf Khans, ALLAHS neunundneunzig Namen oder Attribute in Naskh-Buchstaben aus schwarzem Marmor kunstvoll in die makellos weiße Fläche eingelegt, Farbkontraste, die der Kalligraphie Leben verleihen. Dazu Koran-Verse, wie Allahs Namen, in arabisch geschrieben. Und persische Zeilen sagen:

»Auf diesem lichtvollen Ruheplatz,
diesem Asyl-Ort des Vergebens,
ist Nur-ud-Din Muhamad Dschahangir bestattet.
A. H. (1627 n. Chr.)«

Durch die Perforation der marmornen Fenster fällt ein Sonnenstrahlbündel auf den Sarkophag und auf das Rankenmuster im Fußboden. Alles hier in der Grabkammer ist aus Marmor.

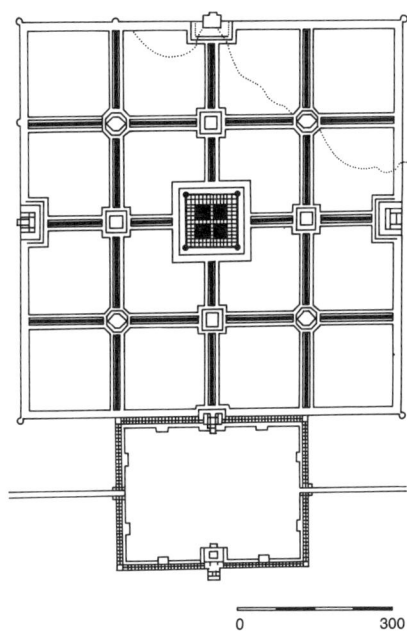

Lahore: Grundriß von Kaiser Dschahangirs Mausoleum mit Garten und Karawanserei

0   300 m

Licht und Material inszenieren jene mystische Stimmung, die zum Sinnen über Leben und Tod anregt.

Die dreißig Räume des Mausoleums waren mit Freskomalereien floraler und geometrischer Motive überdeckt. Viele sind verschwunden. Überall schimmert der Marmorboden blitzblank poliert. Er ist mit eingelegter Ornamentik verziert. Nirgends, weder außen noch innen, tritt der Schmuck vordergründig auf, als Selbstzweck. Überall ist er dem Sinn und der Architektur des Gebäudes untergeordnet.

Der Grabbau war schon vor der Sikh-Herrschaft von dem lokalen Sikh-Fürsten LAHNA SINGH ausgeraubt worden. Der große Radscha RANDSCHIT SINGH ließ später die schönsten Einlege-Arbeiten aus den Wänden brechen, um mit ihnen den Goldenen Tempel der Sikhs in *Amritsar* zu dekorieren. Nicht genug damit, überließ er den Bau auch noch einem französischen General M. AMISE als Wohnhaus, der es sich dann in dem geräumigen Grabmal mit allen möglichen Umbauten gemütlich machte.

Nach ihm zog Sultan MUHAMMAD KHAN hier ein, ein Bruder des königlichen Haudegens der Afghanen, Sultan DOST MUHAMMAD KHAN. Die Rauchschwaden und Brandstellen seiner Koch- und Wärmefeuer trugen nicht gerade zur Verschönerung des ehrwürdigen Gebäudes bei. Die britischen Kolonialherren haben dann vieles renoviert.

Nur Dschahans Garten um das Mausoleum liegt im Schatten alter Bäume und Sträucher. Wege und Rinnsale teilen ihn in sechzehn Gevierte ein. Sie korrespondieren mit dem quadratischen Bau des Mausoleums. Hier im Garten, aus der Distanz, sehen wir das Grabmal am ein-

DRITTER HÖHEPUNKT: DIE MOGULN

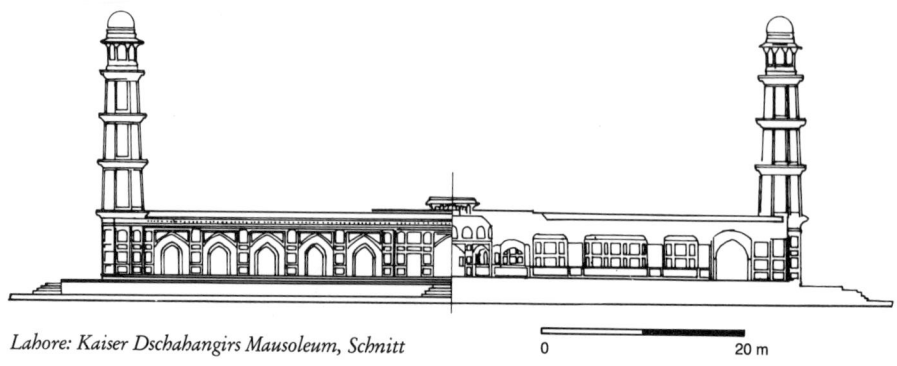

Lahore: Kaiser Dschahangirs Mausoleum, Schnitt 0   20 m

drucksvollsten in der Harmonie seiner Linien und Farben, seiner Dekorationen, Bögen, Minarette.

Der Schalimar-Garten

Fünf Kilometer außerhalb Lahores, an der Straße zur indischen Grenze, liegt Kaiser SCHAH DSCHAHANS *Schalimar-Garten,* ein charmantes Endprodukt vieltausendjähriger Gartenbau-Kunst des Orients (Abb. 52). Auf einer Tonschale, die HERZFELD in Samarra, Irak, gefunden und auf etwa 2000 v. Chr. datiert hat, sind Gartenbeete mit Bäumen und Vögeln abgebildet. Wasserläufe teilen dort schon den Garten in vier rechteckige Felder ein.

Uns wird berichtet, mit welchem Stolz der achämenidische Prinz KYROS DER JÜNGERE Ende des 5. Jh. v. Chr. den Spartaner KYSANDER durch sein Pairidaesa, seinen paradiesischen Garten in Sardes, geführt hat. Wie seine Armeen, so exakt und gradlinig habe er auch seine Beete angelegt und Bäume gepflanzt. Die persischen Gärten haben diese streng geometrische Einteilung beibehalten. Oft bildet ein Kreuz das Grundschema der vier Garten Felder, ein Urbild orientalischer Mythologie. Die Form des Kreuzes als Symbol kosmischer Ordnung, als Schöpfungsstruktur der vier Welten, getrennt durch vier Flüsse, spielt in vielen alt-orientalischen Religionen und Kulten eine Rolle. Denken wir nur an die Schöpfungsgeschichte im ersten Buch Mose (I, 2), wonach im Garten Eden ein Strom entsprang, der sich in vier Arme teilte.

Dieses garten-architektonische Konzept erlebte schließlich vom frühen 16. Jh. an unter den persischen Safawiden seinen Höhepunkt. Von dort aus haben es die Mogul-Kaiser übernommen. Schon BABUR hatte, wie wir bereits hörten, die unordentlichen Gärten Indiens beklagt und wo immer er sich auch aufhielt, einen 'ordentlichen' Garten angelegt. Es waren die Gärten von Samarkand, die seine Sehnsucht nach seiner Heimatstadt nicht zur Ruhe kommen ließen.

Auch die Moguln lebten, wie die Perser, in heißen Sand- und Steinlandschaften, wo jeder sich freut, ein Pairidaesa genießen zu können, das Fluidum eines kühlen, grünen, duftenden Gartens, wo Wasserläufe die Blumenbeete unterteilen, wo Wasserspiele und der Schatten alter Bäume erfrischen und eine hohe Mauer das Paradies gegen die unwirtliche Außenwelt abschirmt. Im Koran werden die paradiesischen Freuden ähnlich geschildert.

So erleben wir auch den Schalimar-Garten, vor allem zwischen Februar und Anfang April, wenn er in voller Blütenpracht steht. Zum Glück ist er gut erhalten geblieben. SCHAH DSCHAHAN hatte ihn ab 1642 oder 1643 anlegen lassen, um das höfische Leben auch in einem Palast im Grünen genießen zu können.

Damit auch wir diesen Genuß nachvollziehen können, gehen wir zuerst einmal an den Wasserläufen und Wasserbecken vorbei durch die ganze Länge des Gartens bis an sein anderes Ende. Von hier aus, so wollte es Schah Dschahan, sollte jeder Besucher den Garten-Park erleben. Denn von der hier gelegenen *Audienzhalle* aus steigt die Anlage von Terrasse zu Terrasse empor. Für jede Terrasse behält sie sich neue Überraschungen vor. Die Audienzhalle war einst mit weißem Marmor verkleidet und mit Fresken bemalt.

Zwei der drei Terrassen, die untere und obere, sind größer als die mittlere. Sie werden auch hier nach uralter Tradition durch ein Kreuz, diesmal aus Wasserläufen mit Springbrunnen

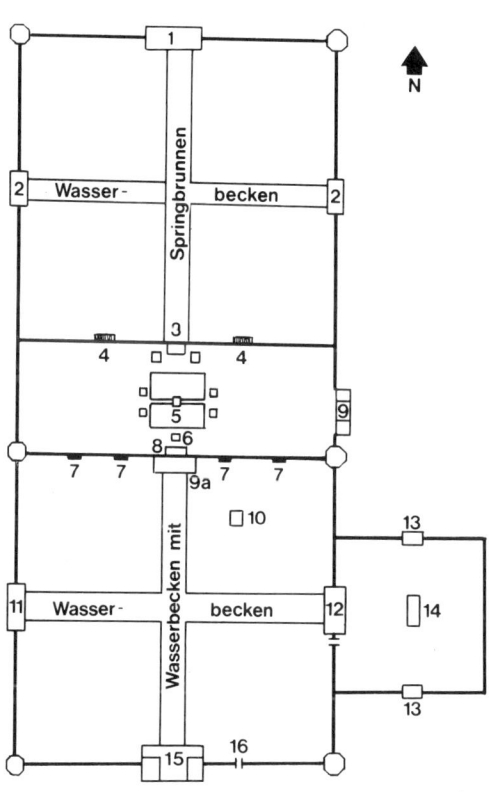

Lahore: Schah Dschahans Schalimar-Garten.
Vgl. Abb. 52

1 *Halle für private Audienzen*
2 *Tore*
3 *Wasserfall, von innen beleuchtet*
4 *Treppen*
5 *Teich mit Laufsteg, von Pavillons umgeben*
6 *Thron des Kaisers*
7 *Treppen*
8 *Wasserfall*
9 *Türkisches Bad*
9a *Zeremonien-Halle*
10 *Gästehaus der Sikh-Herrscher (später errichtet)*
11 *Gemach der Kaiserin*
12 *Halle für öffentliche Audienzen*
13 *Tore*
14 *Pavillon*
15 *Gemach Schah Dschahans*
16 *Heutiger Eingang*

geformt, in vier quadratische Partien unterteilt. In der Außenmauer zu beiden Seiten der unteren Terrasse befinden sich die früheren Eingänge, mit glasierten Kachelmotiven verschönt.

Jeder Terrasse war eine andere gesellschaftliche Funktion zugewiesen: Während die untere auserwählten Besuchern vorbehalten war, erfreuten sich auf der mittleren Terrasse die Herren und Damen des Hofes, sorglich abgeschirmt von der Außenwelt, all der anmutigen Dinge hier, der Pavillons und Wasserfälle, einer sogar von innen beleuchtet, des großen, in Marmor gefaßten Teichs mit den etwa hundert Springbrunnen und dem langen Steg zum Promenieren, und sie erfreuten sich des weichen Rasens, der Bäume, breit und kühl, und des Blumenmeers, alles der Inbegriff eines Lustgartens, wie er früher leichthin genannt wurde.

Auf dem *Marmorthron* am Teich saß seine Majestät und genoß die Wasserspiele und den Tanz zarter Mädchen. Überall also Szenen der Lebensfreude, wie sie auf den Miniaturen festgehalten wurden. An der östlichen Mauerseite der mittleren Terrasse lud ein *türkisches Bad* zur Körperpflege ein, mit kalt-heißen Wechselbädern und anderem Behagen.

Die obere Terrasse bildete den innersten Bereich des Hofes. Als Gegenpol zu der Audienzhalle weit hinten am Ende der untersten Terrasse liegt hier das Gebäude mit den Wohn- und Schlafgemächern des Kaisers. Es beendet die Längsachse des Parks. Breite Flanierwege durchlaufen den Garten, entlang an den beiden Wassergräben mit schnurgeraden Springbrunnenreihen.

Drei Räume hat diese Reise-Residenz des Kaisers mit einer großen Veranda davor, deren muntere Bögen von Säulen gestützt werden. An der westlichen Mauerseite sehen wir das *Schlafgemach der Kaiserin*, dann, auf der Hauptachse des Gartens, die *Zeremonien-Halle* mit ihren Arkaden an der Rückfront zur nördlichen Seite, also zur mittleren Terrasse hin. Gegenüber dem Gemach der Kaiserin liegt an der anderen Gartenseite die *Audienzhalle für öffentliche Empfänge* des Herrschers, vor der sich, als Annex weit aus dem Garten hinaus gebaut, weitere Grünanlagen mit einem Pavillon und zwei separaten Eingängen befinden. Hier zeigte sich der Kaiser jeden Morgen seinen versammelten Untertanen.

Sechs *Turm-Bauten* erheben sich wie Wächter an den vier Ecken des Gartens und über die seitlichen Mauern, wo man von der mittleren zur oberen Terrasse hinaufgeht. Durch die Schrebergartenpforte verlassen wir das Pairidaesa wieder, beeindruckt von dem erlesenen Geschmack und dem Geschick des Kaisers, eine Umwelt zu schaffen, die erfreut. Er verstand Architektur auch als Therapie.

Dschahangirs Reh-Turm (Hiran Minar)

Schah Dschahans Vater, Kaiser Dschahangir, liebte sein Reh dermaßen, daß er ihm einen Gedenkstein in Gestalt eines 31 m hohen Turmes setzen ließ. Er steht an einem kleinen künstlichen See, ist rund, aus Ziegeln gebaut und kündet so weithin von der Tierliebe des Kaisers. Innen führen 99 Stufen nach oben.

In dem See hatte Dschahangir einen dreistöckigen Pavillon errichten lassen, durch einen steinernen Laufweg über Spitzbögen mit dem Land verbunden, dort, wo der Turm steht. In diesem oktogonalen Bau, gekrönt von einer Cupola, hatte der Kaiser oft auf dem zweiten Stockwerk unter den Arkaden gesessen und die Tierwelt um sich herum beobachtet. Dieses Idyll, heute ein beliebter Ort zum Picknicken, finden wir 35 Kilometer von Lahore entfernt, in der Nähe von *Sheikpura*, nicht weit von der Straße nach Sargodha entfernt.

Die Schah Dschahan-Moschee in Tatta

Auch 1200 km südlich von Lahore, weit außerhalb der Zentren mogulischer Baukunst, steht ein Gebäudekomplex SCHAH DSCHAHANS. Ausgerechnet dieser Kaiser, der dem Baustil seiner Dynastie eine besondere Note verlieh und sie zum Höhepunkt führte, ließ in *Tatta,* östlich von Karatschi, eine Moschee errichten, die in ihrer Gesamterscheinung von den Normalien der Mogul-Architektur abweicht (Abb. 55). Keine Minarette, keine Farbeffekte mit dem Weiß des Marmors und dem Rostbraun des Sandsteins, kein Raffinement der Einlegearbeiten verschiedensten Materials, keine längere Nord-Süd-Achse, sondern hier eine längere west-östliche, keine drei Moschee-Kuppeln, sondern nur eine große, dazu aber noch 93 kleine und die Pracht-Iwane persischer Provenienz, die den Mogulen im Norden fremd waren.

An die Moschee-Bauten der Mogulen im Pandschab gewöhnt, haben wir hier das Gefühl, etwas Fremdes zu betreten. Und das stimmt auch: Schah Dschahans Freitags-Moschee ist im sogenannten 'arabischen Stil' gebaut. Das freie Innenstück ist hier kein selbständiger Hof der Gebetshalle, wie vor oder in den anderen Mogul-Moscheen, sondern ein ganz und gar zur Baueinheit gehörendes Element.

Diese Einheit mit allen architektonischen Konsequenzen wird hier noch betont durch den einfarbigen Effekt der vornehmlich blauen Kacheln und Ziegel (Farbt. 26). Die Kacheln aus dem 150 km nördlich liegenden *Hala,* sind glasiert, und auch der Mörtel wird dekorativ verwendet: der Architekt hat ihn als weiße, meist waagerechte Linien zwischen den blau-gefärbten Ziegelsteinen hervortreten lassen. Ein erstaunlicher Effekt! Das Blau der Kacheln und Ziegel und das Weiß der Linien korrespondiert mit dem Sandbraun des übrigen Mauerwerks, wie die Pastellfarben eines Täbris-Teppichs (Farbt. 26, 27, 29).

Die Iwane mit ihren hohen Bögen bringen dieses aparte Farbenspiel am deutlichsten zur Geltung. Ein anderer Rhythmus, ein anderes Licht lassen die Farben der Iwane noch intensiver als auf den übrigen Mauerflächen wirken. Sie betonen und harmonisieren gleichzeitig die Hauptlinien – die vielen horizontalen und wenigen vertikalen – des Baus. Übrigens verraten die Iwane unverhohlen ihre persisch-timuridische Tradition, vornehmlich der hohe Torbau an der Westseite. Er könnte aus Isfahan oder Samarkand stammen.

Virtuos wurden Fliesen und Ziegel schließlich – klein oft wie Kürbiskerne – in den inneren Gewölben der Kuppeln (Farbt. 28), vor allem der Hauptkuppel, zu filigran-feinen Kompositionen zusammengesetzt. Hier wird die Farbpalette noch erweitert mit Karmin- und Purpur-Rot, mit Türkis- und Dunkelblau, Violett und Gelb, um die Klöppelmuster-Ornamentik zu beleben. Die 'Stern-Motive' haben hier, sagt Prof. DANI, die 'Rosetten-Motive' der anderen

DRITTER HÖHEPUNKT: DIE MOGULN

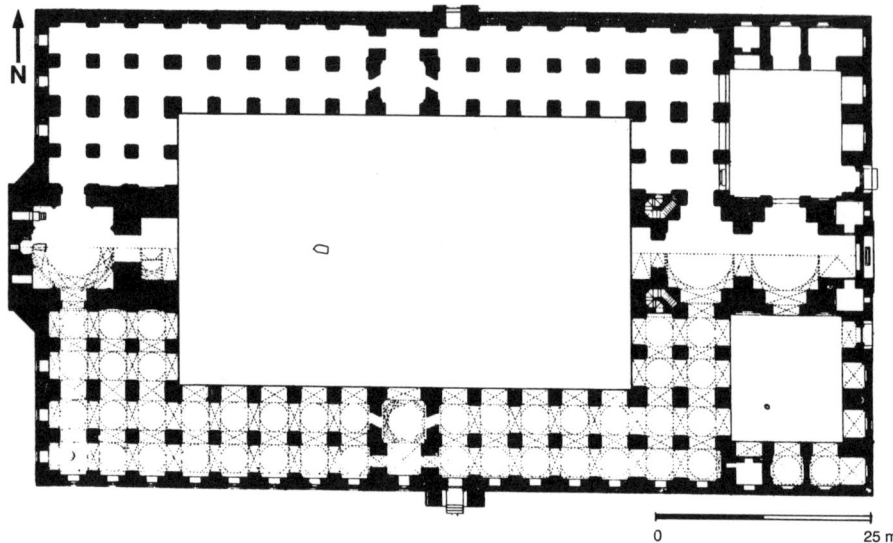

Tatta: Grundriß der Schah Dschahan-Moschee. Vgl. Farbt. 26–29; Abb. 55

großen Mogul-Moscheen ersetzt. Die Wölbung der Decken wird umkränzt von verwobenen Blendbögen.

Noch ein Blick auf die Außenseite: Die Parade der 93 Mini-Dachkuppeln war nicht nur einer Architekten-Laune entsprungen. Sie stellt auch ein gelungenes Experiment mit der Akustik dar: Dank ihrer Konstellation kann der Vorbeter vor dem Mihrab (Farbt. 29) überall in der weiten, vielgliedrigen Moschee gehört werden.

SCHAH DSCHAHAN hatte, wie es die persischen Inschriften in der Moschee ausweisen, 1644 mit dem Bau begonnen und ihn 1647 beendet. Er zeigt viele, den anderen Mogul-Bauten fremde Eigenarten. Seine ganze Erscheinung ist anders; vielleicht, weil auch das Land hier unten im Indus-Delta so anders war, und die Menschen, die ihn unterstützten, als er sich gegen seinen Vater erhob und denen zum Dank er diese Moschee errichten ließ.

Was brachten die Moguln? (Zusammenfassung)

Sie kamen aus *Samarkand*. Dort hatte die Begegnung zwischen persischen und zentralasiatischen Formen des Islam bereits stattgefunden. BABUR, der erste Mogul-Kaiser, wurde dort noch geboren. Keiner seiner sattel- und hiebfesten Nachfolger war so gebildet wie er. Sein Tagebuch zeigt es. Während und bald nach seiner kurzen Regierungszeit waren in Indien bereits Bauten in der Tradition seiner Heimat entstanden. Sie sind verschwunden, aber sie haben einen neuen islamischen Baustil angeregt, den Mogul-Stil. Zentralasiatische, persische und, natürlich, indische Elemente hatten sich zusammengefunden. Baburs Sohn, HUMAJUN, wurde bei der Rückkehr von seiner Flucht nach Persien von vielen persischen Künstlern begleitet, vor allem Malern und Kalligraphen. Sie gründeten in *Delhi, Agra* und *Lahore* jene Schulen, die Indiens Architektur, Literatur, Malerei, Tanz und Musik zu Höhepunkten islamischer Kunst werden ließen. Sie führten den Kuppelbau in Indien ein, die Miniaturmalerei blühte auf, der Kattak-Tanz entstand, und die Musik, schon von AMIR KHUSRAU veredelt, erhielt an den Höfen der Moguln frische Impulse.

AKBAR DER GROSSE, von synkretistisch-religiösen Vorstellungen geleitet, hatte versucht, hinduistische und islamische Komponenten zu vereinen. Auch hiervon blieben Akzente bestehen. DSCHAHANGIR, der Genießer, förderte vor allem und stilgebend die Malerei und ließ auch europäischen Einflüssen freien Lauf. SCHAH DSCHAHAN schuf zur Pracht noch die Kunst, den klassischen Lauf der Linien. Seine Bauten haben den Mogul-Stil zum Ausdruck einer Hochkultur werden lassen.

Mit seinem Sohn AURANGSEB schließlich, dem Strengen, lief die Bauwelle der letzten hundert Jahre aus. Wir spüren es bereits an der *Badschahi-Moschee* (Umschlagvorderseite). Dem Sohn fehlte die leichte Hand des Vaters, die Toleranz, die Fähigkeit, sich zu begeistern.

Imposant ragt Aurangsebs Badschahi-Moschee vor uns auf, wohlproportioniert, verschwenderisch dekoriert, aber schließlich kühl. Doch Schah Dschahans *Tadsch Mahal*, sein *Dschahangir-Mausoleum, Schalimar-Garten* und seine *Tatta-Moschee*, sie sind vollendet konzipiert, sie sind beseelt.

Was später geschaffen wurde, war nur eine Nachahmung dieser Epoche, war hin und wieder vielleicht noch eine Meisterleistung, aber nicht mehr hohe Kunst.

Auf dem Hügel der hunderttausend Toten

Es können zwei- oder dreihunderttausend Gräber sein, selbst von einer Million ist oft die Rede. Doch ist es nicht die Menge der Grabstätten im Indus-Delta, in der Nähe von *Tatta* (Abb. 56), auch nicht die 15,5 qkm weite Ausdehnung der Nekropolis, die diesen Ort zu dem – neben Lahore – architektonisch und historisch interessantesten Platz Pakistans werden ließen: Bemerkenswert sind die teils gewaltigen Mausoleen aus der Zeit zwischen dem 14. und 17. Jh. (Farbt. 11) und der verschwenderische Steinmetzschmuck an den Gräbern der Könige und Prinzen, Feldherrn und Statthalter, der Heiligen, Philosophen, Dichter und Sänger (Farbt. 12, 13).

Es ist ein Ort, wo die Totenverehrung ein Licht in die ereignisreiche Vergangenheit des *Sindh* wirft, ein Totenkult, dessen »großartige Gräber der königlichen Dynastien den Gipfelpunkt der islamischen Kunst im Sindh darstellen«, wie Prof. AHMAD H. DANI schreibt. Doch der britische Captain WOOD hat vor vielen Jahren diesen Friedhof der Superlative mit angelsächsischem Pragmatismus anders gesehen: »Hier wurde weder Arbeit noch Geld gespart«, meinte er trocken, »und das nur mit der absurden Idee, die Toten besser wohnen zu lassen als die Lebenden.«

Wie dem auch sei, wir danken diesem jahrhunderte-alten Totenkult für die eigenartige, zwischen Begeisterung und Andacht pendelnde Stimmung, wenn wir hier – eine Stunde oder tagelang – von Grabmal zu Grabmal gehen. Viele haben sich hier bestatten lassen, weil sie diesen Ort als heilig empfanden, als ein 'Makkah-li', ein 'Mekka für mich'. Daher vermutlich der Name 'Makli'. Nach anderen Versionen stammt der Name von dem persischen 'Makli' ab, von 'ausgetrocknetem Brunnen', oder von dem Sindhi-Wort 'Makalla', 'Hafen' oder 'Flußufer' (Shaukat Mahmood).

Das Gräberfeld zieht sich über einen langgestreckten Hügelrücken hin. Es beginnt 3 km von *Tatta* entfernt, an der Straße nach *Karatschi*. Rechts neben dem Gästehaus des 'Archological Department' befindet sich in einem Drahtzaun der Eingang.

Die Prachtgräber der Tarkhane

Die Bauten, die hier vor uns liegen, gehören zu der auslaufenden Epoche der Tarkhan-Herrscher, als sie Ende des 16. Jh. die Autorität der Mogul-Kaiser fern in *Delhi* und *Lahore* anerkennen mußten. Sie waren aus Süd-Afghanistan gekommen, aus der Gegend um *Kandahar*,

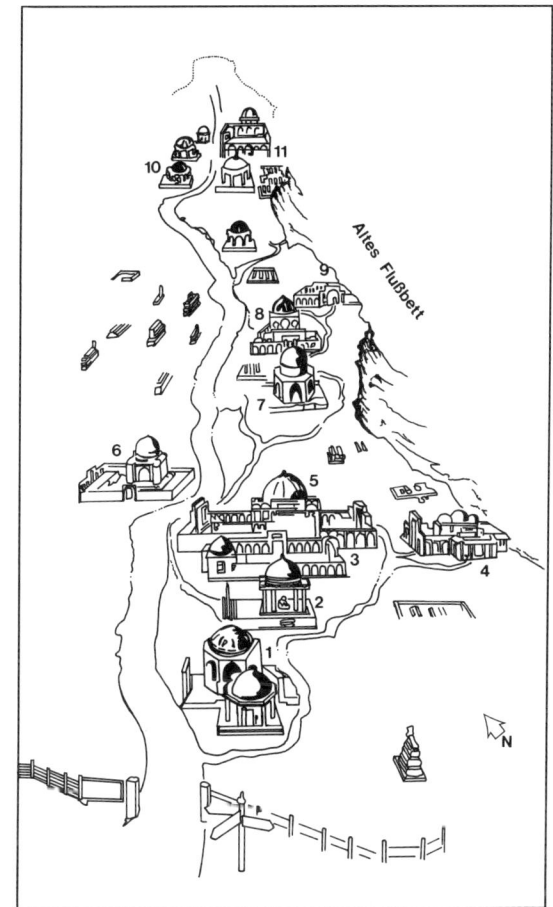

Makli-Hügel: Die wichtigsten Grabmäler von Süden nach Norden.
Vgl. Farbt. 11–13; Abb. 56–59

1 *Grabmal des Dschani Beg Tarkhan*
2 *Grabmal des Tughril Beg*
3 *Grabmal des Baqi Beg Usbek*
4 *Grabmal des Dschan Baba*
5 *Grabmal des Isa Khan II.*
6 *Grabmal des Diwan Schurfa Khan*
7 *Grabmal des Ibrahim Khan*
8 *Grabmal des Baqi Beg Tarkhan*
9 *Grabmal des Isa Khan I.*
10 *Grabmal des Darya Khan*
   (Mubarak Khan)
11 *Grabmal des Sultan Nisamuddin*

wie auch die Arghune, ihr gegnerisches Brudervolk, deren Mire vor den Tarkhanen nur zwanzig Jahre auf dem Thron von Tatta saßen.

Die Tarkhane hatten aus Afghanistan viele Elemente timuridischer Kunst mitgebracht und sie mit den sindhischen, persischen und gudscharatischen Formen hier im Indus-Delta verschmelzen lassen. Doch sie waren zu einer Zeit eingewandert, da die Großmächte im Nordosten und im Westen, die Moguln und persischen Safawiden, sich ausbreiteten. Sie gerieten zwischen beide, zumal die Moguln sich den Weg von Nord-Indien nach Süd-Afghanistan, zur strategisch wichtigen Stadt Kandahar, offen halten, also auch im südlichen Sindh die Befehlsgewalt haben wollten.

AUF DEM HÜGEL DER HUNDERTTAUSEND TOTEN

Mirsa Dschani Beg Tarkhan

Zur rechten Hand des Weges – dem wir nun durch die ganze Länge der Nekropolis gen Norden folgen –, nicht weit vom Drahtzaun entfernt, steht auf einer Empore das oktogonale Grabmal des DSCHANI BEG TARKHAN, des letzten Souveräns der Tarkhan-Mirs (Farbt. 12; Abb. 56). Er hatte sich 1593 dem General Akbars des Großen, ABDUR RAHIN KHAN-I-KHAN, ergeben müssen. Mit seinen zögernden Befehlen war er ihm strategisch unterlegen gewesen. Doch AKBAR hatte Dschani Beg Tarkhan gnädig als Gouverneur von Tatta wieder eingesetzt, vertreten durch seinen Sohn GHASI BEG TARKHAN. Denn Dschani Beg durfte sich nicht in Sindh aufhalten.

Die Kuppel der Grabstätte ist eingefallen. Die hohen, klar linierten Alkoven-Bögen der Außenseite, umgeben von Blau-Weiß-Kacheln mit Ranken-Motiven, beherrschen den Ziegelbau. Reliefierte Koranverse und florale Dekorationen schmücken ihn.

Mirsa Tughril Beg

Die nächste, gut erhaltene Grabstätte gehört MIRSA TUGHRIL BEG (Farbt. 11), einem Nachfolger des letzten Tarkhan-Königs, der vermutlich auch als Statthalter der Moguln in *Tatta* eingesetzt war. Dieser Sandstein-Pavillon mit einer Spitz-Kugel auf zwölf klotzigen Säulen steht vor einer – nach Mekka ausgerichteten – Kubla-Wand mit einer hochgezogenen Mihrab-Nische. Als Verzierung fallen die Honigwaben-Kapitäle der Säulen auf und die in Stein getriebenen Kreuz-Themen in rhombischen Rahmen, ein charakteristisches Dekorationsmotiv der Tarkhane. Die Säulen umgeben das im Freien liegende Kenotaph. Tughril Beg starb vermutlich 1649.

Mirsa Baqi Beg Usbek

Einer von Tughril Begs Vorgängern – denn er starb 1640 – ist sicher MIRSA BAQI BEG USBEK gewesen, dessen Ziegelstein-Grabmal wir als nächsten größeren Bau sehen (Abb. 56). Ein iwanähnlicher Eingang führt zum Innenhof, der mit groben, rechteckigen Ziegeln ausgelegt ist. In seiner Mitte steht auf einer rechteckigen Basis zwischen zwei kleinen Gräbern der Sarkophag des Baqi Usbek.

Er muß ein sehr frommer Mann gewesen sein, denn nicht sein Grab, sondern eine Moschee mit einer spitz zulaufenden Kuppel bildet das Hauptgebäude, fast ganz verdeckt von einem zweiten Iwan, hier 'Peschtaq' genannt, einer freistehenden, rechteckigen Wand mit einer hochgezogenen, spitzbogigen Durchgangsöffnung. Er betont bis ins Kolossale den hinter ihm liegenden Eingang zur Grabmoschee. Der Iwan, der Moscheeeingang und der Raum dazwischen waren mit blau-glasierten Kacheln überdeckt. Reste sind noch sichtbar. Der kastenförmige Moscheebau tritt aus der Umfriedung der Grabstätte heraus. Eindrucksvoll demonstriert er ein Schulbeispiel des klassisch-islamischen Kuppelbaus mit der Entwicklung der Kuppel aus dem Quadrat über das Oktogon zum Zirkular.

Mirsa Dschan Baba

Seitlich hinter Baqi Beg Usbeks Bau liegt eine der drei schmuckreichsten Grabstätten der Nekropolis: Das gelbe Kalkstein-Mausoleum des DSCHAN BABA (gest. 1570), des Tarkhan-Prinzen, dessen Lebensdrama balladesk besungen werden könnte. Sein Vater, MIRSA ISA KHAN I. – er hatte die Macht der Tarkhan-Dynastie aufgebaut, aber nicht gesichert –, wollte unbedingt seinen drittältesten Sohn Dschan Baba als seinen Nachfolger einsetzen. Seinen ältesten Sohn BAQI BEG fand er zu grausam und zu unberechenbar, um später als Mirsa gekrönt zu werden.

Bei den zu einem Bürgerkrieg ausartenden Streitigkeiten zwischen Dschan Baba und seinem, bereits als König fungierenden Bruder Baqi Beg, verließ Dschan Baba zweimal das Glück: Einmal bei einem Seegefecht, unterstützt von mächtigen Verbündeten, gegen seinen Bruder. Hierbei passierte ihm das Malheur, ein Trommelsignal, das den Sieg seiner Partei verkündete, als Erfolgssignal des Gegners mißzuverstehen, worauf er ohne eine weitere Nachricht abzuwarten, mit seinen Leuten die Flucht ergriff.

Ein anderes Mal konnte er der Tochter seines feindlichen Bruders habhaft werden, als sie mit einer stattlichen Mitgift und einflußreichen Begleiterinnen auf dem Weg zu AKBAR DEM GROSSEN war, dem sie als Präsent zum Heiraten übersandt werden sollte. Unter Aufbietung all seines Charmes konnte er seine Nichte und ihre Entourage für sich gewinnen. Doch als Dschan Baba mit Hilfe der königlichen Aussteuer und der einflußreichen Damen ein Heer gegen seinen Bruder aufgestellt hatte, wurde er von Baqi Beg besiegt.

Abermals mußte Dschan Baba fliehen. Da Baqi Beg seinen unterlegenen Bruder immer noch als Rivalen ansah, lud er ihn zu einem Brudermahl ein und ließ ihn hierbei meuchlings ermorden. Vater Isa Khan hatte also recht gehabt.

Oft blieb so manchem edlen Ritter ohne Glück wenigstens das eine Glück, von der Nachwelt bekränzt zu werden. So schien auch Dschan Babas Sohn, der Gouverneur von Tatta, MIRSA KHAN II. (er war vermutlich der Nachfolger von Mirsa Baqi Beg Usbek), genügend Unterstützung gefunden zu haben, seinem Vater eine der schönsten Grabstätten auf dem Makli-Hügel errichten zu können (Farbt. 13; Abb. 57).

Sie ist über und über mit erhabenen und vertieften, minuziös ausgemeißelten Steinreliefs geschmückt, Arabesken die einen, flamboyant stilisierte Blattformen und verflochtene Kreise mit Rankeneffekt die anderen. Und dazwischen immer wieder die sindhischen Rhomben und Rosetten.

Am üppigsten ist natürlich der Mihrab dekoriert: Außen überzogen mit feinster, wie ziseliert wirkender Steinmetzarbeit, innen teils flach-, teils hochreliefiert gestaltet, wie ein spätgotischer, holzgeschnitzter Altar. Säulchen, Konsolen und Rosetten sind weit aus dem Steinblock herausgearbeitet. Die Schatten des intensiven Lichts hier erhöhen die plastische Wirkung. Nicht so sehr die architektonischen Elemente als seine überreichen Dekorationen zeichnen diesen Bau aus, lobpreisen den Prinzen ohne Glück.

AUF DEM HÜGEL DER HUNDERTTAUSEND TOTEN

Mirsa Isa Khan II.

Er war der Sohn des Prinzen ohne Glück. Seine Grabstätte liegt seitlich vor dem prächtigen Bau, den er seinem Vater DSCHAN BABA 38 Jahre nach dessen Ermordung bauen ließ. Auch er durfte sich als Gouverneur aus dem Hause der Tarkhane während seiner Amtszeit nur ein Jahr in *Tatta* aufhalten. Und in dieser Zeit zwischen 1618 und 1619 soll er den Auftrag zum Bau seiner letzten Ruhestätte erteilt haben. 18 Jahre dauerte es, bis er beendet war. Es war ein Palast geworden, unmittelbar neben BAQI BEG USBEKS Grab, mit Säulen-Kolonnaden, einer gewaltigen Kuppel und originell hochgezogenen Eingangsbögen. Er steht in einem weiten Hof, von einer Mauer umgeben, die innen von spitzbögigen Nischen unterteilt wird.

Dieser Stil mit den zweistöckigen Kolonnaden um eine zentrale Kuppel, den wir an keinem anderen Gebäude auf den Makli-Hügeln sehen, stamme, so wurde bisher immer behauptet, von *Fatihpur Sikri*, der kurzlebigen Hauptstadt AKBARS DES GROSSEN. Man dachte dabei vermutlich vornehmlich an den fünfstöckigen Pavillon im dortigen Harem, dem Pantch Mahal, mit seinen hinduistischen Einflüssen aus Gudscharat. Doch diese Einflüsse hätten Tatta nicht auf dem Umweg über Fatihpur Sikri erreicht, sondern auf direktem Wege, sagt A. H. DANI. Denn man könne davon ausgehen, daß Isa Khan II., als einflußreicher Gouverneur auch von *Gudscharat*, von dort Architekten nach Tatta entsandt habe, um sein Grabmal zu bauen.

So stehen wir hier vor einem Grabbau, dessen Grundriß gudscharatischer Natur ist, dessen Ausstattung aber viele Eigenarten sindhischen Bauens zeigt. Wir hatten durch ein mächtiges Iwan-Eingangstor den quadratischen Platz betreten, in dessen Mitte das ebenfalls quadratische Mausoleum steht. Seine Grabkammer, über zehn Kenotaphen und Sarkophagen errichtet, wird an allen Seiten von doppelstöckigen Kolonnaden umgeben, deren zwei Pfeilerreihen sehr betont die jeweiligen Architrave tragen. Die kantigen Pfosten sind von unten bis oben mit floralen Flachreliefs überdeckt.

Vier Eingangspfeiler tragen an jeder Seite des Grabkammer-Gebäudes bis zum Abschluß des zweiten Stockwerks hochgezogene Portale mit gezähnten Spitzbögen. Diese jeweils überhöhten Eingänge in Dreiergruppen, entstanden durch die Kolossalordnung der vier Pfeiler, umgeben die Grabstätte des Gouverneurs mit einem prunkvoll-feierlichen Nimbus.

Die schönsten und phantasievollsten Steinmetzarbeiten sind in die Außen- und Innenwände und in die Decke der Grabkammer gemeißelt, vielgestaltig variierte Rauten vor allem und Rosetten in Quadraten, beides Motive aus vorislamischer Zeit. Kein Wunder, daß Isa Khans II. Grab-Palast zu den drei eindrucksvollsten Bauten auf den Makli-Hügeln gezählt wird.

Diwan Schurfa Khan

Gegenüber dem Bau Isa Khans II., auf der anderen Seite der Straße, liegt das 1638 errichtete Backstein-Mausoleum des DIWAN SCHURFA KHAN, eines Ministers zur Schah Dschahan-Zeit (Abb. 56, 58). Er hat unter dem Mogul-Gouverneur von Sindh, NAWAB AMIR KHAN, amtiert. Und sicher erfolgreich, wie es die für einen Minister immerhin aufwendige Grabstätte zeigt. Sie ist von allen Makli-Bauten wohl am besten erhalten geblieben. Und sie muß damals das farbenfroheste Gebäude gewesen sein; Reste von Blau-Weiß-Kacheln überall am Bau weisen darauf hin.

Wie die benachbarten Stätten ist auch dieses Grab von einer Mauer umgeben, die gründlich renoviert worden ist. Dabei entstand auch eine rührend kleine, spitzbögig überbaute Mauer-Türe, die sicher nun eines der gewaltigen Iwan-Tore ersetzen muß, die wir immer wieder an den anderen Grabbauten sehen. Links (westlich) von dem Türchen erhebt sich an der Mauer schräg gegenüber ein Mihrab oder eine 'Mauer-Moschee'. Die Fliesentäfelungen in dem Mihrab und an der Mauerseite daneben, glasiert und in mehreren Blau-Abstufungen, betonen mit ihrem leichten und flockigen Zierat erst recht die Wucht und Schwerfälligkeit des Mihrab mit seinen beiden Turm-Stümpfen.

Auch das Grabmal unter einer Kuppel im vollendet persischen Schnitt wirkt wuchtig, aber auch introvertiert. Alles scheint nach innen gerichtet zu sein. Die Kastenform mit den abweisend ausgerundeten Ecken erinnert an einen Wehrbau. Dazu sind drei der vier Eingänge halb zugemauert. Nur einer lädt gegenüber der kleinen Mauertüre zum Eintreten ein. Innen stehen einige Sarkophage. Ein Kenotaph in der Mitte weist sich mit seiner Stele als Grab des Ministers aus. Kenotaph und Stele sind mit koranischen Texten kalligraphisch gestaltet, die arabischen Texte in Naskhi, die persischen in Nastalik.

Mit seinen persischen und timuridischen Anklängen steht dieses Mausoleum ernst und trutzig als Individualist zwischen den anderen Bauten. Früher, in seiner Farbenpracht, mag es, vor allem mit seiner blau-glasierten Kuppel, freundlicher gewirkt haben.

Sultan Ibrahim Khan

Gehen wir weiter nach Norden, dann fällt uns auf der rechten Seite ein oktogonaler Ziegelbau mit spitzbögigen Alkoven und einer Kuppel auf hoher Trommel auf. Hier wurde Sultan IBRAHIM KHAN (gest. 1550), ein Sohn des ersten bedeutenden Herrschers der Tarkhane, MIRSA ISA TARKHAN I., bestattet. Das Gebäude mit seiner ausgewogenen Symmetrie war der Vorgänger vieler anderer Mausoleen dieses Stils auf den Makli-Hügeln.

Mirsa Baqi Beg Tarkhan

Auch auf der rechten Seite, hinter hohen Mauern, steht im Freien das Kenotaph eines Despoten, des MIRSA BAQI BEG (1565–85). Er war der dritte Herrscher der Tarkhane, seit frühester Jugend verbittert, weil sein Vater, MIRSA ISA KHAN I., ihm mißtraute. Vermutlich dieses Trauma ließ ihn grausam und heimtückisch werden. Zweimal hatte sein Vater ihm, dem Ältesten, einen anderen Sohn als Nachfolger vorgezogen, darunter seinen Bruder DSCHAN BABA, den er, wie wir bereits erfuhren, meuchlings ermorden ließ, nachdem er seine anderen Brüder bereits ausgeschaltet hatte. Auch viele Mullahs, Derwische, Literaten und andere Intellektuelle ließ er hinrichten, denn er befürchtete, sie könnten zu populär und ihm darum gefährlich werden.

AUF DEM HÜGEL DER HUNDERTTAUSEND TOTEN

Ein Jahr nach Baqi Begs Tod hatte man begonnen, diese gewaltige Umfriedungsmauer als Hauptbestandteil des weiten Gräberfeldes für die Angehörigen Mirsa Baqi Begs um den Komplex zu ziehen. Weitere Mauern mit gezähnten Kronen unterteilen das innere Gebiet in mehrere Grabbezirke, auch, im äußersten Nordosten, wo die Frauengrabstätten liegen. In der Mitte natürlich, auf einer Terrasse, befindet sich das Kenotaph des Herrschers, mit vielen anderen Gräbern, ebenfalls von einer Mauer umgeben. Der oktogonale Grab-Pavillon eines BADI-US-SAMAN, eines Enkelsohns Baqi Begs, steht im Süden der Anlage. Auch an der westlichen Umfriedungsmauer, neben einem Mihrab, sehen wir den aus Quadern mit roh bearbeiteten Außenflächen bestehenden Pavillon eines unbekannten Toten.

Die Ornamentik an den Mauern und den kantigen Toren ist linear ausgerichtet, in Schmuckbänder, auch die Kalligraphie der arabischen Texte. Diese Bänder mit ihrer Schnurdekoration wirken beruhigend, sie erleichtern eine besinnliche Minute am Grab eines Mannes, den, wie es heißt, seine Umwelt zum Mörder werden ließ. Er war pathologisch ehrgeizig. Denn er wußte, daß er mit Fug und Recht den Thron beanspruchen konnte, weil er besser verwalten, schneller denken und umsichtiger planen konnte als seine vielen Brüder. Was er später denn auch bewiesen hat. Die Macht und seine Angst, sie wieder zu verlieren, haben ihn unberechenbar werden lassen. Aber er war der versierteste Herrscher aus dem Haus der Tarkhane. So blieb Mirsa Baqi Beg auch den Sindhi in Erinnerung, die sein Grab besuchen.

Mirsa Isa Kahn I.

Weiter nördlich liegt die Grabstätte von Baqi Begs Vater IsA KHAN I., dem Manne, dessen Mißtrauen die Jugend Baqi Begs überschattet hatte. Mirsa Isa Khan festigte als erster Mirsa der Turkhane die Macht seines Hauses gegen die stammesverwandten Arghune im eigenen Reich, die sich niemandem unterordnen wollten, und gegen nördliche Nachbar-Könige, die glaubten, eine neue Macht im südlichen Sindh nicht tolerieren zu dürfen.

Kaum hatte er seine Position gefestigt und zu dem Behufe unter anderem die Witwe seines mächtigen Kontrahenten im Norden geheiratet, als die Sindhi ihre erste Erfahrung mit Europäern machen sollten: Isa Khan I. hatte Portugiesen mit ihren Kanonen als Wunderwaffe gegen einen benachbarten König zur Hilfe gerufen. Unterdessen jedoch war er alleine mit ihm fertig geworden. Als die Portugiesen nach ihrer Landung feststellen mußten, sie seien nicht mehr gefragt, kühlten sie ihre aufgespeicherten Kampfgelüste durch tagelanges Plündern der Hauptstadt *Tatta;* dies auch, weil der König den versprochenen Sold nicht zahlen wollte. Ein Großteil der Stadt wurde dabei zerstört. Isa Khan eilte aus dem Norden zurück, um seine Hauptstadt in Ruinen vorzufinden.

Isa Khan I. zeichnete sich durch den stolzen Besitz vieler Söhne aus, an die uns so manches prächtige Grab auf den Makli-Hügeln erinnert. Doch sie haben ihm viel Unruhe bereitet. Denn schon zu Isa Khans Lebzeiten fochten drei seiner ehrgeizigen Söhne, wie wir hörten, den Thronanspruch untereinander aus. In Kriegen schwächten sie die Stellung des Herrscherhauses, die Isa Khan soeben errungen, aber noch nicht gefestigt hatte. Wie tatkräftig sein despotischer Sohn

BAQI BEG auch vieles im Interesse des Hauses wieder zu konsolidieren verstand, dieser Familienstreit, der sich unter Baqi Begs Nachkommen in Form eines Vetternkrieges wiederholte, verkürzte die Dynastie der Tarkhane auf vierzig Jahre.

Mit Isa Khans I. Mausoleum, dem ersten größeren Grabbau der Tarkhane, die künstlerisch noch in der Tradition Zentralasiens empfanden, wurden neue Stilelemente auf den Makli-Hügeln eingeführt. Das Relief spielte bei ihnen eine größere Rolle als bei ihren vorletzten Vorgängern, den Samma, die voll- und halbplastische Gestaltung bevorzugten. Die Tarkhane liebten auch die Rhomben- und Rosettenmotive, die sie phantasiereich zu variieren wußten. Mit ihnen lief die Zeit der linearen Dekorationen aus, die so charakteristisch für die Samma ist. Wir sahen sie noch am Grab Baqi Begs. Die Tarkhane zierten ihre Grabstätten weitflächig, sehr auf Kosten der Kalligraphie, die auf den Schmuckbändern der Samma deutlicher in Erscheinung getreten war.

Die Samma-Gräber im Norden der Makli-Hügel

Nun gehen wir eine lange Strecke zwischen Tausenden von Gräbern bekannter und unbekannter Persönlichkeiten hindurch bis hoch hinauf zum Norden, zum Ende der Makli-Hügel. Hier sind wir von den Grabbauten der sindhi-radschputischen Samma-Dynastie umgeben. Die Samma waren die Vorgänger der timuridischen Arghune und Tarkhane. Sie kamen aus dem Südosten, die Arghune und Tarkhane aus dem Nordwesten.

Die Samma-Sultane (14.–16. Jh.) – sie waren erst kurz vor oder nach Beginn ihrer Herrschaft im Sindh vom Hinduismus zum Islam übergetreten – haben die Sindhi-Architektur vor allem mit Elementen aus *Gudscharat* bereichert. Der Baustil von Sindh war schon immer seine eigenen Wege gegangen, sehr verschieden etwa von der Entwicklung in und um Lahore. Daher geriet auch SCHAH DSCHAHANS Moschee in *Tatta* so un-mogulisch, daher tragen auch heute noch die Mausoleen der heiligen Mystiker im *Sindh,* die Residenzen der Fürsten und Bauernhöfe hier ganz andere Züge und Farben als etwa die Bauten im Norden des heutigen Pakistan.

Unter den Samma erlebte der Sindh fast zwei Jahrhunderte wirtschaftlicher und kultureller Blüte. Verwirrend war nur, zumindest aus heutiger Sicht, das Gerangel zwischen den beiden Fraktionen des Herrscherhauses, die unablässig um den Thron kämpften und daher mal mit dem Sultan von Delhi, mal mit dem von Gudscharat paktierten. Die beiden bedeutendsten Persönlichkeiten dieser Zeit waren Sultan NISAMUDDIN und sein vielseitiger Großwesir DARYA KHAN.

Darya Khan alias Mubarak Khan

Das Grab DARYA KHANS liegt an der linken Straßenseite, kurz vor Sultan Nisamuddins Stätte an der rechten Seite. Ein kantiger Steintorbau führt einige Treppenstufen hoch zur Plattform.

AUF DEM HÜGEL DER HUNDERTTAUSEND TOTEN

Hier, vor der hochgezogenen Mihrab-Nische mit einem kleinen Pilaster auf jeder Seite, steht das Kenotaph des Wesirs. An seinem Kopfende ist eine Krone modelliert. Sie erinnert uns daran, daß Sultan Nisamuddin seinen treuen und vielseitigen Kanzler aus Dankbarkeit als Sohn adoptiert hatte. Und damit war Darya Khan, nun MUBARAK KHAN genannt, denn auch zu prinzlichen Würden aufgestiegen, berechtigt, dies durch eine Krone auf seinem Grab zu zeigen.

Darya Khan war aus jenem Holz geschnitzt, aus dem Genies gemacht sind. Vornehmlich ihm hatte es Sultan Nisamuddin zu verdanken, daß er als der populärste und glanzvollste Herrscher der Samma, als der »Harun al-Raschid von Sindh« (BALOCH) in die Geschichte eingegangen ist. Der Sultan hatte diesen befähigten Mann an seinem Hof schnell erkannt und ebenso schnell verstanden, ihn geschickt einzusetzen und schließlich als Großwesir absolut selbständig walten, ja regieren zu lassen. Darya Khan dankte es ihm, indem er als General sogar Sultan BABURS Heer zurückschlug und als Verwaltungschef mit einem großartig konzipierten Bewässerungssystem das Gebiet des Indus-Deltas, südöstlich von Tatta, in ein fruchtbares Ackerland verwandelte.

Leider war Sultan Nisamuddins natürlicher Sohn und Nachfolger, sehr bedauerlich für die Samma-Dynastie, nicht mit dem Selbstvertrauen gesegnet, das seinen großen Vater ausgezeichnet hatte. Er mißtraute dem mächtigen Wesir, der weiterhin auch in seinen Diensten stand, und forderte Fürsten aus dem Haus der Arghune, der Nachfolger DSCHINGIS-KHANS, auf, sich in Tatta niederzulassen, als Gegengewicht zu der Gefolgschaft Darya Khans.

Das war das Ende der Samma, und der geniale Wesir mußte in einer Schlacht gegen die Arghune für seinen unfähigen Sultan sein Leben lassen.

Seine Grabstätte, auf der mehrere Sarkophage stehen, umgibt sich, wie eine Festung, mit einer über einen Meter dicken Mauer. Sie ist geschmückt mit rund-gezähnten Zinnen, die wie Schießscharten aussehen und auch über die beiden Tore weiterlaufen. Die Tore mit diesem gezähnten Schmuck, mit ihrer Bandornamentik und ihren Eingängen in dreistufigen Rahmen, können Vorbilder für BAQI BEG TARKHANS Grabbau gewesen sein, so gleichen sie sich.

Eine Glanzleistung: Das Grabmal des Sultan Nisamuddin

Wir wissen nicht, wer diesen Prachtbau für den beliebten Sultan (1460–1508) errichtet hat. Einige vermuten, es könnte sein Großwesir DARYA KHAN gewesen sein. Über einer Türe hat allerdings Sultan Nisamuddins Sohn und Nachfolger FIROS SCHAH II. in Arabisch einmeißeln lassen, er sei der Erbauer gewesen. Er nennt hierbei die Jahreszahl 1509. Es sei aber sehr gut möglich, sagen pakistanische Historiker, daß schon etliche Jahre früher mit dem Bau begonnen worden sei, das Datum 1509 somit die Fertigstellung unter Firos Schah II. angebe, wobei in der üblichen Laudatio der damaligen Hofberichterstattung sein Verdienst als Bauherr besonders hervorgehoben worden sei. Sollte dem so sein, dann dürfen wir annehmen, daß der Baubeginn noch in die Zeit Sultan NISAMUDDINS gefallen ist und sein dankbarer Adoptivsohn, der allgewaltige Darya Khan, die Sache in die Hand genommen hatte.

87 Kunstgewerbe in Multan: Vasen und Lampenschirme aus Kamelhaut

88 Regierungsgebäude in Islamabad

89, 90 Islamabad: Die Ahl-i-Hadis-(Ahl-e-Hdees-)Moschee (links) und die Dschamia-(Jamia-)Moschee

91 Altindische Lotosmotive der Dschamia-Moschee in Rawalpindi, der weitaus älteren Nachbarstadt von Islamabad

92 Der historisch bedeutsame Khaiber-Paß

93 Kalligraph statt Setzer: Die handgeschriebene Seiten-Vorlage einer urdu-sprachigen Tageszeitung (Auflage: 120 000) entsteht

94 Kalligraphen einer großen, handgeschriebenen Tageszeitung übertragen die letzten Nachrichten auf die Seiten-Vorlage
95 Traditionelle Saiteninstrumente Pakistans

96 Die britischen Kolonialherren übernahmen Stilelemente der Moguln: Das Islamia-College in Peschawar

97 Vogelhändler in Peschawar an der Grenze zu Afghanistan

98 Nomadin aus dem Kaghan-Tal in Nord-Pakistan

100 Animistische Totenfiguren (Gandao) an den Gräbern der Kalasch ▷

99 Gehöft der noch heidnischen Kalasch im Hindukusch, Nordwest-Pakistan (vgl. Farbt. 36)

Das oben offene Mausoleum, ohne Außenhof und Nebengebäude ganz sich selbst genügend, könnte mit seinem ausgewogenen Reichtum an architektonischen und dekorativen Finessen wirklich den Plänen eines Mannes mit Tatkraft und Ideen, also einem Darya Khan, zu verdanken sein. Es gilt als ein Gipfelpunkt sindhischer Baukunst.

Der Stil vieltausendjährigen Ziegelstein-Bauens wurde hier, zur Endzeit der Samma-Dynastie, in Stein übertragen. Aus *Gudscharat* und *Radschastan* hatte man Anregungen übernommen, vor allem die dort üblichen Konsolen, Gesimse und Kragsteine verwandt, aber auch florale Motive. Selbst die Schikhara, die parabolisch geschwungene Dachspitze der Hindu-Tempel, taucht als Dekoration am Nisamuddin-Grab auf.

Wie ein kubischer Klotz liegt das Bauwerk vor uns, umschnürt mit ornamentierten Friesen. Nur aus der Westwand kragt unvermittelt eine überreich dekorierte Auslucht vor (Abb. 59), mit den Kunstkniffen der gudscharatischen Steinmetzen zu einem Wunderwerk der Formen gemeißelt und graviert: Blendarkaden und -nischen, Pilaster, wie tief gedrechselt, Schikhara-Hauben, immer wieder gezähnte Bänder und floral geschmückte Konsolen. Die übriggebliebenen Flächen sind mit Rosetten, rankenden Rauten und mit stilisierten Blumen bis zum letzten Quadratzentimeter verziert. Ein Balkon mit einer Fensterwand-Ruine von langen Kragsteinen getragen, krönt den haushohen Erkerbau. Er soll mit seinem Schmuck die Stelle der Mihrab-Nische im Innern markieren.

Auch dort innen, in der oben offenen Halle, bildet der Mihrab den Mittelpunkt als schmuckvoller Hinweis auf die Gebets-Richtung nach Mekka. Die tiefen Fenster in der wohl 2 m dicken Mauer mögen stimmungsvolles Licht in den hohen Raum geleitet haben. Auch hier Blendarkaden, prächtig dekorierte Friese und Ziererker. Unter drei sich verjüngenden Spitzbögen reicht der Mihrab mit seinem Schmuckwerk tief in die Wand hinein.

Wir sehen hier zwar einige Gräber, vor allem von Kindern, aber kein repräsentatives Kenotaph des Sultans. Draußen jedoch, an der Südseite des Mausoleums, liegt vor einem halb zugemauerten Eingang ein Grabstein mit einer Krone. Aber niemand weiß, an wen sie erinnern soll.

Nisamuddins Mausoleum beendet im Norden die lange Reihe der Großbauten dieser von Horizont zu Horizont reichenden Nekropolis. Seltsam, warum haben sich die Samma und die Arghune und Tarkhane nur mit ihren Grabbauten verewigt? Und das mit solchem Elan?

Wir kennen keine anderen Steinzeugen ihrer fast dreihundert Jahre langen Zeit, die uns von dieser Epoche kraftvollen Lebens berichten und von Herrschern und Administratoren, die dieses Leben zu gestalten wußten. Es war eine Zeit voll des sprühenden Geistes, wie es die leider zu wenig übersetzte Sindhi-Literatur überliefert.

Aber einiges ist hier auf den Makli-Hügeln aus der Geschichte eines Landes zu erfahren, das seine eigenen Wege gegangen ist und das sich lange zwischen den Großmächten der Perser und Moguln behaupten konnte.

Die Kunst des feinen Pinsels: Miniaturen

1980 ist in Lahore der wohl letzte pakistanische Meister der Miniaturmalerei gestorben. Scheich SCHUDSCHA ULLAH hatte noch im klassischen Stil der spät-mogulischen Zeit gearbeitet und jahrzehntelang versucht, seine Schüler als Sachwalter dieses Stils auszubilden. Doch leider scheinen sie nun nicht in der Lage zu sein, diese Kunst fortleben zu lassen. Andere Einflüsse, nicht unbedingt westliche, sind zu groß. Sie sind groß, wenn wir an die kreative Seite denken. Doch zum Glück nicht groß genug, um das Interesse der immer noch zahlreichen, vornehmlich ausländischen Liebhaber dieser Kunst zu schmälern.

Auch AFTAB AHMED KHAN, ein Nachfahre des persischen Miniaturmalers SAYYID MIR ALI KHAN, der im 16. Jh. Kaiser HUMAJUN von Persien nach Indien begleitete, gilt als bedeutender Miniaturkünstler. Ein Augenleiden zwang ihn vor einigen Jahren dazu, aufzuhören. Neben seiner Malerei betrieb er in *Lahore* auch ein Fotoatelier. Kein Wunder also, daß auch seine sogenannten Miniaturen, meist Porträts, 'fotografisch' gerieten, also nicht mehr den traditionellen Stil der Miniaturen zeigten. Sein Sohn SCHAKIL setzt die Malertradition der Familie fort. Doch erschöpft er sich darin, Themen aus der Mogul-Zeit endlos zu wiederholen.

Wenn wir die Bilder Aftab Ahmed Khans nicht mehr als Miniaturen ansprechen, so wollen wir damit sagen, daß seine Porträts zwar zweifellos einen hohen künstlerischen Wert besitzen, nur eben nicht mehr im klassischen Sinn als Werke im Miniaturstil angesehen werden können. Miniaturen haben ihre sehr spezifische Ausdrucksweise, wie wir noch sehen werden, die kaum Variationen verträgt. Es genügt nicht, um ein kleines Bild florale Verzierungen zu malen und das Ganze Miniatur zu nennen.

So wird also der letzte pakistanische Miniaturenmaler klassischen Stils vermutlich Meister SCHUDSCHA ULLAH gewesen sein.

Die Geschichte der Miniaturmalerei

Die Herkunft der Miniaturkunst, die in Persien und später in Indien ihre Höhepunkte erlebte, liegt im Dunkeln. Assyrische Friesdarstellungen werden als Urahnen genannt. Glaubwürdiger erscheinen Hinweise auf den persischen Religionsstifter MANI (216–77). Er soll die Illustrationen zu seinen Lehrschriften selbst gezeichnet haben. Nach seinem Tod als Märtyrer griffen seine Anhänger, so heißt es, des Meisters Begeisterung für Malerei auf, ritualisierten sie und verbreiteten sie schließlich mit der neuen Lehre bis in die chinesischen und byzantinischen Kulturräume hinein.

Während des 13. bis 16. Jh. ließen sich die Perser, Araber und Türken von den Chinesen beeinflussen. Mit ihren betont linearen Mal-Techniken fanden die chinesischen Künstler vor allem in Persien Anklang, zur Zeit der mongolisch-persischen Ilkhaniden (13. und 14. Jh.), die enge Beziehungen zu den mongolischen Herrschern Yuan-Chinas unterhielten. So verschmolzen denn an den Höfen der Ilkhane in *Täbris, Sultaniya* und *Maragha* chinesische mit persischen Merkmalen. Besonders die chinesische Virtuosität des schnellen und ausdrucksvollen Pinselstrichs wirkte sich auf die anfänglich nicht so beseelten Bilder der Perser aus.

Meister Bihsads neuer Stil

Im 15. und 16. Jh., zur Blütezeit der persischen Miniaturkunst, wurde unter dem Einfluß der Künstler-Kolonien in *Täbris, Qaswin* und *Isfahan* und der timuridischen Schule in *Herat* den dargestellten Menschen etwas mehr Leben eingehaucht. Die große Wende zur Lebensnähe trat mit Meister BIHSAD ein, dem 'Raffael des Ostens', der in Herat und später in Täbris die Gesichter und Bewegungen nun lebendiger und nuancierter zeichnete und die Bildkomposition stärker berücksichtigte. Seine Schüler prägten dann den Stil der Safawiden und Moguln, unter denen die Miniaturmalerei ihre subtilsten Ausdrucksformen fand.

Die Maler in Persien, Indien und vor allem in der Türkei genossen größere Freiheiten als ihre Kollegen in anderen Ländern des Islam, die keine Menschen und oft selbst keine anderen Lebewesen darstellen durften. Im Koran finden wir den Hinweis: »O ihr, die ihr glaubt, siehe, der Wein, das Spiel, die Bilder und die Pfeile (zum Losen) sind ein Greuel von Satans Werk. Meidet sie...« (V, 92). Es wird also nicht ausdrücklich die Darstellung von Lebewesen genannt. Aber die energische Absage des Korans an den Götzendienst war später der Hauptgrund des Bilderverbots. Denn die 'heidnische' Identität von Bild und Idol war den orthodoxen Koran-Interpreten noch zu gegenwärtig.

Es begann mit Kaiser Humajun

Kaiser HUMAJUN hatte die Miniaturkunst in Indien eingeführt. So berühmte Künstler wie ABDUL SAMAD und vornehmlich MIR SAYYID ALI, ein Mitarbeiter von Bihsad, haben ihn bei seiner Rückkehr aus dem persischen Exil nach *Delhi* begleitet. Dort und in *Lahore* richteten sie Miniaturen-Schulen ein. So breitete sich bald unter der mogulischen Ägide ein indo-muslimischer Stil aus, der lyrischer geriet als der persische und türkische. Im Vordergrund standen höfische Themen. Dieser höfischen 'Bildberichterstattung' war denn auch die Porträtmalerei zu verdanken. Der Kaiser und seine Höflinge ließen sich für alle Ewigkeit konterfeien. Und so taten es denn bald auch die anderen ohne Ewigkeits-Ambitionen, aber sie brachten nun Einzelporträts in ganzer, stolzer Gestalt und Gruppenbilder in Mode.

Die Fertigkeit der Miniaturenmaler, mit feinen Pinseln ausdrucksvoll umzugehen, und ihr erlesener Geschmack im Umgang mit Farben, hatte sich also von einer rein höfischen zu einer

DIE KUNST DES FEINEN PINSELS: MINIATUREN

volkstümlichen Kunst erweitert. Sie hat den Zerfall des Mogulreiches überlebt und auch die anschließende kulturelle Rezession im indo-islamischen Gebiet.

Dieser Stil kam der Vorliebe der Süd-Asiaten für Bilder entgegen, die bis ins Kleinste und Feinste ausgearbeitet sind, wie der Schmuck ihrer Frauen, Bilder, deren Farben mit einer weiten Skale von Zwischentönen erfreuen, wie die Tonalität ihrer Musik, und die harmonisch durchkomponiert sind, wie die Mogul-Bauwerke. Linienführung und Farbkomposition gelten denn auch als wesentliche Kriterien persischer und indischer Miniaturkunst.

Anekdotische Schilderungen

Um dem uns nicht so leicht zugänglichen Stil der Miniaturen gerecht zu werden, sollten wir schließlich auch berücksichtigen, wie sehr sie nur als anekdotische Schilderungen zu meist bereits bekannten Themen aufgefaßt werden wollen. Das Motiv trägt also weniger einen bildnerischen als einen erzählerischen Charakter.

Auch dient es, falls es sich um eines der selteneren religiösen Themen handelt, ganz sicher nicht der Erbauung oder gar der ikonischen Verehrung, wie dies die Mullahs bis heute befürchten. Dem Motiv wird in solch einem Fall, im Gegensatz zum christlichen, hinduistischen und buddhistischen Raum, jede bildliche Transzendenz des Göttlichen oder Heiligen vehement abgesprochen.

Wir wollen an die Miniaturen, die meist auf Perspektive, Schatten und anatomische Einzelheiten verzichten und lange nur als Buchillustrationen gedient haben, keine abendländischen Ansprüche stellen. Die Linien des Pinsels sind tonangebend. Das malerische Element beginnt erst dort, wo der Künstler die Flächen zwischen den Linien mit Farbe ausfüllt.

Indische Elfenbein-Miniatur

Persische Buchillustration

Nach festen Gesetzen

Wir Europäer vermissen darin das Perspektivische, die Tiefe, die Schatten und das Körperliche; Menschen werden fast nur im Profil dargestellt, sie sehen den Betrachter nie an, als führe jene unbewußte Furcht die Hand des Künstlers, den Menschen durch die volle bildliche Darstellung nochmals zu erschaffen, was Gott vorbehalten ist, worauf in diesem Zusammenhang die islamische Orthodoxie hinweist.

Viele Bilder wirken auf uns zu statisch, irgendwie introvertiert. Wir werden zwar von ihrem Charme angesprochen, von dem Charme schlichten Erzählens, und wir können auch die Hingabe des Künstlers an sein Werk nachvollziehen, das nach festen Gesetzen entstehen muß, und auch die Geduld, mit der er die Arbeit in islamischer Tradition mit hauchzart stilisierten Blüten, Blättern und Ranken umrahmt, doch viele Bilder wirken auf uns zu flächig, zu wohlgesetzt und adrett, um als aussagekräftige Darstellung empfunden zu werden.

Andere Bilder dagegen überraschen mit Porträts und höfischen Szenen, die in jeder Hinsicht auch nach westlichen Normen genial gestaltet und ausgearbeitet sind und der Miniaturmalerei den Ruf eingebracht haben, Meisterwerke von Weltklasse hervorgebracht zu haben.

Die *pakistanischen Museen* zeigen eine Fülle dieser Bilder, und im Handel werden sie den Liebhabern laufend angeboten, wobei natürlich alle Arbeiten als 'alt' bezeichnet und dabei unangebracht hohe Preise verlangt werden. Oft übernehmen auch Pakistans Maler Stilelemente der Miniaturen, um ihren eigenen Stil damit zu bereichern. Und selbst die Teppichknüpfer lassen sich immer wieder von den Ornamenten und Farben der Miniaturen anregen.

Die Mystiker am Indus

Wohl nirgends werden so viele und so volkstümliche Heilige verehrt wie in Pakistan. Zu Fuß und auf Kamelen, in Pferdekutschen und im neusten Mercedes pilgern sie zu den Mausoleen, um dort in Gebet, Gesang und Tanz ihren Heiligen nahe zu sein (Farbt. 30–33).

Meist waren es Sufis, islamische Mystiker, die als fromme Praktiker der humanitas unsterblich wurden. Die muslimischen Feldherren, die schon Jahrhunderte vor ihnen das Land am Indus für den Islam erobert hatten, sind oft vergessen, nicht aber die Sufis, die Sänger der Gottesliebe.

Pakistan ist übersät mit Heiligengräbern. Prachtbauten die einen: ihre blau und grün leuchtenden Fayencekuppeln erinnern an heilige Philosophen, an Literaten und Komponisten, die längst auch schon in die profane Geschichte eingegangen sind. Armselige Steinsarkophage die anderen: ihre Lumpenfahnen an hohen Stangen sollen auf einen Dörfler hinweisen, der frommer war als die anderen.

Die Heiligen genießen in Pakistan eine Verehrung, die sich nicht unmittelbar auf den Koran beziehen kann. Denn dort heißt es: ». . .und wenn sie sagen: 'Diese [die Heiligen] sind unsere Fürsprecher bei Allah', sprich: 'Wollt ihr Allah ansagen, was er nicht kennt . . .? . . . erhaben ist Er ob dem, was ihr Ihm beigesellt'.« (X, 19).

So findet denn Pakistans Heiligenverehrung nicht die volle Zustimmung der islamischen Orthodoxie. Diese engen, unorthodoxen Beziehungen, vor allem der Landbevölkerung, zu den Heiligen sind Ausdruck der frommen Verehrungsfreude, die den Menschen am Indus und im benachbarten Indien eigen ist. Sie glauben an die 'Baraka' des toten Heiligen, an seine noch immer segensreiche Ausstrahlung.

Als im 11. Jh. die ersten Mystiker des Islam aus Arabien, Persien und aus der Gegend um Taschkent im Gebiet des heutigen Pakistan missionierend auftraten, fanden sie bereits die mystische Geistigkeit der Hindu vor. Wie die Sufis sehnten auch sie sich danach, Gott zu erfahren und sich schließlich mit ihm vereint zu fühlen. Diese Sehnsucht hatte seit wedischen und buddhistischen Zeiten die Menschen am Indus bewegt.

Heute wird oft vermutet, das Gedankengut der Neuplatoniker, von den Muslimen vor tausend Jahren fleißig ins Arabische übertragen, habe die islamische Mystik beeinflußt. Und die Ideen der christlichen Mystik, insbesondere ihre Askese, hätten auf dem Weg über die syrisch-christlichen Frommen in der Wüste den Islam erreicht. Das Ordensleben der Sufis dagegen könne man auf das christliche Mönchtum Ägyptens zurückführen, heißt es weiter.

Andere weisen auf bemerkenswerte Parallelen zwischen sufischen Überzeugungen und der Philosophie des Wedanta Advaita hin. Hier der monistische Weg zur meditativen oder kontemplativen Erfahrung Allahs, ein Weg der Liebe; dort der sehr ähnliche Weg zur Erfahrung des Brahman, ein Weg des Bhakti zur Weltseele, die sich im mikro- und gleichzeitig im makrokosmischen Atman manifestiert, so bedeutsam etwa, wie Allahs Wort im Koran.

Sie wollten Allah erfahren

Doch so verblüffend oft diese Parallelen auch erscheinen mögen, sie bleiben sich nur ähnlich, aber sie sind vermutlich nicht verwandt. Den Intellektuellen aller Religionen genügten oft der Glaube allein und die nüchterne Theologie nicht mehr. Fern allen Dogmen wollten sie Gott näher sein, wollten sie Ihn erfahren; sie wollten Ihn selbstlos lieben und sich schließlich verzückt oder in tiefster Ruhe und Konzentration mit Ihm vereint fühlen. So haben ein MEISTER ECKEHART, ein AL-HALLADSCH, NAGARDSCHUNA und SCHANKARA aus dem innigsten Erleben ihrer Religion heraus und unabhängig voneinander die 'Unio mystica' gepriesen und empfohlen, erst sich selbst zu erkennen, bevor man Gott erleben wolle.

Später haben die Schulen der Mystiker verschiedener Religionen sich natürlich auch gegenseitig beeinflußt, vornehmlich wohl die christlichen und islamischen Mystiker bis in spätbyzantinische Zeiten sowie, mit einigen Riten, auch die Hindu und Sufis.

Auch ALI IBN UTHMAN AL-HUDSCHWIRI hatte den Weg zum glückseligen Gott-Erleben gepredigt. In *Lahore,* der bezaubernden Palette mogul-indischer Baufreude, erhebt sich die Kuppel seines Mausoleums über die Basargassen der Stadt. Hier starb er vor neunhundert Jahren. Er war einer der ersten Sufis, die im Pandschab ALLAHS Wort verkündeten und mit Geist und Demut vorlebten, wie man sich Gott näher fühlen könne.

Bald schon wurde er 'Data Gandsch Bakhsch' genannt, der 'Schätze-Verteiler'. Seine ideellen Schätze, die sufistisch interpretierte Lehre des Propheten, hatte er an seine Jünger verteilt, die Fakire, und auch an die Fürsten, Händler und Gutsbesitzer. Die dank seiner Ausstrahlungskraft zum Islam übergetretenen Reichen überhäuften ihn mit Kostbarkeiten, die er, nun als materielle Schätze, weiter an die Armen verschenkte, die oft reicher waren als er. Sein persisch geschriebenes Werk ›Kaschf al-Mahdschub‹ (Die Enthüllung des Verschleierten) definierte erstmalig am Indus das Wesen der mystischen Frömmigkeit. Erstmals wurde hier auch das Werk eines Mystikers in Persisch verfaßt und nicht mehr in Arabisch. »Damit leitete er eine neue Periode der mystischen Literatur ein.« (ANNEMARIE SCHIMMEL).

Hunderte ziehen täglich zu dem prächtigen Marmormausoleum des armen Gelehrten (Abb. 82). In der Mitte des Innenhofes steht wirkungsvoll einsam die Grabstätte mit dem Sarkophag, den Gläubige immer wieder mit neuen, kostbaren Seidentüchern überdecken. Das flache Mausoleum trägt wie auf einem Tablett die Kuppel des Sanktuariums aus grünglasierten Kacheln.

Ein blütenrankendes Marmorgitter schützt den Steinsarg vor den Liebkosungen der Pilger. Ihr Streicheln, Küssen und Umarmen haben das Abwehrgitter dunkel poliert. Durch eine kleine Öffnung werden Girlanden, die anmutigen Gebinde indo-asiatischer Verehrung, sowie Blumen und Tücher auf den Sarkophag geworfen, von Stoßgebeten begleitet. Es duftet nach einer Vielfalt von Blumen, abgebrannten Räucherstäbchen und undefinierbarer Haarpomade. Aber die routinierten Wallfahrer lassen sich von diesen Düften nicht irritieren. Nur den Fremden trifft es mit dumpfsüßer Gewalt.

Im Innenhof öffnet eine Moschee ihre Gebetshallen zum Mausoleum hin, als wolle sie den Überschwang der Heiligenverehrung abfangen, vom Mausoleum ableiten zu sich und ihrer orthodoxen Andacht.

In *Sehwan*, im nordwestlichen Sindh, wirkte der originelle Asket LAL SCHAHBAS QALANDAR, der sein Volk gegen einen Tyrannen verteidigte. Mit seinen Tänzen und eigenwilligen Ideen war und ist die islamische Orthodoxie ganz und gar nicht einverstanden. Er zählt neben DATA GANDSCH BAKHSCH und SCHAH ABDUL LATIF im Sindh wohl zu den populärsten Sufis Pakistans (Farbt. 31). Der ehemalige Schah von Iran stiftete seinem Mausoleum eine hohe, in Gold gefaßte Portaltüre.

Auch hier beten täglich Hunderte von Pilgern (Abb. 83). Oft übernachten sie in den weiten Hallen der Grabstätte, die vermutlich über einem früheren Schiwa-Heiligtum errichtet worden ist. Abends tanzen sie sich in Ekstase, in ein unbeschreibliches Glücksgefühl, mit hocherhobenen, schlängelnden Armen, wie es der heilige Qalandar schon vor 600 Jahren getan haben soll. Und wie zu Qalandars Zeiten tanzen auch heute noch Frauen mit. Und wie sie tanzen! Aber nur hier in *Sehwan Scharif* ist es ihnen noch erlaubt.

Da diese oft allzu temperamentvollen Tanzmeditationen der Derwisch-Tradition leicht zu Exzessen führen können, dürfen sich die frommen Pilger dieser Freude täglich nur noch von 19–20 Uhr hingeben. Fakire des Qalandar flitzen dann durch die brodelnde Menge und sorgen, wenn es sein muß, handgreiflich, für Ordnung.

In der Stadthalle von Bonn-Bad Godesberg sangen vor einiger Zeit Sindhi-Musikanten Lieder des Indus-Tals. Ein Lied erhielt bereits vor der Darbietung stürmischen Applaus, als es von der Sufi-Autorität Professor ANNEMARIE SCHIMMEL angekündigt wurde. Die anwesenden Pakistani klatschten im Takt, sangen mit und wollten den Song wieder und wieder hören: Es war der neueste Hit in Pakistan. Er preist Lal Schahbas Qalandar, den Heiligen von Sehwan.

Inniges Ich-Du-Gelöbnis

So viele Prachtgräber auch im Pandschab (Abb. 85, 86) stehen mögen, im Sindh, im Süden Pakistans, erheben sie sich noch zahlreicher als buntstrahlende Kontraste zu dem Graubraun der kubisch-monotonen Wohnhäuser. Grün, zitronengelb und wasserblau sind sie hier. Und hier trommeln, singen und tanzen die Frommen noch hingebungsvoller als im Pandschab und ihre Bittgebete sind hier noch lauter und inbrünstiger, denn das Leben in den Halbwüsten des Sindh ist hart, und die Pest des Versumpfens und Versalzens überzieht immer schlimmer die Felder ihrer heißen Heimat.

Die Frommen am Indus suchen mehr instinktiv als bewußt eine mystische Vereinigung mit ihren Heiligen, den Vorbildern ihres simplen Lebens. Zärtlich streichen sie mit der Hand, die den Sarg oder das Schutzgitter davor oder die Eingangspforte liebkoste, anschließend über ihr Gesicht, als inniges Ich-Du-Gelöbnis. Oder sie heben das devotionale Seidentuch auf dem Sarkophag an und ziehen es über ihren Kopf. Plötzlich sind dann Sarg und Beter alleine, unter einer Haube, abgeschirmt vom Theater der Außenwelt. Hier vereinigt der Pilger sich mit dem heiligen Mann, ein paar Sekunden nur, weil hinter ihm die anderen auf das gleiche Erlebnis warten.

Die heute noch lebenden Nachkommen der weisen Sufis haben es oft, und im unverminderten Glanz ihrer heiligen Vorfahren, zu erstaunlichem Wohlstand gebracht. Immer und allzu gerne noch werden auch sie in den weiten Kreis der Heiligenverehrung einbezogen, wie Pir Ghulam Gutab etwa im pandschabischen *Pakpattan*, vierzehnter Nachfolger des heiligen Fariduddin Gandsch-i-Schakar und wohlhabender Besitzer eines reichen Dorfes um ihn herum. Täglich um 14 Uhr wird Sankt Ghulam in einer Sänfte durch die ehrfürchtig zur Seite tretenden Pilger zu den beiden Mausoleen seiner Vorgänger getragen. Dort betet er, bewundert von den Frommen.

Oder Pir Mohammed Schams-ud din Gilani. Als Nachfolger eines Heiligen des Qadiriyya-Ordens begrüßt er den Gast mit würdevollem Lächeln als 'Vater' des verstaubten Ortes Utsch (Uch), also als Semi-Heiliger, Schattenbürgermeister und Großgrundbesitzer mit vier Frauen und Allah weiß wievielen Kindern.

Die Einwohner des traurigen Städtchens kümmert es anscheinend wenig, daß *Utsch* einst Metropole des Sindh war, eine Stätte erlesener Gelehrsamkeit, die sogar Heiligen so verschiedenartiger Richtungen wie der des Suhrawardiyya- und des Qadiriyya-Ordens geistige Heimat wurde. Die mittelalterlichen Moscheen sind zusammengefallen, vom Fluß unterspült. Eine einsam hohe Wandruine zeigt noch den Torso ihrer türkisblauen Fayence-Wunderwerke, als wolle sie sagen: »So herrlich schmückten wir uns damals zum Lobe Allahs!« Heute aber kommen nur wenige Pilger hierher, weil hier alles so verwahrlost ist.

Freude am Grab

Bunt und lebendig geht es dagegen am Grab des Sängers und Dichters Schah Abdul Latif zu, im sindhischen *Bhit Schah* (Abb. 84). Zwischen den Gebeten werden immer wieder Gedichte aus seinen berühmten ›Risalo‹ hergesagt und dazu seine Lieder gesungen. Im Hof des blauweiß leuchtenden Mausoleums tragen Musikanten auf bauchigen Saiteninstrumenten (Abb. 95) seine Melodien vor, Musik des Sindh, die er mit arabischen und indischen Zutaten für sein Volk erfand. Niemand ersann zartere Verse und beglückendere Gesänge als er. Kein Wunder, daß auch die Hindu ihn lieben.

Im Norden Pakistans, im auslaufenden Himalaya, ist übrigens vor dreihundert Jahren auch der schrullige Bari Imam umhergewandert, der manchem Bauern und Hirten eine deftige und dazu wunderwirkende Lektion erteilte. Während seiner Gedenkwoche Ende April/Anfang Mai drängen sich Hunderttausende von Pilgern um sein Grab und durch den riesigen, verqualmten Jahrmarkt. Und zwischen ihnen tanzen hingebungsvoll Grabwächter, Derwische und – früher – Transvestiten.

Tagelang hört dann die Diplomatenwelt der modernen Hauptstadt *Islamabad* das Rumbeln riesiger Trommeln vom nahen *Nurpur Schahan*. Zwei Welten: Die schweißblanken Tänzer am Grab des Bari Imam können sich zwar das Leben der Fremden vorstellen, diese aber nicht das Erleben der Sufi-Gläubigen in Trommel-Rufweite von Islamabad.

Allerdings erleben diese Sufi-Gläubigen ihren Heiligen meist nicht im Rahmen komplizierter theologischer und philosophischer Gedanken der islamischen Mystik. Sie erleben und verehren nur ihn persönlich, ihn, der dort begraben liegt. Sie gedenken seiner Wundertaten, seines religiösen und humanen Vorbildes, seines Ruhms als Geistesgröße, Poet und Sänger. Und nicht zuletzt natürlich huldigen sie ihm auch, weil er so erstaunliche missionarische Erfolge erzielen konnte. Sie genießen diese gelöste, friedlich-frohe Pilger-Stimmung am Mausoleum, dieses Zusammensein in der Freude, einen guten Menschen mit allen Zeichen festlichen Gepränges ehren zu können.

So weiß der fromme Bauer und Kleinbürger schon auf dem Weg zum Heiligengrab, wenn er vergnügt hinter den Pilger-Fahnen und den unermüdlich verzückten Tänzern herläuft, daß ihn einer der wenigen Lichtpunkte seines kargen und ereignislosen Lebens erwartet. Am und im Mausoleum des Heiligen umfängt ihn soviel Gemüt, Brüderlichkeit und Toleranz, als sei der Heilige gestern erst gestorben, als sei man noch ganz von seinem läuternden Einfluß umgeben. Aber meist sind die Heiligen schon viele Jahrhunderte tot. Doch ihr Geist, ihre Worte und Taten bleiben nah, bleiben im pakistanischen Volk verwurzelt.

Nichtgläubige willkommen

Auch der Fremde, der ein Sufi-Grab besucht, spürt hier sofort diese warmherzige Atmosphäre. Er wird mit allen Zeichen spontaner Gastfreundlichkeit empfangen. Oft hängen ihm die Sufi-Verehrer eine dünne Girlande aus weißen, duftenden Blüten um, als Ausdruck ihrer Freude über den Besuch eines Fremden und Nichtmuslim. Wohlwollend beobachten sie ihn, wenn er mit ihnen langsam um den Sarkophag schreitet und sich neben sie hockt, um den heftig gestikulierenden Sufi-Sängern zuzuhören und hin und wieder auch mal kräftig zu schlucken, wenn das Gedröhn der virtuos und knallhart geschlagenen Trommelfelle das eigene Trommelfell in Mitleidenschaft zieht.

Wir denken dann an Indien, wo dem Nicht-Hindu, dem Unreinen, nur zu oft der Zugang zum Zentralraum des Tempels verwehrt wird. Oder an die schiitischen Heiligtümer im benachbarten Iran, wo etwa in Maschad, Ghom und Rey die Mullahs eine finstere Stimmung verbreiten, und der Ungläubige sich nicht einmal in die Nähe des Einganges wagen darf. Auch in Moscheen begegnet der Andersgläubige oft den mißtrauischen Blicken der Mullahs, denn der Koran sagt: »Besuchen nur soll die Moscheen Allahs, wer glaubt an Allah und an den

Jüngsten Tag und das Gebet verrichtet und die Armensteuer zahlt und Allah allein fürchtet...«
(IX, 18).

Woher stammt nun diese Toleranz und Brüderlichkeit und dieser Schimmer religiösen Verklärtseins an den Gräbern der islamischen Mystiker? Welche Gedankenwelt prägt und prägt noch heute die Schulen des Sufismus, den der französische Pater der Weißen Väter, ROBERT CASPAR, »einen der geistigen Höhepunkte in der Geschichte der Menschheit« nannte?

Nicht nur Gebete

Wenn wir versuchen, die Ideen der islamischen Mystik oder 'Tasawuf' zu erklären, dann mag es uns ergehen wie den Blinden in der Parabel des MAULANA RUMI: Sie sollen einen Elefanten beschreiben. Jeder berührt dabei einen Körperteil des mächtigen Tiers. So bezeichnet ihn der eine Blinde, der seinen Rüssel befühlt, als eine Wasserpfeife, ein anderer, der sein Ohr anfaßt, als einen Windfächer und ein Dritter, dessen Hand über den Rücken streicht, als einen Königsthron.

Es läßt sich also keine allgemeingültige Definition des Sufismus formulieren. Zu verschieden lauten die Lehren, Termini und Erkenntnisse der sufischen Meister, zu verzweigt entfalten sich die einzelnen Schulen. Doch eines bleibt fast allen Strömungen der islamischen Mystik seit den Anfangszeiten des Islam gemein: Sie fußen unbeirrt auf dem Wort des Korans. Nur ALLAH in seiner Einmaligkeit und Allgegenwart ist ihr Gott.

Wie den christlichen Mystikern des Mittelalters, so genügte es jedoch auch den Sufis nicht, Gott mit dem vorgeschriebenen Ritual ihrer Religion anzubeten und nur ein Allah wohlgefälliges Leben zu führen. Meist waren sie Intellektuelle und von einer tiefen, verzehrenden Liebe zu Gott erfüllt. Diese Liebe beherrschte ihr ganzes Denken und Handeln. Die Sufis verehrten Allah nur um seiner selbst willen. Hierbei an einen Lohn im Himmel oder auf Erden zu denken, empfanden sie als Sünde gegen Gott. So betete die heilige RABI'A AL-ADAWIYYA (713–801) aus Basra, im heutigen Irak, der wir einige der schönsten Verse innigster Gottesliebe verdanken:

»O Gott, wenn ich Dich aus Furcht vor der Hölle lieben sollte,
verbrenne mich in ihrem Feuer.
Wenn ich Dich aus Verlangen nach dem Paradies anbeten sollte,
verschließe es mir.
Wenn ich Dich aber um Deiner selbst willen anbeten sollte,
versage mir nicht, Dein Antlitz zu schauen!«

Ein andermal ruft sie Allah an:

»O Herr, die Augen ruhen, die Sterne gehen unter,
lautlos sind die Bewegungen der Vögel in ihren Nestern.
Du bist der Gerechte, der keinen Wandel kennt,

> die Gerechtigkeit, die nicht vom Wege irrt,
> das Unaufhörliche, das nicht vorübergeht.
> Die Türen der Könige sind verschlossen, von ihren Häschern bewacht.
> Doch Deine Türe ist offen denen, die Dich anrufen.
> O Herr, jeder Liebhaber ist jetzt allein mit seiner Geliebten.
> Und ich bin allein mit Dir.«

Andere Sufi-Sänger, -Dichter und -Philosophen, vor allem in Persien, benutzten Metaphrasen wie 'Geliebte', 'Freund' und 'Schöner Jüngling' (Hafiz, Rumi) oder den – unislamischen – 'Rausch des Weins' (Khayyam), um ihrer nur auf Gott ausgerichteten Liebe symbolhaft Ausdruck zu verleihen. Wieder andere Sufi-Weisen handelten mit tiefsinnigen Traktaten Sinn und Lehre des Sufismus ab, so der Andalusier IBN ARABI (1165–1240), der einen wegweisenden Kommentar aus der Sicht der islamischen Mystik schrieb, der Perser AL-GHASALI (1059–1111), der die Scharia, das islamische Rechtswesen, mit dem Sufismus in Einklang brachte, und, wie bereits erwähnt, HUDSCHWIRI DATA GANDSCH BAKHSCH in Pakistan, der mit seinem ›Kaschf al-Mahdschub‹ die erste ausführliche Darlegung des Sufismus in Persisch verfaßte.

Der wohl hingebungsvollste Praktiker islamisch-mystischen Erlebens war vor über tausend Jahren HUSEIN IBN MANSUR AL-HALLADSCH in Bagdad. Er war überzeugt, ALLAH erfahren zu haben. Er fühlte, daß er sein sehnsüchtig erwartetes Ziel, spirituell mit ihm vereint zu sein, nach langen Meditationen erreicht habe. So hatte er in Bagdad im Bewußtsein der 'Unio mystica' mit Gott ausgerufen: »Ich bin die absolute Wahrheit!«

Er glaubte, nach seiner mystisch empfundenen Vereinigung mit Gott nun in der Lage zu sein, die auf diese Weise erfahrene absolute Wahrheit zu verkünden. Das Erlebnis der 'Unio mystica' und al-Halladschs Reaktion darauf erinnert uns an einen Ausspruch des heiligen Paulus in seinem zweiten Brief an die Galater: »Ich lebe, aber nicht mehr ich, sondern Christus lebt in mir!« Als Paulus sich dessen bewußt wurde, ging er hinaus in alle Welt und predigte.

Dieses ur-mystische Bekenntnis des AL-HALLADSCH wurde von den Orthodoxen nicht verstanden. Sie kreuzigten ihn. Er hatte sich auf den Tod, auf das endgültige Eingehen in Gott, gefreut.

Mansur al-Halladsch reiste, wie ANNEMARIE SCHIMMEL in ihrem Buch ›Islamic Literature of India‹ erwähnt, bereits im Jahre 905 durch Sindh gen Norden, um in Kaschmir religiöse Gespräche zu führen. Er wird als beispielhafter Sufi verehrt. Andere wieder lehnen ihn ab.

Übrigens stammt der Name 'Sufi' von dem arabischen Wort 'Suf', Schafswolle, ab, da die frühen Mystiker – sie waren oft Einsiedler und Asketen – ein Wollgewand trugen. DATA GANDSCH BAKHSCH meint allerdings, das Wort solle von dem arabischen 'Safa', Reinheit, abgeleitet werden (Kaschf al-Mahjub, übers. von R. A. Nicholsen, S. 34). Auch andere Sufis vertraten diese Ansicht.

Die Sufi-Orden in Pakistan

Die verschiedensten Sufi-Orden haben in Pakistan ihre Spuren hinterlassen. Einer der ältesten und heute einflußreichsten wurde von Khwaja Mu'inuddin Tschischti (1142–1236) gegründet, der sich einige Zeit in *Lahore* aufhielt. Auch hier verkündete er die grenzenlose Nächstenliebe, wobei ihm Gott als der Nächste galt. Da er in Indien die kastenlose Gesellschaft propagierte, erfreute er sich, wie ehemals auch der Buddha, eines großen Zulaufs. Sein Orden förderte Musik, Gesang und Literatur. Sein auch von vielen Hindu besuchtes Grabmal liegt im indischen *Ajmer*. In der Nähe des Sarkophags von Data Gandsch Bakhsch in *Lahore* steht ein kleiner leerer Pavillon an der Stelle, wo Tschischti im Gedenken an Data Gandsch Bakhsch einige Wochen meditiert haben soll.

Seine bekanntesten Nachfolger in Pakistan wurden Fariduddin Gandsch-i-Schakar (1175–1265), dessen Grab in *Pakpattan*, ehemals Adschodhan, verehrt wird und einige Jahrhunderte später der Pathan-Dichter Rahman Baba (1642–1706). Fariduddin, das dritte Oberhaupt des Tschischtiyya-Ordens, beeindruckte seine Umwelt als Asket und Praktiker der Gottesliebe. Nur wenige seiner Verse sind überliefert. Angeblich soll Guru Nanak (1469–1538), der Gründer der Sikh-Religion, 'Baba Farids' Mausoleum in Pakpattan besucht und dort viele seiner Hymnen gesammelt haben. Sie seien dann in das heilige Buch der Sikhs aufgenommen worden.

Der Baba Farid-Biograph Khalid Ahmad Nizami zögert allerdings, dem zuzustimmen. Sie könnten auch von Baba Farids späterem Nachfolger Scheich Ibrahim stammen, den Guru Nanak in Pakpattan traf, meint er. Baba Farids heutiger Nachkomme lebt in Pakpattan, wie wir bereits erwähnten, nicht mehr so asketisch wie sein heiliger Vorfahre.

Auch Rahman Baba war ein Mann des Volkes, der es in strenger Tschischti-Tradition ablehnte, mit Königen und anderen Potentaten zu verkehren. So wurde er der Volksdichter par excellence und Erzheiliger der Pathans an Pakistans Grenze mit Afghanistan. Er besang den herben Charme und das schlichte Gemüt seiner kriegerischen Landsleute und war den Theologen und Philosophen ein inspirierender und den Ungläubigen ein überzeugender Gesprächspartner. Sein Grab bei *Peshawar* ist der meistbesuchte Wallfahrtsort in Pakistans nordwestlichem Grenzgebiet.

Zwei erfolgreiche Orden

Einige Jahre nach Mu'inuddin Tschischti kehrte auch Scheich Baha' uddin Sakariya auf den Subkontinent zurück, entsandt von dem Bagdader Ordensgründer Abu Nadschib as-Suhrawardi. Er ließ sich in *Multan* nieder, aus dessen Gegend er stammte. Auch diese Mystiker-Gemeinde breitete sich schnell aus, allerdings, im Gegensatz zum Tschischtiyya-Orden, vornehmlich in den oberen Bevölkerungskreisen. Ihr war daran gelegen, mit den weltlichen Herrschern im guten Einvernehmen zu leben, was ja der Tschischtiyya-Orden – außer unter Akbar und Dschahangir – vehement abgelehnt hatte.

Scheich SAKARIYA, angeblich ein Freund des tanzfrohen QALANDER in Sehwan Scherif, wurde unter anderem auch wegen seiner nächtelangen, kontemplativen Gebete und Koran-Rezitationen bewundert. Ebenfalls im Gegensatz zu dem bescheidenen und in konsequenter Armut lebenden Tschischti-Heiligen BABA FARID im nahen Pakpattan zeigte sich Scheich Sakariya dem Wohlleben und köstlichen Speisen nicht abgeneigt. Bald richteten die Surawardiyya-Anhänger auch in *Utsch,* nicht weit von Multan, ein Ordenszentrum ein. Heute werden dort der Heilige HASRAT JALAL-UDDIN SURKH BUKHARI, Jünger von Scheich Sakariya und seine Nachfahren verehrt.

Von *Utsch* aus hat im 15. Jh. auch der Qadiriyya-Orden in Pakistan Fuß gefaßt, der schon dreihundert Jahre früher von dem Volksprediger ABDUL QADIR GILANI in Bagdad gegründet worden war. Die leichtverständliche Diktion seiner Gedanken und Empfehlungen sprach so viele Gläubige und Suchende an, daß die Qadiriyya sich bald schon der zahlreichsten Anhängerschaft in Pakistan und Indien erfreuen konnten. Der Ordensgründer und Vater von 49 Söhnen gehörte zum Erstaunen vieler der hanbalitischen Rechtsschule an, die eine 'rigorose' Rückbesinnung auf das Koran- und Sunnah-Wort und eine strenge Beachtung der Riten und Dogmen verlangte.

So wundert sich so mancher darüber, wie ein Vertreter des 'islamischen Rigorismus' gleichzeitig auch eines der bedeutendsten Vorbilder mystischen Empfindens werden konnte, das sich nicht in irgendeinen dogmatischen Rahmen einengen ließ. Doch »vielleicht war es die strenge Beachtung des Buchstabens des gottgegebenen Gesetzes und der Respekt vor dem göttlichen Wort, die ... die Hanbaliten befähigten, ein tieferes Verständnis der Geheimnisse der Offenbarung zu erreichen«, schreibt ANNEMARIE SCHIMMEL.

Als bekanntester Quadiriyya-Sufi in Pakistan wird heute in *Lahore* MIAN MIR aus dem sindhischen *Sehwan Scharif* verehrt, zu dessen Jüngern auch Kronprinz DARA SCHIKOH (gest. 1659) gehörte, der eine Biographie über ihn und seine Anhänger verfaßte, bevor er im Thronfolge-Streit von seinem jüngeren Bruder AURANGSEB hingerichtet wurde.

»Er war eine Flöte der Musik der Liebe,
sein Grab schützt unsere Stadt vor allem Leid«,

besang ihn MUHAMMAD IQBAL (1877–1938), der Nationaldichter Pakistans (übersetzt von A. Schimmel).

Mal romantisch, mal sachlich

Auch einer der populärsten, weil warmherzigsten Dichter des Pandschab, MADHU LAL HUSAIN, war ein Qadiri. Er fand ergreifende Worte für die Sehnsucht, mit ALLAH vereinigt zu werden und goß diese mystische Gefühlswelt in die Formen romantischer Volkssagen des Pandschab. Auch sein Grab liegt in *Lahore,* in der Nähe der Schalimar-Gärten. Jährlich gedenken hier die Pandschabi bei einem 'Lampenfest' ihres verehrten Barden, der die schönsten Gedanken und Weisen für die Sufi-Trinität von Liebe, Sehnsucht und Hoffnung formuliert hat.

Schließlich sollten wir noch den Naqschbandi-Orden nennen, der sich sehr wesentlich von den anderen 'Silsila' unterscheidet. Er stand und steht im großen Ansehen, weil er den Bestrebungen Kaiser AKBARS (1556–1605), eine Art Einheitsreligion zu gründen, heftigen Widerstand geleistet hatte. Scheich AHMAD SIRHINDI war hierbei der Wortführer. Heute wird er von den Muslimen als der »Erneuerer des zweiten (islamischen) Milleniums« gepriesen. Die Naqschbandi-Mystiker konzentrieren sich nur auf die Gedankenwelt der heiligen Schriften, die das wesentliche Objekt ihrer stillen, intellektuellen Meditation ausmachen. Obwohl sie symbolisierende Poesie und alle gefühlsbetonten Stimuli ablehnten, gehörten die besten Urdu-Dichter des 18. Jh. zu ihrem Orden.

Das persönliche Vorbild

Was ist nun von der Gedankenwelt islamischer Mystiker in Pakistan geblieben? Es blieben nicht so sehr die Gedanken, Worte und Werke der heiligen Männer und Frauen. Intensiver als in anderen islamischen Ländern blieb hier im Volk das persönliche Vorbild der Sufis bestehen, ihr Handeln, ihre Demut, Liebe und herrliche Toleranz. Sie sprachen so einfach wie das Volk; sie lebten mit ihm, verständnisvoll, hilfsbereit. Sie waren heilig wie FRANZ VON ASSISI.

Diesen guten Menschen wurden überall in Pakistan prächtige Mausoleen errichtet, weil sie in einer außergewöhnlichen Weise fromm waren: Sie liebten Gott und seine Geschöpfe mehr als sich selbst. So konnte es natürlich nicht ausbleiben, daß ihnen, sehr zum Mißfallen der orthodoxen Mullahs, so manche Wundertat nachgesagt wird. Wie den christlichen Heiligen wird auch ihnen manchmal ein Wunderwirken über ihren Tod hinaus, meist auf bestimmten Gebieten, zugeschrieben, so daß Pilgersmann und Pilgersfrau ihre Wallfahrten oft mit sehr praktischen Erwartungen motivieren.

Und heute?

Die Bewegung der islamischen Mystiker hat im Laufe ihrer über tausendjährigen Geschichte viele Höhepunkte erlebt, meist dank überragender Persönlichkeiten. Ihre Geistigkeit hat nun etwas nachgelassen, sie ist nicht mehr so lebendig, so eigenwillig, so suchend. In Pakistan leben noch einige Mystiker, simple, scheue Menschen. Sie leben für sich, irgendwo und irgendwie im Land. Sie belehren eine kleine Gefolgschaft braver Bauern. Und wie früher die Tschischti-Jünger die Regierenden mieden, so meiden sie heute die Nachfolger der Heiligen, die Pirs, weil diese, wie sie sagen, oft nicht mehr vorleben, sondern nur noch wohlleben, und das auf Kosten der armen frommen Pilger.

Aber den armen frommen Pilger kümmert das nicht. Er fühlt sich reich beschenkt, wenn er um den Sarkophag eines Sufis gehen kann, wenn er den Heiligen mit Blumen und Rosenwasser verehren oder im Mausoleum Räucherstäbchen anzünden und dabei kleine Gebete murmeln kann. Umgeben von Blumen, Düften, Frohsinn und Jahrmarkt vergißt er hier seinen grauen

Alltag und denkt an den guten Menschen von anno dazumal, den zu feiern so viel Freude bereitet, so viel Wärme ausstrahlt.

Vielleicht empfindet der Bauer am Indus dann auch den Gedanken seines Heiligen in ähnlicher Weise, wie ihn HERMANN HESSE in anderem Zusammenhang ausdrückt: »Daß Gott in jedem von uns lebt, daß jeder Fleck Erde uns Heimat sei, jeder Mensch uns verwandt und Bruder ist, daß das Wissen um die göttliche Einheit alle Trennung in Rassen, Völker, in reich und arm, in Bekenntnis und Parteien als Spuk und Täuschung entlarvt – das ist der Punkt, auf den wir zurückkommen...«

Suren-Beginn: »Im Namen Allahs, des Erbarmers, des Barmherzigen«

Charismatische Handschrift: Die Kalligraphie

»Safran ist das Parfum der Mädchen und Tinte das Parfum der Männer«, behauptete im 11. Jh. der arabische Literat AL MAWARDI. Er dachte dabei an die Tinte als das primäre Mittel des frommen Künstlers, das Wort Allahs und seine neunundneunzig Namen und Attribute mit kunstvoller Schrift zu feiern. Da es viele Muslime seit jeher als Teufelswerk bezeichnen, Lebewesen darzustellen, entwickelte sich die Kalligraphie neben der Architektur zur bedeutendsten islamischen Kunst, ja, zu einer spezifisch muslimischen Sakralkunst. Sie war geschaffen, das göttliche Wort in der schönen, edelsten Form sichtbar werden zu lassen.

Hier bieten sich natürlich Vergleiche zur chinesischen und, in ihrem Gefolge, auch japanischen Kalligraphie an. Doch während die ostasiatischen Kunstschriften vornehmlich nach ästhetischen Gesichtspunkten gestaltet und komponiert werden, ist es den Muslimen ein tiefreligiöses Bedürfnis, mit diesen Schriftbildern Allah als das unergründliche Sein, das All und Eins zu preisen, das nicht figürlich wiedergegeben werden kann. In den Schriftzeichen, die Allahs Wort feinsinnig und kontemplativ illustrieren, leuchtet die Transparenz des Göttlichen.

Die Linien der islamischen Kalligraphie müssen Bildkraft besitzen und Segenskraft, 'Baraka' genannt. Ähnliche Maßstäbe hatten auch die christlichen Mönche des Mittelalters angelegt, wenn sie Evangelien-Texte niederschrieben. Und auch die tibetischen Lamas, wenn sie hingebungsvoll Thangkas, ihre Tempel-Rollbilder, als Meditationsobjekte zeichneten und ausmalten. Thangkas zu malen empfanden sie als eine Meditation.

Ohne irgendwelche Verwandtschaft feststellen zu wollen sehen wir doch einige Parallelen vornehmlich zwischen den Ideen lamaistischer und muslimischer Künstler: Beide messen der bildlichen Darstellung eine besondere (Tibeter) oder große (Muslime) geistige Bedeutung bei.

Wie die Tibeter mit ihren Bildern, so verwenden die Muslime in ihrer Bildschrift eine Menge Symbole und Rangstufen. Jeder der 28 arabischen Buchstaben hat seine numerische Rangstufe und religiöse Bedeutung. So steht dem Buchstaben 'Alif', vergleichbar mit dem 'A' des westlichen Alphabets, die Rangstufe 'eins' zu. Als senkrechter Strich symbolisiert er den Begriff Allah. Einige Begriffe haben auch ihre spezifischen Farben.

Um die heiligen Worte mit sicherer, die göttliche Glorie widerspiegelnder Eleganz schreiben zu können, sollte der Künstler getreu der Tradition islamischer Kalligraphie auch selbst eine religiös geläuterte Persönlichkeit sein. »Die Reinheit des Schreibens zeigt die Reinheit der Seele«, hieß es früher unter den Kalligraphen und ihren Kritikern. Nur wer den Inhalt eines göttlichen Textes zutiefst erfaßt und erfahren hat, sei in der Lage, dessen Schriftbild mit geistiger Kraft und Grazie, also mit Baraka, zu erfüllen. Nur er sei fähig, die Buchstaben mit »ekstatischem Strich« zu entwerfen.

CHARISMATISCHE HANDSCHRIFT: DIE KALLIGRAPHIE

Im Schwung kunstvoller Linien

Die zeichnerische Verherrlichung des Gottes-Wortes kann auch außer Kontrolle geraten, wenn es im Überschwang künstlerischen Gestaltens unlesbar geworden ist. Hier verführte und verführt noch immer die islamische Kalligraphie zu einer Überbewertung des malerischen und ornamentalen Elements. Wir denken dabei vornehmlich an bildhaft komponierte Worte oder Sätze, die als Tiere, Pflanzen, Gegenstände und Landschaften – hier vor allem mit Palmen-Idyllen – erscheinen und schließlich an Buchstaben, die im wilden Dschungel nur noch zu ahnen sind. Diese Spielerei verdrängt, ja sie erstickt die Grundregel islamischer Kalligraphie: den virtuosen Duktus, den Schwung klarer Linien. Vornehmlich in Zeiten künstlerischer Unsicherheit treibt diese Tendenz zur Un-Graphik ihre Blüten.

Während seiner elfjährigen Amtszeit rief der 1988 ums Leben gekomme Staatschef General ZIA-UL-HAQ zur Rückbesinnung auf Werte und Worte des Islam auf, und mancher Maler glaubte, sich wieder mehr oder mit neuen Ausdrucksmitteln der Kalligraphie zuwenden zu müssen. Resultat: Viele arbeiten nur malerisch und nur des Effektes wegen. Sie betrachten die Kalligraphie als ein Experimentierfeld, auf dem sie nur des Formens wegen formen. Dabei bietet die islamische Kalligraphie mit ihren vielen Schriftstilen und mit der Wortkraft des Korans, der Sunnah und anderer verehrter Schriften ein unerschöpfliches Reservoir für eine moderne, wort- und schriftgerechte Wiedergabe religiöser oder profaner Texte.

Hier hat sich der pakistanische Maler SADEQUAIN, ein unruhig Suchender, seiner großen Gemeinde mehr malerisch als kalligraphisch gezeigt. Angeregt durch seinen Vater, einen linientreuen Kalligraphen, hat er einzigartige, weil diszipliniert gestaltete Schriften entworfen, oft umkränzt von zierlich gepinselten Versen. Doch dann konnte der temperamentvolle Experimentator der Versuchung nicht widerstehen, auch malerisch zu arbeiten. Es entstanden kalligraphisch zusammengesetzte Landschaften, Inseln oft, mit palmenartigen Lettern gespickt. Sicher, es sind interessante Darstellungen, farblich und rhythmisch intelligent aufgebaut. Doch die Schrift verliert sich im Kunterbunt des Linien- und Farbenspiels. Oft ist sie nur noch mühsam zu entziffern. Ähnlich verhält es sich mit seinen konzentrischen Motiven und seinen zackig verschlungenen Schrift-Paraden.

Auch RASCHID AHMED ARSHED und GULDSCHI (Gulgee) treten mehr als Maler denn als Schriftbildner in Erscheinung. Doch ABDUL WAHID, SCHAFIQ FARUQI, HANIF RAMAY und OZZI ZUBY (auch skulpturell) sind auf dem Boden kalligraphischen Fabulierens geblieben.

In jüngster Zeit gehören auch SADSCHID (Sajjid) ANWAR HUSSEIN und der bereits mit vielen Preisen ausgezeichnete RASCHID BUTT zu ihnen. Sie berücksichtigen Rhythmus, Eleganz und Lesbarkeit, die Relationen der Zwischenräume, die als negative Komponenten ebenso wichtig wie die positiven Linien sind, und schließlich die mystische Dimension des sichtbaren Wortes – alles Kriterien dieser hochentwickelten, graphischen Kunst.

Einige dieser Attribute und natürlich der exotische Nimbus islamischer Kalligraphie haben auch europäische Maler inspiriert. Einflüsse sind bei HENRI MATISSE, GEORGES BRAQUE, PABLO PICASSO, bei den Kubisten und Dadaisten und, worauf MARINA VON HALEM hinweist, besonders auch bei PAUL KLEE zu sehen, etwa in seinen Bildern ›Erzengel‹, ›Projekt‹ und ›Heroisches Fiedeln‹.

Handgeschriebene Zeitungen

Viele urdu-sprachige Tageszeitungen Pakistans lassen noch immer ihren Drucksatz mit der Hand herstellen (Abb. 93, 94). In langen Reihen sitzen die Kalligraphen – dreißig bis vierzig eines mittleren Blattes – auf Kissen vor niedrigen Pulten und übertragen hochaktuelle Nachrichten und Artikel mit spitzen Federn in Schönschrift. Als die größte Zeitung Pakistans, die ›Jang‹, ihre Leitartikel versuchsweise in Maschinensatz veröffentlichte, protestierten die Leser. Sie wollten das Wort kunstvoll und mit der Hand geschrieben sehen. Nur dann, so argumentierten sie, habe der Zeitungstext ein gebührendes Gewicht. Verständlich, im Alltag einer Religion, die das Wort und damit sein Schriftbild so betont in den Vordergrund stellt.

Die ›Jang‹ hat sich unterdessen über die Ansicht ihrer Leser hinweggesetzt. Als erste Zeitung in Pakistan druckte sie mit Maschinensatz. Die Leser haben sich beruhigt. Und so sind ihr auch schon andere Zeitungen gefolgt.

Doch die kalligraphisch konzipierte Handschrift wird sich im kulturellen Leben Pakistans auch weiterhin ihres Privilegs erfreuen, als eine bevorzugte Kunst zu gelten, sei es als 'Handschrift des Göttlichen', wenn Koran-Suren niedergeschrieben werden, sei es als Medium profaner Texte, die im kalligraphischen Gewand an Bedeutung gewinnen.

Wer liest nicht gerne eine klare schöne Schrift?

Die Kunst heute

Bisher haben wir, wenn wir historische Situationen darstellten, von der Kunst und Kultur 'im heutigen Raum Pakistan' gesprochen. Denn damals bestand ein pakistanischer Staat noch nicht. Er wurde erst 1947 ausgerufen.

Kulturell traten die Muslime in Pakistan das indo-islamische Erbe an. Es ist bis heute die Basis, wenn auch nicht mehr das allein maßgebende Richtmaß geblieben.

Während der über 900 Jahre langen Herrschaft der Muslime in Indien haben sie viele kulturelle Eigenarten der Hindu übernommen und natürlich auch die Hindu von den Muslimen. Doch es wollte kein Gleichklang zwischen den beiden Kulturkreisen im selben Raum aufkommen. Die Brücken, die etwa Kaiser AKBAR oder GURU NANAK zu schlagen versuchten, fielen bald nach deren Tod in sich zusammen. Die Kluft blieb.

Sie ist auch heute noch vorhanden, hier, am Schnittpunkt westlicher und östlicher Mentalitäten, also monotheistischer und – zumindest ritual – mystischer Gläubigkeit. Die monotheistische Religiosität entspricht – um es auf einen sehr vereinfachten Nenner zu bringen – der linearen Denkweise der westlichen Welt, zu der auch der Islam gehört. Die mystische Frömmigkeit dagegen ist dem zirkularen Sinnen und Trachten des Ostens zu verdanken. Hier also der Muslim mit seiner gradlinigen Beziehung zu Gott, dem Unerreichbaren, dort der Hindu, dessen Gläubigkeit um Gott, den Erreichbaren, kreist, der sich in Gott und Gott in sich, den Menschen fühlt. Nur die islamischen Mystiker mit ihrer unterschiedlich empfundenen Unio mystica passen nicht ganz in dieses Konzept.

Hintergründe der pakistanischen Kunst

Vor diesen Hintergrund der zwei Pole, die aber zum Glück zumindest einige kulturelle Verschmelzungen zugelassen haben, sehen sich die Künstler im soeben entstandenen Pakistan gestellt. Aus ihrer bisherigen, indo-islamischen Gestaltungswelt sollte sich nun ein pakistanisch-islamischer Stil in der Sprache entwickeln. Ist dies seit 1947 geschehen?

Die pakistanische Kunst bleibt im indo-muslimischen Kulturraum verwurzelt. Die Mentalität, Sprache und Musik, der Tanz und Schmuck, die literarischen Stimmungen und die Anweisungen der Filmregisseure gleichen sich in Indien und Pakistan.

Um seine kulturelle Identität zu finden, versucht Pakistan natürlich seit 1947, eigene Wege zu gehen, die von Indien fortführen. Nun haben sich auch Pakistans verschiedene Völker – es besteht hier kein staatstragendes Volk – daran gewöhnt, ihre unterschiedlichen Kulturen in eine nationale Kultur münden zu lassen, ohne ihre regionalen Eigenarten zu verlieren. Politisch wurde seit der Staatsgründung schon ein weiter Weg zurückgelegt: Die indo-arischen Pandschabi, die vielrassigen Sindhi, die irano-arischen Pathanen und Belutschi und auch die irano- sowie indo-arischen Hochgebirgsvölker im Norden verstehen sich heute als 'Pakistani'. Dazu spielt nun das Urdu, die Nationalsprache, als lingua franca eine koordinierende Rolle. Ihre Literatur ist zwar jünger als jene der Pandschabi und Sindhi, dafür aber umfangreicher.

Einflüsse, Vorbilder

Wir können es gut verstehen, daß in Künstlerkreisen eines jungen Staates die Befürchtung besteht, von ausländischen, wesensfremden Einflüssen unter- oder gar überwandert zu werden. Viele Künstler tolerieren fremde Einwirkungen – soweit sie nicht zu dominieren drohen – als technische und hin und wieder sogar stilistische Anregungen. Nur einige wettern dagegen, vornehmlich aus der islamisch othodoxen Richtung. Da der Islam nicht nur als Religion, sondern als Lebensstil aufgefaßt werden will, fällt es den Orthodoxen nicht schwer, die fremden Einflüsse als un- oder sogar anti-islamisch zu verteufeln.

Viele Intellektuelle in Pakistan, voran die Medien, warten ungeduldig auf eine »stärker profilierte Kunst, die Pakistans Geistigkeit deutlicher betont«. In dieser Ungeduld glauben sie sich berufen, den Künstlern Maßstäbe zu setzen. Sie werden nicht müde, den Dichterphilosophen MUHAMMAD IQBAL und den Malerfürsten ABDUR RAHMAN CHUGHTAI, beide geniale und sehr eigenwillige Persönlichkeiten, als maßgebende Vorbilder zu feiern, etwa nach der Kantschen Formel, Genie sei das Talent, das der Kunst die Regel gibt. Dadurch fühlt sich mancher Künstler eingeengt. Dies sind Symptome, die oft Phasen künstlerischer Entwicklungen in einem jungen Staat begleiten; aber in einem jungen Staat, der von einer Bevölkerung mit Jahrtausende alten Sitten und Empfindungen bewohnt wird. Vor diesem Hintergrund wollen Pakistans Kultur und Kunst verstanden werden.

Architektur: Schlechtes Beispiel einer schönen Stadt

»Wir haben die Gelegenheit versäumt, Islamabad islamisch zu bauen!« sagen uns viele Pakistaner, wenn von moderner islamischer Architektur die Rede ist. Islamabads Straßen und Einkaufszentren erinnerten an amerikanische Vorstädte, sagen sie, die repräsentativen Großbauten seien gesichtslos und dazu aus Beton errichtet, statt aus den roten Backsteinen indo-islamischer Tradition, und die neue Hauptmoschee schließlich stehe mit all ihrer Pracht weit draußen, statt im Herzen der Stadt, dort wo das Leben ist.

Ein hartes Urteil über diese schöne und malerisch gelegene Wohnstadt. Aber wir können es verstehen. Denn weder die Betonklötze der bezeichnenderweise als ›Blocks‹ titulierten Regierungsbauten (Abb. 88) verraten islamischen Geist, noch etwa das Präsidentengebäude, das der amerikanische Star-Architekt E. D. STONE im Auftrag einer früheren Regierung als Neuauflage von KAFKAS Schloß entstehen ließ, mit einem Eingang, der fatal an die achämenidischen Grabkammern erinnert.

Profane Bauten enttäuschen

Hier wurde mal wieder Architektur der Architektur wegen betrieben: Keine Anklänge an die in Pakistan so reiche Tradition indo-islamischen Bauens. Keine Rücksicht auf das Prinzip der islamischen Architektur aller Zeiten, ein Gebäude, sakral oder profan, als Ort der Kommunikation zu verstehen, vor allem das Haus eines ehemaligen Staatschefs, der nach muslimischer Auffassung gehalten ist, sich die Sorgen seiner Landeskinder persönlich anzuhören.

Auch die anderen Großbauten Islamabads, etwa das Parlamentsgebäude und die Staatsbank mit Kuppeldach neben einem langgestreckten Hochbau oder die Kästen des Fernsehens und Rundfunks bieten ähnliches. Heute wird oft der kulturelle Einfluß des westlichen ›Neo-Kolonialismus‹ und ›Kapitalismus‹ als Sündenbock genannt. Doch diese Gebäude wurden erst fünfzehn Jahre nach der Unabhängigkeit der Islamischen Republik Pakistan konzipiert. Zu einer Zeit also, da der Ägypter HASSAN FATHY, der 1980 in Lahore mit dem Aga-Khan-Preis für islamische Architektur ausgezeichnet wurde, oder LOUIS KHAN, der sich selbst mit bemerkenswerten modernen Bauprojekten in muslimischer Tradition auszeichnete, schon längst ihre Schulen zeitgenössischer islamischer Architektur gegründet hatten. Warum wurden sie oder ihre Schüler nicht gefragt?

Hier soll nicht einem doktrinären und imitierenden Traditionalismus das Wort geredet werden. Wohl aber der Ansicht, daß heute jeder Kulturbereich seinen spezifischen, seit Generationen gewachsenen Eigenarten einen modernen Ausdruck verleihen kann. Leider hat die pakistanische Regierung vor dreißig Jahren im Falle Islamabad diese Möglichkeit verpaßt. Die Möglichkeit eben, die neue Hauptstadt eines Landes, dessen Staatsidee der Islam ist und die sich ›Stadt des Islam‹ nennt, nach den sozialen und ästhetischen Gesichtspunkten eben dieser Religion zu errichten. Die Planer Islamabads hätten als Bauherren dem griechischen Architekten DOXIADES und dem ausführenden britischen Architekten SIR ROBERT MATTHEW entsprechende Weisungen geben sollen.

Wir erwähnen die Stadtplanung von Islamabad so ausführlich, weil sie uns ein Beispiel zu sein scheint für die Schwierigkeiten der Pakistaner, einen profanen Baustil zu finden, der die Geisteswelt des pakistanischen Islam zeitgemäß interpretiert! Denn, wie gesagt, der Islam versteht sich ja nicht nur als Religion, sondern sehr betont auch als Lebensstil.

Moderne Moscheen überraschen

Wenn auch nicht optisch, so präsentiert sich Islamabad doch sehr akustisch als eine islamische Stadt. Fünfmal am Tag rufen zahllose Muezzine über die niedrigen Häuser hinweg zum Gebet. Vor allem abends liegt dann ihr hundertfacher Ruf von teils konzertreifen Stimmen wie eine Phono-Glocke über der Stadt. Denn Islamabad ist im Verlauf seines erst dreißigjährigen Bestehens bereits die moscheenreichste Stadt Pakistans geworden. Und hier kann die Hauptstadt denn auch einige bemerkenswerte Beispiele modernen Bauens vorweisen:

Die Faisal-Moschee

Als wohl größte und zur Zeit wohl auch interessanteste aller modernen Moscheen des Islam liegt die Faisal-Moschee am Fuß der Magalla-Hügel. Schnurgerade führt die kilometerlange 8. Avenue auf sie zu, lenkt von weit her den Blick auf sie. Das Hauptgebäude steht als 40 m hohe abgeflachte Pyramide zwischen vier 88 m hohen Minaretten. Ihre Basen, vierkantig wie die Schäfte, laufen als gekehlte Fasen aus. Ein kühnes Werk des Türken VEDAT DALOKAY, vornehmlich finanziert von Saudiarabien.

Ob die Pyramiden- oder Zeltdachform als Hinweis auf die nomadische Frühzeit des Islam zu verstehen ist, wurde bisher nicht erwähnt. Wie dem auch sei, diese erfrischend eigenwillig und zeitnah entworfene Moschee erfüllt die uralten Erwartungen, die der Islam in seine Andachtsbauten (nicht Gotteshäuser!) setzt: Sie sollen auch Stätten der Begegnung und Lehre sein. So wurde bereits auf ihrem fast 190 000 m² großen Gelände in der Tradition der Medresen, der Moschee- oder Koranschulen, eine ›Islamische Universität‹ errichtet, die dritte Hochschule in Islamabad. Dazu sind ein ›Islamisches Forschungsinstitut‹, eine Druckerei, eine Cafeteria und ein Museum vorgesehen. 74 000 Menschen können hier beten: 10 000 im Hauptgebäude, 24 000 in dem überdachten Teil des Hofes und 40 000 im Freien. So präsentiert sich die Faisal-Moschee als das wohl eindruckvollste Bauwerk von Islamabad am Rande der Hauptstadt, mit Wasserspielen, einem überdimensionalen Röhren-Gehänge als Kronleuchter und mit der Strahlkraft blitzblanken Marmors.

Die Dschamia-Moschee

Auch die Markasi Dschamia Madschid (Markazi Jamia Masjid) an der Municipal Road, in der Nähe des Hauptquartiers der Marine (Naval Headquarters), zeigt eine stilsichere Modernisierung traditioneller Elemente (Abb. 90). Aus dem Flachbau mit einem lanzettbogigen Portal und beiderseits zwei kleineren Eingängen in gleicher Form, strecken sich zwei bleistift-schlanke Minarette rein osmanischen Stils empor. Komplementär zu ihnen eine Kreiskuppel über dem Gebets-Raum mit angedeutetem Tambour, der peripher von Bögen durchbrochen ist. Sie erinnert an die Jurten in Zentralasien, dem Stammland der Moguln. Sinan, das Baugenie osmanischer Zeiten, würde heute sicher so bauen, klar, funktionell, einladend.

DIE KUNST HEUTE

Moderne Moscheen in Lahore

Wie erwartet, finden wir natürlich auch in Lahore, dem kulturellen Zentrum Pakistans, moderne Moschee-Bauten. Eine interessante Lösung stellt hier zum Beispiel die neue Moschee auf dem alten Gelände der Pandschab-Universität dar: Spitzkuppel und schlankes Minarett, man mag es stilisiert osmanisch nennen, bilden zwar ein ungleiches doch harmonisches Duett.

Inmitten des Stadtbetriebes, an der unteren 'Mall', wurde als quadratischer Bau die 'Moschee der Märtyrer' (Masdschid-i-Schohada) errichtet, ihre ganzen Ausmaße von einer Flachkuppel überdeckt. Wie die Kuppel der Dschamia-Moschee in Islamabad ist auch sie an ihrer Peripherie durchbrochen, diesmal von rechteckigen Fenstern, des Lichteffektes im Innern wegen. Seitlich steht, wie ein schmaler Zuckerhut, ein Minarett. Zwei spitzbogige Portale empfangen die Gläubigen als Doppeleingang.

Die 'Defence Society-Moschee' in Karatschi

Lahores Märtyrer-Moschee könnte auf demselben Reißbrett entworfen worden sein wie die aparte 'Defence Society Mosque' oder Tuba-Moschee in Karatschi, deren Bau nur mit dem Spendenertrag der pakistanischen Streitkräfte finanziert wurde. Der pakistanische Architekt BABET HAMID hatte hier die glückliche Idee, sie nur als eine riesige Flachkuppel zu konstruieren, mit einem Tambour aus fein perforiertem Mauerwerk unter einem gewellten Gesims. Auch hier nur ein Zuckerhut-Minarett, ganz der Kuppel zugeordnet (Abb. 63).

Der längliche Vorhof ist so angelegt, daß auch seine Linien nur zur Kuppel hinführen. Etwa die flachen, weitausladenden Schalen hintereinander im Mittelfeld, das, leicht versenkt, mit blauen Fliesen ausgelegt ist. Die Schalen zelebrieren die Moschee. An beiden Seiten des Hofes die Anlagen für die Waschungen, im Schutz von Hängedächern, deren hochgezogene Giebelspitzen ebenfalls lange, markant zur Moschee hinweisende Reihen bilden. Babet Hamid hat hier mit sparsamen, aber effektvoll profilierenden Mitteln erstaunliche Wirkungen erzielt: Das Sphärische der großen Flachkuppel, die Schalen als dienender Kult, die Linien als Weg zu Allah.

Wenn Pakistans Architekten weiterhin so mutig und zeitgemäß konzipieren, wie es diese und noch einige andere Moscheen demonstrieren, dann dürfen wir von hier, vom Indus her, noch manche Anregung für den modernen Sakralbau des Islam erwarten.

Bald eine neue Stilphase?

Auch einige neuartige Profanbauten haben die Aufmerksamkeit auf sich gelenkt, wie etwa das Verwaltungsgebäude der WAPDA (Water and Power Development Authority) in Lahore mit seinem fast chinesisch geschwungenen Hängedach oder der Rundbau der Habid-Bank in Karatschi, der an Chikagos Marina-City und Münchens BMW-Gebäude erinnert.

Wir haben eben bedauert, in Islamabad keine Profanbauten angetroffen zu haben, die irgendwelche Beziehungen zu den heimischen Stilelementen indo-islamischer Provenienz erkennen lassen. Vielleicht waren wir mit zu großen Erwartungen gekommen. Vielleicht werden wir in absehbarer Zeit auch eine neue Phase pakistanischer Profan-Architektur erleben. Denn die Regierung verfolgt bereits seit einigen Jahren eine 'Islamisierungspolitik', die alle Lebensgebiete umfassen soll, also hoffentlich auch das Bauwesen. Der schwungvolle Neubau der Staatsbibliothek im Regierungsviertel von Islamabad könnte hierbei interessante Impulse vermitteln.

Die Malkunst: Farben und Träume

Die Malerei gehört nicht zu den drei 'Haupt-Künsten' des Islam, also zur Literatur, Architektur und Kalligraphie. Denn der Koran lehnt, wie wir bereits erwähnten (›Miniaturen‹), die Darstellung von Lebewesen ab, sooft dieses Verbot auch immer wieder umgangen worden ist. Daher sind wohl auch bisher, von den Miniaturen und einigen ihrer Spielarten abgesehen, nur wenige Meisterwerke der islamischen Malerei entstanden, die Menschen darstellen.

Können wir überhaupt von 'islamischer' Malerei sprechen? Zwar haben die Maler in Muslim-Ländern oder unter Muslim-Regierungen ihre spezifischen Stile entwickelt, doch die waren dann safawidisch-persischer, mogul-indischer oder anderer nationaler oder regionaler Art. Da die muslimischen Künstler, von einigen, vornehmlich türkischen Ausnahmen abgesehen, religiöse Sujets ehrfurchtsvoll mieden, ist das Attribut 'islamisch' doch allzuweit hergeholt und sollte durch 'muslimisch' ersetzt werden.

Sinn wichtiger als Form

Die pakistanischen Maler lieben die Symbolsprache der Farben und Träume. Beide, sagen sie, vergeistigen das Thema am wirkungsvollsten; beide können mit unterschiedlichen Stimmungs-Skalen das Bild der Welt erhellen. Was die pakistanischen Maler hier sagen, geht tief in die indische Tradition zurück, weit über tausend Jahre, als die Lehrschrift ›Vishnu Dharmottaram‹ an Hand eines Gesprächs zwischen einem König und seinen Weisen die verschiedenen Aspekte der Malkunst behandelte. Schon damals konnte man auch Wissenswertes über den metaphysischen Gehalt des Malens erfahren. Und das blieb bis heute. Der Sinn soll in der indischen und nun auch pakistanischen Malerei über der Form stehen, die Sensualität über dem Gegenständlichen. Inder sahen es oft als geboten an, vielen Bildern, auch der Mogul-Zeit, den Seidenschleier der Melancholie umzuhängen, des Traums und der Sehnsucht. Stimmungen, die auch die indische Literatur beherrschten und nun in Pakistan und Indien weiterleben.

Viele pakistanische Maler gehen mit der Frage ans Werk, wie ein Thema in der indisch-muslimischen Tradition ihres Landes gestaltet und dabei doch zeitgemäß ausgedrückt werden kann. Denn heute stehen andere Probleme, andere Werte und Erfahrungen im Vordergrund. Zwar haben neue Techniken für sie neue Bildsprachen gefunden. Doch diese Techniken sind

DIE KUNST HEUTE

oft fremder Herkunft. Viele der alten Techniken sind leider vergessen und können somit den neuen nicht als pakistanische oder indo-muslimische Akzente mitgegeben werden. Mancher Maler ist auch in Pakistan schon zufrieden, wenn er ein Thema nur abgemalt, aber nicht interpretiert hat. Doch andere haben ihre eigenen, sehr ausdrucksvollen Wege gefunden.

Abdur Rahman Chughtai: Ätherische Wesen

Dies trifft vor allem auf ABDUR RAHMAN CHUGHTAI (1897–1975) zu, der als die bisher überragende Maler-Persönlichkeit Pakistans gilt. Er wurde in Lahore geboren, zu einer Zeit des künstlerischen Tiefstandes auf dem indischen Subkontinent, als die Maler sich im Kopieren und Idealisieren verloren. In Lahore hatte sich USTAD ALLAH BAKHSCH mit seinen Bildromanzen aus der hinduistischen Mythologie einen Namen erworben; seine lebensnäheren Bilder der Dörfer und Dörfler im Pandschab fanden weniger Anklang. Auch HADSCHI SCHARIFF war bekannt, weil er mit eleganten Strichen Mogul-Miniaturen kopierte.

Der Dritte im Bunde war Chughtai, Sprößling vieler Maler- und Architekten-Generationen, deren Ahnherr auch schon mit Kaiser HUMAJUN von Persien nach Indien gezogen sein soll und deren Architekten am Bau des Tadsch Mahal und des Spiegel-Palastes im Lahore-Fort mitgewirkt haben.

Chughtai ließ seine Träume erzählen. Es sind Wunderwelten der Farben und mandeläugigen Grazien. Er entlockte seinen Wasserfarben die zauberhaftesten Stimmungen, hingehauchte Sphären-Töne, die sanft und leise ihre Symbolik kundtun.

Und diese erlesenen Farbkompositionen umgeben ätherische Wesen des Mogul-Genres, langgliedrige Mädchen wie aus den Ajanta-Fresken, nur zarter noch und abstrakter, mit Schwanenhälsen und überlangen, dünnen Fingern, die scheinbar nur noch streicheln, aber nicht mehr fest zugreifen können. Und diese Augen! Stilisiertes, überproportioniertes Schönheitsideal des Subkontinents seit Gupta-Zeiten. Ein Antlitz mit solchen Rehaugen ist wunderschön, ist wie geschaffen für lyrisch getönte Schilderungen des Träumens, Sehnens und Leidens.

Auch viele Männer treten graziös und lieblich auf. Andere schauen martialisch drein, weil sie Harum Rashid, Sultan Schahid oder Prinz Salim heißen. Doch ihre Handbewegungen und Fußstellungen sind oft die eines Tänzers, geschmeidig wie der Schwung ihrer Krummsäbel. Die Höflinge erscheinen schlank und anmutig, die Männer und Frauen aus dem Volk dagegen mit dicken Hälsen und plumpen Körpern, Zeugen ländlicher Kraft. Doch ihre weichen Hände vollführen auch hier sanfte Gesten.

Freilich sollten wir die Träume des Abdur Rahman Chughtai nicht so sehr nach den figuralen Darstellungen beurteilen. Sonst laufen wir Gefahr, Chughtai – zumindest aus westlicher Sicht – einen stilisierenden und typisierenden Impressionisten zu nennen. Die Pakistaner und Inder sehen ihn anders: Die Figuren artikulieren nur die Botschaft, zart und smart, und die Farben der duftigen Bilder symbolisieren diese Botschaft, reflektieren sie mit unnachahmlichem Farbspiel.

Es war Chughtais malerisches Anliegen, mit seinen, der indo-muslimischen Tradition verpflichteten Farben und Formen einen neuen Ausdruck zu finden. Einen Ausdruck, der Pakistans junger Generation hilft, sich mit der kulturellen Vergangenheit ihres Landes identifizieren zu können. Oft hat er, manchmal schon zum Illustrativen neigend, den Glanz der Mogul-Zeit heraufbeschworen und die Stilelemente jener Zeit mit Moll-Tönen in die Gegenwart übertragen. Hierbei lassen seine Bilder auch Anklänge an die Idylle persischer Miniaturen und an die samtigen Farben japanischer Holzschnittdrucke erkennen.

Chughtais Stil hat viele Nachahmer gefunden, aber keinen Nachfolger. Niemandem gelang es bisher, solche delikaten Linien zu ziehen, sie mit so auserlesenen Farben zu umgeben und Linien und Farben schließlich diese Chughtaische Sensibilität und Harmonie zu verleihen. Hin und wieder allerdings fragen wir uns, ob das Schöne bei Chughtai nicht schon etwas zu formal, etwas zu feierlich geraten ist.

Sadequain: *Der harte Alltag*

Er gilt in Pakistan als der bedeutendste Maler der Gegenwart. Wie Chughtai, so hat auch er Gedichte aus dem ›Diwan des Ghalib‹, aus der persisch- und urdu-sprachigen Gedichtsammlung des unsterblichen Mirsa ASADULLAH GHALIB (1797–1869), in seine Bildsprache übertragen. Doch während Chughtai die schwer übersetzbare Gedankenwelt des Dichters mit dem Fluidum vergangener oder zumindest unbestimmbarer Muslim-Tage umgab, interpretiert SADEQUAIN (gest. Anfang 1987) sie mit Bildern, die er im heutigen Alltag Pakistans findet.

In der Gunst der Kunstfreunde und Medien hat Sadequain, der »Fakir von Pakistan«, den »Maler des Ostens«, A. R. CHUGHTAI, abgelöst, ohne ihn als den Malerfürsten Pakistans verdrängt zu haben. Chughtai bleibt der Fürst. Aber Sadequain ist zeitnaher, wie es seine Behandlung der Themen Mirsa Ghalibs zeigt. Er sagt, MICHELANGELO und PICASSO hätten ihn beeinflußt. Auf großen Flächen scheint er sich am besten ausdrücken zu können, sei es mit figuralen oder kalligraphischen Darstellungen.

Als er sich 1981 und 1982 über ein Jahr in Indien aufhielt, wo er auch allerorts als einer der bekanntesten Maler des Subkontinents geehrt und von INDIRA GANDHI empfangen wurde, schuf er etliche Wandgemälde für Universitäten und andere Institute. In Delhi malte er innerhalb weniger Monate kalligraphierte Koranverse auf die Rotunden der fünf Stockwerke des 'Indian Institute for Islamic Research' (Indisches Institut für Islamische Forschung). Jede Rotunde hat einen Umfang von rund 50 Metern.

Wie manch andere Künstler sieht auch Sadequain viel Unheil in unserer Zeit. Seine gesellschaftskritischen Schöpfungen stellen oft Menschen in den Mittelpunkt, die sich mit ihren deformierten, knolligen Körpern gegen irgendetwas auflehnen, unter irgendeiner Last zu Boden gedrückt werden oder sich sehnsuchtsvoll gen Himmel strecken, die Köpfe – ein Sadequainscher Akzent – weit in den Nacken oder seitlich auf die Schulter gelegt. Er arbeitet noch gegenständlich. Mit der immer wieder betonten, hintergründigen Anomalie gelingen ihm ausdrucksvolle Stimmungen. Vieles ist kantig, gezackt, unfreundlich. Sadequain will zeigen, wie

DIE KUNST HEUTE

das heutige Leben vieles zerstört und was es zurückläßt. »Ich bin ein Künstler der Abfalltonnen«, sagte er vor einigen Jahren.

Auch seine Kalligraphie ist kantig und scharf. Früher war sie noch spitzer, noch stacheliger. Man nannte es seine 'Kaktus-Periode'. Als Kalligraph hat er sich über alle Traditionen und Normen kalligraphischer Gestaltung hinweggesetzt. Schwungvoll läßt er, wir erwähnten es bereits, vornehmlich malerisch gedachte Kompositionen entstehen, die Schrift wächst aus Landschaften und einer wuchernden Vegetation hervor, steht auf Inseln, verliert sich fast in feurigen Farben.

War Chughtai der große Impressionist, so war Sadequain der kraftvolle Expressionist. Lebte Chughtai in einer Traumwelt der graziösen Gestalten und sanften Farben vergangener Zeiten, so wollte Sadequain ein Rufer sein: provozierend zeigt er plumpe, verzweifelte Menschen, benutzt er harte Farben, um verstanden zu werden.

Subaida Agha: Zauberspiel mit Farben

»The gentle introvert«, die sanfte Einzelgängerin, nannte eine Zeitung in Islamabad kürzlich SUBAIDA AGHA, die Avantgardistin der abstrakten Kunst in Pakistan. Sie ist eine Einzelgängerin mit großem Gefolge. Die einen bewundern ihre präzis nuancierten Farbenspiele, die trotz allem Abstrahieren konkreten Themen gewidmet sind, die anderen sehen in ihr die Künstlerin, die einen neuen Stil in Pakistan einführte, und wieder andere verehren sie als die große Mäzenatin, die als Galerie-Direktorin einer ganzen Generation pakistanischer Maler zur Anerkennung verhalf, weil sie als Künstlerin am besten wußte, wie sie ihren jungen Kollegen materiell und ideell beistehen konnte.

Bevor sie Anfang der fünfziger Jahre drei Jahre nach England und Frankreich ging, hatte sie schon abstrakt, aber auch noch gegenständlich und als Bildhauerin gearbeitet. In Europa kam dann die Wende zur nur gegenstandslosen Malerei. Hatte man ihr in Pakistan vorgeworfen, mit ihren abstrakten Darstellungen westlichen Sinnlosigkeiten zu huldigen, so zeigte man sich in Europa erstaunt über die auffallend orientalischen Akzente in ihren Abstraktionen.

Die Muslime finden leichter einen Zugang zur abstrakten Darstellung, da in ihrer Kunst, wie wir gesehen haben, die ornamentischen und stilisierenden Abbildungen seit jeher im Vordergrund standen. Sie bringen also originell verlaufenden Linien und Farben, die nur sie selbst sind, mehr Verständnis entgegen als wir Europäer.

Subaida Agha hat sich jetzt ganz den Farben verschrieben. Sie läßt sie oft transparent erscheinen, wie von innen durchleuchtet. Früher waren sie grau, schwarz und dunkelblau, heute sind Blau in allen Schattierungen sowie Gelb und Rot ihre Favoriten. Ihr Bild ›Die Winternacht‹ in silbrig-blauen Tönen, wird von jedem sofort realistisch empfunden, obwohl keine Linie auf das Thema hinweist. Hin und wieder läßt sie auch gegenständliche Motive erkennen. Sie sind oft naiv gehalten und strahlen dann mit Subaidas Farben einen ganz besonderen Charme aus. Früher zauberte sie auch ätherisch zarte Wesen, Vögel oft, in ebenso ätherischen Farben auf die Leinwand.

So hat diese kleine, grazile, scheue Künstlerin in Pakistan nicht nur eine neue Stilschule ins Leben gerufen, sie hat sie über die Jahrzehnte mit immer frischen Impulsen am Leben erhalten und nun etabliert.

Schakir Ali: Moderner Traditionalist

Er gehört zum Kreis Subaida Agha. Später nahm er während mehrerer Auslandsreisen viele Anregungen auf. In Indien sprachen ihn die Fresken von Ajanta, die Kunst der Jains und impressionistische Arbeiten an, in Europa fanden minoische und etruskische Darstellungen, Werke der Kubisten und die Glasmalerei sein besonderes Interesse.

Aber er blieb der traditionellen und modernen Kunst des Subkontinents verpflichtet. In ihrer Stimmungswelt fühlte er sich, wenn er seine teils abstrakten Kompositionen, teils figurativen Bilder entstehen läßt. Er entwickelte sich von einem Maler, der eine Vorliebe für Themen der seelischen Bedrückung und der Einsamkeit zeigte, zu einem Freund schließlich der kräftigen Farben und lebensbejahenden Motive. Leider ist er zu früh gestorben.

Gholam Rasul: Farben und Flächen

Er gehört zu der jungen Generation, erhielt eine solide Ausbildung in Pakistan und in den USA. Er hat in den USA, in der Bundesrepublik, in Japan und vielen Ländern des Ostblocks ausgestellt und ist heute Direktor der Bildenden Künste des Nationalen Pakistanischen Kunstrates (Pakistan National Council of the Arts). Doch er ruht sich nicht auf den Lorbeeren seiner frühen Erfolge aus. Er ist mit seiner Arbeit noch nicht zufrieden. Seine Bilder zeigen es. Er sucht weniger einen neuen Stil als neue Techniken und Farbeffekte. Seine Motive liefert ihm seit jeher die Landschaft des Pandschab. Es sind die Dörfer mit den kubischen Häusern, der Baum im Feld, die Bauersleut' und immer wieder die Kühe und Wasserbüffel, die er als Urbilder des indisch-pakistanischen Subkontinents dem Beschauer feierlich vorführt. Er läßt sie oben im Bild dahinziehen, am Rand einer monoton kolorierten Fläche, die zwei Drittel des Gemäldes bedeckt und auch als ein stilisiertes Feld gesehen werden kann, ein von ihm oft variiertes Sujet. Oder er läßt die Kühe in ihrer Beziehung zu den Menschen auftreten oder als kompositorische Akzente in der Landschaft erscheinen.

Seinen Stil können wir gleich an seiner Vorliebe für weite Flächen erkennen, die das Flache, Zweidimensionale betonen sollen. Aber es sind Flächen, auf denen die Farben sich selbst sind. Sie sind sein Hauptanliegen. Ihnen ordnet er die Motive unter. Früher liebte er Grün und immer wieder Grün, dazu Senfbraun, Gelb und Orange. Heute sind es kräftigere Töne: Blau, oft in vielen Variationen, tiefes Rot und neuerdings wieder Grün. Und er stilisiert nicht mehr so unverdrossen; seine Bilder werden nun figürlicher, detaillierter und tiefer, nachdem er seine 'flache Epoche' anscheinend überwunden hat. Wenn 'GR' noch ein Suchender ist, dann vornehmlich der Farben wegen. Sie sind, wie eine Zeitung behauptet, seine »nostalgische Freude«. Und ein Maler-Kollege meinte kürzlich, GR zeige eine interessante Mischung von orientalischen Kräften und aktiven, modernen Tendenzen.

Wir haben aus der großen Zahl pakistanischer Maler einige herausgegriffen, die uns beispielhaft scheinen für den Maltrend in Pakistan. Viele Künstler fühlen sich noch tief der Tradition indo-muslimischer Malkunst verpflichtet, der sie nun mit modernen Mitteln Ausdruck verleihen wollen.

Viele Traditionen: Die Volkskunst

Pakistans unterschiedliche Landschaften, die Hochgebirge, Wüsten und fruchtbaren Ebenen, lassen auch ihre Bewohner unterschiedlich empfinden und gestalten. Das drückt sich auch in der jeweiligen Volkskunst aus, die immer noch nicht schlüssig definiert und gegen die bildende Kunst, das 'Können höherer und besonderer Art', abgegrenzt worden ist. Sollen wir so manchen Teppich in seiner warmen Farbenpracht und mit seinem intelligenten Dekor Kunst oder Handwerk nennen? Die hauchdünne Onyx-Schale im feierlichen Oval? Die Elfenbein-Einlegearbeit des 'Kunstschreiners' in Peschawar? Sind sie nicht auch Produkte höherer und besonderer Art? Vor allem in Asien sollten wir diese Fragen stellen.

Paradies en miniature: Der Teppich

Er bildet einen der wichtigsten und schönsten Exportartikel Pakistans. Bedeutendster Abnehmer ist die Bundesrepublik. In fünfzig pakistanischen Städten und ihren Umgebungen wird er in senkrecht stehenden Knüpfrahmen hergestellt, während die Nomaden hierzu auf dem Boden liegende Gestelle benutzen. Seit Mogul-Zeiten ist Lahore das Teppichzentrum des heutigen Pakistan. Hier werden alte Muster kopiert und neue kreiert, werden Preise manipuliert und Auslandsmärkte sondiert.

Zwar können die Pakistaner nicht – wie es die Iraner tun – die Geschichte ihrer Teppichmanufaktur bis auf die 2500 Jahre alten Pasyryk-Teppiche zurückführen, die im Altai-Gebirge

Häufige Muster pakistanischer Teppiche. (Nach ›Arts and Crafts Pakistan‹, Karatschi 1980)

1 Das tekke-turkmenische Gül (persisch: Rose) ist das Grundmotiv der sogenannten 'pakistanischen Bucharas'
2 Das Mir-i-Botah-Muster (Blatt aus Mir) soll König Nadir Schah von seinem Feldzug nach Indien mitgebracht und in Persien eingeführt haben. Zu Indien gehörte damals auch das heutige Pakistan
3 Der Lebensbaum, seit babylonischen Zeiten tausendfach variiertes Lieblingsmotiv des Orients
4 Das Mahi- oder Herati-Muster aus dem persisch-turkmenischen Grenzgebiet
5 Aus Herat oder dem damals west-turkmenischen Beschair stammt das Wolkenband-Motiv

gefunden wurden. Immerhin aber können sie darauf hinweisen, daß diese Teppiche von Skythen geknüpft worden waren und daß große Sippenverbände dieses unruhigen Volkes schon vor der Zeitenwende sich auch im Gebiet des heutigen Pakistan niedergelassen hatten, bis weit in den Süden hinunter. Vielleicht haben sie die Kunst des Teppichknüpfens damals schon am Indus eingeführt. Vielleicht auch schon in den Bergen der Belutschi, deren heute archaisch anmutende Teppichmuster dem quadrierten Innenfeld eines der beiden Pasyryk-Teppiche gleichen.

Wie in Persien unter den Safawiden, so erlebte die Teppichknüpferei in Indien unter den Moguln ihre Blütezeit. Das Formengefühl der Mogul-Künstler stand Pate, das Ebenmaß ihrer Bögen und Säulen, ihre Blüten und Ranken, Rhomben und Wellenbänder und das Braun der Backsteine und Gelbweiß des Marmors. Und als technischer und künstlerischer Höhepunkt entstanden die Bildteppiche, denen die Miniaturen als Vorlagen dienten.

Kaiser AKBAR DER GROSSE (1556–1605) hatte in Lahore, Agra und Murschidabad 'Kaiserliche Teppichmanufaktureien' gegründet, für die er Teppichknüpfer auch aus Persien und Zentralasien angeworben hatte. Schon damals wurden auch hier so feine Wollzwirne verarbeitet, daß ein wertvoller Wollteppich oft nicht von einem Seidenteppich unterschieden werden konnte.

Später, nach dem Niedergang des Mogul-Reiches, als die Mäzene fehlten, zogen viele Teppich-Künstler in die kühleren Berge Kaschmirs, wo sie die Technik der Mogul-Zeit fortführten und auch noch weiterentwickelten. Seither ist es üblich, feingeknüpfte pakistanische Exemplare summa summarum 'Kaschmir-Teppiche' zu nennen.

DIE KUNST HEUTE

Heute werden in Pakistan bodenständige und fremde Muster verwendet. Bedauerlich ist nur, daß die Gül- oder Buchara-Motive von den Teppichherstellern bevorzugt werden. Sie sind als meist rote 'pakistanische Bucharas' zur Massenware geworden, zwar handgeknüpft, aber stilistisch monoton und einfallslos und leider oft auch von minderer Qualität. Dieses *Gül-Muster* (Fig. 1) stammt von den Tekke-Turkmenen des sowjetischen Zentralasiens, deren Teppiche bei uns als 'Bucharas', allerdings in einem pastellenen Braun, beliebt sind. Andere häufig auftretende Motive sind das *Mir-i-Botah*, auch Palmwedel oder, in Pakistan, Birne genannt. NADIER SCHAH soll es von seinem Indien-Feldzug mit nach Persien gebracht haben, wo es auch bis heute sehr beliebt ist. Oft sehen wir den *Lebensbaum* als ein schon von den Babyloniern abgewandeltes, symbolträchtiges Motiv, dann das knospende *Herati-Muster,* die herater oder west-turkmenischen *Wolken-Bänder* sowie die meist langgezogenen *Rhomben*, vermutlich kaukasischer Herkunft, fälschlich als Saruk-Muster bezeichnet.

Die hochwertigen Teppiche Pakistans haben meist feine Blumen- und Rankenmuster, die oft um ein zentrales Medaillon arrangiert sind. Sie müssen, um diese Ziselier-Wirkung zu erreichen, noch feiner und sehr stramm geknüpft sein. Ihre gute und kräftige Wolle stammt aus dem eigenen Land, aus Australien und Neuseeland. Sie hat einen samtenen Glanz, der durch besondere, oft geheimgehaltene Wasch-Methoden (vgl. Farbt. 23) noch verstärkt wird und dem Pastellton der Kompositionen in Braun, Blau, Rot, Gelb und Orange sehr zugute kommt. Der Flor guter Teppiche ist glatt und tief geschoren, wie persische Nains.

In Pakistan wird vornehmlich der persische Knoten (Sehna oder Farsibaff), aber auch der türkische (Ghiordes oder Turkbaff) verwendet, oft, je nach Muster, in derselben Knüpferei. Qualitätsmäßig bestehen keine Unterschiede. Auch in der Türkei wird viel mit dem persischen Knoten gearbeitet und in Iran noch mehr mit dem türkischen. Da Kinder schmalere und flinkere Finger haben, helfen sie, vor allem auf dem Land, oft aus.

Außer in der Türkei finden wir vornehmlich nur noch in Pakistan eine interessante Teppichart: Den Gebetsläufer als Fortentwicklung oder Rationalisierung des Gebetsteppichs herkömmlicher Art. Viele Mihrab-Nischen, meist mit spitzen Giebeln, sind in langer Flucht aufgereiht. Der Läufer bietet also Platz für mehrere Beter. In jedem Mihrab ist oft eine gravitätisch herabhängende Moschee-Lampe abgebildet.

Wie in allen Gegenden, in denen Teppiche hergestellt werden, war es auch hier die harte, farblose, heiße Landschaft, für die im Nomadenzelt und später im Bürgerhaus ein Ausgleich gesucht wurde, weich und farbig. Vermutlich haben auch hier die Nomaden begonnen, Teppiche zu knüpfen. Sie waren den Unbilden der Wüste und Fels-Wildnis am stärksten ausgeliefert. So freuten sie sich, mit dem bunten Teppich ein Stückchen 'Paradies' in ihr Zelt zaubern zu können. Und sie schätzten den Komfort, weich auf diesem Blumen- und Ornamentenzauber sitzen und, wenn die Karawane weiterzog, ihn mühelos aufrollen und auf dem Kamel verpacken zu können. Im Winter schützte er auch gegen die Kälte.

Natürlich war der Teppich auch den Städtern eine Augenweide und ein Platz der Muße, auf dem die Wasserpfeife am besten schmeckte. Und schließlich besaß er als Gebetsteppich auch noch rituelle Bedeutung. Selbst heute noch würde es keinem Orientalen in den Sinn kommen, mit hartem Schuhwerk über solch ein Kleinod der Textilkunst zu gehen. Das tun nur die Menschen des Westens, die keine Ahnung haben, welche Geduld und Mühe es kostet, aus Millionen von Knoten einen Teppich entstehen zu lassen.

Andere Textilien

Beginnen wir im Süden: Dort gestalten die Sindhi, wie es Moendscho Daro zeigt, mit einer über 5000 Jahre alten Freude an Formen und Farben. Neben ihrer Keramik sind vor allem ihre Textilien berühmt. Bereits im Altertum lieferte der Sindh feinste Stoffe in die gesamte damalige Welt. Später produzierte er, hauptsächlich in Tatta, die Adschrak-Stoffe, meist 5 m lange und 80 cm breite Baumwoll-Bahnen, auf die mit Stempelklötzen aus Pappelholz blaue, purpur-rote und rot-braune Muster im 'Drei- oder Vierfarbendruck' gepreßt werden, also mehrmals übereinander. Schwarze und weiße Akzente beleben das Ganze. Die Adschraks werden als Kleidungsstücke für Männer und Frauen verarbeitet. Jung und alt tragen sie auch als Schals und die Männer winden sie oft locker als Turbane um den Kopf (Abb. 76).

Tatta war auch das Zentrum der Lungi-Webereien. Hier entstanden ebenfalls 5 m lange Stoffe, mit blauen oder grünen Gittermustern verziert und von senkrechten, bunten Streifen durchzogen, die mit kleinen Ornamenten ausgefüllt sind. Farbige, oft silbrige Bordüren schmückten die Enden des Lungi. Von Tatta aus hat er die asiatische Welt erobert. Fern in Birma hat er sich als Nationaltracht hohes Ansehen erworben. Männer und Frauen tragen dort den 'Londschi'. Auch die Malaien, Bengali und Süd-Inder schätzen ihn, in Süd-Indien ist er ebenfalls als 'Lungi' bekannt. Selbst weit im Westen, in der Türkei, existiert er als 'Lüngi' und 'Lüng'. Welche Mengen an Lungis und Adschraks schon in der Mitte des 18. Jh. exportiert wurden, sagt uns eine Überlieferung, wonach jeder Dritte der 120 000 Einwohner von Tatta ein Weber gewesen sein soll.

Auch Stickereien standen im Sindh immer hoch im Kurs (Farbt. 22). Uns fällt vor allem die Spiegelstickerei auf, die auch im benachbarten Belutschistan beliebt ist. Runde erbsengroße Spiegelchen aus Glas oder Metall werden in bunte Stickereien eingearbeitet. Diese Technik, die den Stoff 'prächtiger als den Sternenhimmel' flimmern läßt, verschönert große Wandbehänge, Jacken, Mützen, Taschen und Kaffeewärmer und lebt nun auch sehr wesentlich von der Kauffreude der Touristen.

Seit undenklichen Zeiten gefallen sich Männer und Frauen in Pakistan darin, einen Schadar, einen Schal, weit über die Schulter zu tragen. Er wird in allen Teilen des Landes gewebt und bestickt. Die leichteste Schafswollware stellen die Kaschmiri in ihren Bergen her. Meterlange Schals lassen sich, zusammengeknüllt, von einer Hand umschließen, so fein gewebt sind sie. Sie wärmen im Winter und schützen im Sommer gegen Sonnenstrahlen. Ihre breiten Bordüren sind exquisit bestickt.

Wer intensive Farben liebt, sollte sich in Teppichgeschäften auch mal einige 'Ghilims', etwa aus Belutschistan, zeigen lassen. Robuste, auf Ziegenhaar-Kette gewebte 'Teppiche' aus kräftiger Wolle mit einer Fülle reizvoller Muster. Wir wundern uns über die Phantasie der Weber, der anscheinend auch die hohen Preise zu verdanken sind.

Preiswerter sind die 'Namdas': Flockige Schafwolle wird zu leichten, flauschigen Bodenbelägen zusammengepreßt. Dann werden florale und figurale Muster mit weiten Stichen hineingenäht, Lebensbäume, Löwen, Ibex-Böcke oder Vögel, Blüten und Ranken. Nette, anspruchslose Stücke, die, wie die Schals, leicht im Koffer verpackt werden können und den heimatlichen Zöllner nicht interessieren.

Keramik

Das Material für die keramischen Arbeiten liefert seit vorgeschichtlichen Zeiten der Lehmboden des Indus-Stroms. In *Hala*, 50 km nördlich von Haiderabad, wird seit Menschengedenken blaue und grün-blaue, heute allerdings nicht sehr hart gebackene Töpferware geformt, hochhalsige Vasen mit Flamingo-Ausguß, ein Erbe Persiens, Service mit Blumenmuster, Krüge, Schalen und Blumentöpfe.

Hala und *Multan* lieferten seit jeher auch die glasierten Kacheln für die verschwenderischen Außen- und Innen-Dekorationen der Mogul-Prachtbauten; Hala vor allem die blauen Fliesen mit den für Sind so charakteristischen grünen und gelben Blütenmotiven. Treten sie als Rosetten auf, dann erinnern sie uns an die vielfach variierten Lotos-Motive der Gandhara-Zeit, die heute eigentlich nur im Sindh weiterleben, etwa an den Chaukhandi-Gräbern bei Karatschi (Farbt. 8; Abb. 60, 61), in der Nekropolis auf den Makli-Hügeln bei Tatta oder auf Textilien.

Metall

Von Persien und Hindu-Indien beeinflußt, gestalten die Kupfer- und Messing-Kunstschmiede schöne Kannen im irano-indischen Stil, Tablette und Betel-Dosen in allen Größen und mit fein gehämmerten Verzierungen, auch Becher mit Kalligraphien, Federdosen, Schalen und Kübel. Die besten Kupferstücke finden wir in *Peschawar*, während im Pandschab meist Messing verarbeitet wird.

Holz

Im Norden ziehen sich ab 1000 bis 1400 m Höhe die Eichen- und Koniferen-Wälder hin. Hier ist der holzverarbeitende Kunsthandwerker zu Hause. Die Kalasch-Leute bei *Chitral* kerben mit simplem Schnitt Toten-Statuen zum Gedenken ihrer Verstorbenen (Abb. 100). In den zerklüfteten Tälern des Hindukusch, Himalaya und Karakorum stehen Holzmoscheen mit herrlich geschnitzten Wänden und Säulen, und im Swat-Tal werden alte, wuchtige Hausportale, Truhen und tiefe Stühle angeboten, kunstvoll aus Holz gearbeitet. In *Peschawar* schließlich, am Rand der Berge, wurde die Holzschnitz-Kunst bis ins Filigranhafte verfeinert. Hier werden Tische, Truhen, Kästen und Kästchen, Dosen und Tablette mit zarten, pietra dura-ähnlichen Einlegearbeiten aus Elfenbein oder gebleichten Knochen hergestellt. Auch in *Kaschmir* werden hölzerne Paravents wie Stickereien geschnitzt. Und tief im Süden die Sindhi verfeinern das Holz: Hier verwandelt sich der Holzschnitzer in einen Lackierer. Er trägt den Lack in mehreren Schichten auf und ruft mit dem Lackglanz auf Holz einen originell leuchtenden Farb-Ton hervor. Mit dieser extravaganten Technik entstehen, wiederum vor allem in *Hala*, Vasen, Lampenständer und Dosen, Spiegelrahmen und über und über buntverzierte Möbel, wie Stühle, Truhen und Bettgestelle.

Leder

Auch Leder ist ein Material, das sich leicht und attraktiv bearbeiten läßt. Wir denken da an die meist gelben Schnabelschuhe der Pandschabi und an die kräftigen Sandalen der Pathanen. Die Spitzen der Pandschabi-Schuhe laufen oft in einem hohen Rückwärtsbogen aus. Bunte Muster sind in sie eingestanzt oder, zuweilen mit Seide, hineingestickt. Die Sindhi gehen auf sehr schmalen Pantoffeln, den Jutis, in die manchmal silberne Ornamente eingepreßt sind.

Bekannt sind auch die mit Seide bunt bestickten Lederarbeiten der Belutschi. *Multan* hat sich mit seinen Lampen aus Kamelleder einen Namen gemacht (Abb. 87). Die Kamelhaut filtert das Lampenlicht zu warmen Farben. Um diesen Effekt zu erhöhen, ist oft auch in dem bauchigen Lampenständer eine elektrische Birne installiert.

Mobile Volkskunst

Wohl nirgends verkehren so fröhlich-bunte Lastwagen wie in Pakistan (Farbt. 15, 16). Jedes Fahrzeug sieht wie eine Wanderausstellung farbenprächtiger Gemälde aus. Sie sind mehr oder weniger kunstvoll an die hohen Wagenwände gemalt. Alles ist hier abgebildet: Der Tadsch Mahal mit seinen imposanten Perspektiven, fauchende Tiger und Lokomotiven, Düsenflugzeuge im Sturzflug, das Motorrad an der Todeswand, blauer Bach im grünen Tal, Schneegipfel, der Lastwagen selbst, ganz klein, in den Serpentinen des Khaiber-Passes, dazwischen Kalligraphien, Minarette und Koranständer. Oft erinnert das an die Hinterglasmalereien Süd-Irans. Auch das Führerhaus bleibt von dieser Bildermanie nicht verschont. Alle ihre Sehnsüchte lassen die Fernfahrer auf ihre Laster malen. Doch nicht genug damit: Nachts wird's noch bunter. Dann rast der Laster im Lichterglanz zahlloser Lämpchen, die in allen Regenbogenfarben leuchten, wie ein außer Rand und Band geratener Weihnachtsbaum über die Landstraßen. Die Omnibusse sind noch heller und greller.

Natürlich begegnen wir auch noch vielen anderen Arten der pakistanischen Volkskunst, etwa den vielfältigen Silberwaren, dem Filigran-Goldschmuck als schwere Halsgeschmeide, als Haarkämme und -kettchen und als Ohren-, Nasen-, Arm-, Finger-, Bein- und Zehenringe, dann den bunten Bast- und Strohgeflechten (Abb. 75) und den Elfenbein- und Knochenschnitzereien. Sie alle haben deutlicher als die meisten Schulen der 'hohen Kunst' die traditionellen Elemente bewahrt.

Nachweis der Abbildungen

Ursula Clemeur, Köln: Farbt. 10, 11, 12, 13, 28; Abb. 23, 29, 35, 36
Directorate of Films and Publications Government of Pakistan: Umschlagvorderseite; Farbt. 25, 34; Abb. 9, 13, 21, 24–26, 30–34, 37–41, 45–47, 52–54, 56, 58, 65, 78, 82, 83, 85, 87, 88, 95
DuMont Archiv, Köln: Farbt. 4; Abb. 4–8, 14, 15, 17, 19, 20, 27, 28
Forschungsprojekt Mohenjo-Daro RWTH Aachen: Abb. 10, 11
Wolfgang Fritz, Köln: Farbt. 14, 17, 18, 20, 21, 26, 27; Abb. 48, 60, 63
S. H. S. Jafri, Islamabad: Farbt. 22
Michael Jansen, Aachen: 10, sowie die Zeichnungen auf den Seiten 22, 25, 26, 27, 28, 30, 31, 33, 34, 41, 42 (aus: *Architektur in der Harappa-Kultur*, Bonn 1979)
Hans Kanne, Darmstadt: Farbt. 19, 31; Textabb. S. 194

Anneliese Keilhauer, Salzburg: Umschlaginnenklappe vorn
Lahore-Museum, Lahore: Farbt. 5, 6, 7
Mashriq: Abb. 93, 94
Pakistan Times: Abb. 1–3, 22
Pakistan Tourism Development Corporation: Farbt. 30, 36, 38
Bildagentur Prenzel, Gröbenzell: Farbt. 2, 8, 23, 29
Rashid, Islamabad: Farbt. 1
Hanif Raza, Islamabad: Farbt. 24; Abb. 16, 18, 50, 55, 57, 59, 61, 62, 66–71, 74–76, 79–81, 84, 86, 89–92, 96–100
Hans Weber, Lenzburg: Farbt. 35, 37
Heinz Josef Schmitz, Köln: Textabb. S. 228, 229
ZEFA, Düsseldorf: Farbt. 3
Alle übrigen Abbildungen, einschließlich der Umschlagrückseite, stammen vom Autor

Isobel Shaw, aus *A Travellor's Quide to Pakistan*, The Asian Study Group, 1981: Karten und Pläne auf den Seiten 114, 117, 167, 203, 273, 277, 285, 286, 288, 289 und 293

Literaturverzeichnis

Allgemein

Adamson, Hilary und Isobel Shaw: *A Traveller's Guide to Pakistan*, Islamabad 1981
Ahmed, Uta: *Bibliographie des Deutschen Pakistan Schrifttums bis 1974* (deutsch/englisch), Hamburg 1975
Amin, Mohamed, Duncon Willetts und Graham Hancock: *Journey through Pakistan* (Bildband), Nairobi 1982
Büshel, G.: *Pakistan – Preiswert reisen*, Köln 1990
Buschmann, Dr. Karl Heinz: *Pakistan – Reiseführer mit Landeskunde*, Dreieich, 1988[3]
Dani, A. H.: *History of Northern Areas of Pakistan*, Islamabad 1989
Export Promotion Bureau: *Arts and Crafts in Pakistan*, Karachi 1980
Halliday, Toni (Hrsg.): *Pakistan, APA Guides*, Berlin 1990
Hardy, Malcolm: *Between Indus and Jhelum*, Islamabad 1976
Institute of Folk Heritage: *Folk Heritage of Pakistan*, Islamabad 1977
Italiaander, Rolf: *Pakistan in Erzählungen seiner besten zeitgenössischen Autoren*, Herrenalb 1966
Kamal, Nazir: *Karakorum Highway: A nation-building Effort*, in Strategic Studies, II/3, Islamabad 1979
Kühl, Eva: *Tausendundeinen Tag in Pakistan*, Kiel 1990
Malik, Usman und Annemarie Schimmel: *Pakistan – Das Land und seine Menschen*, Tübingen 1975
Pakistan Publications: *Pakistan, Land and People*, (Bildband, englisch/französisch), Islamabad 1980
Qureshi, I. H. (Hrsg.): *A Short History of Pakistan*, Karachi 1984

Santiago, José Roleo: *Pakistan, a travel survival kit*, South Yarra/Australien, 1987[3]
– : *Pakistan, Travel Infos für Abenteurer*, Hattdorf 1988[2]
Schimmel, Annemarie: *Ernst Trumpp: A brief Account of his Life and Work*, Karachi
– : *German Contributions to Pakistani Linguistics*, Hamburg 1980
– : *Märchen aus Pakistan*, Düsseldorf 1980
– : *Pakistan: ein Schloß mit tausend Toren*, Zürich 1965
Schimmel, Annemarie und Usman Malik: *Pakistan – Das Land und seine Menschen*, Tübingen 1975
Shaw, Isobel: *Pakistan Handbook* (ausführlichster Reiseführer), Hongkong 1989
– : *An Illustrated Guide to Pakistan*, Hongkong 1988
Sheikh-Dilthey, Helmtraut: *Märchen aus dem Pandschab*, Düsseldorf 1976
Staccy International: *Pakistan – Past and Present*, London 1977
Stein, Sir Aurel: *On Alexander's Track to the Indus*, London/Karachi 1929/75
Wiles, John: *The Grand Trunk Road*, London 1972

Harappa

Bibby, Geoffrey: *Dilmun*, Reinbek bei Hamburg 1973
Dani, Ahmad Hasan (Hrsg.): *Indus Civilisation – New Perspectives*, Islamabad 1981
Durrani, Prof. Farzand Ali: *Evidence West of Indus*, in *Indus Civilisation – New Perspectives*, Islamabad 1981

LITERATUR

Jansen, Michael: *Architektur in der Harappakultur – Eine kritische Betrachtung zum umbauten Raum im Industal des 3.–2. Jahrtausend*, Reihe B Antiquitates Orientales, Band 2, Bonn 1979
– : *Rekonstruktion der Harappastädte – Materialien für einen semiotischen Versuch*, in Die Einheit der semiotischen Dimension, Tübingen
– : *Die Indus-Zivilisation. Wiederentdeckung einer frühen Hochkultur*, Köln 1986
Khan, Dr. F. A.: *Kot Diji Culture: Its Greatness*, in »Indus Civilisation, New Perspectives«, Islamabad 1981
– : *The Glory that was Harappa*, Karachi (ohne Datum)
– : *The Indus Valley and Early Iran*, Karachi 1964
Mughal, Dr. M. Rafique: *New Archaeological Evidence from Bahawalpur*, in »Indus Civilisation, New Perspectives«, Islamabad 1981
Parpola, Prof. Asko: *Interpreting the Indus Script*, in »Indus Civilisation, New Perspectives«, Islamabad 1981
Wheeler, Sir Mortimer: *Civilisations of the Indus Valley and beyond*, London 1966
– : *Early India and Pakistan*, London 1959/68
– : *My Archaeological Mission to India and Pakistan*, London 1976
– : *The Indus Civilisation*, Cambridge 1953/72

Gandhara

Bussagli, Mario: *Die Kunst von Gandhara – Ihre formalen und sozialen Voraussetzungen*, in Antaios, IX, 6, S. 533 ff
Buchothal, H.: *The Western Aspects of Gandhara Sculptures*, Lahore (ohne Datum)
Dar, Dr. Seifur Rahman: *Taxila and Hellenism – Architectural Evidence*, Lahore 1982
Filliozat, J.: *The Classical Doctrine of Indian Medicine*, Delhi 1964
Hallade, Madeleine: *Indien – Gandhara, Begegnung zwischen Orient und Okzident*, Herrsching 1975
Humbach, Helmut: *Die aramäische Inschrift von Taxila*, Mainz 1969

Khan, Ahmed Nabi: *Buddhist Art and Architecture in Pakistan*, Islamabad (ohne Datum)
Khan, Dr. F. A.: *Architectures and Art Treasures in Pakistan* (vornehmlich Gandhara), Karachi 1969
Marshall, Sir John: *A Guide to Taxila*, Cambridge 1960
– : *The Buddhist Art of Gandhara*, Karachi 1960/73
Panikkar, Raymond: *Das erste Bild des Buddha*, in Antaios, VI, 4, S. 373 ff
Puri, B.: *Ideology and Religion in the Kushan Epoch*, in Central Asia in the Kushan Period, Band II, Moskau 1975
Sehrai, Fidaullah: *The Buddha Story in the Peshawar Museum*, Peshawar 1978

Moguln, Islam

Dani, Ahmad Hasan: *Thatta – Islamic Architecture*, Islamabad 1982
Duarte, Dr. Adrion: *Sehwan*, Karachi (ohne Datum)
Fischer Weltgeschichte: *Der Islam I und II* (Claude Cahen, G. E. von Grunebaum), Frankfurt 1968/71
Gascoigne, Bamber: *The Great Moghuls*, London 1971/76
Goulding, H. R.: *Old Lahore – Reminiscences of a resident*, Lahore 1924, Nachdruck ohne Datum
Grabar, Oleg: *Die Entstehung der Islamischen Kunst*, Köln 1977
Halem, Hilmar von (Hrsg.): *Calligraphy in Modern Art*, Karachi 1975
Hoag, John D.: *Islamic Architecture*, New York 1977
Ibn Ishāq: *Das Leben des Propheten*, Aus dem Arabischen übertragen und bearbeitet von Gernot Rotter, Tübingen 1976
Khan, Muhammad Ishtiaq: *Lahore Fort*, Karachi (ohne Datum)
Koran, Der: Aus dem Arabischen übertragen von Max Henning; Einleitung und Anmerkungen von Annemarie Schimmel, Stuttgart 1960
Koran, Der: Nach der Übertragung von Ludwig Hollmann neu bearbeitet und erläutert von L. W. Winter, München 1959
Kuban, Dogan: *Muslim Religious Architecture*, Leiden 1974

Kühnel, Ernst: *Die Moschee*, Graz 1974
Lahore Museum: *Catalogue of Paintings – Mughal and Rajastani Schools*, Lahore 1976
– : *Miniature Paintings on Display in the Lahore Museum – Mughal and Rajastani Schools*, Lahore 1976
Lévèque, Jean-Jacques: *Die Islamische und Indische Malerei*, Lausanne 1968
Mohammad, Inam: *Hazrat Lal Shabaz of Sehwan-Sherif Karachi* 1978
– : *The Mystics of Islam*, London 1914/70
Nicholsen, Reynold A. (Übersetzer): *The Kashf al-Mahjub – The oldest Persian Treatise on Sufism*, Written by Ali bin Uthman al-Hujwiri (Data Ganj Bakhsh), Lahore 1976
Nizami, Khaliq Ahmad: *The Life and Times of Sheikh Farid-ud-Din Ganj-i-Shakar* (von Pakpattan), Lahore 1976
Pedersen, Johannes: *Der Islam und seine Vorgeschichte*, im Handbuch der Religionsgeschichte, Band 3, Göttingen 1975
Rice, David Talbot: *Islamic Art*, New York 1965
Schimmel, Annemarie: *Al-Halladsch, Märtyrer der Gottesliebe*, Köln 1967
– : *As through a Veil – Mystical Poetry in Islam*, New York 1982
– : *Calligraphy and Islamic Culture*, New York 1983
– : *Gärten der Erkenntnis, Mystische Texte aus dem Arabischen, Persischen, Türkischen, Urdu, Sindhi, Pandschabi und Paschtu*, Düsseldorf 1982
– : *Islamic Calligraphy*, Leiden 1971
– : *Islam in India and Pakistan*, Leiden 1982
– : *Der Islam in Indo-Pakistan*, Darmstadt 1983
– : *Mystische Dimensionen des Islam*, Düsseldorf 1990²
– : *Pain and Grace – A Study of Mir Dard and Shah Abdul Latif*, Leiden 1976
– : *Und Mohammad ist sein Prophet – Die Verehrung des Propheten in der islamischen Frömmigkeit*, Düsseldorf 1981
– : *Unendliche Suche – Geschichten des Schah 'Abdul Latif von Sind*, München 1983
Siddiqui, M. Idris: *Thatta*, Karachi, 1958/79
Siddiqui, Misbah-ul-Haque: *The Life and Teachings of Hazrat Data Ganj Bakhsh*, Lahore 1977
Sorley, H. T.: *Shah Abdul Latif of Bhit*, Karachi 1940/66
Ul-Hasan, Masud: *Hazrat Data Ganj Bakhsh – A Spiritual Study*, Lahore (ohne Datum)

Völker, Landschaften, Orte

Caroe, Olaf: *The Pathans*, Karachi/London 1976
Clark, John: *Hunza – Lost Kingdom of the Himalaya*, Karachi 1956/80
Dani, Ahmad Hasan: *Peshawar, Historic City of the Frontier*, Peshawar 1969
Hamid, Maj.-Gen. (Retd) S. Shahid: *Karakuram Hunza, The Land of Just Enough*, Karachi 1979
Herrligkoffer, Karl M.: *Nanga Parbat*, Frankfurt 1981
Jettmar, Karl: *Bolor – A contribution to the political and ethnic geography of North Pakistan*, Islamabad 1980
– : *Die Religionen des Hindukusch*, Stuttgart 1975
– : Viele Artikel über die von ihm entdeckten Fels-Schriften und -Bilder in Nord-Pakistan
Jettmar, Karl (Hrsg.): *Cultures of the Hindukush – Selected papers from the Hindukush Cultural Conference, held at Moesgard 1970*, Wiesbaden 1974
Khan, Dr. Ahmed Nabi: *Uchchh* (Utsch), Islamabad 1980
Khan, Ansar Zahid: *History and Culture of Sind*, Karachi 1980
Knight, E. F.: *Where three Empires meet*, Karachi 1978 (Nachdruck)
Matheson, Sylvia A.: *The Tigers of Baluchistan*, London 1967
Müller-Stellrecht, Irmtraud: *Feste in Dardistan – Darstellung und Kulturgeschichtliche Analyse*, Band 5 in Arbeiten aus dem Seminar für Völkerkunde der Johann Wolfgang Goethe-Universität, Frankfurt/M., Wiesbaden 1972
– : *Hunza und China* (1761–1891), Wiesbaden 1978
Reikes, Capt. S. N.: *Memoir on the Thurr and Parkur*, Karachi 1856/1977

Robertson, G. S.: *The Kafirs of the Hindu-Kush*, Oxford 1974

Roman, M. Anwar: *Brahuis of Quetta-Kalat Regions*, im Journal of the Pakistan Historical Society VIII/1, S. 35–59, Karachi

Schäfer, Hermann: *Hunza, Ein Volk ohne Krankheit*, Düsseldorf 1979

Schimmel, Annemarie: *Classical Urdu Literature from the beginnings to Iqbal*, Wiesbaden 1976

– : *Neue Veröffentlichungen zur Volkskunde von Sind*, in Welt des Islam, 1963

– : *Sindhi Literature*, Wiesbaden 1975

Scholz, Fred: *Belutschistan – Eine sozialgeographische Studie des Wandels in einem Nomadenland seit Beginn der Kolonialzeit*, Göttingen 1974

Snoy, Peter: *Bagrot – Eine Dardische Talschaft im Karakorum*, Graz 1975

Ul-Masan, Masud: *Pakistan – Places of Interest*, Lahore (ohne Datum)

Pakistan und seine Nachbarstaaten

Praktische Reisehinweise

Pakistan bietet Bauten und Ruinen einer 8000 Jahre alten Geschichte, es bietet Sand- und Steinwüsten, ewigen Schnee, Wälder, liebliche Täler, Savannen, fruchtbare Agrargebiete und eine gastfreundliche Bevölkerung, vor allem auf dem Land. Also jedem etwas. Und es bietet eine Reiselandschaft, die bisher vom Massentourismus verschont worden ist. Die meisten Gegenden haben sich noch nicht auf den Tourismus eingestellt. So fehlen oft komfortable Hotels der mittleren Klasse und erholsame Restaurants. Reisen in Pakistan sollte man daher gut vorbereiten; nie auf die Stunde genau planen, denn es muß mit dem einen oder anderen unwägbarem Ereignis immer gerechnet werden.

Hinweis: Wir verwenden in diesem gelben Teil des Buches die englische Schreibweise der pakistanischen Namen und Begriffe mit der deutschen Aussprache, wenn nötig, in Klammern. Dies soll vor Ort die Verständigung erleichtern.

Beste Reise-Zeiten
September bis April. Im Hochgebirge: Mai bis Oktober.

Klima
Die heißesten Gegenden sind *Zentral-Pakistan* und das *untere Indus-Tal*. Dortige Höchst-Temperaturen: 53° in *Jacobabad* und 50° in *Hyderabad* (Haiderabad). In *Lahore* und *Peshawar* zeigt das Thermometer zwischen Mai und Juli bis 47° und in *Islamabad* bis 43° an.

Im Winter (Januar, Februar) liegen die Tag- und Nachttemperaturen in *Karachi* (Karatschi) zwischen 20° und 13°, in *Lahore* und *Peshawar* zwischen 20° und 5° und in *Islamabad* zwischen 20° und 0°.

Auch im Hochgebirge sind die Täler im Sommer oft heiß (35° bis 40°). Im Winter herrschen bis minus 30°, z. B. in *Hunza, Nagär* und *Baltistan*.

Kleidung
Im Sommer leichte Baumwollsachen, vor allem Baumwollunterwäsche, Kopfbedeckung. Im Winter zusätzlich einen Pullover. Im Gebirge auch im Sommer eine Garnitur warme Kleidung, weil es dort abends abkühlt. In der Wüste nur lange Ärmel und Hosen, da sonst Sonnenbrandgefahr; keine enge Kleidung; am bequemsten ist die Landeskleidung: Shalwar und Kamiz.

Shorts werden bei Männern und Frauen als unschicklich angesehen. Darüber hinaus sollten bei Frauen auch Dekolleté und Arme bedeckt sein. Empfehlenswert ist eine leichte langärmlige Bluse. In allen heißen Ländern gilt die Regel: Alle Körperteile vor der Sonne schützen!

Anreise
Am besten mit dem Flugzeug. – Mit dem Auto über Iran und Indien. Die iranische Strecke ist beschwerlich, denn die Straße von Kerman (Iran) über Zahedan (Iran) nach Quetta (Pakistan)

ist schlecht. In Indien fahren aus Sicherheitsgründen (Sikh-Terrorismus) zeitweise nur Konvois zweimal in der Woche durch die indische Provinz Ost-Punjab (Pandschab) zur pakistanischen Grenze.

Wenn China demnächst in seinem Land Reisen mit eigenem Wagen erlauben wird, wird man auch über den 5000 m hohen Khunjerab-Paß nach Pakistan fahren können. (Vgl. Route Islamabad–Himalaya–Karakorum, S. 284 ff.)

Nur noch wenige Passagierschiffe und Frachter mit Passagierkabinen laufen *Karachi* an.

Einreise

Deutsche, Österreicher und Schweizer benötigen ein Touristenvisum, Gültigkeit bis drei Monate.

Die Einreise mit dem Wagen ist nur statthaft mit einem vom ADAC ausgestellten *Carnet de passages*. Nummern und Kennzeichen des Wagens werden in den Paß des Fahrers eingetragen, um zu verhindern, daß das Fahrzeug in Pakistan verkauft wird.

Alkoholika sowie *Elektrogeräte* und *optische Geräte,* die für eine Reise nicht notwendig sind, dürfen nicht eingeführt werden. Mitgeführte *Geld-* und *Scheckbeträge* müssen hin und wieder angegeben werden.

Aufenthalt

In Pakistan herrscht *Linksverkehr*, der sehr individuell abläuft. *Taxifahrer* scheinen sich nicht nach zurückgelegten Kilometern, sondern nach den gewagtesten Überhol-, Kurven- und Bremstechniken bezahlen zu lassen. Vor der Fahrt den Preis aushandeln! Die *Überlandomnibusse* sind oft in gutem Zustand, nur die Fahrer häufig zu wagemutig; so ereignen sich viele Omnibusunfälle.

Zu allen größeren Städten bestehen *Bahn-* und *Flugverbindungen*. Das Straßennetz ist weit und teils gut, allerdings erfordern oft Reparaturarbeiten staubige Umleitungen.

Im *Basar* kann noch gehandelt werden, auch noch in einigen anderen Geschäften (Teppiche, Kunsthandel).

Beim Betreten von *Moscheen* und *Mausoleen* müssen die Schuhe ausgezogen werden. Auch wird erwartet, daß der Besucher eine Kopfbedeckung trägt.

Reisen über Land

Es sollten unbedingt mitgenommen werden: Magen und Darm regulierende sowie desinfizierende Mittel, Vitamin C und – wenn es heiß ist – Salztabletten, einige Konserven, Toilettenpapier, leichtes aber strapazierfähiges Schuhzeug sowie Straßenkarten, da die Beschriftungen oft nur in Urdu angebracht sind.

Wechselkurs
DM 1,– = pak. Rupies (Rs) 14,20 (Stand: November 1990)

Die *Luxushotels* bieten einen Service internationaler Qualität. Sie sind aber sehr teuer. Die *mittleren Hotels* zeigen unterschiedliches Niveau. Viele Hotels auf dem Land entsprechen nicht europäischen Erwartungen, vor allem nicht ihre sanitären Einrichtungen.

Essen und Trinken

In Pakistan herrscht striktes *Alkoholverbot*. Ausländer dürfen zwar Alkohol trinken, aber nur unter Ausschluß der Öffentlichkeit. Sie dürfen auch nicht Alkohol in ein Restaurant mitbringen. In den internationalen Hotels wird – zu hohen Preisen – Alkohol auf dem Hotelzimmer serviert. Während des beweglichen Fastenmonats Ramadan bleiben die meisten Restaurants bis zum Sonnenuntergang geschlossen.

Vor mehrtägigen Landfahrten sollte man sich eine *Gammaglobuline-Injektion* geben lassen, gegen viele Infektionen, vor allem Hepatitis. An der Straße sollte man dort Tee trinken und – nur gut durchkochte – Speisen essen, wo viele Fernlastfahrer parken. Sie wissen, wo man schmackhaft essen kann. *Gute Restaurants* in den Städten servieren hygienisch einwandfrei zubereitete Mahlzeiten. Nach Ankunft in Pakistan stellt sich manchmal eine Magenverstimmung ein. Sie ist meist harmlos, weil die Wasserflora – wie überall – eine andere ist.

Fotografieren

Fotografieren Sie keine Frauen, Brücken, Flugplätze und militärische Anlagen! Will man jemand auf dem Land fotografieren, sollte man ihn um Erlaubnis fragen. Meistens lassen sie sich, vornehmlich die Kinder, gerne aufnehmen. Ein Teleobjektiv ist nützlich, um Personen, die sich unbeobachtet glauben, in natürlicher Haltung fotografieren zu können.

Bergbesteigungen

Der Antrag ist über die pakistanische Botschaft in Bonn-Bad Godesberg an 'Tourist Division', Islamabad, F7/2, Commercial Area, College Road (gegenüber dem Government Girls College), ✆ 2 08 56, zu stellen.

Reisen und Trekking

Vermittelt und betreut werden Reisen und Trekking-Touren u. a. von:
Travel Waljis Ltd., 10, Khayaban-e-Suhrawardy, P.O. Box 1088, Islamabad, ✆ 82 39 63, 82 83 24–26 (auch Auto- und Kleinbusverleih);
Karakorum Tours, Baltoro-House, 19th Street, F7/2, Islamabad, ✆ 82 91 20;
Pakistan Tours Ltd., Flashman's Hotel, The Mall, Rawalpindi, ✆ 6 48 10–11;
Sitara Travel, Bank Road, P.O. Box 63, Rawalpindi, ✆ 6 47 50–51.

WICHTIGE ADRESSEN

Pakistanische Vertretungen in Deutschland
Botschaft der Islamischen Republik Pakistan
Rheinallee 24
5300 Bonn 2
✆ 02 28 / 35 20 04

Wahl-Generalkonsul
Matthias Ohms
Bösingstr. 14
6000 Frankfurt a. M. 1
✆ 0 69 / 28 74 89
(für Hessen, Rheinland-Pfalz, Saarland)

Wahl-Generalkonsulin
Sieglinde Heckelmann
Rückertstr. 1
8000 München 1
✆ 0 89 / 53 48 81
(für Bayern und Baden-Württemberg)

Wahl-Generalkonsul
Herbert A. H. Behrens
Ballindamm 11
2000 Hamburg 1
✆ 0 40 / 3 08 00 10
(für Nord-Deutschland)

Wahl-Generalkonsul
Dr. Herbert Schnapka
Königsallee 30
4000 Düsseldorf 1
✆ 02 11 / 32 92 65–67
(für Nordrhein-Westfalen)

Pakistanische Vertretungen in Österreich
Botschaft der Islamischen Republik Pakistan
Hofzeile 13
1190 Wien
✆ 00 43 12 22 / 36 73 81–82

Pakistanische Vertretungen in der Schweiz
Botschaft der Islamischen Republik Pakistan
Berna Str. 47
3005 Bern
✆ 00 41 31 / 44 29 92–94

Schweizer Vertretungen in Pakistan
The Embassy of Switzerland
25, 19th Street, F 6/2
P.O. Box 1073
Islamabad
✆ 00 92 51 / 82 11 51–2

The Consulate General of Switzerland
98, Clifton
Karachi 6
✆ 00 92 21 / 53 20 38–39

Deutsche Vertretungen in Pakistan
Embassy of the Federal Republic of Germany
Ramna 5, Diplomatic Enclave
P.O. Box 1027
Islamabad
✆ 00 92 51/82 21 51–55

Consulate General of the Federal Republic of Germany
90, Clifton
P.O. Box 3701
Karachi – 6
✆ 00 92 21/53 10 31–33
(für Sindh und Belutschistan)

The Honorary Consul
Waldemar Kroders
60, Main Gulberg
P.O. Box Gulberg 3151
Lahore
✆ 00 92 42/85 41 82
(für Pandschab)

Österreichische Vertretungen in Pakistan
The Embassy of the Republic of Austria
13, 1st Street, F 6/3
P.O. Box 1018
Islamabad
✆ 00 92 51/2 01 37

The Office of the Trade Commissioner of Austria
43–I/N Block 6, Razi Road
P.E.C.H.S.
Karachi 29
✆ 00 92 21/43 01 11–12

The Honorary Consul of the Republic of Austria
Mohammad Amin
Lawrence Road 4
P.O. Box 340
Lahore
✆ 00 92 42/30 50 61

Empfehlenswerte Reise-Routen

(Kilometerangaben können wegen unterschiedlicher Beschilderung ungenau sein. Hotelpreise ohne Gewähr. Stand November 1990)

Route Karachi (Karatschi) – Tatta (100 km) – Hyderabad (Haiderabad) (205 km)

Karachi

Größte Stadt und bisher einziger Hafen Pakistans. 1947: 200 000 Einwohner; heute: 8–10 Millionen. Demnach die urbanen Probleme.

Interessant: Besuch des Nationalmuseums (S. 96) und des Mausoleums des Staatsgründers Mohammad Ali Jinnah; Baden im Meer, weit außerhalb der Stadt; Fischfang mit urigem Fischessen an Bord des Kutters; Bummel durch die Basare Saddar, Zainab (Onyx, Kupfer, Messing, handgedruckte Textilien wie Adschrak, lackierte Holzgeräte, Holzarbeiten mit eingelegten Mustern), Bohri (photogen), Empress (Lebensmittel) und Sarafa (Silber, Kupfer und Messing; billiger und oft besser).

Bei Nacht bietet sich ein besonderes Erlebnis zwischen Juli und November, wenn im Mondlicht riesige Wasserschildkröten aus dem Meer auf die zehn Kilometer lange Sandspit-Küste watscheln, um ihre Eier in den Sand zu legen und sich anschließend wieder in die See zurückbemühen. Wir können sie dort aus der Nähe beobachten, ohne sie zu stören.

Luxus-Hotels (zwischen DM 140,– bis 150,–)
Avari Towers, ⌀ 52 52 61
Holiday Inn, ⌀ 52 01 11
Pearl Continental (Abb. 64), ⌀ 51 50 21
Sheraton, ⌀ 52 10 21

Mittlere Hotels (zwischen DM 60,– und 80,–)
Metropole, ⌀ 51 20 51
Plaza International, ⌀ 52 03 51
Taj Mahal, ⌀ 52 02 11

Preiswertes Hotel (DM 60,–)
Midway House (in Flugplatz-Nähe),
⌀ 48 03 71

Billige Hotels (zwischen DM 20,– und 50,–)
Airport Hotel (in Flugplatz-Nähe),
⌀ 48 01 41
Beach Luxury, ⌀ 55 10 31
Mehran, ⌀ 51 50 61

Restaurants
In allen Hotels, außerdem u. a.
ABC (chinesisch)
Agha's Tavern (pakistanisch)
Excellency Restaurant (westlich und pakistanisch)
Shezan (westlich und pakistanisch)

Chaukhandi-Gräber

(30 km von Karachi; Farbt. 8; Abb. 60, 61). An der alten Straße Karachi – Hyderabad (nun durch den kürzeren 'Highway' ersetzt) links, etwas einwärts, auf einer kleinen Erhebung. Anscheinend Gräberfelder seit vor-islamischen Zeiten. Herkunft bisher unbekannt. Seit Anfang des 16. Jh. aus Sandsteinplatten ohne Mörtel zusammengefügte Grabmäler mit reichem Steinmetzschmuck, der, spezifisch sindhisch und teils vor-islamischer Herkunft, keine wesentlichen Verwandtschaften mit anderen Stilelementen zeigt.

Mehrere Steinkästen sind, sich verjüngend, übereinandergeschichtet. Seit dem 17. Jh. dreigeschossige Grabbauten und Frauengräber, deren Verzierung den Schmuck der Toten zeigt. Unislamisch auch die figürlichen Darstellungen seit Anfang des 16. Jh. auf den Männergräbern. Ähnliche Gräber in *Hinidan*, Las Bela-Distrikt, Süd-Baluchistan (Belutschistan). Daher heißen die Chaukhandi-Gräber auch heute noch 'Baluchi-Gräber'.

Banbhore

(65 km; Abb. 39). Rechts der Straße Wegweiser. Älteste Moschee des Subkontinents. Der Hafen wurde angeblich von Alexander dem Großen angelegt, aber es gibt keine Beweise dafür. Erste von Muhammad ibn al-Qasim eroberte Stadt (711 n. Chr.). Kleines *Museum* mit Fundstücken aus der griechischen, buddhistischen, hinduistischen und, vornehmlich, der islamischen Zeit.

Haleji- (Haledschi-)See

(88 km). Links der Straße Wegweiser. Berühmt für seine Vogelwelt. Hier überwintern viele teils seltene Vogelarten aus dem Norden und Zentralasien: u. a. Flamingos, Pelikane, Fisch- und Silberreiher, Wasserhühner und Wildenten.

Makli-Hügel

(95 km; Farbt. 11–13; Abb. 56–59; ausführliche Beschreibung S. 208 ff.). Kurz vor Tatta erstreckt sich links der Straße die fast 8 km lange Totenstadt über einige Hügel. Angeblich größte Nekropolis der Welt. Teils prunkvolle Grabbauten der Samma- (16. Jh.) und Tarkhan- (16. u. 17. Jh.) Dynastien.

Tatta

(100 km). Ehemalige Hauptstadt des südlichen Sindh und im Mittelalter bedeutender Hafen. Hier soll – auch angeblich! – Alexander der Große seine Truppen gesammelt und auf den katastrophalen Marsch durch die Makran-Wüste vorbereitet sowie Festungsmauern und Dockanlagen errichtet haben. Von den Portugiesen niedergebrannt und von dem flüchtenden Mogul-Kaiser Humajun erobert. Später bedeutendes Textilzentrum. Heute ein vernachlässigter Ort, in dem die Zeit stehengeblieben ist, mit architektonisch interessanten Sindhi-Häusern und der prachtvollen *Schah Dschahan-Moschee* (Farbt. 26–29; Abb. 55; s. S. 205). Bemerkenswert die Windfangschächte auf den Häusern, die man auch in anderen Orten des Sindh findet.

Keenjhar- (Kindschar-)See

(120 km). Ebenfalls ein See mit vogelreichen Ufern, 320 qkm groß.

Hyderabad (Haiderabad)

(205 km; Abb. 78). Muhammad ibn Qasim soll die damals buddhistische Stadt Nerun Kot erobert haben. 1757, als der Indus während einer Überschwemmung seinen Lauf änderte und Khudabad, die Hauptstadt der Kalhora-Herrscher, zerstörte, gründeten die Kalhora 160 km südöstlich eine neue Stadt, Hyderabad genannt, nach dem Heiligen Hazrat Ali Hyder. 1783 besiegten die Talpur die Kalhora und bauten Hyderabad nun als ihre Hauptstadt weiter aus. Sehenswert ist das *'Sindh Provincial Museum'* in der Nähe des Polytechnic College mit seiner attraktiv plazierten Kollektion archäologischer und ethnologischer Kostbarkeiten. Außerdem: das *Fort* (18. Jh.), königlicher Hof der Kalhora und Talpur. Nur ein Turm blieb. Von hier weiter Rundblick über die Stadt. Für einen Bummel: Shahi-Basar vom Festungstor bis zum Karamet-Uhrturm.

Hotels (alle preiswert und klimatisiert) *Hotel Faran,* ✆ 2 39 93
City Gate, ✆ 3 11 97   *New Sainjees Motel,* ✆ 272 75

Westliche Indus-Route: Hyderabad (Haiderabad) – Moenjo Daro (Moendscho Daro) – Sukkur (Ssacker) (etwa 370 km). Erste Tankstelle in Dadu (185 km)

Sani
(90 km von Hyderabad). Nur sportlichen Festungsliebhabern kann ein 20 km langer Kamelritt zum *Ranikot-Fort* empfohlen werden. Miet-Kamele in Sani zu haben. Von zwei Talpur-Radschas errichtet, mißt der Umfang der äußeren Festungsmauer 24 km. Es sei das größte Fort der Welt, wird behauptet. Ein einfacher Ritt dauert einen Tag. Nur selbst arrangierte Zeltübernachtung in einer der beiden Fortanlagen ist möglich. Verpflegung mitnehmen. Von März bis September zu heiß!

Amri
(110 km; Abb. 8). Ausgegrabene Anlagen der Früh-Harappa-Kultur.

Sehwan
(150 km; Farbt. 31; Abb. 83; s. S. 232). Berühmt als Sehwan Sherif, als Ort des heiligen Mystikers Lal Shahbas Qalandar (12./13. Jh.), der u. a. die Anliegen der Armen gegen einen Despoten verfocht. Einer der bedeutendsten Heiligen Pakistans, zu dessen Urs (Jahresfest) Pilger aus allen Teilen des Landes kommen. Großartiges, reich dekoriertes *Mausoleum* mit allabendlichen Tänzen.

Sehwan und Taxila gelten als die ältesten, fortlaufend bewohnten Orte Pakistans. Das *Fort* auf einem Hügel soll, weil man dort alexandrinische Münzen fand, von dem großen Makedonier gegründet worden sein. Später war es Residenz eines buddhistischen Herrschers der Gupta-

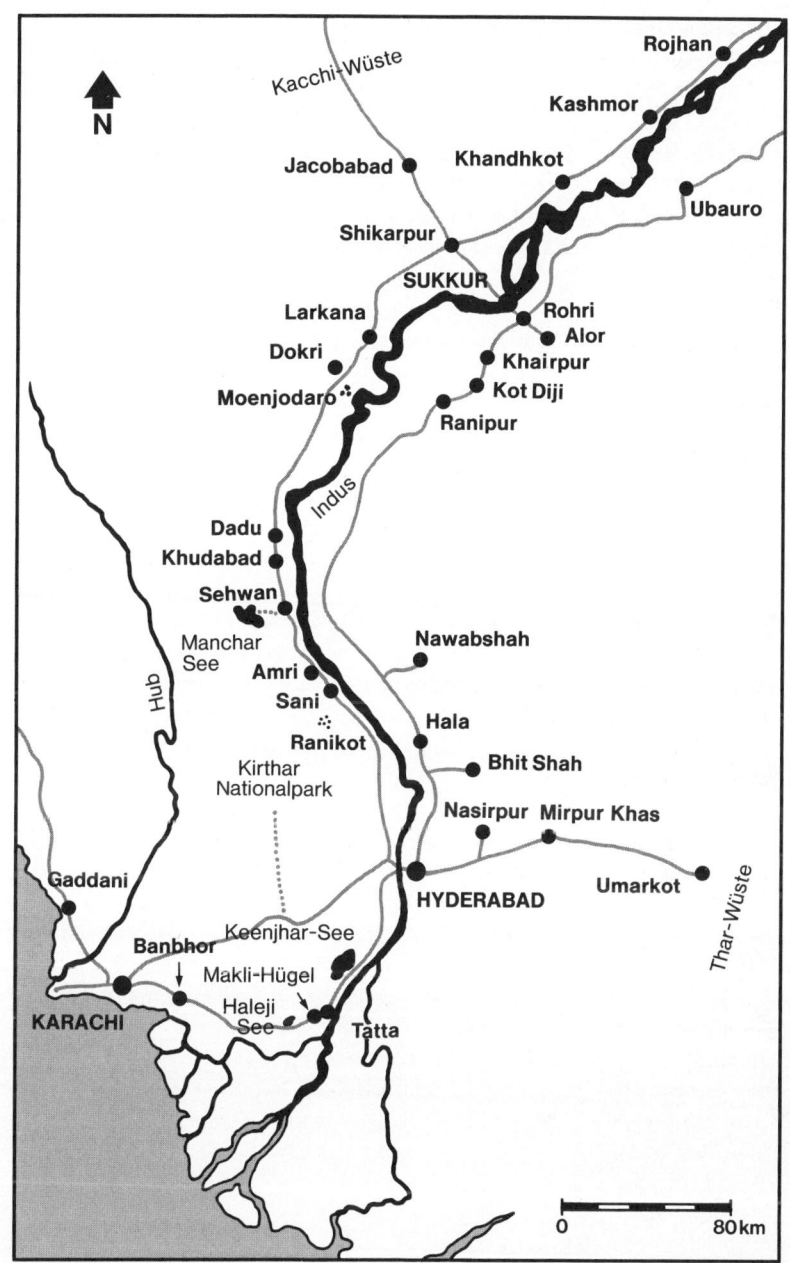

Der Sindh

Dynastie und wurde 712 n. Chr. von Muhammad ibn Qasim erobert. Seither ist Sehwan eine der bedeutendsten Städte des Sindh, eine Zeitlang war es auch dessen Hauptstadt.

Manchar-See
Einige Kilometer landeinwärts von Sehwan. Idyllisch gelegen, fischreich. Viele nomadische Fischer, die Mirbars, leben hier in Wohnbooten. Diese können einige Stunden für Rundfahrten gemietet werden. Die Bootsbewohner fahren auch schon einmal mit. Notwendig: langes Handeln um den Preis! Am schönsten von November bis Februar.

Dadu
(185 km). Distrikt-Stadt mit *erster Tankstelle* nach Hyderabad.

Moenjo Daro
(265 km; Farbt. 2–4; Abb. 9–15, 17, 19; s. S. 23 ff.). Bedeutendste Ausgrabungsstätte der Harappa- oder Indus-Kultur (2700–1700 v. Chr.), der dritten, bisher wenig bekannten Hochkultur des Altertums. Imposante Ruinen, die einen Eindruck des hochzivilisierten Lebens hier vor 4500 Jahren und früher vermitteln. Beherrscht von einer buddhistischen *Stupa* (1.–4. Jh. n. Chr.). Interessanteste Anlagen: *Großes Bad*, sogenannter *Kornspeicher, Bürgerhäuser, sanitäre Anlagen*. Versalzung zerstört die Ruinen. Anbei findet man ein anschauliches *Museum* mit Wandbildern, die das Leben der damaligen Zeit phantasiereich und mit vielen Fundstücken darstellen. Auch ein Hotel, das diesen Namen nicht verdient, ist angeschlossen. Moenjo Daro wurde vom Lehrstuhl für Baugeschichte und Denkmalpflege der TH Aachen fotogrammetrisch vermessen. Leitung: Prof. Urban, Projekt-Leiter: Dr. M. Jansen.

Sukkur (Ssacker)
(370 km; Farbt. 34). Über *Larkana* (gute Übernachtungsmöglichkeit) und *Shikarpur*, an der Fernstraße Sukkur–Quetta, nach Sukkur am Indus. Gewaltiges Stauwehr. Städtebaulich und architektonisch originelle Innenstadt, viele Heiligengräber, vor allem das *Mausoleum des Hazrat Khairuddin* in der Altstadt. Großartiger Rundblick vom 27 m hohen *Masum-Turm*, errichtet von dem Mogul-Gouverneur Mir Mohammad Masum. Dank Mohammad ibn Qasim ist die Stadt von großen Palmenhainen umgeben. Seine hier lagernden Soldaten, so heißt es, hätten vor über 1200 Jahren überall Dattelkerne ausgespuckt, ja regelrechte Spuck-Turniere ausgetragen.

Hotels
Inter-Pak Inn, vor Überqueren der Schleusen   *Meran,* ✆ 37 92
gleich links. ✆ 38 07, 30 51
Forum Inn, ✆ 8 30 11   Alle klimatisiert

Östliche Indus-Route: Hyderabad (Haiderabad) – Kot Diji (Didschi) – Sukkur (Ssacker) (315 km)

Bit Shah
(55 km; Abb. 84; s. S. 233). Kurz vor Hala biegt eine Straße in östlicher Richtung nach Bit Shah ab (etwa 2 km), wo der heilige Sänger und Poet Shah Abdul Latif in einem anmutigen *Kuppel-Mausoleum* beigesetzt ist. An seinem Grab singen Muslime und Hindu wie vor 250 Jahren der Meister sang, den die Sindhi ganz besonders in ihr Herz geschlossen haben. Denn er besang das einfache Volk, die Hirtin, den Bauernjungen, den Abend am Brunnen und die dramatischen Ereignisse, wenn sich das arme, aber stolze Mädchen gegen einen Prinzen oder reichen Landbesitzer zur Wehr setzen mußte. Seine Gesänge haben die Musik des Sindh reformiert. Er entwickelte Instrumente, die heute noch an seinem Sarkophag und auch anderswo die Sindhi erfreuen. Viele haben sich in seiner Nähe begraben lassen.

Hala
(56 km). Eine Doppel-Stadt, Alt- und Neu-Hala. Bedeutende Keramik- und Textilwerkstätten. Die berühmten blauen, aber auch die weißen und grünen Fliesen des Sindh werden hier gebrannt. Auch aparte, meist blaue Töpferware, nur leider oft nicht hart genug gebacken. Die gemusterten Susi-Tücher und die meist blau-roten Ajrak- (Adschrak-)Stoffe entstehen hier in kleinen Familienbetrieben. Im überdachten *Hauptbasar* werden all die schönen Produkte, auch die der Holzlackierer, angeboten. Kein Wunder, daß die *Mausoleen* des heiligen Mir Makhdum Nuh (gest. 1592) und des Makhdum Mir Muhammad, der Neu-Hala gründete, und auch die *Freitags-Moschee* so üppig mit sindhischen Blau-Kacheln geschmückt sind.

Kot Diji (Didschi)
(276 km; Abb. 7). Westlich der Straße Ruinenhügel der früh-harappischen Zeit (bis 3000 v. Chr.). Auf der anderen Seite des Indus auf etwa gleicher Höhe liegt Moenjo Daro. Oben auf dem Hügel lebten, vermutlich von einem Festungswall umgeben, die Bessersituierten, unten die Bürgersleut. Hier wurde stilistisch aufschlußreiche Keramik gefunden. Tonscherben aus jenen Zeiten liegen zu Tausenden verstreut umher. Gegenüber, an der rechten Straßenseite, erhebt sich das gewaltige *Kot Diji-Fort*, als sei es gestern gebaut. Die Talpur-Herrscher haben es im 18. Jh. errichtet. Der Eingang liegt abseits der Straße im Dorf Kot Diji.

Khairpur
(298 km). Hauptstadt eines ehemaligen, autonomen Fürstentums von Angehörigen der Talpur-Dynastie. Sie gründeten die Stadt. Im Ort der *Palast* der Talpur Mirs und ihre üppig dekorierten *Mausoleen* mit Marmorgitterwerk. Die *Heiligengräber* des Pir Ruhan Zia-ud-Din und des Haji (Hadschi) Jafar Shahid genießen weite Verehrung.

Rohri
(312 km). Gegenüber Sukkur. Vermutlich das ehemalige Loharkot oder Alor. Hier soll schon Alexander längere Zeit gelagert haben. Südlich von Rohri steht auf einem Felsen das 'Grab der

sieben jungfräulichen Schwestern'. Niemand weiß den Namen zu erklären. Die Tanzmädchen von Rohri waren früher wegen ihrer Schönheit und Kunst sogar in Persien bekannt.

Route Hyderabad (Haiderabad) – Thar-Parkar-Wüste

Gute Straße nach Osten über *Mirpur Khas* (farbfrohe Textilien, Kunststickereien) nach *Umarkot* (140 km). Festung der Rajputs (Radschputs). Hier wurde dem entthronten Mogul-Kaiser Humajun 1542 von der 15jährigen Hamida, die den Flüchtenden zuerst nicht heiraten wollte, der Sohn Akbar geboren, der zu Akbar dem Großen heranwuchs, einem der mächtigsten Herrscher der Mogul. Ein unscheinbarer Gedenkstein im Schatten der Festung erinnert daran.

Wie mit der Rasierklinge abgeschnitten, endet die fruchtbare Landschaft und beginnen die Sanddünen der Wüste. Wer das Abenteuer liebt, kann mit einem Jeep (wenn gemietet, sehr teuer!) hineinfahren, tagelang in größtenteils ruckartig schlängelnder Fahrt durch den Sand und hin und wieder durch Savannengebiete. Zuerst geht es südöstlich zur *Oase Chachro* (Farbt. Umschlagrückseite), dann südlich, nahe an der indischen Grenze entlang, nach Nagar Parkar, im äußersten Südosten Pakistans und wieder westlich über die Oasen *Islamkot* (wo trotz des Namens mehr Hindu als Muslime leben) und *Mithi* (die Oase der Musikanten). Endlich, nach fünf bis sechs Tagen, erreichen wir hinter *Naukot* wieder eine geteerte Straße. Erholsam ist dann die Rückfahrt nach Hyderabad.

Für die Strapazen wird man belohnt durch eine noch völlig unberührte Wüstenlandschaft und semi-nomadische Bevölkerung (Farbt. 38), vornehmlich Rajputen, bei denen die Hindu in der Überzahl sind. Aus Respekt voreinander essen die Hindu kein Schweinefleisch und die Muslime kein Rindfleisch. Die Hindu-Frauen tragen weiße Armringe aus gebleichten Knochen oder auch schon, wenn sie in Mirpur Khas waren, aus Kunststoff. Sie tragen sie bis hinauf zu den Schultern, wie vor 5000 Jahren die Tänzerin von Moendscho Daro (Abb. 15).

Diese Fahrt sollte wegen der schwierigen Übernachtungsmöglichkeiten frühzeitig mit der Pakistan Development Tourist Corporation (PDTC) vorbereitet werden.

Route Sukkur (Ssacker) – Quetta (400 km)

Über *Jacobabad* (85 km), benannt nach dem britischen General und Stadtgründer, der es verstand, die Baluchi (Belutschi) im Interesse Ihrer Majestät zu vereinen, und dessen Haus noch heute die Dienstwohnung des Deputy Commissioners (Landrat) ist, geht die Fahrt auf guter Straße weiter nach *Sibi* (242 km), bekannt für seinen riesigen Rinder- und Pferdejahrmarkt. Die Gegend zwischen diesen beiden Städten, die *Kacci-Wüste*, ist die heißeste Asiens, im Juni bis 53° im Schatten. Wir fahren durch das Gebiet der Bughti, die im Mai 1983 feierlich und angeblich endgültig Frieden mit ihrem Nachbarvolk, den Murri, geschlossen haben. Das Zeremoniell hätte von Karl May stammen können. 32 km hinter Sibi, kurz vor dem historischen Bolan-Paß,

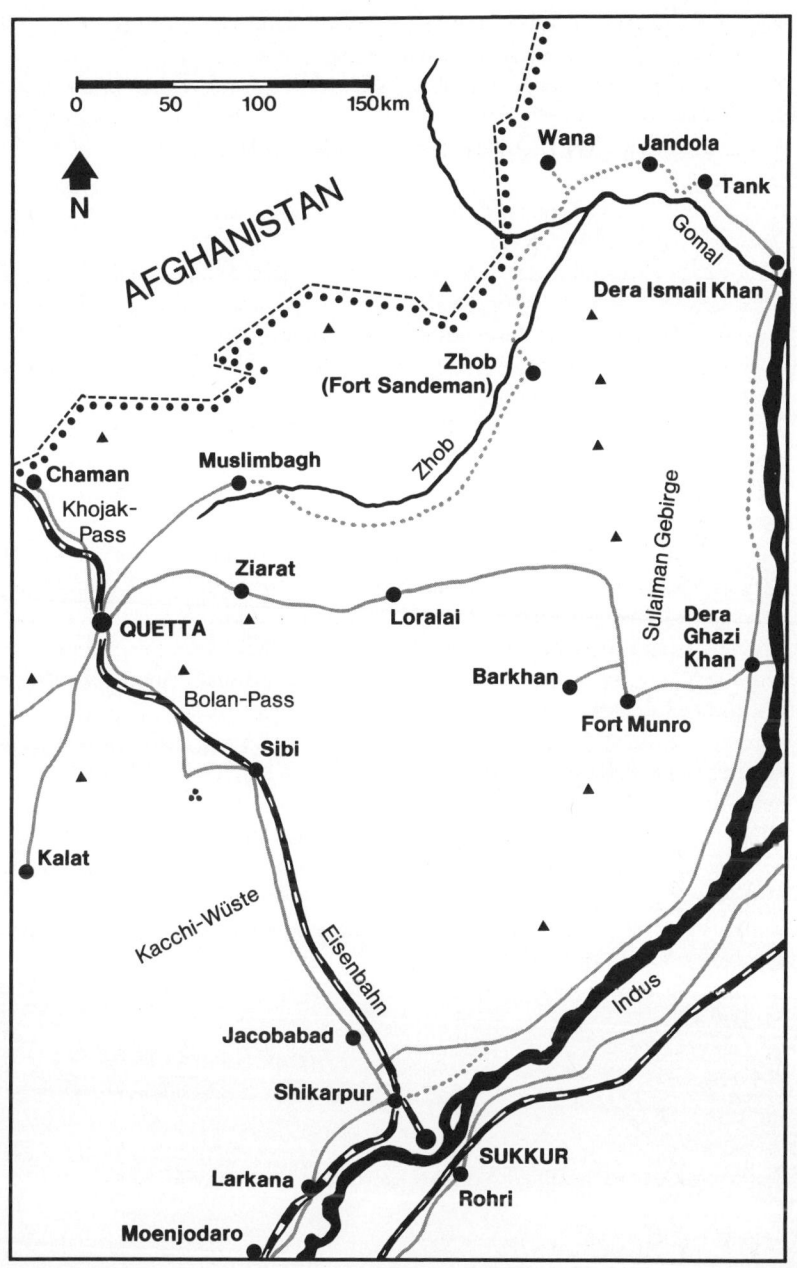

Ost-Belutschistan

zeigt ein Wegweiser nach *Mehrgahr,* der etwa 8 km landeinwärts gelegenen Ausgrabungsstätte (vgl. Abb. 3; s. S. 17), wo französische Archäologen unter J. F. Jarrige bis 6000 v. Chr. zurückreichende Siedlungen ausgegraben haben. Jarrige nimmt an, daß deren Kultur eine Vorgängerin der Harappa-Kultur war. Durch die engen Schluchten des *Bolan-Passes,* durch den die zentralasiatischen, afghanischen und persischen Eroberer zum Indus zogen, führt unser Weg nun nach Quetta.

Quetta

(400 km). Mit Pathanen (Farbt. 1) in der Überzahl ist sie die Hauptstadt der Provinz Baluchistan (Belutschistan). An einem Hang wohnen etliche tausend mongolische Hazari, die im vergangenen Jahrhundert aus Zentral-Afghanistan hierher emigrierten. Sie seien Nachkommen Dschingis Khans, behaupten sie. Über den *Khojak- (Kodschak-)Paß* führt die Straße 110 km weiter zur afghanischen Grenze.

Markante Turbanträger (Abb. 68) schlendern durch die Basare der Stadt, die ein Erdbeben 1935 völlig zerstörte (23 000 Tote). In ihrer Nachbarschaft wird viel Obst geerntet. Die meisten Fahrten von Quetta aus in andere Richtungen Baluchistans müssen vorher beantragt werden.

Der Begriff Baluchi (Belutschi) umfaßt neben irano-arisch sprechenden *Baluchi* die drawidisch sprechenden *Brahui* (Nachkommen der Harappa-Kultur?) um Kalat und die im Norden Baluchistans als Majorität lebenden, irano-arisch sprechenden *Pathanen.* Auch die indo-arisch sprechenden *Jat* leben unter ihnen. Etwa die Hälfte der Bevölkerung Baluchistans wohnt in der Umgebung von Quetta. Die oft semitisch aussehenden Baluchi führen ihre Herkunft auf den altsyrischen Großgott Baal zurück oder einen der vielen lokalen Götter gleichen Namens im Nahen Osten des 2. Jt. v. Chr. Von Aleppo aus, dem antiken Haleb, hätten sie ihre Wanderungen begonnen, bis sie dann über Süd-Persien im 13. und 14. Jh. sich hier angesiedelt hätten. Auch im Südost-Iran und in Süd-Afghanistan leben Baluchi.

Baluchistan ist eine weite, menschenleere Steinwüste, so groß wie die Bundesrepublik. Hier haben die Sadari, die Fürsten, noch das Sagen, wie vor Hunderten von Jahren. Hier fühlt sich jeder noch seinem Klan und Stamm eng verbunden; dem Außenstehenden begegnet Mißtrauen. Auch die Baluchi der anderen Stämme sowie die Brahui, Jats und Pathanen gelten in dieser Region als Außenstehende.

Hotels

Runetta Serena (DM 110,– bis 120,–), ✆ 70070–79.

Gul's Inn (billig), ✆ 70170
New Lourdes (billig), ✆ 70168

Route Sukkur (Ssacker) – Multan über Uch (Utsch), 460 km

Etwa 65 km hinter Sukkur beginnt die Provinz *Punjab (Pandschab),* das fruchtbare Gebiet der 'fünf Flüsse'. Es ist der volksreichste und wirtschaftlich gesundeste Teil Pakistans. Hier herrscht auch der dichteste Fernverkehr. Die Straßen sind oft voller Löcher und Rillen, und die Fahrer kennen zwar die Straßenverhältnisse, aber nicht die Verkehrsregeln. Zwei Lastwagen nebeneinander, deren Fahrer sich allerhand zu erzählen haben und darum den entgegenkommenden – schwächeren – Personenwagen von der Straße drängen oder in trauter Gemeinsamkeit ein drittes Fahrzeug überholen, sind keine Seltenheit. Kritisch wird's, wenn sie in unübersichtlichen Kurven ihr Plauderstündchen fortsetzen. Wir sollten darauf gefaßt sein. Nur in den Bergen, wo jeder schnell in Gefahr geraten kann, fahren alle überraschend diszipliniert.

Uch (Utsch)

Die Strecke ist nicht sehr ereignisreich. Erst in *Uch* (290 km) lohnt sich eine Tee-Rast (s. S. 233, 238). Auch hier soll Alexander als Stadtgründer aufgetreten sein. Im Mittelalter wirkte Uch neben Multan als politisches und vor allem geistiges Zentrum. Hier stehen die *Mausoleen* einflußreicher Mystiker, wie das noch gut erhaltene oktogonale Grabmal des Bibi Jawindi, kunstvoll mit blauen und weißen Fliesen bedeckt, oder die Grabstätte des Heiligen Jalal-uddin Surkh Bukhari, mit den herrlichen Holzlackarbeiten.

Leider sind die meisten Gräber zerfallen, ihre Fundamente oft vom Induswasser unterspült. Doch die Ruinen erzählen noch von der Pracht der Mausoleen jener Tage. Uch war lange Mittelpunkt der großen Mystiker- oder Sufi-Bewegungen des Suhrawardiyya- und des Qadiriyya-Ordens. Heute ist es ein verschlafenes Städtchen, in dem ein Nachfahre des Jalal-uddin Surkh Bukhari als 'heiliger Pir' noch autoritären Einfluß hat.

Multan

Über *Muzaffargarh* (397 km) erreichen wir *Multan* (Farbt. vordere Umschlagklappe; Abb. 85, 86). Schon ein Sohn des Noah soll sich nach der Sintflut hier niedergelassen haben. Später kam Alexander. Er sprang nach langer Belagerung des Sonnenheiligtums der Malli-Herrscher als erster in goldener Rüstung von der Mauer in die Festung und mußte diesen Leichtsinn mit einer gefährlichen Pfeilverwundung bezahlen. Sie hat ihm zeit seines nur noch kurzen Lebens zu schaffen gemacht.

Von allen pakistanischen Städten mußte Multan, das Kaspaeria des Ptolemäus, die meisten Eroberungen über sich ergehen lassen: die Afghanen, Mongolen, Perser und schließlich die Sikhs und die vielen lokalen Herrscher sagten der stark befestigten Stadt am Schnittpunkt der Karawanen- und Heerwege aus allen Himmelsrichtungen immer wieder den Krieg an.

Als dominierendes Bauwerk erhebt sich die schon von weitem sichtbare Grabstätte des heiligen Hasrat Rukn-i-Alam (14. Jh.) auf einer Anhöhe über Multan, ein Zentralbau, oktogonal, wuchtig, zentralasiatisch, mit weißer Kuppel. Er wurde von König Ghiasuddin Tughluk inmitten der weiten Festungsanlage errichtet, dort wo früher das Sonnenheiligtum war. In seiner Nähe steht in ähnlichem Stil das Mausoleum des heiligen Hasrat Bahawal Haq, des Großvaters von Rukn-i-Alam. Das Grabmal des bedeutendsten Heiligen von Multan, des Baha'uddin Zakariya (13. Jh.), der den Suhrawardiyya-Orden hier eingeführt hat, befindet sich leider in einem desolaten Zustand. Wie in Uch, so trafen sich im Mittelalter auch in Multan die Geistesgrößen des religiösen und wissenschaftlichen Lebens. Lange regierten hier schiitische und ismaelische Herrscher. Die »Stadt der Gräber und Bettler, der Hitze und des Staubs« war seit jeher auch ein Zentrum des Kunsthandwerks: Textilien, Keramik, farbige Kacheln und die bunten Lampen und Vasen aus Kamelhaut (vgl. Abb. 87).

Hotels (alle preiswert)
Shezan Residence, ✆ 3 02 53 *Sindbad Hotel,* ✆ 7 41 95
Hushiana Hotel, ✆ 4 20 26 *Mongol,* ✆ 3 01 64

Die kürzesten Strecken von Multan nach Islamabad führen nordwärts durch die *Thal-Wüste* (Abb. 67) am Indus entlang nach *Mianwali* und weiter über *Talagang* oder über *Jang, Sargodha, Kushab, Kallar Kahar* (Mausoleum mit Hunderten von wilden Pfauen) und *Chakwal.* Die dritte Strecke verläuft über Lahore.

Route Multan – Lahore (364 km)

Harappa
Etwa 20 km vor Sahiwal (179 km) liegt, 7 km nördlich der Straße, die Ausgrabungs-Stätte *Harappa,* die der Indus-Kultur einen neuen Namen gab, weil diese frühe Hochkultur nicht nur, wie anfänglich angenommen, die Indus-Gegend umfaßte. Ein *Museum* zeigt interessante Fundstücke, u.a. ein Skelett aus dieser Stadt, die so bedeutend wie Moendscho Daro war. Hinter dem Museum liegt, nur noch zu ahnen, die Zitadelle und dahinter, zum alten Flußbett des Rawi hin, die eigentliche Stadt, mit den Arbeiterwohnungen, den runden Mühlsteinen und schließlich dem Kornspeicher (Abb. 21).

Pakpattan
Von *Sahiwal* aus lohnt sich ein Abstecher nach *Pakpattan* (45 km) zu dem Mausoleum eines der verehrtesten Heiligen in Pakistan, Fariduddin Gunj (Gandsch-)i-Shakar (1175–1265), drittes Oberhaupt der Chischtiyya (Tschischtiyya), der die Gedankenwelt dieses Ordens im Gebiet des heutigen Pakistan eingeführt hat.

Lahore
Nach weiteren 185 km erreichen wir *Lahore,* die kulturelle Hauptstadt des Landes. Wir haben die Sehenswürdigkeiten dieser eindrucksvollen Stadt bereits ausführlich geschildert (s. S. 162 ff.; Farbt. 5–7, 19–21, 23–25; Abb. 24, 40–54). Wir sollten uns nun noch vor allem das *Lahore Central Museum* ansehen, mit seinen reichen und wohlplazierten Kollektionen von prähistorischen Stücken, Harappa-Kultur, Gandhara-Kunstwerken (wohl den besten im Land), Mogul-Miniaturen, islamischen Manuskripten, Holzschnitzereien und prachtvollen Teppichen. Vor dem Museum steht die *Zam-zama-Kanone,* die Rudyard Kipling ihre Berühmtheit verdankt. In der Altstadt, hinter dem Mori- und dem Bhati-Tor, bietet das *Privat-Museum Faqir Khana* eine

erstaunliche Sammlung seltener Antiquitäten Asiens und Chinas. Etwas außerhalb der Altstadtmauer, an der Mohini-Road, liegt das *Heiligtum des großen Mystikers Data Gunj (Gandsch) Bakhsh* (Abb. 82). Täglich wird sein Mausoleum von Hunderten und Tausenden andächtiger Pilger besucht, die hier am Sarkophag ihr Herz ausschütten und für sich und andere beten wollen. Auch wir können uns entspannen, wenn wir uns hier in irgendeine Ecke setzen und eine Weile dem frommen Treiben zusehen. Unseren Frauen allerdings ist ein anderer Teil der Grabstätte zum Besuch vorbehalten.

Eine der berühmtesten Frauen Lahores war Anarkali. Nach ihr ist einer der lebhaftesten und reichhaltigsten Basare benannt. Ihr oktogonales, von einer großen Kuppel gekröntes *Grabmal* steht im Gelände des 'Punjab Secretariat', der Regierungsgebäude der Provinzregierung. Man muß am Tor um einen Führer bitten. Anarkali war eine der Nebenfrauen Akbars des Großen. Eines Tages sah der Kaiser, wie Anarkali verstohlen ein Lächeln des Kronprinzen Salim, des künftigen Kaisers Dschahangir, erwiderte. In seinem Besitzerstolz tief gekränkt – er hatte mehrere hundert Nebenfrauen –, befahl der fromme Kaiser, Anarkali lebendig einzumauern. Dem Kronprinzen geschah nichts. Später baute Dschahangir ihr das prächtige Mausoleum und ließ in den Marmorkenotaph einmeißeln: »Oh, könnte ich das Antlitz meiner Geliebten wiedersehen, bis zum jüngsten Tag würde ich meinem Schöpfer dafür danken!« Darauf heiratete er die schöne und kluge Nur Dschahan (Abb. 53).

Wer Zeit und Interesse hat, kann in Lahore u. a. 27 *Heiligen-Gräber* und 28 große, teils mit üppigem Dekor ausgestattete *Moscheen* besuchen. Viele verfügen über eine bemerkenswerte Vergangenheit.

Luxus-Hotels (DM 140,- bis 180,-)
Avari Lahore, ☏ 31 02 81, 6 99 71
Pearl Continental, ☏ 6 99 31

außerdem:
Faletti's Hotel (im alt-englischen Stil), ☏ 30 36 61
und zahlreiche preiswerte Hotels, u. a. YMCA

Route Lahore – Islamabad (286 km)

Wir fahren weiter, nun auf der historischen 'Grand Trunk Road', von den Mogul-Kaisern aus strategischen Gründen ausgebaut. In *Gujranwala (Gudschranwala)* wurde 1780 der Sikh-Herrscher Ranjit (Randschit) Singh geboren. Etwa 12 km hinter Jhelum, mitten in dem kleinen Ort *Dina*, zeigt ein Wegweiser den westlich abzweigenden Weg zum *Rohtas Fort* an (7 km). Gegenüber biegt eine Straße zum Mangla-Damm ab.

Rohtas Fort

Das Rohtas Fort (s. S. 163), nach heftigem Regen nur mit einem Jeep zu erreichen, überrascht mit seinen enormen Ausmaßen. Der Umfang der Festungsmauer beträgt 5 km. Entlang dem Kahan-Flüßchen ziehen sich zwei Mauern einen Kilometer lang dahin. An den meisten Stellen ist das Mauerwerk so dick bzw. breit wie eine Straße. Sieben Tore führen in das Innere. Mehrere große Brunnenschächte sorgten für Wasser; einer liegt 135 steile Stufen tief.

Der Afghane Sher Shah Suri hatte dieses riesige Festungswerk innerhalb von wenigen Jahren anlegen lassen, nachdem er Kaiser Humajun besiegt und Nordwest-Indien erobert hatte. Er mußte sich nun vor seinen unruhigen Nachbarn, dem Ghakkar-Stamm, vorsehen und natürlich auch auf eine mögliche Rückkehr Kaiser Humajuns aus Sind oder später aus Persien vorbereitet sein. Leider starb Sher Shah Suri bereits nach sechsjähriger Herrscherzeit. Er war ein umsichtiger Feldherr und Staatsmann gewesen. Als Humajun tatsächlich zurückkehrte, nahm Sher Shah Suris unwürdiger Nachfolger mitsamt der Festungsbesatzung Reißaus und gab so Humajun den Weg frei nach Delhi. Das stolze Fort hatte seither nie mehr Gelegenheit gehabt, sein gewaltiges kriegerisches Potential unter Beweis zu stellen.

Route Islamabad – Taxila (40 km)

Islamabad

(Abb. 88–90; s. S. 245). Eine Casa blanca am Fuß des Himalaya. Der erste Spatenstich für Pakistans Hauptstadt ist erst 30 Jahre alt. Vor 25 Jahren zogen die ersten Bewohner hier ein. Hier läßt es sich am angenehmsten leben, die Nächte kühlen im Sommer ab, Frühling und Herbst sind lang und zeigen sich von ihren besten Seiten, und der Winter wird sogar kalt, manchmal bis zu 0°. Islamabad, eine Stadt aus der Retorte, ein Brasilia Asiens, ist streng geometrisch angelegt. Der griechische Architekt Doxiades hat sie in quadratische Sektoren unterteilt, die ihre besondere Bestimmung haben; die meisten sind Wohngebiete mit jeweils einem Einkaufs-Zentrum, einem 'Market'; die 'Diplomatic Enclave' im äußersten Osten der Stadt liegt in praktischer Nähe des Außenministeriums und des Regierungsviertels. Sie ist den Botschaften vorbehalten. Und draußen, weit draußen, wird zur Zeit die 'Industrial Area' eingerichtet. Also, eine ideale Wohnstadt mit komfortablen Häusern in teils großzügig angelegten Gärten. Nur die City fehlt, das Herz einer Großstadt mit Schaufenstern, Bummelvergnügen, Kinos und Cafés.

Rawalpindi

(Abb. 91). Als ungleiche Schwesterstadt, da viele Jahrhunderte älter, liegt Rawalpindi 15 km entfernt an der GT, der Grand Trunk Road. Eine Autobahn verbindet beide Städte.

'Pindi' zeigt mit dem bunten Gassengewirr seines Raja-Basars und der indobritischen Stimmung der alten Garnison-Stadtteile viel Atmosphäre. Hier ist das Kaufangebot reichhaltiger und preiswerter.

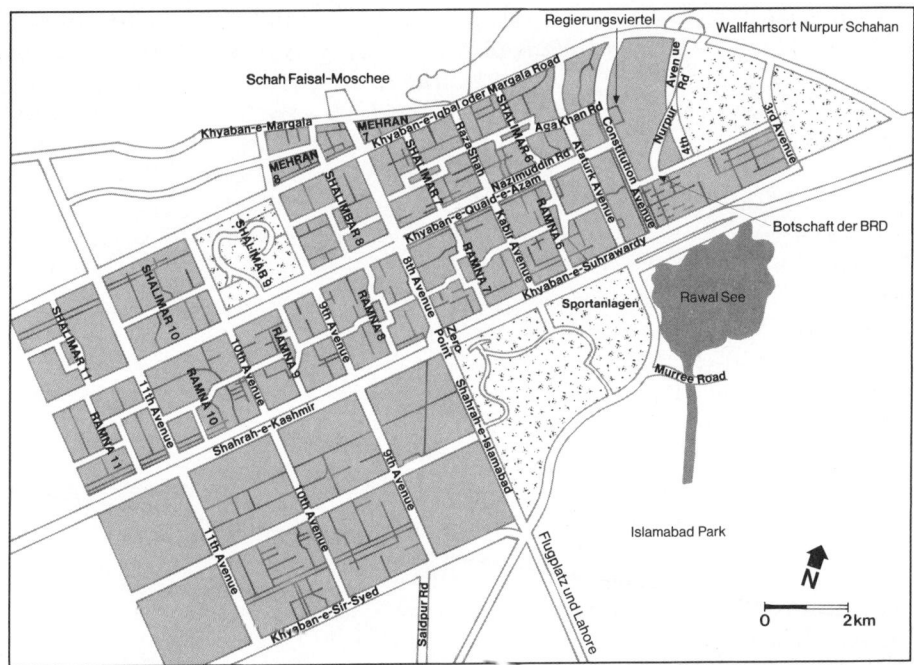

Plan von Islamabad

Luxus-Hotels (zwischen DM 120,– und 160,–)
Holiday Inn, Islamabad, ✆ 82 61 21–33
Pearl Continental, Rawalpindi,
✆ 6 60 11–9; 6 27 00

Hotels mittlerer Klasse (zwischen DM 40,–
und 100,–)
Ambassador Hotel, Islamabad, ✆ 82 40 11

Flashman's Hotel, Rawalpindi, im altenglischen
Stil, ✆ 6 48 11–16
Islamabad Hotel, Islamabad, ✆ 82 73 11
Margala Motels, Islamabad, ✆ 81 33 45
Shalimar Hotel, Rawalpindi,
✆ 6 29 01–10
Silver Grill, Rawalpindi, ✆ 6 47 19

Taxila
(40 km; Abb. 25, 26, 31–36; ausführliche Beschreibung S. 117f.). Die älteste, ständig bewohnte Stadt Pakistans, wie die Sarai Khola-Ausgrabungen mit Funden seit der frühen Harappa-Kultur beweisen. Wer alle Kloster- und Stupa-Ruinen besichtigen will, muß sich mehrere Tage hier aufhalten. Am besten erhalten ist das *Jaulian-Kloster*, drei Kilometer vom Museum entfernt auf einem Hügel. Das *Museum* zeigt Steinfiguren und Stukko-Plastiken, teils schöne ausdrucksvolle Stücke. Berühmt ist die Münzensammlung.

Taxila war schon zu wedischen Zeiten (1. Jt. v. Chr.) als Ort erlesener Geistigkeit bekannt. Diesen Ruf behielt es, als die baktrischen Griechen und später die Kuschana hier zu sagen hatten, als griechische, persische, römische und indische Stilelemente zu dem Gandhara-Stil verschmolzen, als der Buddha zum erstenmal figürlich dargestellt wurde und seine Lehre im reformierten Gewand des Mahayana sich von hier aus über ganz Asien verbreitete.

Bevor wir das Museum im schattigen Park erreichen, fahren wir an dem ältesten Stadtteil Taxilas, rechts an der Straße, vorbei, heute *Bhir Mound* genannt, Bhir Hügel (6.–2. Jh. v. Chr.). Hier war Alexander, von Charsadda kommend, dem damaligen Pushkalavati, feierlich eingezogen. Gleich nordöstlich hinter dem Museum liegt *Sirkap,* von den Griechen etwa 180 v. Chr. gegründet, symmetrisch, wie Islamabad zweitausend Jahre später, angelegt. Von den Bauten blieben nur die fußhohen Grundmauern. Zwischen ihnen sind Basen von Stupas und Fundamente von Tempeln und, separat, der Grundriß des königlichen Palastes zu erkennen. Weiter nördlich, am vermutlich griechischen oder zarathustrischen *Jandial-Tempel* vorbei, erreichen wir die dritte Stadt, *Sirsukh,* die Hauptstadt der Kuschana (bis 450 n. Chr.). Sie war mit einem 5 km langen, 5–6 m dicken Befestigungswall umgeben. Nur ein kleines Gebiet im südöstlichen Teil wurde bisher ausgegraben. Von hier aus hat sich die Gandhara-Kunst entfaltet. Hier standen vergoldete Prachtbauten der Buddhisten.

Unterkunft (einfach, sehr preiswert)
Rasthaus in der Nähe des Museums,
Archaeological Bungalow, wo der
Weg zum Jaulian-Kloster abzweigt.

Beide Unterkünfte können über den Kurator des Museums gebucht werden.

Route Islamabad – Himalaya – Karakorum (Karakorum Highway) (889 km)

Zwanzig Jahre lang hat die pakistanische Armee, später zusammen mit den Chinesen, diese abenteuerliche Neuauflage der Seidenstraße aus den Felsen des Himalaya und des Karakorum gesprengt. Bis nach China. 1978 wurde sie eröffnet. Ein 650 km langes gigantisches Werk. Am Schluß arbeiteten hier 15 000 Pakistaner und 10 000 Chinesen. 500 kamen dabei ums Leben.

Wir fahren über *Abbottabad* (121 km) und *Mansehra* (146 km) nach *Thakot* (268 km). Zwischen Mansehra und Thakot ist die kaum vier Jahre alte Straße schon sehr beschädigt.

Aornos
In Thakot, am Indus, beginnt der *Karakorum Highway,* beginnen die chinesischen Brücken und die kahlen schwarzgrauen Berge. Zwischen Thakot und Besham zieht der Karakorum Highway, immer am Indus entlang, eine östliche Schleife. Das 2000 m hohe *Tafel-Massiv Aornos* zwingt ihn dazu. Vor 2300 Jahren zwang es auch Alexander den Großen, hier innerhalb von drei Tagen, so berichtet zumindest Arrian, einen Damm aus Erde und Strauchwerk durch ein 200 m tiefes Tal

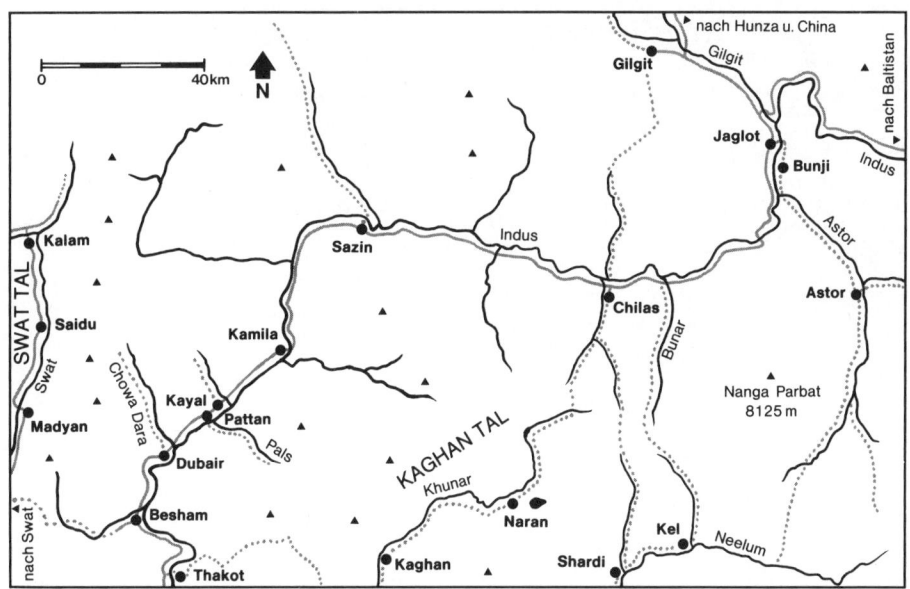

Der Karakorum-Highway von Thakot bis Gilgit

zu errichten. Dann erst konnte er die Bergstellung eines indischen Königs aus dem Swat-Tal auf dem Aornos stürmen. Sir Aurel Stein hat hier vermutlich Überreste eines Pallas Athene-Altars gefunden, vor dem sich Alexander bei der Siegesgöttin bedankt haben könnte.

Besham

Besham (297 km) ist ein langgestrecktes Basar-Nest, übertönt vom Rauschen des Indus, der hier eingeengt dahinstürmt. Die kohistanischen Gebirgler marschieren fünfzig Kilometer und mehr, um hier einkaufen zu können. Sie gehen an uns vorüber, ohne aufzublicken. Ihre dardische Sprache ist arischer Art, kommt also aus dem Inneren Asiens.

Auf der östlichen Seite des Indus ziehen sich die *Kohistani-Berge* wie Drachenrücken gen Osten, dem 8126 m hohen *Nanga Parbat* entgegen. Kein Nicht-Kohistani wagt sich hier tiefer in die Seitentäler des westlichen Himalaya. Auf einem Gebiet so groß wie das Rheinland leben dort einige hunderttausend Kohistani als absolute Selbstversorger. Sie leben sehr zurückgezogen und verschließen sich sozusagen vollkommen der Außenwelt.

Vor einigen Jahren griffen sie in Großoffensive die Straßenbaukolonnen an. Sie wollten den Verlauf des Karakorum Highway durch ihr Gebiet verhindern. Über hundert pakistanische und chinesische Arbeiter sollen dabei getötet worden sein.

Es war nicht nur ein Abenteuer, die zweispurige Fernstraße durch dieses Fels- und Geröllinferno zu bauen. Es bleibt auch ein Abenteuer, sie zu erhalten: Die von überdosierten Spren-

REISE-ROUTEN

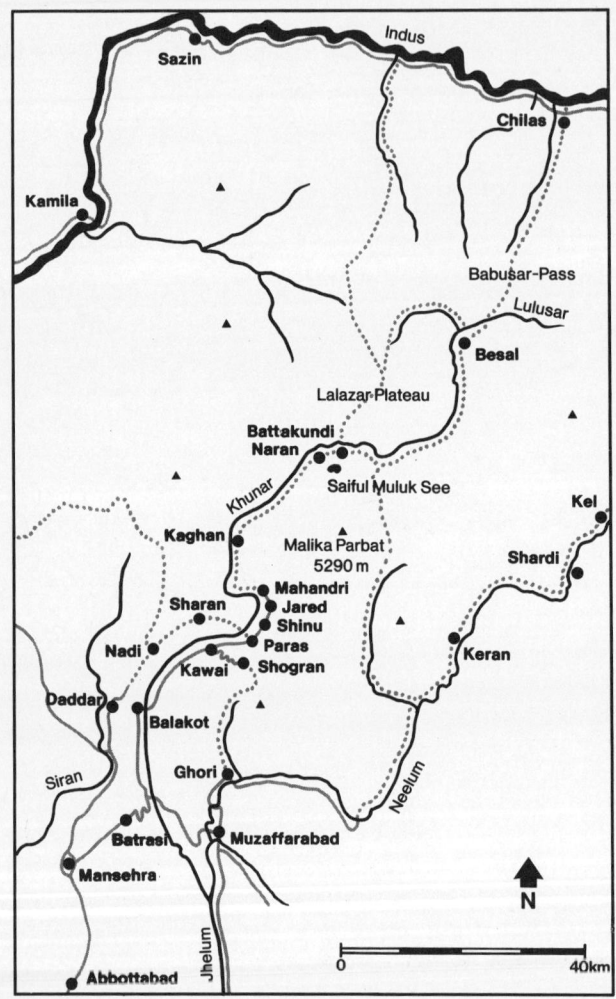

Das Kaghan-Tal (s. Abb. 98)

gungen verletzte Natur wehrt sich weiterhin gegen diese Gewaltoperation. Laufend poltern mächtige Felsblöcke auf die Straße, Erdrutsche reißen ganze Straßenteile mit sich in den Indus. Östlich von Chilas ist ein 1000 m hoher Erdrutsch zu einem etablierten Verkehrshindernis geworden.

Chilas

Chilas (497 km) war früher ein verrufenes Nest. Seine Bewohner lebten von mehr oder weniger räuberischem Wegezoll. So gefährlich auch seine Umgebung war, Chilas fungierte notgedrungen als lebhafter Handelsplatz, hier, am Schnittpunkt kontinentaler Karawanenwege. Der Ort liegt etwa 2 km rechts von der Straße den Berg hinauf, am Fuß des über 4000 m hohen *Babulsar-Passes*, der ehemaligen Hauptverbindung vom Indus-Tal zum Norden, die nur wenige Wochen im Jahr offen ist.

Felsbilder
Dem Handels- und Pilgerbetrieb seit undenklichen Zeiten auf der nun geteerten, nordsüdlichen Route der Seidenstraße verdankt Prof. Karl Jettmar, Heidelberg, Tausende eingeritzter Bilder und Inschriften, die er in den Felsen entlang dem Karakorum Highway entdeckte. Vor allem in der Umgebung von Chila. Ihre achämenoiden, parthischen, skytho-sibirischen, gräko- und tibeto-buddhistischen und schließlich islamischen Stilelemente und die Kharoschthi-, Brahmi-, sogdischen, chinesischen, tibetischen und indischen Texte und Schriften dieses »Gästebuchs der Seidenstraße« (Jettmar) lassen die Frühgeschichte dieser Bergwildnis am oberen Indus in einem anderen historischen und ethnischen Licht erscheinen.

Prof. Jettmar hat in der Nähe von Chilas u. a. auch hebräische Inschriften gefunden, die überraschend zeigen, daß im 9. Jh. n. Chr. jüdische Händler auf den halsbrecherischen Hochgebirgspfaden von Buchara nach Kashmir unterwegs waren. Sie spielten damals, so folgert Jettmar, eine kaufmännische Mittlerrolle zwischen den vordringenden Muslimen und den Völkern, die ihnen damals noch Widerstand leisteten.

Auch erwähnen einige Felsinschriften Namen hier ansässiger Stämme, die später nach Osten gezogen sind, wo sie, u. a. im westlichen Nepal, Dynastien gegründet haben.

Nanga Parbat
50 km hinter Chilas, an der Brücke über den Indus, überrascht uns der Blick auf die Eispracht des *Nanga Parbat*, des 'Nackten' oder 'Deutschen Berges'. Nackt, weil an seinen Steilhängen – einer hält mit 4500 m den Weltrekord – kein Schnee liegen bleibt; deutsch, weil bis vor einigen Jahren vornehmlich die Deutschen den 'Killer' angingen. 52 Tote hat er auf seinem Gewissen. Vor allem seine vielen unberechenbaren Lawinen sind gefürchtet. Der Österreicher Hermann Buhl war 1953 unter Dr. Herrligkoffers Leitung als erster oben. 1979 bezwang Reinold Messner den Nanga Parbat im Alleingang.

Baltistan
Oberhalb von *Jaglot* (576 km) biegt der Indus, und mit ihm eine Straße, nach Osten ab, nach *Baltistan* mit seinen vier Achttausendern. Prof. Klaus Sagaster, Bonn, traf dort in einigen abgelegenen Tälern noch Leute an, die ein archaisches Tibetisch sprechen. Hier mag auch der tantristische Eiferer Padmasambhava aus dem Swat-Tal vor 1200 Jahren nach Osten abgebogen sein, um in Tibet den Lamaismus zu gründen.

Wir fahren aber nördlich weiter, den eleganten Zuckerhut des 7800 m hohen *Rakaposchi* vor uns, in den Karakorum hinein. *Gilgit* (619 km) lassen wir links liegen. Es fungiert als Verwaltungszentrum der 'Northern Area', wie Kaschmir immer noch eine 'Disputed Area' zwischen Pakistan und Indien.

REISE-ROUTEN

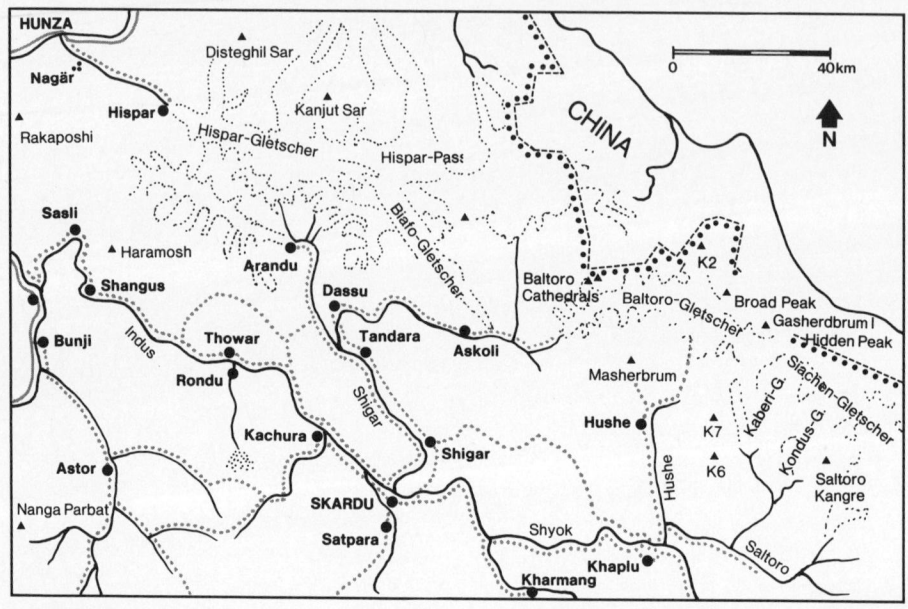

Baltistan
Höhe der angegebenen Berge (von Westen nach Osten):
Rakaposhi 7788 m   Nanga Parbat 8125 m   Haramosh 7406 m   Disteghil Sar 7885 m   Kanjut Sar 7760 m
Hispar-Paß 5600 m   Masherbrum I 7821 m   K 2 oder Godwin Austin 8611 m (zweithöchster Berg der Welt)
Broad Peak 8047 m   Gasherbrum I oder Hidden Peak 8068 m   Saltoro Kangri 7742 m

Hunza und Nagär ▷
Höhe der angegebenen Berge:
Batura 7785 m   Rakaposhi 7788 m   Disteghil Sar 7885 m   Khunjerab-Paß 5000 m

Hunza

Bald, in *Hunza*, tut sich eine andere Welt auf. Nach all den verschlossenen Mienen der Kohistani begegnen uns nun freundliche, offene Gesichter. Gesund sehen sie aus, die Hunzukutz. Viele mit auffallend europiden Zügen, blauen Augen, blonden Haaren. Die Frauen tragen kleine bunte Käppchen unter weißen Schleiern.

Wir besuchen hier ein Volk voller Rätsel. Weder seine Herkunft (Alexander? Weiße Hunnen?) ist bekannt noch der Ursprung seiner Sprache (arisch? türkisch? baskisch? tibetisch?). Ihr Hauptfest ist das Now Rus, das mythische Frühlingsfest der Perser. Sie sind Ismaelis mit schamanistischen Einflüssen. Agha Khan sorgt für sie. Überall stehen seine Moscheen und Schulen, einige mit prachtvollem Holzschnitzwerk.

In *Aliabad* oder, 6 km weiter, in *Ganesh*, lassen wir unseren Wagen stehen und steigen in einen Jeep um. Mit zirzensischem Wagemut rumpeln wir, die Motorhaube hoch vor uns, einen der

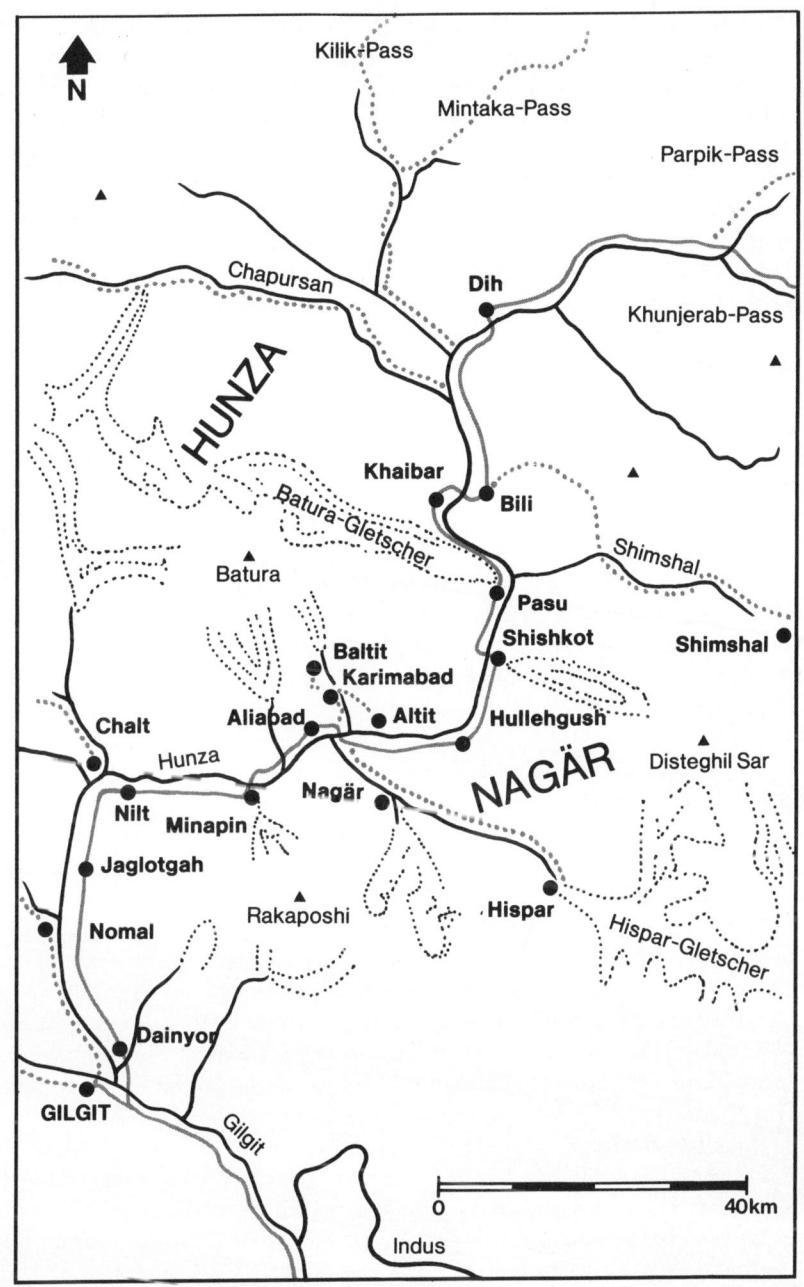

REISE-ROUTEN

Steilpfade nach *Karimabad* (719 km) hinauf. Karimabad ist die Hauptstadt, oder besser, das Hauptdorf von Hunza. Die Leute grüßen und begrüßen uns wie alte Bekannte.

Draußen, auf dem Pfad durch die erstaunlich ökonomisch angelegten Terrassenfelder, bieten Frauen uns Milch an, in die sie genüßlich einen roten Salzbrocken tauchen. Sie arbeiten an dem Wunderwerk fein und feinst verästelter kleiner Kanäle, die die Felder mit den Schmelzwassern des Ultar-Gletschers tränken.

Die Hunzukutz stehen in dem Ruf, das Volk der Methusaleme zu sein. Die Luft da oben sei so gesund und auch das saure Brot sei es und die Aprikosen und das Gletscherwasser mit seinen Mineralien und vielen Aufbaustoffen. Da es ein Volk voller Geheimnisse ist, hat sich dieser Ruf verbreitet. Doch auch die Nachbarvölker in den Bergen, die Kirgisen, Darden und Balten und das fast unbekannte Brudervolk der Nagär auf der anderen Seite des Hunza-Flusses, sie alle leben so gesund und werden so alt wie die Hunzukutz. Aber eines haben diese ihren Nachbarvölkern voraus: Sie können härtere Strapazen überstehen. Seit Jahrhunderten sind sie es nicht anders gewohnt. Bergsteiger, die mit Hunzukutz-Hochträgern loszogen, bestätigen es.

Nördlich von Karimabad erhebt sich die Trutzburg *Baltit* auf einem von Mythen umgebenen Berg, jahrhundertealter Stammsitz der Ajescho-Dynastie. Bis der vorletzte König in den 60er Jahren in einen neuen Palast umzog, wo sein Sohn, Mir Gasanfar Ali, heute noch residiert. Beide Bauten verraten tibetische Einflüsse. Noch früher lebten die Ajescho-Herrscher auf Altit, im 15. und 16. Jh., 2 km östlich von Karimabad. Dieser finstere Wehrbau wacht steile dreihundert Meter hoch über der Seidenstraße. Die Karawanen zogen einst zwischen China und dem Indus-Tal hier vorbei. Im Bannkreis von Altit und später Baltit mußten sie ihren Zoll entrichten, falls die Hunzukutz sie nicht schon vorher überfallen hatten. Auch heute noch ziehen Karawanen im Grenzverkehr zwischen Singkiang und Gilgit hin und her. Nur die Yaks und Esel wurden von LKWs abgelöst.

Pasu (767 km) ist das letzte größere Dorf vor der chinesischen Grenze, die 150 km entfernt verläuft. Vom Batura-Massiv her, dessen Gipfel (7800 m) Deutsche vor einigen Jahren erstmals erstiegen, schiebt sich ein breiter Gletscher links an die Straße heran. Hier ist das Revier der Schnee-Leoparden, Bären und Adler; und der Ibex-Böcke mit der Pracht ihres mächtigen Rund-Gehörns. Weiter nördlich, am Pamir, kommt auch das Marco-Polo-Schaf mit seinem Korkenzieher-Gehörn vor. »Aus dem Gehörn fertigen die Leute Zäune gegen Wölfe«, schrieb Marco Polo. Seither führt das Tier seinen Namen. Aber die meisten sind in die sowjetischen und chinesischen Gebiete des Pamirs abgewandert. Wer nach China fährt, muß in Sust, in dem pakistanischen Grenzflecken (3000 m), die Zollformalitäten erledigen. Dann geht's etwa noch 80 km weiter zum 5000 m hohen Khunjerab-Paß (889 km) hinauf, zum Dach der Welt. Hier beginnt China, beginnt seine turkmenische Provinz Sinkiang, wo Dschingis Khans Nachfahren noch urtümlich leben.

Und die Bevölkerung?
Sicher bringt der *Karakorum Highway* viele wirtschaftliche Erleichterungen. Und er ist bereits eine Attraktion für den Abenteuertourismus geworden. Aber wird es der bisher abgeschiedene Alltag hier oben vertragen, so plötzlich mit alldem, was wir Zivilisation nennen, verbunden zu werden? Wir fürchten die Antwort.

Wir sind durch eine gewaltige Bergwelt gefahren, durch die Eis- und Schneewildnis des auslaufenden Hindukusch, des Himalaya, des Pamir und des tief zerklüfteten Karakorum. Allein in der Umgebung von *Gilgit* und *Baltistan* ragen siebzig Berge in den Himmel, die über 6000 m hoch sind (s. S. 298). Zwischen ihnen schieben sich die längsten Gletscher (bis 80 km) außerhalb der Arktis in die kaum erschlossenen Täler.

Flug zwischen den Bergen

Die gigantische Pracht dieser Eisriesen erleben wir am eindrucksvollsten während eines Linienflugs mit der Fokker Friendship von Islamabad nach Gilgit und nach Skardu. Wir müssen uns an das seltsame Fluggefühl gewöhnen, die Landschaft nicht nur, wie gewöhnlich, unter uns zu sehen, sondern auch hoch über uns. Zum Greifen nahe kommen die Eiswände an die Maschine heran. Sie kann nicht so hoch steigen, um über die Berge zu fliegen. Zuerst kurvt sie um das *Nanga Parbat-Massiv,* dann steuert sie den *Rakaposchi* an (7800 m), bevor sie in *Gilgit* landet. Auf dem Flug nach *Skardu* liegt ein phantastisches Panorama vor uns, mit dem zweithöchsten Berg der Welt, dem *K 2* (8611 m), rechts (östlich) von ihm der *Broad Peak* (8047 m), dann der *Gasherbrum I* oder *Hidden Peak* (8068 m), weil nur schlecht sichtbar, und der *Gasherbrum II* (ebenfalls 8000 m). Und dazwischen die Zacken vieler Siebentausender.

Das Flugzeug kann nur auf Sicht fliegen. Wenn Wolken aufziehen, kehrt es um. Oft fallen daher die Flüge tagelang aus. Wer einen Flug bucht, muß damit rechnen, die Reise erst einige Tage später antreten zu können. Und der Rückflug von Gilgit und – noch öfter – von Skardu läßt manchmal Tage, ja selbst eine Woche, auf sich warten. Neuerdings werden auf der Strecke Islamabad–Skardu auch Düsenmaschinen eingesetzt.

Übernachtungen

Besham
PTDC-Motel
Rasthaus, Reservierung: Kohistan Development Board (KDB), Kakul Road, Abbottabad, ℘ 2675

Pattan
Rasthaus, Reservierung wie oben

Chilas
Shangrila, buchen in Rawalpindi, ℘ 7 30 06
Rasthaus, Reservierung bei der Frontier Works Organisation (FWO), Rawalpindi, ℘ 679 27

Gilgit
Serena Inn, Modernes Hotel, DM 50,- bis 70, , klimatisierte Räume, außerhalb der Stadt, Buchung nicht nötig, ℘ 23 30, 23 31
Cinar Inn, Reservierung notwendig; ℘ 25 62
Hunza Inn, neben Cinar Inn, Buchungen nicht nötig, preiswert, gutes Essen
Park-Hotel, in der Stadt, sauber, preiswert
Vershighoom, sehr einfach, billig
Jubilee, ebenso

Karimabad
Hunza Inn, einfach
Tourist Hotel (Inhaber: Mir von Hunza), sehr einfach und billig
Rasthaus, Reservierung: FWO, Rawalpindi, ℘ 679 27, 6 48 11
Camping-Platz, ℘ 60

REISE-ROUTEN

Skardu

Shangri La, erholsames Hotel mit Chalets, DM 50,– bis 90,–; ganzes Chalet (4 Betten) DM 140,– bis 270,–. Reservierungen, 143 North Muree Road, Rawalpindi, ℘ 6 69 36
K 2 Motel, kann über Pakistan Tourist Development Corporation (PTDC) gebucht werden, DM 20,– bis 30,–, ℘ Rawalpindi, 6 48 11, 6 79 27

Tankstellen

Abbottabad, Besham (letzte zuverlässige Tankstelle; andere, auch Gilgit, haben nicht immer Benzin).

Beste Reisezeit: August bis Oktober.

Häufigste Steinschläge, Erdrutsche und Lawinen: März, April und Juli, August.

Route Islamabad – Swat-Tal (etwa 250 bis 350 km)

Über die Grand Trunk Road in Richtung Peshawar bis *Nowshera* (125 km). Dort rechts (nördlich) ab über die neue Kabul-Fluß-Brücke nach *Mardan.* 13 km hinter Mardan liegt rechts der Straße 3 km landeinwärts (ein leicht übersehbarer Wegweiser zeigt es an) die *Klostersiedlung Takht-i-Bahi* (Abb. 30; s. S. 113 f.), über mehrere Hügel verteilt. Sie ist der am besten erhaltene Baukomplex aus der Gandhara-Zeit. Hier in der Nähe soll sich auch der Heilige Thomas aufgehalten haben.

Das südliche Swat-Tal

Über den abenteuerlichen *Malakand-Paß* erreichen wir das *Swat-Tal* (Farbt. 37). Durch diese liebliche Gegend zogen die Arier vor 3500 Jahren gen Süden, wie u. a. Gräber bei *Chakdara* mit der 'Grau-Keramik' zeigen. Hier mußte Alexander sich durchkämpfen. Dann wurde das Swat-Tal einer der Mittelpunkte der Gandhara-Kultur, wie noch heute an vielen Ruinen und Buddha-Reliefs in den Felsen zu erkennen ist. Die Pathan-Bevölkerung widersetzte sich erfolgreich den Eroberungszügen Mahmuds von Ghasni, der seinen General Kushal Khan hier verlor, und denen der Moguln; selbst Akbar der Große mußte hier eine empfindliche Niederlage hinnehmen. Bis 1963 bestand hier ein autonomes Königreich, allerdings dem Mir von Chitral tributpflichtig. Der heutige Nachfahre dieses von der pakistanischen Regierung abgesetzten Herrscherhauses der Miangul, Mir Miangul Jehanzeb, steht weiterhin bei der Bevölkerung in hohem Ansehen.

Chakdara im unteren Swat-Tal und *Udegram,* 5 km vor Saidu Sharif, waren früher die wichtigsten Städte. Chakdara verfügt heute über ein *Museum* mit interessanten Stücken, die in seiner Umgebung ausgegraben wurden, und Udegram war die Hauptstadt des Swat während der Gandhara-Zeit. Von hier zog der buddhistische Mönch Padmasambhava nach Tibet, um dort den Lamaismus, eine tantrische Schule des Mahayana-Buddhismus, zu predigen.

In *Saidu Sharif,* wo die Residenz der ehemaligen Swat-Könige steht, zeigt das *Swat-Museum* (s. S. 94) weitere Kunstwerke der buddhistischen Zeit. In seiner Nähe finden wir die Ausgrabungen um den buddhistischen Tempel *Butkara,* die heute noch eine Ahnung von den Ausmaßen der mehrmals mantelweise vergrößerten Stupa vermitteln. Auch einige Buddha-Torsi und steinerne Löwen beeindrucken hier den Besucher.

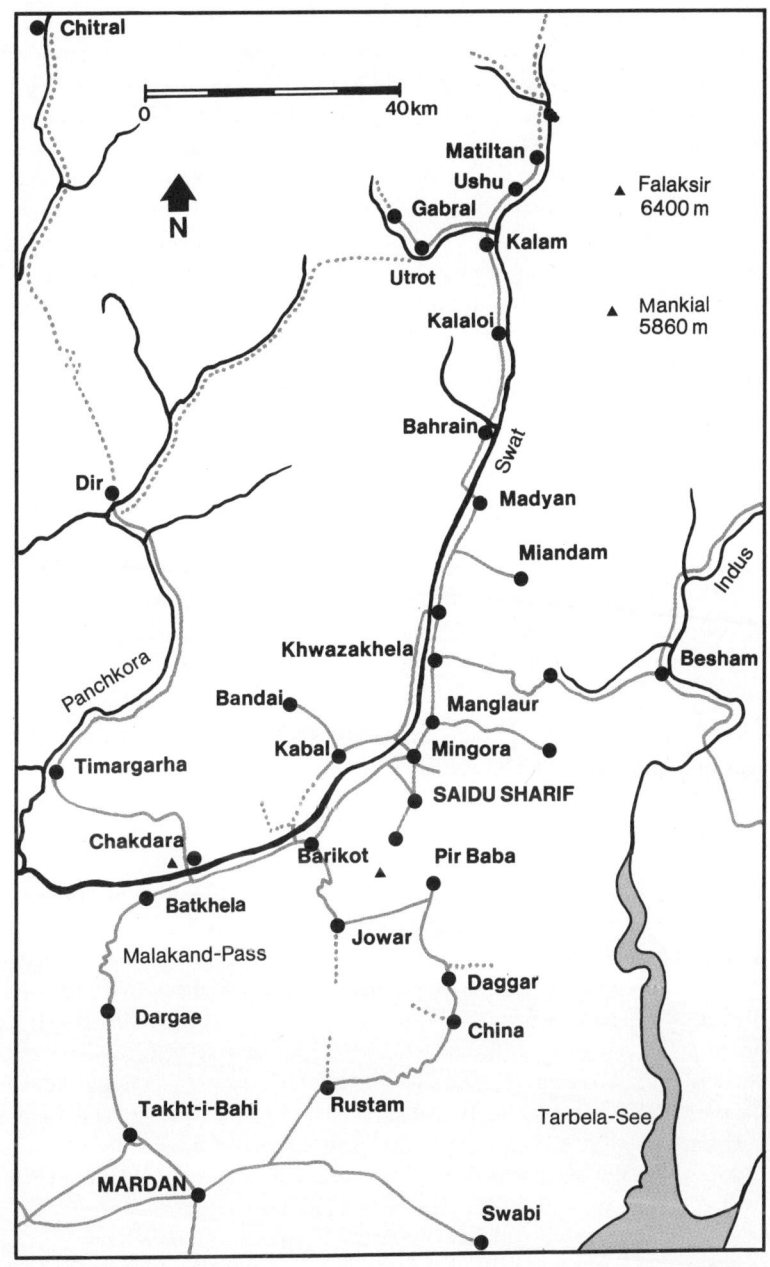

Das Swat-Tal

REISE-ROUTEN

Nord-Swat

Im Sommer, wenn es im südlichen und mittleren Swat-Tal sehr heiß wird, empfiehlt sich eine 80–100-km-Fahrt über die malerischen Orte *Madyan* und *Bahrain* – bis hierhin reichte der buddhistische Einfluß – in das nördliche Swat-Tal bis *Kalam* (2060 m); und von hier aus noch weiter in die Täler von *Ushu*, mit herrlichem Blick auf den 6260 m hohen *Falaksir*. In *Utrot* und weiter in *Gabral* stehen hohe Grabkästen aus markant geschnitztem Holz. Auf der Rückfahrt lohnt sich ein Gang durch Bahrain bergaufwärts. Hoch im Ort sieht man zwei *Holz-Moscheen* mit kunstvoll verzierten Türen, Wänden und Säulen. Anstelle von Teppichen liegt Heu auf dem Boden. Hier ist Allah den Gläubigen näher. Wer Andenken und Volkskunst kaufen will, sollte in Bahrain und Madyan anhalten.

Hotels

Saidu Sharif

Swat Serena Hotel, DM 40,– bis 60,–, ✆ 46 04, 42 15

Pameer, DM 25,– bis 35,–, ✆ 49 26, 43 06

Miandam

PTDC Motel, DM 25,– bis 35,–, buchen über Pakistan Tourist Development Corporation, ✆ Rawalpindi, 6 27 31, 6 48 11

Madyan

Madyan Hotel, DM 18,– bis 25,–, ✆ 2 34

Bahrain

Delux Hotel, DM 16,– bis 50,–, ✆ 15

Kalam

Falak Sair Hotel, DM 40,– mit Frühstück

PTDC Motel, DM 20,– bis 30,–, zu buchen wie PTDC Motel Miandam

Route Islamabad – Peshawar (174 km)

Hasan Abdal

Hasan Abdal (48 km) ist eine Stadt vieler Religionen. Zur buddhistischen Zeit wurde hier ein Schlangengott verehrt. Die Hindu scheinen in Hasan Abdal ein religiöses Zentrum eingerichtet zu haben, wie es noch einige übriggebliebene Tempel zeigen. Die Sikhs verehren hier in einer großen und sauberen Tempelanlage den angeblichen Handabdruck ihres Religionsstifters Guru Nanak in einem Felsen. Alljährlich pilgern Tausende von ihnen aus Indien und anderen Ländern zu dem *Panja (Pandscha) Sahib Gurduware-Tempel*, um diese heilige Hand zu sehen. Vorher haben sie schon ihre anderen Wallfahrtsstätten in Pakistan besucht, den Geburtsplatz Guru Nanaks in der Nähe von Sialkot und das Grabmal des fünften Gurus, Arjan (Ardschan), in Lahore, der das ›Adi Granth‹, das heilige Buch der Sikhs, verfaßt hat. Die islamische Regierung Pakistans unterhält mit großer Sorgfalt diese Stätten der Sikhs. Der muslimische Mystiker Hasan Abdal, der unter schattigen Bäumen auf einem kahlen Hügel begraben ist, hat dieser multireligiösen Stadt schließlich den Namen gegeben.

65 km hinter Islamabad zweigt eine Straße zum *Tarbela-Damm* ab, dem größten Erddamm der Welt.

Attock-Fort

In *Attock* (etwa 75 km) steht mitten auf der Überlandstraße ein *Grabmal* im unverkennbaren Mogul-Stil. Es soll einer Prostituierten gehören, die zur Geliebten des Mogul-Gouverneurs avanciert war. Am Rand der Straße sehen wir einige verlassene Hindu-Bauten. Bevor wir das mächtige *Fort Kaiser Akbars* erreichen, läuft die Straße weiter geradeaus zur neuen *Indus-Brücke*, die 1982 dem hier lebhaften Verkehr übergeben worden war. Da noch Militär im Fort stationiert ist, können wir es leider nicht besichtigen. Auch nicht fotografieren! Aber vom gegenüberliegenden Ufer können wir die gewaltige Festungsanlage mit ihrem Mauerwerk, das bis zum Indus hinunterläuft, gut überblicken. Hier schützte Akbar der Große die westliche Grenze seines Weltreichs gegen die Pathanen und Afghanen. Am Kabul-River entlang fahren wir über *Jahangira* (Dschahangira) und die Garnisonsstadt *Nowshera* (Nohschera) nach Peshawar.

Peshawar

Peshawar ist wohl die stimmungsvollste Stadt Pakistans. Hier treffen sich die Lebensstile Süd- und Zentralasiens. Seit einigen Jahren ist dies noch deutlicher geworden durch die Anwesenheit der 3,5 Millionen Flüchtlinge und Widerstandskämpfer aus Afghanistan, deren Repräsentanten und Vertretungen sich vornehmlich in Peshawar niedergelassen haben.

Die Stadt verdankt ihre Gründung vor 2000 Jahren den buddhistischen Kuschana-Herrschern. Hier stand die größte Pagode (s. S. 93) des kuschanischen Gandhara-Reiches, von der die chinesischen Pilger mit Bewunderung berichteten. Babur, der Gründer des Mogul-Imperiums,

Plan von Peshawar

befestigte die Stadt. Als Akbar die Grand Trunk Road von Delhi über Peshawar nach Kabul ausbaute, gewann die Stadt der kriegerischen Pathanen an Bedeutung. Später herrschten die Sikhs hier. Sie bauten das *Bala Hisar-Fort,* an dem vorbei wir in die Stadt fahren.

Autonomes Stammesgebiet
Dann kamen die Briten (Abb. 96). Sie fanden es ratsam, den hartnäckigen Pathanen an der Grenze nach Afghanistan einen langen Streifen autonomen Gebietes zu überlassen. Nur einige 'Political Agents' berieten – und kontrollierten – die Maliks, die Stammeshäuptlinge. Und so ist es unter der pakistanischen Bundesregierung auch heute noch. Ausländern wird es nur selten erlaubt, dieses interessante Gebiet zu betreten, wo die Maliks immer noch zu sagen haben. Selbst den historisch bedeutsamen *Khyber- (Khaiber-)Paß* (Abb. 92) mit seinen trutzigen Wehrbauten und bewaffneten Pathanen können wir uns zur Zeit nicht ansehen. Und nach *Kohat* können wir fahren, durch das Stammesgebiet hindurch, und am 'Waffendorf' *Darra* (40 km von Peshawar) vorbei, wo die Pathanen mit primitiven Mitteln modernste Waffen nachbauen, zum Teil aus Eisenbahnschienen, von der spielerischen Pistole im Kugelschreiberformat bis zum Mörser und schweren Maschinengewehr. Es ist ratsam, nichts zu kaufen, da die leicht erkennbaren Ausländer von Bundespolizisten in Zivil beobachtet werden.

Während illegaler Waffenbesitz in Pakistan mit schweren Strafen bedacht wird, gehört es zum Alltag des Pathanen, mit Gewehr und Patronengürtel umherzugehen (Farbt. 1). Das ist dort auch heute noch ratsam, bei den Stammes-, Dörfer- und Familienfehden und den Blutrache-Exzessen der schießfreudigen Gebirgler, mit denen keiner der Eroberer zurechtgekommen ist.

Wir schilderten bereits die bedeutende Sammlung der Gandhara-Kunstwerke im *Peshawar-Museum* (S. 93). Es lohnt sich sehr, durch das Basar-Labyrinth der Innenstadt zu bummeln, an den Turban-Gestalten vorbei, etwa im 'Basar der Geschichtenerzähler' (Bazar of the Story Tellers), im Kupfer-Basar, im Vögel- (Abb. 97), Textil- und Früchte-Basar und schließlich im engen Goldschmiede-Basar, der postkarten-pittoresk zur *Mahabat Khan-Moschee* aus dem 17. Jh. hinaufführt, der einzigen Mogul-Moschee Peshawars.

Hotels in Peshawar
Pearl Continental, DM 115,– bis 130,–,   *Dean's,* DM 40,– bis 60,–, ✆ 7 97 81
✆ 7 63 60–7 63 70   *Green's,* DM 15,– bis 30,–, ✆ 7 69 50

Route Peshawar – Chitral (300 km)

Chitral (Farbt. 35) liegt im dritten Hochgebirge Pakistans, im Hindukusch. Er schiebt sich von Afghanistan in Pakistans äußersten Nordwesten hinein. Eine Wagenfahrt über *Dir* und dann durch den *Lowari-Paß* (3200 m) ist beschwerlich und nach längerem Regen auch gefährlich. Daher empfiehlt sich der 50-Minuten-Flug, bei dem wir allerdings auch einige Tage des Wartens auf den Rückflug einkalkulieren müssen. Auch hier eine atemberaubende Hochgebirgslandschaft, bis hinter Chitral der 7708 m hohe *Tirich Mir* auftaucht.

Hauptattraktion in der Nähe sind leider die nicht-muslimischen Kalasch, daher auch Kafirs (Kafirn) genannt, Ungläubige (Farbt. 36; Abb. 99, 100). Sie gehören zum Volk der Nuristani in Afghanistan und sind noch eng mit ihren alten, teils animistischen Traditionen verflochten. Auch ihre Herkunft ist unbekannt. Der Tourismus hat sie schon verdorben: Sie verlangen bereits hohe Summen, wenn sie einen Tanz vorführen oder sich fotografieren lassen sollen.

Dem ehemaligen König von Chitral waren viele Könige und Fürsten bis hin zum Himalaya und Karakorum tributpflichtig. Sein Sohn, ein amüsanter Haudegen aus den Auseinandersetzungen um Kaschmir, lebt heute noch hier.

Hotels

Tirich Mir View Hotel
Mountain Inn
Beide Hotels preiswert, einfach. Zimmer brauchen nicht gebucht zu werden.

PTDC Motel, über Pakistan Tourist Development Corporation in Rawalpindi, ⌀ 679 27, 6 48 11

Die höchsten Berge Pakistans

(in englischer Umschreibung)

Name	Höhe (m)	Gebirge
1 K 2	8611	Karakorum
oder Godwin Austin, zweithöchster Berg der Welt		
2 Nanga Parbat	8125	Himalaya
oder 'Deutscher Berg'		
3 Gasherbrum	8068	Karakorum
oder Hidden Peak		
4 Broad Peak	8047	Karakorum
5 Gasherbrum II	8035	Karakorum
6 Gasherbrum III	7952	Karakorum
7 Gasherbrum IV	7925	Karakorum
8 Disteghil Sar	7885	Karakorum
9 Kunyang Kish	7852	Karakorum
10 Masherbrum NE	7821	Karakorum
11 Rakaposhi	7788	Karakorum
12 Batura I	7785	Karakorum
13 Kanjut Sar	7760	Karakorum
14 Saltoro Kangri	7742	Karakorum
15 Trivor	7720	Karakorum
16 Tirich Mir	7708	Hindukusch
17 Chogolisa	7654	Karakorum
18 Shispare (Batura)	7619	Karakorum
19 Skyang Kangri	7544	Karakorum
20 Pumari Kish W	7492	Karakorum
21 Nosha	7492	Hindukusch
22 K 12	7468	Karakorum
23 Teram Kangri I	7463	Karakorum
24 Malubiting W	7452	Karakorum
25 Sia Kangri	7422	Karakorum
26 Skil Brum	7420	Karakorum
27 Teram Kangri II	7406	Karakorum

Name	Höhe (m)	Gebirge
28 Haramosh	7406	Karakorum
29 Istor-o-Nal	7403	Hindukusch
30 Mount Ghent	7400	Karakorum
31 Yukshin-garden peak	7400	Karakorum
32 Ultar	7388	Karakorum
33 Teram Kangri III	7381	Karakorum
34 Sherpi Kangri	7380	Karakorum
35 Karun Koh	7350	Karakorum
36 Momhil Sar	7342	Karakorum
37 Saraghrar Peak I	7338	Hindukusch
38 Bojohagur-Duanasir	7329	Karakorum
39 Gasherbrum V	7321	Karakorum
40 Baltoro Kangri	7312	Karakorum

Autor und Verlag bemühen sich darum, die Praktischen Reiseinformationen aktuell zu halten, können aber keine Gewähr für die Richtigkeit jeder einzelnen Angabe übernehmen – Anschriften, wie Telefonnummern, Öffnungszeiten wie Währungskurse etc. ändern sich oft kurzfristig. Wir bitten um Verständnis und werden Korrekturhinweise gerne aufgreifen (DuMont Buchverlag, Postfach 100468, 5000 Köln 1).

Zeittafel

v. Chr.	
8 Millionen	Ramapithecus
6000	Vor-Harappa-Siedlungen in Belutschistan
etwa 2700–1700	Harappa- oder Indus-Kultur
Mitte 2. Jahrtausend	Arier-Einwanderung
Mitte 3. Jahrhundert	Buddhismus unter König Aschoka
ab 232	Baktrische Griechen
Mitte 1. Jahrhundert	Parther und Skythen
n. Chr.	
1.–5. Jahrhundert	Kuschana-Reich, König Kanischka
5. Jahrhundert	Hunnen
711	Muhammad ibn al-Qasim erobert das heutige Süd-Pakistan bis Multan
um 900	Ismaelis in Multan
998–1030	Mahmud von Ghasni marschiert 17 mal nach Indien, erobert Pandschab
1398	Timur fällt in Indien ein
14.–16. Jahrhundert	Samma-Dynastie im Sindh
16.–17. Jahrhundert	Tarkhan-Dynastie im Sindh
1530–1538	Kaiser Humajun
1538–1555	Humajun auf der Flucht im Süd-Sindh und in Persien
1555–1556	Humajun kehrt zurück und stirbt nach einigen Monaten
1556–1605	Akbar der Große
1605–1627	Kaiser Dschahangir
1627–1658	Kaiser Schah Dschahan
1659–1707	Kaiser Aurangseb
1739	Nadir Schah von Persien in Indien
1747 und 1761	Ahmad Schah Durrani von Afghanistan in Indien
ab 1789	Randschit Singh herrscht über den Pandschab
1843	Briten erobern den Sindh und
1849	den Pandschab

1857	Mutiny, indische Militär-Revolte
1930	Sir Muhammad Iqbal fordert auf einer Konferenz der Muslim League in Allahabad einen selbständigen Staat der indischen Muslime
14. August 1947	Der indische Subkontinent wird in Bharat und Pakistan geteilt. Gründung des islamischen Staates Pakistan. M. A. Jinnah General-Gouverneur
23. März 1956	Die Islamische Republik Pakistan wird proklamiert
1958	General Ayub Khan wird Präsident
1965	17tägiger Krieg zwischen Indien und Pakistan
1971	Krieg Indien – Pakistan Ost-Pakistan trennt sich von West-Pakistan
1971	Zulfikar Ali Bhutto Präsident und später Premierminister
1977	General Zia-ul-Haq übernimmt nach einem Staatsstreich die Regierung; er hat, wie seine Vorgänger, den Ausnahme-Zustand beibehalten
Februar 1985	Zia-ul-Haq eröffnet nach freien, jedoch parteien-losen Wahlen ein unabhängiges Parlament und stellt eine Zivilregierung unter Ministerpräsident Mohammad Khan Junejo vor
Dezember 1985	Zia-ul-Haq beendet die Kriegsrecht-Situation
August 1988	Zia-ul-Haq kommt bei einem Flugzeugabsturz (Attentat) ums Leben
November 1988	Benazir Bhutto, Tochter von Zulfikar Ali Bhutto, wird Premierministerin
August 1990	Präsident Ghulam Ishaq Khan löst die Nationalversammlung auf und entläßt Benazir Bhutto und ihr Kabinett
November 1990	Nawaz Sharif wird Premierminister

Register

Orts- und Sachregister

Aachen 23, 39 ff.
Abbottabad 284, 292
Adschodschi 164
Afghanistan 10, 17, 19, 20, 36, 48, 93, 156, 189, 209, 278, 295, 296, 297, 300
Afrika 12, 13, 15
Agra 157, 162, 164, 166, 168, 207, 255
Ägypten 17, 18, 20, 23, 24, 25, 28, 36, 42, 127, 155, 230
Ajmer 237
Alexandria 88
Alexandria Bukephala 70
Alexandria Nikaia 70
Aleppo 278
Aliabad 288
Allahabad 301
Amarawati 78, 89, 94
Amri 20, **282** (Abb. 8)
Amritsar 197, 201
Anatolien 16
Andronowo-Kultur 37, 65
Aornos-Massiv 70, **284 f.**
Arabien 153, 230
Arabisches Meer 17, 19, 20, 35, 69
Arbi 155
Assyrien 118
Attock 155, 164, **295**
Aurignac 14
Ayuthia 85

Babulsar-Paß 287
Babylon 33
Bagdad 127, 236, 238
Bahawalpur 20, 21
Bahrain 35, 36, 294
Baktrien 68, 70, 76, 87, 118
Bala Hisar-Fort 296

Balakot 21
Baltistan 287, 291
(Karte S. 288)
Banbhore 128, **154 f., 271**
(Abb. 39)
Bannu 77
Basra 235
Belutschistan(Baluchistan) 16, 18, 19 f., 21, 34, 35, 67, 257, **278** (Karte S. 277)
Besham 284, **285,** 291, 292
Bharat 301
Bhir Mound   s. Taxila
Bhopal 119
– Sanchi-Pagode 115, 119
Bihar 72
Bimiran 93
Birma 24, 75, 89, 116
Bisitun 67
Bit Schah 233, 275 (Abb. 84)
Bolan-Paß 16, 278
Brahmanismus 73
Broad Peak 291
Bruner 48
Buchara 287
Buddhismus 47, 66, **73 ff.,** 94, 117, 160, 300
Byzanz 90, 119

Chakdara 292
Chakwal 280
Charsadda 68, 69, 91, 284
Chaukhandi-Gräber 258, **271** (Farbt. 8; Abb. 60, 61)
Chilas 286, 291
China 13, 17, 89, 90, 227, 284, 290
Chitral 43, 48, **258, 297** (Farbt. 35)
Cholistan-Wüste 21

Choukoutien-Hügel 13
Christentum 160
Córdoba 153
Creglingen 94

Debal 154, 155
Dadu 274
Delhi 157, 162, 164, 207, 208, 227, 296
– Rotes Fort 168
Dera Ismael Khan 21
– Tempel D in Bilot Kafirkot (Abb. 38)
Devadaha 113
Dharmaradschika-Pagode
s. Taxila
Dilmun 35, 36
Dina 281
Dir 48, 297
Dschahangira (Jahangira) 295
Dschemdet-Nasr-Periode 33
Dsch'helum 163

Elam 33, 35
Euphrat 16, 20, 24, 36

Falaksir 294
Fatehpur Sikri 164, 212

Gabral 294
Gandhara-Gräberkultur 45, **48 ff.** (Abb. 22)
Gandhara-Kultur, buddhistische 67, **72 ff.,** 258, 284, 292 (Farbt. 5–7; Abb. 23–36)
Ganesh 288
Ganges-Tal 19, 44, 47, 65, 68, 72, 87, 155
Ganweriwala 39
Gasherbrum I u. II 291

Ghasni 156, 157
Ghom 234
Gilgit 287, 290, 291
Gomal 22
Griechenland s. Hellas
Gudscharat **212,** 215, 225
Gupta-Zeit 89, 90, 96, 250
Gudschranwala (Gujranwala) 281

Haiderabad (Hyderabad) 265, **272** (Abb. 78)
Hakra-Fluß 21
Hakra-Epoche 21
Hala 205, 258, 259, **275**
Haledschi-(Haleji-)See 271
Harappa 19, 23, 29, 32, 38, 39, 42, **280** (Abb. 21)
Harappa-Kultur 16, 17, **18 ff.,** 44, 45, 46, 278, 283, 300 (Farbt. 2–4; Abb. 9–15, 17, 19–21; Fig. S. 22)
Hasan Abdal 294
Hastinapura 48
Hellas 70, 71, 72, 74, 123, 153
Herat 227
Himalaya 19, 74, 116, 233, 258, 282, 284, 285, 298/299
Hinduismus 36, 37, 44, 66, 77, 127, 128, 157, 158, 160, 215, 244
Hindukusch 43, 48, 76, 87, 258, 297, 298/299
Hinidan 271
Hunza 265, **288 ff.** (Karte S. 289)

Indien 15, 18, 19, 21, 32, 33, 34, 35, 36, 38, 44, 45, 46, 48, 69, 70, 72, 74, 77, 88, 89, 119, 128, 156, 158, 161, 162, 196, 207, 226, 227, 234, 237, 244, 250, 255, 257, 258, 300, 301
Indra-Kult 36
Indus 14, 17, 18, 19, 20, 21, 22, 23, 24, 26, 27, 29, 35, 38, 39, 42, 45, 46, 48, 65, 67, 69, 87, 127, 128, 153, 154, 155, 216, 265, 284, 285, 287, 295 (Farbt. 9; Abb. 62, 66)
Indus-Kultur s. Harappa-Kultur
Indus-Schrift 32 ff.

Irak 154, 202, 235
Iran (s. a. Persien) 10, 20, 48, 65, 124, 234, 256, 266, 278
Isfahan 205, 227
Islam 77, **127 ff.,** 206, 215, 227, 230 ff., 241, 242, 244, 245, 246
Islamabad 12, 67, 234, **245 ff.,** 252, 265, **282 f.** (Stadtplan S. 283)
– Ahl-i-Hadis-Moschee (Abb. 90)
– Faisal-Moschee 247
– Dschamia-Moschee 247 (Abb. 89)
– Regierungsgebäude 245 (Abb. 88)
Islamkot 276

Jacobabad 265, 276
Jaglot 287
Jahilpur 22
Jalalabad 93
Jandial s. Taxila
Jang 280
Japan 82, 89
Jaulian-Kloster s. Taxila
Jericho 16
Jerusamlem 154, 159
Jhelum 281
Jhelum-Fluß 70
Jordan 16

K 2 (Godwin Austin) 10, **291**
Kabul 68, 162, 296
Kabul-Fluß 48, 155, 292, 295
Kacci-Wüste 278
Kaghan-Tal (Abb. 98; Karte S. 286)
Kairouan 155
Kalabagh 69
Kalam 294
Kalat 278
Kalawan-Kloster 116
Kalinga-Reich 72
Kalkutta 68
Kallar Kahar 280
Kalligrahie 241 ff.
Kandahar 67, 209
Karakorum 35, 43, 74, 258, 284 f., 298/299 (Karte S. 285)
Karatschi (Karachi) 15, 248, 266, **270**

– Defence Society-Moschee 248 (Abb. 63)
– Grabmal des Muhammad Jinnah (Abb. 65)
– Intercontinental-Hotel (Abb. 64)
– Nationalmuseum **96 f.** (Farbt. 4; Abb. 7, 13, 14, 15 [Kopie], 17, 19, 20)
Karimabad 290, 291
Kaschmir 92, 118, 124, 189, 236, 255, 258, 297
Keenjhar-(Kindschar-)See 271
Kermanschah 67
Khaiber-(Khyber-)Paß 67, 259, **296** (Abb. 92)
Khairpur 275
Khudabad 272
Khundscherab-(Khunjerab-)Paß 290
Kodschak-(Khojak-)Paß 278
Kohistani-Berge 285
Kot Didschi (Kot Didji) 20, 21, **275** (Abb. 7)
Kothri-Berge 20
Kreta 33, 35
Kufra 154
Kulli 22
Kushab 280
Kuschana-Reich 29, 77, 78, 87, 114, 115, 119, 122 f., 124, 295

Ladakh-Tal 121
LAHORE 44, 68, **156 ff** , **162 ff.,** 207, 209, 226, 227, 231, 237, 238, 254, 255, 265, **280 f.** (Stadtplan in der hinteren Umschlagklappe)
– Badschahi-Moschee **191 ff.** (Umschlagvorderseite; Fig. S. 191, 193, 194)
– Bagh-i-Kamran **162 f.**
– Dai-Anga-Moschee (Abb. 50)
– Grabmal der Anarkali **281**
– Grabmal Ardschuns **196, 294**
– Grabmal Asaf Khans **198**
– Grabmal des Data Gandsch Bakhsh **281** (Abb. 82)
– Grabmal Dschahangirs **200 ff.** (Farbt. 25; Fig. S. 199, 201, 202)

303

ORTS- UND SACHREGISTER

- Grabmal Muhammad Iqbals **195**
- Grabmal der Nur Dschahan **197 f.**
- Grabmal des Randschit Singh **195 f.**
- Hiran Minar (Dschahngirs Reh-Turm) **204 f.**
- **Lahore-Fort 164 f.**
  Fig. S. 165, 167)
  - - Alamgiri-Tor **166 f.**
  - - Begum Schahi-Moschee **191**
  - - Daulat Khana-i-Khas (Audienzraum) **185 f.**
  - - Diwan-i-Am (Vierzig-Säulen-Halle) **185**
  - - Diwan-i-Khas (Audienzhalle Schah Dschahans) **187 f.** (Abb. 40)
  - - Elefanten-Treppe **190**
  - - Festungsmauer **190 f.** (Farbt. 19)
  - - Hammam (Badehaus) **186**
  - - Hammam-i-Shahi (Königliches Badehaus) **188**
  - - Jahangir' Quadrangle (Dschahangir-Hof) **186**
  - - Khwabgah-i-Jahangir (Schlafzimmer Dschahangirs) **186**
  - - Khwabgah-i-Shah Jahani (Schah Dschahans Schlafzimmer) **187**
  - - Lal Burdsch (Sommerpavillon) **188**
  - - Masti-Tor **168**
  - - Moti Masjid (Perl-Moschee) **168**
  - - Naulakha-Pavillon **189** (Abb. 41, 44)
  - - Neues Museum **187**
  - - Paien Bagh (Frauengarten) **188**
  - - Schah Burdsch-Tor **190**
  - - Shah Jahan's Quadrangle (Schah Dschahan-Platz) **187 f.**
  - - Schisch Mahal (Spiegel-Palast) **188 f.**, **250** (Farbt. 24; Abb. 46–48)

- Lahore-Museum **95** (Farbt. 5–7; Abb. 24, 53)
- Masjid-iSchohada (Märtyrer-Moschee) **248**
- Museen 95, 187, 280 f.
- Neue Moschee auf dem Gelände der Panschab-Universität **248**
- Schalimar-Garten **202 ff.** (Abb. 52; Fig. S. 203)
- Sonehri Masjid (Goldene Moschee) **197** (Abb. 51)
- Wasir Khan-Moschee **196 f.** (Farbt. 20, 21; Abb. 54; Fig. S. 2)

Lahur 69
Lamaismus 83, 91, 241, 287, 292
Landi Kotal 296
Leh 121
Le Moustier 14
Levallois-Perret 14
London, Britisches Museum 93
Loralai 22
Lothal 29. 32, 39
Lowari-Paß 297
Lumbini 86, 113

Madyan 294
Magna-Mater-Religionen 36
Makli-Hügel 208 ff., **258**, **271** (Fig. S. 209)
- Samma-Gräber **215 ff.** (Abb. 59)
- Tarkhan-Gräber **208 ff.** (Farbt. 11–13; Abb. 56–58)
Makran 19, 21, 35, 38, 271
Makran-Wüste 128, 271
Malakand 48
Malakand-Paß 114, 292
Manchar-See 274
Mandalay 93
Mansehra 74, 75, 284
Mansura 153
Maragha 227
Mardan 13, 48, 74, 114, 292
- Jamalgarhi-Pagode **115**, 116
Martand 92
Maschad 234
Masdaismus (Lehre Zarathustras) 43, 44, 46, 65, 66, 73, 82, 122

Mathura 78, 84, 87, 88, 89, 90, 94, 119, 125, 126
Maurya-Zeit 73 ff., 123
Medina 154, 159
Mehrgarh 16, **17**, 22, 278
Mehrgarh-Kultur 17 (Abb. 3; Fig. S. 17)
Mekka 154, 159, 210, 225
Mesopotamien 17, 18, 19, 20, 24, 28, 35, 36, 42, 44, 69, 118
Mexiko 16
Miandam 294
Mianwali 280
Mirpur Khas 276
Mitanni 44
Mithi 276
Mithras-Kult 44
Moendscho Daro (Moenjo Daro) 18, 19, 20, 21, **22 ff.**, 83, 257, **274** (Farbt. 2–4; Abb. 9–15, 17, 19, 20; Fig. S. 22, 25, 26, 27, 28, 33, 34, 40/41, 42)
- Großes Bad **30 f.** (Farbt. 3; Abb. 11; Fig. S. 30)
- Kornspeicher **31 f.** (Fig. S. 31)
- Museum **32** (Abb. 8)
- Zitadelle 23, **29** (Abb. 11)
Mogul-Reich **127 ff.**, **162 ff.**, 226, 228, 254, 296
Mohra Moradu s. Taxila
Mongolei 82
Multan 69, 70, 128, 153, 156, 237, 238, 258, 259, **279 ff.** (Farbt. vordere Umschlagklappe; Abb. 85, 86)
Murschidabad 255
Muzaffargarh 279

Nagär 265 (Karte S. 289)
Nagar Parkar 276
Nanga Parbat 285, **287,** 291
Naqsch-e-Rustam 67, 122
Naukot 276
Nepal 86, 113, 287
Nil 16, 20, 24, 36
Nowshera (Nohschera) 292, 295
Nurabad 122
Nuristan 43
Nurpur Schahan 234

304

Orissa 72
Olduwai-Schlucht 13

Pagan 33
Pakpattan 233, 237, 238, **280**
Palästina 16
Palmyra 87
Pandschab 39, 43, 44, 45, 47, 65, 70, 128, 156, 164, 189, 196, 205, 231, 232, 253, 258, **278f.**, 300
Paris, Musée Guimet 15
Pasargadae 122
Pasu 290
Pasyryk 254, 255
Patna (Pataliputra) 72, 74, 75, 87
Pattan 291
Persepolis 68, 70, 119, 125
Persien 17, 20, 35, 36, 43, 44, 46, 68, 70, 71, 118, 122, 158, 163, 207, 226, 227, 230, 236, 250, 255, 258, 300
Peschawar (Peshawar) 44, 67, 68, 88, 91, 156, 237, 254, **258**, 265, **295f.** (Abb. 96, 97; Stadtplan S. 295)
– Museum **93f.**, 95, 296 (Abb. 23, 28, 37)
– Pagode 93
Potahar Plateau 13

Qaswin 227
Quetta 22, 266, **278**

Radschastan 48, 225
Rakaposchi 291
Rawalpindi 246, **282f.** (Abb. 91)
Rawi-Fluß 32, 45, 157, 158, 162f., 188, 280
Rehman Deri 20, **21**, 22
Rey 234
Rohri 275f.
Rohtas Fort 163, 281, **282**
Rom 90

Sahiwal 280
Saidu Sharif 292, 294
– Butkara-Pagode 115, 116
– Swat-Museum 92, **94f.**, 292

Salt Range 70
Samarkand 158, 162, 202, 205, 206
Samarra 202
Sanghao 13
Sani 272
– Ranikot-Fort 272
Sarai Khola 20, 91, 283
Sardes 202
Sargodha 44, 205, 280 (Abb. 81)
Sarnath 86
Schabas Garhi 74, 75, 76
Schiwa-Kult 36, 44, 232
Sehwan 232, 238, **272f.** (Farbt. 31; Abb. 83)
Sheikpura 205
Sialkot 77, 294
Siankiang 290
Sibi 276, 278
Sibirien 43, 47, 65
Sikh-Herrschaft 187, 189, **195ff.**, 201, 296
Sinai 69
Sindh 39, 67, 77, 127, 128f., 153, 155, 189, 208, 209, 212, 214, 215, 216, 232, 233, 236, 257, 271, 274, 275, 300 (Karte S. 273)
Sirkap s. Taxila
Sirsukh s. Taxila
Skardu 291f.
Soan-Tal 14
Sogdiana 76
Sonnenkult 82
Sothi 20
Sri Lanka (Ceylon) 75, 119, 127
Sufismus 157, **230ff.**, 279 (Farbt. 30–33; Abb. 83, 85, 86)
Sukkur (Ssacker) 274 (Farbt. 34)
Sultaniya 227
Sumer 20, 24, 33, 35, 127
Surkh Kotal 87
Surkotada 29
Sutlej-Fluß 21
Swat-Tal 43, 48, 65, 77, 88, 91, **94f.**, 114, 115, 116, 117, 258, 287, **292ff.** (Farbt. 37; Abb. 29, Karte S. 293)
– Swat-Museum s. Saidu Sharif
Syrien 158

Täbris 227
Tadsch Mahal 166, 186, 192, 194, 197, 198, 207, 250, 259
Takht-i-Bahi-Kloster 113ff., 292 (Abb. 30; Fig. S. 114)
Talagang 280
Tarbela-Damm 294
Tarkhan-Zeit 208ff.
Taschkent 124, 230
Tatta 205f., 208, 209, 210, 211, 212, 214, 257, **271**
– Schah Dschahan-Moschee 205f., 215 (Farbt. 26–29; Abb. 55; Fig. S. 206)
Taxila (Takschaschila) 10, 20, **68f.**, 70, 72, 73, 74, 76, 88, **91f.**, 114, 115, 116, **117ff.**, 123, 232, **283f.** (Abb. 26, 31–36; Fig. S. 117)
– Bhir Mound 70, **117**, 119, 284
– Dharmaradschika-Pagode 115f. (Abb. 31)
– Jandial-Tempel **121f.**, 284 (Abb. 33)
– Jaulian-Kloster **116**, 283 (Abb. 34)
– Mohra Moradu 115, **116** (Abb. 32)
– Museum **91f.**, 120, 284 (Abb. 25, 26)
– Sirkap 113, **118ff.**, 122, 284 (Abb. 35, 36)
– Sirsukh **121**, 284
Tell Hassuna 16
Thailand 16, 24, 75, 81, 89
Thakot 284
Thal-Wüste 280 (Abb. 67)
Thar-Parkar-Wüste 37, **276** (Farbt. Umschlagrückseite)
Tibet 65, 82, 89, 90, 91, 241, 287, 292
Tigris 16, 20, 36
Timagarha 48, 65
Tirich Mir 297
Tschatschro (Chachro), Oase **276** (Farbt. Umschlagrückseite)
Türkei 227, 231, 256, 257

305

PERSONENREGISTER

Turkestan 35
Turmenien 43

Udegram 117, 292
Udyana-Reich 77, 94, 117

Umarkot 163, **276**
Ushu 294
Utsch (Uch) **233**, 238, **279**
Utrot 294
Uttar Pradesch 48

Waihind 155
Wasit 154
Wischnu-Kult 36, 44

Zhob-Tal (Abb. 4–6)

Personenregister

Aanyaja 70
Abdal, Hasan 294
Abu Ma'schar 153
Abu Nadschib as-Suhrawardi 237
Abu Talib Kalim 185
Achämeniden 66, 68, 69, 70, 73, 75, 76, 82, 120, 125
Afghanen 201, 279, 295
Agha Khan 288
Agha, Subaida 252, 253
Agischala 93
Agni 47
Ägypter 19, 24, 83, 92, 120
Ahmed Khan, Aftab 226
Ahriman 73
Ahura Masda 73, 92, 119, 120, 122, 124
Akbar d. Gr. 158, 163, 164, 166, 168, 185, 186, 189, 191, 196, 207, 210, 211, 212, 237, 239, 244, 255, 276, 281, 292, 295, 300
Al-Adawiyya, Rabi'a 233
Al-Ausa'i 153
Al-Biruni 156, 165
Alexander d. Gr. 47, 48 ff., 70 f., 72, 73, 87, 93, 117, 123, 125, 128, 154, 271, 275, 279, 284, 285, 288, 292
Alexandrier 120
Al-Farabi 153
Al-Ghasali 236
Ali, Schiegersohn des Propheten 192
Ali, Mir Gasanfar 290
Ali, Schakir 253
Ali Khan, Sayyid Mir 226, 227
Alichin, Bridget u. Raymond 13, 14, 15

Al-Mawardi 241
Ambhi 70, 117, 123
Amir Khan, Nawab 212
Amise, M. 201
Ananda 84
Anarkali 281
Antialkidas 123
Aparyter 67
Apollon 72, 81, 88, 89
Apollonios von Tyana 118
Appiani, Andrea 89
Araber 153, 227
Arachosier 67
Arbi 155
Ardochso 124
Ardschun 196, 294
Arghune 209, 214, 215, 216, 217
Arier 10, 16, 22, 36, 43 ff., 72, 127, 292, 300
Aristoteles 71
Arshed, Raschid Ahmed 242
Artaxerxes 68
Asaf Khan 185, 198, 200
Aschoka 73, 74 ff., 93, 115, 117, 119, 120, 300
Aschwaghoscha 91
Asilises 123
Asklepios/Äskulap 74
Aurangseb 166, 168, 192, 194, 197, 207, 238, 300 (Farbt. Umschlagvorderseite; Abb. 45)
Ayub Khan 301
Azis I. 123
Azis II. 123

Baal 278
Baba, Rahman 237
Babur 157, 158, 162, 163, 200, 202, 206, 207, 295
Babylonier 256

Badi-us-Saman 214
Bachiananda 69
Bahawal Haq, Hasrat 279
Bakhsch, Ustad Allah 250
Baloch 216
Banerjee, R. D. 29
Bayer 25
Begam, Morad 197
Belutschi (Baluchi) 10, 16, 245, 255, 259, 276, 278 (Abb. 68)
Bernier, Francis 185
Bhakkari Khan, Nawab 197
Bharata 45
Bhutto, Zulfikar Ali 301
Bibby, Geoffrey 35, 36
Bihsad 227
Birmanen 93
Brahma 93
Brahmanen 47
Brahui 67, 278
Braque, Georges 242
Briten 189, 296, 300
Buddha 10, 46, 66, 72, 73, 75, 76, 77, 78 f., 79, 80, 81 ff., 85, 86, 88, 89, 90, 91, 92, 93, 94, 95, 96, 113, 114, 115, 116, 120, 125, 126, 127, 237, 284 (Farbt. 5–7; Abb. 25–28)
Buddhisten 29, 35, 72, 79, 80, 83, 113, 128, 153, 166, 284
Bughti 278
Buhl, Hermann 287
Butt, Raschid 242

Cardi, Beatrice de 19
Caspar, Robert 235
Chandras, Rama 164
Chinesen 83, 227, 284
Christen 80, 159
Christus 78, 79, 80, 236

Chughtai, Abdur Rahman
  245, 250, 251, 252
Curtius Rufus, Quintus 123

Dadiker 67
Dahir 127, 128
Dalokay, Vedat 247
Dani, Ahmad Hasan 11, 13, 35,
  45, 48, 65, 67, 77, 165, 205,
  208, 212
Darius 67, 68, 69, 117
Darya Khan s. Mubarak Khan
Data Gandsch Bakhsch
  157, 231, 232, 236, 237, 281
  (Abb. 82)
Demetrios 123
Dionysos 120
Dipankara 94
Diwan Schurfa Khan
  212 (Abb. 56, 58)
Doxiades 246, 282, 287
Drangianier 67
Drawiden 35, 36
Dschahangir 163, 164, 166,
  168, 186, 187, 189, 190, 191,
  197, 198, 200, 204f., 207, 237,
  281, 300 (Farbt. 25; Fig. S. 199,
  201, 202)
Dschingis Khan 162, 216, 278
Duchesne-Guillemin, Jacques
  120
Dufferin, Lady 164
Durrani, Ahmad Schah 300
Durranti, Farzand Ali
  11, 21, 48

Eckehart, Meister 231

Fa-hien 77
Fairservis, Walter F. 19, 33, 34
Farid, Baba 238
Farrochi 156
Faruqi, Schafiq 242
Fathy, Hassan 246
Fatima Hasrat 192
Fidai Khan 192
Filliozat, J. 74
Firdausi 156
Firos Schah II. 216
Foucher, Alfred 86
Franz von Assisi 239

Galater 236
Gandharer 67, 76, 87, 88, 89,
  92, 95, 125, 126
Gandhi, Indira 251
Gandsch-i-Schakar, Fariduddin
  233, 237, 280
Ghalib, Mirsa Asadullah 251
Ghasi Beg Tarkhan 210
Ghasnawiden 155, 156, 162
Ghuriden 156, 157, 162
Gilani, Abdul Qadir 238
Goetz, Hermann 155, 188
Gondophares 114, 118, 123
Griechen/Hellenen 70, 73, 76,
  77, 87, 89, 92, 95, 118, 121,
  122, 123, 124, 125, 126, 284
Guldschi 242
Guptas 124, 272
Gutab, Pir Ghulam 233

Hadschdschadsch bin Yusuf
  127, 128
Hafiz 236
Halem, Marina von 242
Hamid, Babet 248
Hamida 163
Hammurabi 37
Hargreave 41
Harpokrates 92, 120
Haussig 67
Hazari 278
Helios/Sol 82, 92, 124
Herakles 124
Herder, Johann Gottfried 80
Herodot 67, 68
Herrligkoffer 287
Herzfeld 202
Hesse, Hermann 198, 240
Hethiter 119
Hindal 163
Hindu 35, 44, 67, 83, 118, 119,
  124, 128, 153, 159, 166, 195,
  196, 230, 233, 237, 275, 276, 294
Hinduschahi 155, 165
Horus 92
Hsüan-Tsang 77
Humajun 158, 161, 163, 207,
  226, 227f., 250, 271, 276, 282,
  300
Humbach, Helmut 76
Humboldt, Alexander von 186

Humboldt, Wilhelm von 44
Hunnen 116, 300
– Weiße Hunnen 125, 288
Hunzas/Hunzukutz
  35, 288, 290
Husain, Mahdu Lal 238
Hussain, Tasir 12, 13
Hussein, Sadschid Anwar 242
Huwischka 124
Hyder, Hazrat Ali 272

Ibn Abdul Malik, Al-Walid 154
**Ibn al-Qasim, Imad-ud-Din
  Muhammad** 127, 128, 153,
  154, 155, 271, 272, 274, 300
Ibn Arabi 236
Ibn Roschd (Averroës) 153
Ibn Mansur al-Halladsch, Husein
  231, 236
Ibn Sina (Avicenna) 153
Ibrahim Khan 213
Ibrahim, Lodi-Sultan 162
Ilkhaniden 227
Imam, Bari 233, 234
Inder 67, 83, 92, 95, 125, 126,
  159
Indra 36, 43, 44, 47, 93
Iqbal, Sir Muhammad 10, 195,
  238, 245, 301
Isis 92

Jalal-uddin Surkh Bukhari,
  Hasrat 238, 279
Jansen, Michael 11, 23, 25, 26,
  29, 31, 32, 38, 42, 274
Japaner 83
Jarrige, Jean François 15, 16,
  17, 19, 20, 278
Jaspers, Karl 66
Jat 278
Jawindi, Bibi 279
Jehanzeb, Mir Miangul 292
Jettmar, Karl 65, 287
Jinnah, Mohammad Ali
  10, 270, 301 (Abb. 65)
Juden 78, 159, 287

Kafka, Franz 246
Kalasch 258, 297 (Farbt. 36;
  Abb. 99, 100)
Kalhora 272

PERSONENREGISTER

Kanischka 74, 78, 80, 87, 92, 93, 115, 121, 122, 124, 300 (Abb. 23)
Karim, Abdul 190
Kaschmiri 257
Kassapa 84
Kautilya 73, 74, 117
Khan, Louis 246
Khusrau, Amir 163, 207
Kidariten 124
Kimmerier 66
Kipling, Rudyard 280
Klee, Paul 242
Knorozov 33
Kohistani 285, 288
Konfutse 66
Krösus 123
Kubera 92
Kühn, Herbert 15
Kurtiwasa 43
Kuschana 76, 77, 78, 87, 88, 114, 118, 119, 120, 121, 124, 125, 284, 295, 300
Kushal Khan 292
Kyros 67, 202
Kysander 202

Lakli Begum 197
Laotse 66, 90, 161
Latif, Schah Abdul 232, 233, 275 (Abb. 84)
Latif, Syad Muhammad 163, 165, 189, 191, 193, 196, 199
Leochares 81
Lodi 162
Lov/Lava 164
Luther, Martin 159
Lützeler, Heinrich 94

Machiavelli, Niccolo 73, 117
Mahal, Mumtas 187, 198
Mahasangikas 76
Mahmud von Ghasni 155, 157, 161, 165, 292, 300 (Fig. S. 156)
Makani, Maryam 191
Malli 279
Mameluken 155
Mandelslo 185
Mani 226
Mara 84 (Abb. 24)

Marshall, Sir John 28, 29, 30, 31, 90, 114, 115, 118, 119, 120, 122
Masum, Mir Mohammad 274
Matisse, Henri 242
Matthew, Sir Robert 246
Mattiwasa 43
Maues 123
Maula, Erkka 38
Maurya 68, 72, 73, 74, 75, 76, 86, 117, 125
May, Karl 278
Maya 86, 113
Meadow, Richard H. 16
Meder 65
Megasthenes 72
Menander 77, 123
Mesopotamier 19
Messmer, Reinold 287
Meyer, Eduard 124
Mian Mir, Hasrat 196, 238
Michelangelo 251
Milinda 73, 76 f.
Miran Badschah, Hasrat 197
Mirsa Baqi Beg Tarkhan 213, 214, 215, 216
Mirsa Baqi Beg Usbek 210, 211, 212 (Abb. 56)
Mirsa Dschami Beg 210 (Farbt. 12; Abb. 56)
Mirsa Dschan Baba 211, 212, 213 (Farbt. 13; Abb. 57)
Mirsa Isa Khan I. 211, 213, 214, 215
Mirsa Isa Khan II. 211, 212
Mirsa Isa Tarkhan I. 213
Mirsa Kamran 158, 162, 163
Mirsa Tughril Beg 210 (Farbt. 11)
Mitanni 43, 65
Mitra/Mithras 43, 44, 47, 82, 92, 122, 124
Moguln 127 ff., 209, 225, 227, 247, 255, 276, 292
Mohammed 78, 127, 128, 153, 154, 159, 192
Mongolen 65, 121, 165, 279
Moses 78
Mubarak Khan (Darya Khan) 216, 225
Mubarak Schah 157

Mughal, M. Rafique 21, 22, 39
Muhammad, Markhdum Mir 275
Muhammad Khan, Dost 201
Murr 278
Muslime 128, 153, 157, 158, 159, 160, 161, 162, 192, 194, 195, 196, 230, 239, 241, 252, 275, 276, 287

Nadir Schah 256, 300
Nagär 290
Nagardschuna 91, 161, 231
Nagasena 77
Nagiers 35
Nanak 237, 244, 294
Násatya 43
Nearchos 71
Nicholson, R. A. 236
Nisamuddin 215, 216 f. (Abb. 59)
Nizami, Khalid Ahmad 237
Nuh, Mir Makhdum 275
Nur Dschahan 196, 197 f., 200, 201, 281 (Abb. 53)
Nuristani 297

Oldenberg 77
Orlich, Leopold von 186
Osmanen 195

Padmasambhawa 91, 287, 292
Panini 69
Pandschabi 10, 70, 157, 238, 245, 259
Parpola, Asko 33, 34, 35
Parsen 120
Parther 88, 89, 92, 118, 120, 125, 300
Patandschali 74
Pathanen 10, 67, 70, 94, 189, 237, 245, 259, 278, 292, 295, 296 (Farbt. 1)
Paulus, Apostel 155, 236
Peithon 70
Pelehwi, Mohammed Resâ Schah 46, 232
Perikaner 67
Perser 67 ff., 92, 123, 161, 202, 225, 227, 279
Picasso, Pablo 242, 251

308

Pigott 23
Pilbeam, David 12, 13, 15 (Abb. 1, 2)
Platon 66
Polo, Marco 290
Portugiesen 214
Porus 70, 74, 117
Prakasch, Buddha 72
Ptolemäus 279
Pukkusati 67
Puri, B. 80
Pyrrhus 70

Qalandar, Hasrat Lal Schahbas 232, 238, 272 (Farbt. 31; Abb. 83)

Radscha Dschaipal 155
Radschputs 164, 165, 276
Raffael 96
Rahim Khan-i-Khan, Abdur 210
Ramay, Hanif 242
Rao, S. R. 23, 33, 34, 39
Rapoport 65
Rashid, Harum 250
Rasul, Gholam 253, 254
Rau 125
Reden, Sibylle von 35
Riemenschneider, Tilman 94
Ritter, Carl 186
Römer 70, 89, 92
Rowland, Benjamin 86, 114
Rukn-i-Alam, Schah Hasrat 279 (Abb. 85)
Rumi, Maulana 235, 236

Sadequain 242, 251, 252
Safawiden 192, 195, 202, 209, 227, 255
Sagaster, Klaus 10, 287
Sakariya, Baha'uddin 237, 238, 279
Saleh, Mohamed 200
Salim, Ahmed 34
Salim, Prinz 259, 281
Salman, Masud Sa'd 157
Samad, Abdul 227
Samhita 74
Samma 215 ff., 271, 300
Sapedana 120

Sarcina 27, 29
Sassaniden 124
Satawastra 120
Sattagyden 67
Savitār 92
Schah Dschahan 158, 166, 168, 185, 187, 188, 190, 192, 194, 196, 198, 200, 202, 203, 204, 205, 206, 207, 215, 300 (Farbt. 26–29; Abb. 40, 52, 55; Fig. S. 203, 206)
Schah, Scher 163
Schahid 250
Schakil 226
Schams-ud Din Gilani, Pir Mohammed 233
Schankara 91, 161, 231
Schariff, Hadschi 250
Schefold, Karl 35
Schikoh, Dara 238
Schimmel, Annemarie 11, 197, 231, 232, 236, 238
Schiwa 35, 36, 124 (Fig. S. 34, 44)
Schlumberger, Daniel 86, 88
Schuppiluliuma I. 43
Seldschuken 156, 192
Selene 124
Seleukiden 72, 86, 88, 125
Seleukos Nikator 72
Shah Suri, Sher 282
Shahid, Haji Jafar 275
Sikander 162
Sikhs 164, 185, 186, 187, 188, 189, 192, 195, 196, 201, 237, 279, 294, 296
Sinan 247
Sindhi 10, 67, 214, 232, 245, 257, 259, 275
Singh, Lahna 201
Singh, Randschit 189, 192, 195 f., 201, 300
Singh, Scher 186
Sirhindi, Ahmad 239
Skanda 124
Skylax 69, 71
Skythen 66, 87, 118, 119, 121, 124, 255, 300
Spooner, D. B. 93
Stacul 48
Stein, Sir Aurel 285

Steward, G. P. 12
Stone, E. D. 245
Strati I. 123
Sudasa 45
Sufis 230 ff., 237 ff.
Sumerer 24

Talpur 272, 275
Tarkhane 208 ff., 225, 271, 300
Thomas, Apostel 114, 118, 292
Timur Leng 157, 162, 165, 192, 300
Timuriden 158, 192
Tschandragupta 72, 73, 74, 75
Tscharaka 73, 74
Tschischti, Khwaja Mu'inuddin 237
Tughluk, Ghiasuddin 279
Türken 155 ff., 227
Turkmenen 256

Ullah, Schudscha 226
Urban 42, 274
Ur-Nammu 37

Vogel, J. Pf. 187

Wahid, Abdul 242
Waruna 43, 44
Wasir Khan 187, 196, 197 (Abb. 54, Fig. S. ?)
Wasuweda 124
Wheeler, Sir Mortimer 31, 32, 86, 87
Wima, Kadphises 121, 124
Wischnu 36, 44, 124
Wolfram von Eschenbach 155
Wood 208

Yaschodhara 114
Yun, Sung 75, 116, 125
Yü-tschi 76

Zarathustra 43, 44, 46, 65, 66, 73, 76, 119, 122, 124
Zia-ud-Din, Pir Ruhan 275
Zia-ul-Haq 242, 246, 301
Zuby, Ozzi 242

Bitte beachten Sie auch folgende Veröffentlichungen aus unserem Verlag:

Nepal – Königreich im Himalaya
Geschichte, Kunst und Kultur im Kathmandu-Tal. Von Ulrich Wiesner (DuMont Kunst-Reiseführer)

»Richtig reisen«: Nepal
Kathmandu: Tor zum Nepal-Trekking. Von Dieter Bedenig

Bhutan
Kunst und Kultur im Land der Drachen. Von Gisela Bonn (DuMont Kunst-Reiseführer)

Indien
Von den Klöstern im Himalaya zu den Tempelstätten Südindiens. Von Niels Gutschow und Jan Pieper (DuMont Kunst-Reiseführer)

Ladakh und Zanskar
Lamaistische Klosterkultur im Land zwischen Indien und Tibet. Von Anneliese und Peter Keilhauer (DuMont Kunst-Reiseführer)

»Richtig reisen«: Nord-Indien
Von Henriette Rouillard

»Richtig reisen«: Süd-Indien
Von Henriette Rouillard

Kleine Geschichte der indischen Kunst
Von Manfred Görgens (DuMont Taschenbücher, Band 185)

Die Bildsprache des Hinduismus
Die Götterwelt und ihre Symbole. Von Anneliese und Peter Keilhauer (DuMont Taschenbücher, Band 131)

Erotik und Askese in Kult und Kunst der Inder
Von Klaus Fischer (DuMont Taschenbücher, Band 81)

Volksrepublik China
Kunstreisen durch das Reich der Mitte. Hrsg. von Frank Rainer Scheck (DuMont Kunst-Reiseführer)

»Richtig reisen«: China
Von Uli Franz

Kleine Geschichte der chinesischen Kunst
Von Anita Rolf (DuMont Taschenbücher, Band 159)

Thangkas
Rollbilder aus dem Himalaya. Kunst und mystische Bedeutung. Von Alexandra Lavizarri-Raeuber (DuMont Taschenbücher, Band 150)

DuMont Kunst-Reiseführer

Alle Titel in dieser Reihe:

- Ägypten und Sinai
- Albanien
- Algerien
- Belgien
  - Die Ardennen
- Bhutan
- Brasilien
- Bulgarien
- Bundesrepublik Deutschland
  - Das Allgäu
  - Bayerisch Schwaben
  - Das Bergische Land
  - Bodensee und Oberschwaben
  - Bonn
  - Bremen, Bremerhaven und das nördliche Niedersachsen
  - DDR
  - Düsseldorf
  - Die Eifel
  - Franken
  - Freie und Hansestadt Hamburg
  - Hannover und das südliche Niedersachsen
  - Hessen
  - Hunsrück und Naheland
  - Köln
  - Kölns romanische Kirchen
  - Die Mosel
  - München
  - Münster und das Münsterland
  - Zwischen Neckar und Donau
  - Der Niederrhein
  - Oberbayern
  - Oberpfalz, Bayerischer Wald, Niederbayern
  - Osnabrück, Oldenburg und das westliche Niedersachsen
  - Ostfriesland
  - Der Rhein von Mainz bis Köln
  - Das Ruhrgebiet
  - Sauerland
  - Schleswig-Holstein
  - Der Schwarzwald und das Oberrheinland
  - Sylt, Helgoland, Amrum, Föhr
- Thüringen
- Der Westerwald
- Östliches Westfalen
- Württemberg-Hohenzollern
- Volksrepublik China
- Dänemark
- Die Färöer
- Frankreich
  - Auvergne und Zentralmassiv
  - Die Bretagne
  - Burgund
  - Côte d'Azur
  - Das Elsaß
  - Frankreich für Pferdefreunde
  - Frankreichs gotische Kathedralen
  - Romanische Kunst in Frankreich
  - Korsika
  - Languedoc – Roussillon
  - Das Tal der Loire
  - Lothringen
  - Die Normandie
  - Paris und die Ile de France
  - Führer Musée d'Orsay, Paris
  - Périgord und Atlantikküste
  - Das Poitou
  - Die Provence
  - Drei Jahrtausende Provence
  - Savoyen
  - Südwest-Frankreich
- Griechenland
  - Athen
  - Die griechischen Inseln
  - Tempel und Stätten der Götter Griechenlands
  - Korfu
  - Kreta
  - Rhodos
- Grönland
- Großbritannien
  - Englische Kathedralen
  - Die Kanalinseln und die Insel Wight
  - London
  - Die Orkney- und Shetland-Inseln
  - Ostengland
- Schottland
- Süd-England
- Wales
- Guatemala
- Holland
- Indien
  - Ladakh und Zanskar
- Indonesien
  - Bali
- Irland
- Island
- Israel
  - Das Heilige Land
- Italien
  - Die Abruzzen
  - Apulien
  - Elba
  - Emilia-Romagna
  - Das etruskische Italien
  - Florenz
  - Gardasee, Verona, Trentino
  - Latium
  - Lombardei und Oberitalienische Seen
  - Die Marken
  - Der Golf von Neapel
  - Die italienische Riviera
  - Piemont und Aosta-Tal
  - Rom – Ein Reisebegleiter
  - Rom in 1000 Bildern
  - Das antike Rom
  - Sardinien
  - Südtirol
  - Toscana
  - Umbrien
  - Venedig
  - Das Veneto
  - Die Villen im Veneto
- Japan
- Der Jemen
- Jordanien
- Jugoslawien
- Karibische Inseln
- Kenya
- Luxemburg
- Malaysia und Singapur
- Malta und Gozo
- Marokko
- Mexiko
  - Mexico auf neuen Wegen
- Namibia und Botswana
- Nepal
- Österreich
  - Burgenland
  - Kärnten und Steiermark
  - Salzburg, Salzkammergut, Oberösterreich
  - Tirol
  - Vorarlberg und Liechtenstein
  - Wien und Umgebung
- Pakistan
- Papua-Neuguinea
- Polen
- Portugal
  - Madeira
- Rumänien
- Die Sahara
- Sahel: Senegal, Mauretanien, Mali, Niger
- Die Schweiz
  - Tessin
  - Das Wallis
- Skandinavien
- Sowjetunion
  - Georgien und Armenien
  - Moskau und Leningrad
- Sowjetischer Orient
- Spanien
  - Die Kanarischen Inseln
  - Katalonien
  - Mallorca – Menorca
  - Nordwestspanien
  - Spaniens Südosten – Die Levante
  - Südspanien für Pferdefreunde
- Sudan
- Südamerika
- Südkorea
- Syrien
- Thailand und Burma
- Tschechoslowakei
- Türkei
  - Istanbul
  - Ost-Türkei
- Ungarn
- USA –
  - Der Südwesten
- Zypern

Alle Bände mit vielen, zum Teil farbigen Abbildungen; dazu Zeichnungen, Karten, Grundrisse, praktische Reisehinweise.

»Richtig reisen«

- Ägypten
-   Kairo
-   Sinai und Rotes Meer
- Algerische Sahara
- Arabische Halbinsel
- Bahamas
- Belgien
-   Belgien mit dem Rad
- Bundesrepublik Deutschland
-   Berlin
-   München
- China
- Cuba
- Dänemark
-   Bornholm
- Ferner Osten
- Finnland
- Frankreich
-   »Richtig wandern«: Bretagne
-   »Richtig wandern«: Burgund
-   Elsaß
-   Frankreich für Feinschmecker
-   Paris
- Griechenland
-   Kreta
-   »Richtig wandern«: Kykladen
-   »Richtig wandern«: Nordgriechenland
-   »Richtig wandern«: Rhodos
- Großbritannien
-   London
-   »Richtig wandern«: Nord-England
-   »Richtig wandern«: Schottland
- Guadeloupe – Martinique
- Holland
-   Amsterdam
- Hongkong mit Macau und Kanton
- Indien
-   Nord-Indien
-   Süd-Indien
- Indonesien
-   Von Bangkok nach Bali
- Irland
- Italien
-   Friaul – Triest – Venetien
-   Neapel
-   Oberitalien
-   Rom
-   Sizilien
-   Süditalien
-   »Richtig wandern«: Südtirol
-   Toscana
-   »Richtig wandern«: Toscana und Latium
-   Venedig
- Jamaica
- Kanada und Alaska
-   Ost-Kanada
-   West-Kanada und Alaska
- Luxemburg
-   Belgien und Luxemburg
- Madagaskar – Komoren
- Malediven
- Marokko
- Mauritius
- Mexiko
- Nepal
- Neuseeland
- Norwegen
- Österreich
-   Graz und die Steiermark
-   Wien
- Ostafrika
- Philippinen
- Portugal
- Réunion
- Schweden
- Die Schweiz und ihre Städte
- Seychellen
- Sowjetunion
-   Moskau
- Spanien
-   Gran Canaria
-   Ibiza/Formentera
-   Lanzarote
-   Madrid und Kastilien
-   »Richtig wandern«: Mallorca
-   Teneriffa
- Südamerika
-   Argentinien – Chile – Paraguay – Uruguay
-   Peru und Bolivien
-   Venezuela, Kolumbien und Ecuador
- Thailand
-   Von Bangkok nach Bali
- Türkei
-   Istanbul
- Tunesien
- USA
-   Florida
-   Hawaii und Südsee
-   Kalifornien
-   Los Angeles
-   Neu-England
-   New Orleans und die Südstaaten
-   New York
-   Texas
-   Südwesten – USA
- Zentralamerika
- Zypern